COMPACT 변시기출 연도별 민사법사례연습

변호사 이관형 저

머리말

이 책은 COMPACT 변시 진도별 민법, 민소법, 상법 사례연습을 기반으로 하여 연도별로 출제된 민사법 사례 기출문제 해설서의 목적으로 출간된 책입니다. 사실 저는 올해 출간 계획이 없었는데 독자들의 요청이 지속적으로 있었고, 이에 응하여 본 책이 발간하게 되었습니다.

본 책에 실린 문제는 실제 시험장에서 제한된 시간 내에 풀어야 할 민사법 사례 문제인 만큼 페이지 수 또한 실전에서 서술할 수 있는 양을 고려하여 작성하였습니다. 기타 각주를 통하여 심화 해설을 할 수도 있었지만, 실전 사례집으로서 역할에 충실하고자 노력하였습니다. 차후 독자들의 반응을 보아가면서 각주를 통한 추가적인 해설을 고려해 보도록 하겠습니다.

본 책 발간에 앞서서 기존에 진도별 사례집에서 목차를 바꾸는 과정에서 예상하지 못하였던 오류가 있었습니다. 이를 교정하는 과정에서 이연경 학생이 큰 도움이 되었습니다. 머리말을 빌어서 감사의 마음을 전합니다.

끝으로, 본서가 법조인의 꿈을 이루려는 누군가에게 미약하나마 도움이 되길 빌어보며, 주말에도 연구실에서 밤을 지새우면서 작업한 본고의 편집을 마무리하려 합니다. 이 책으로 공부하시는 모든 분들의 합격을 진심으로 기원합니다.

이관형 변호사 올림

목 차

1. 2023년도 시행 제12회 변호사시험 ··· 1
제1문 ·· 1
제2문 ·· 19
제3문 ·· 29

2. 2022년도 시행 제11회 변호사시험 ··· 41
제1문 ·· 41
제2문 ·· 59
제3문 ·· 68

3. 2021년도 시행 제10회 변호사시험 ··· 76
제1문 ·· 76
제2문 ·· 95
제3문 ·· 105

4. 2020년도 시행 제9회 변호사시험 ··· 114
제1문 ·· 114
제2문 ·· 126
제3문 ·· 135

5. 2019년도 시행 제8회 변호사시험 ··· 143
제1문 ·· 143
제2문 ·· 156
제3문 ·· 167

6. 2018년도 시행 제7회 변호사시험 ··· 173
제1문 ·· 173
제2문 ·· 185
제3문 ·· 195

7. 2017년도 시행 제6회 변호사시험 ·· 202
제1문 ··· 202
제2문 ··· 217
제3문 ··· 226

8. 2016년도 시행 제5회 변호사시험 ·· 232
제1문 ··· 232
제2문 ··· 247
제3문 ··· 257

9. 2015년도 시행 제4회 변호사시험 ·· 263
제1문 ··· 263
제2문 ··· 280
제3문 ··· 287

10. 2014년도 시행 제3회 변호사시험 ·· 292
제1문 ··· 292
제2문 ··· 307
제3문 ··· 318

11. 2013년도 시행 제2회 변호사시험 ·· 324
제1문 ··· 324
제2문 ··· 336
제3문 ··· 347

12. 2012년도 시행 제1회 변호사시험 ·· 354
제1문 ··· 354
제2문 ··· 364
제3문 ··· 374

1. 2023년도 시행 제12회 변호사시험

제1문

〈제1문의 1〉

〈 기초적 사실관계 〉

甲은 2021. 1. 15. 乙에게 甲 소유의 X토지를 매매대금 3억 원으로 정하여 매도하면서 계약금 3천만 원은 계약 당일, 잔금 2억 7천만 원은 2021. 3. 15. 지급받기로 하였고, 같은 날 계약금을 지급받았다. 乙은 잔금지급기일 전 X토지의 등기부를 열람하던 중 X토지에 관하여 丙의 명의로 소유권이전등기가 마쳐져 있음을 확인하고, 甲에게 위 丙 명의의 소유권이전등기를 말소하여 줄 것을 요구하였다. 甲이 이에 응하지 아니하자 乙은 잔금을 모두 지급한 뒤 2021. 7. 1. 甲에 대한 소유권이전등기청구권을 보전하기 위하여 甲을 대위하여 丙을 상대로 X토지에 관한 소유권이전등기말소청구의 소(이하 '이 사건 소송'이라 한다)를 제기하였다. 이 사건 소송에서 乙은 甲을 증인으로 신청하였고, 2022. 1. 12. 증인으로 출석한 甲은 丙의 소유권이전등기가 서류 위조 등으로 인하여 원인무효라는 취지로 증언하였다. 이 사건 소송의 제1심 계속 중인 2022. 3. 12. 乙이 사망하였고, 상속인으로는 丁, 戊, 己가 있다. 丁, 戊, 己는 모두 이 사건 소송을 적법하게 수계하였다.

[※ 이하의 추가적 사실관계 1, 2는 각각 독립적인 별개의 사실관계임, 기간 등과 관련하여 기재된 날짜가 공휴일인지는 고려하지 말 것]

〈 추가적 사실관계 1 〉

丁은 이 사건 소송을 계속 진행하는 것에 부담을 느껴 소송계속 중인 2022. 5. 11. 소를 취하하였고 丙은 이에 동의하였다.

〈 문제 〉

1. 丁의 소취하가 유효한지 판단하고 근거를 서술하시오. (15점)

〈 추가적 사실관계 2 〉

이 사건 소송의 제1심은 심리를 진행한 뒤 丁, 戊, 己의 청구를 모두 기각하는 판결을 선고하였고, 이에 대하여 丁만이 항소를 제기하였다. 그러자 항소심은 丁만을 항소인으로 보아 소송을 진행한 다음 항소기각판결을 선고하였다.

〈 문제 〉

2. 丁만을 항소인으로 본 항소심 법원의 판단이 타당한지를 근거와 함께 서술하시오. (10점)

[제1문의 1] 문제 1. 해설

1. 문제

(1) 채권자대위소송에서 원고가 사망한 경우 소송을 승계한 상속인들의 소송형태, (2) 일부 소 취하의 유효 여부가 문제 된다.

2. 채권자대위소송에서 원고가 사망한 경우 소송을 승계한 상속인들의 소송형태

(1) **관련 조문** - 다른 사람을 위하여 원고가 된 사람에 대한 확정판결은 그 다른 사람에 대하여도 효력이 미친다(민소법 제218조 제3항).

(2) **판례** - 채무자가 채권자대위권에 의한 소송이 제기된 것을 알았을 경우에는 그 확정판결의 효력은 채무자에게도 미치므로,[1] 각 채권자대위권에 기하여 공동하여 채무자의 권리를 행사하는 다수의 채권자들은 유사필수적 공동소송관계에 있다.[2]

(3) **사안의 경우** - 채권자 乙이 甲에 대한 X 토지의 2021. 1. 15. 매매를 원인으로 한 소유권이전등기청구권을 보전하기 위하여 甲의 丙에 대한 민법 제214조의 소유권이전등기말소청구를 대위 행사하였고, 채무자 甲이 2022. 1. 12. 증인으로 출석하여 채권자대위소송이 제기 중인 것을 알았다고 보이는바, 효력은 甲에게도 미치므로 망인 乙의 소송수계인인 丁, 戊, 己는 유사필수적 공동소송관계에 있다.

3. 일부 소 취하의 유효 여부

(1) **관련 조문** - 소의 취하는 상대방이 본안에 관하여 준비서면을 제출하거나 변론준비기일에서 진술하거나 변론을 한 뒤에는 상대방의 동의를 받아야 효력을 가진다(민소법 제266조 제2항).

(2) **판례** - 유사필수적 공동소송에서는 원고들 중 일부가 소를 취하하는 경우에 다른 공동소송인의 동의를 받을 필요가 없다.[3]

(3) **사안의 경우** - 유사필수적 공동소송에서 원고 丁이 소송 계속 중인 2022. 5. 11. 단독으로 소를 취하하고 피고 丙이 이에 동의하였는바, 丁의 소 취하는 유효하다.

4. 결론

유사필수적 공동소송인 중의 1인은 丁의 소 취하는 원고 戊와 己의 동의는 필요 없고, 피고 丙의 동의를 받았는바, 적법·유효하다.

---

[1] 대법원 1975. 5. 13. 선고 74다1664 판결
[2] 대법원 1991. 12. 27. 선고, 91다23486, 판결
[3] 대법원 2013. 3. 28. 선고, 2011두13729, 판결 / 대법원 2013. 3. 28. 자 2012아43 결정

[제1문의 1] 문제 2. 해설

1. 문제

유사필수적 공동소송관계에 있는 다수의 채권자들의 청구가 모두 기각되고, 그 중 1인 만이 항소한 경우 그 항소제기의 효과가 다른 필수적 공동소송인에게도 미치는지 여부가 문제 된다.

2. 유사필수적 공동소송에서 항소의 효력

(1) **관련 조문** - 소송목적이 공동소송인 모두에게 합일적으로 확정되어야 할 공동소송의 경우에 공동소송인 가운데 한 사람의 소송행위는 모두의 이익을 위하여서만 효력을 가진다. 공동소송인 가운데 한 사람에 대한 상대방의 소송행위는 공동소송인 모두에게 효력이 미친다(민소법 제78조, 제67조 제1, 2항).

(2) **판례** - 유사필수적 공동소송인 중 일부의 상소제기는 전원의 이익에 해당된다고 할 것이어서 다른 공동소송인에 대하여도 그 효력이 미치므로, 필수적 공동소송인 전원에 대하여 확정이 차단되고 상소심에 이심된다.[4]

(3) **사안의 경우** - 丁만이 항소하였으나, 상소심판결의 효력은 상소를 하지 아니한 戊와 己에게도 미치므로 항소심으로서는 공동소송인 전원에 대하여 심리·판단하여야 하는바, 丁만을 항소인으로 보아 소송을 진행하고 항소기각 판결을 선고한 것은 위법하다.

3. 결론

丁만을 항소인으로 본 항소심 법원의 판단은 위법하다.

---

[4] 대법원 1991. 12. 27., 선고, 91다23486, 판결

〈제1문의 2〉

〈 사실관계 〉

甲은 乙에게 판매한 물품의 대금을 지급받지 못하자, 乙을 상대로 매매대금청구의 소(이하 '선행소송'이라 한다)를 제기하였다. 乙은 선행소송의 제1심에서 甲에 대한 대여금채권을 자동채권으로 하는 상계항변을 하였으나, 선행소송의 제1심은 금전소비대차계약의 존부 등에 관한 증명이 부족하다는 이유로 乙의 상계항변을 배척하고 甲의 전부승소 판결을 선고하였다. 乙은 이에 불복하여 항소하였고, 그 항소심 계속 중 별도로 甲을 상대로 위 대여금을 청구하는 소(이하 '이 사건 소'라 한다)를 제기하였다.

〈 문제 〉

이 사건 소에서 제기될 수 있는 아래의 쟁점들에 관하여 판단하고 근거를 서술하시오. (30점)

① 乙이 선행소송에서 상계항변을 제출한 다음 그 소송계속 중 이 사건 소를 제기한 것이 중복된 소제기에 해당하는지

② 이 사건 소제기 후 乙이 선행소송의 항소심에서 상계항변을 철회한 경우, 이 사건 소제기가 재소금지 원칙을 위반하는지

③ 위 ②의 상계항변 철회 이후, 선행소송의 항소심이 심리를 진행한 뒤 제1심판결을 취소하고 甲의 일부승소 판결을 선고하면서 그 판결 이유에서 乙의 상계항변에 관하여 판단하지 않고 그대로 판결이 확정된 경우, 선행소송 확정판결의 기판력이 이 사건 소에 미치는지

[제1문의 2] 해설

1. 문제

(1) 중복된 소 제기 해당 여부, (2) 재소금지원칙 위배 여부, (3) 선행소송 기판력이 이 사건 소에 미치는지 여부가 문제 된다.

2. 중복된 소 제기 해당 여부

(1) **관련 조문 및 목적** – 법원에 계속되어 있는 사건에 대하여 당사자는 다시 소를 제기하지 못한다(민소법 제259조). 이는 소송제도의 남용을 방지하고 소송경제를 도모하며 판결의 모순·저촉을 방지함을 그 목적으로 한다.

(2) **판례**[1]

1) 상계의 항변을 제출할 당시 이미 자동채권과 동일한 채권에 기한 소송을 별도로 제기하여 계속 중인 경우, 재판부로서는 전소와 후소를 같은 기회에 심리·판단하기 위하여 이부, 이송 또는 변론 병합 등을 시도함으로써 기판력의 저촉·모순을 방지함과 아울러 소송경제를 도모함이 바람직하다.

2) 그렇다고 하여, 별소로 계속 중인 채권을 자동채권으로 하는 소송상 상계의 주장이 허용되지 않는다고 볼 수는 없는 것과 마찬가지로 먼저 제기된 소송에서 상계항변을 제출한 다음 그 소송계속 중에 자동채권과 동일한 채권에 기한 소송을 별도의 소나 반소로 제기하는 것도 가능하다.

(3) **사안의 경우** – 乙이 상계항변이 선행소송의 지연 등으로 소멸시효가 완성될 우려가 있는 경우 별소를 제기하여 시효를 중단하여야 하는 등의 실익이 존재하는바,[2] 乙이 선행소송 계속 중 이 사건 소를 제기한 것은 중복된 소 제기에 해당되지 않는다.

3. 재소금지원칙 위배 여부

(1) **관련 조문 및 취지** – 본안에 대한 종국판결이 있은 뒤에 소를 취하한 사람은 같은 소를 제기하지 못한다(민소법 제267조 제2항). 이는 소취하로 그동안 판결에 들인 법원의 노력이 무용해지고 다시 동일한 분쟁을 문제 삼아 소송제도를 남용하는 부당한 사태를 방지할 목적에서 나온 제재적 취지의 규정이다.

(2) **판례** – 먼저 제기된 소송의 제1심에서 상계항변을 제출하여 제1심판결로 본안에 관한 판단을 받았다가 항소심에서 상계항변을 철회하였더라도 이는 소송상 방어방법의 철회에 불과하여 민사소송법 제267조 제2항의 재소금지 원칙이 적용되지 않는바, 그 자동채권과 동일한 채권에 기한 소송을 별도로 제기할 수 있다.

---

[1] 대법원 2022. 2. 17., 선고, 2021다275741, 판결
[2] 소송상 상계를 재판상 청구와 같이 시효중단 사유로 보자는 견해로는 김상훈, "소송상 상계와 소멸시효중단", 재산법연구, 33(2), 38면.

(3) **사안의 경우** – 甲과 乙 사이에서 선행소송과 이 사건 소의 경우 당사자는 동일하다고 볼 수 있으나, 乙이 선행소송에서 주장한 상계항변은 소송물에 해당되지 않고, 선행소송의 항소심에서 이를 철회한 후, 이 사건 소를 통해 대여금을 별도로 청구한 것은 권리보호이익 즉, 소 제기를 필요로 하는 사정이 동일하다고 볼 수 없는바, 재소금지원칙에 위배되지 않는다.

4. 선행소송 기판력이 이 사건 소에 미치는지 여부

(1) **관련 조문** – 확정판결은 주문에 포함된 것에 한하여 기판력을 가진다. 상계를 주장한 청구가 성립되는지 아닌지의 판단은 상계하자고 대항한 액수에 한하여 기판력을 가진다(민소법 제216조 제1,2항).

(2) **판례** – 판결 이유 중의 판단인 상계 주장에 관한 법원의 판단에 기판력을 인정한 취지는, 원고의 청구권의 존부에 대한 분쟁이 나중에 다른 소송으로 제기되는 자동채권의 존부에 대한 분쟁으로 변형됨으로써 상계 주장의 상대방은 상계를 주장한 자가 그 자동채권을 이중으로 행사하는 것에 의하여 불이익을 입을 수 있게 될 뿐만 아니라, 상계 주장에 대한 판단을 전제로 이루어진 원고의 청구권의 존부에 대한 전소의 판결이 결과적으로 무의미하게 될 우려가 있게 되므로, 이를 막기 위함이다.

(3) **사안의 경우** – 乙은 선행소송에서 상계항변을 철회하였고, 항소심 판결 이유에서도 상계항변에 관하여 판단하지 않아서 대여금 채권의 존부에 관하여 기판력이 발생하지 않는바, 선행소송은 물품매매대금 청구 소송이고 이 사건 소는 대여금청구 소송으로 소송물이 전혀 다르기 때문에 기판력이 미치지 않는다.

5. 결론

이 사건 소는 ① 중복된 소 제기에 해당되지 않고, ② 재소금지 원칙을 위반하지 않으며, ③ 선행소송 확정판결의 기판력이 미치지 않는다.

〈제1문의 3〉

〈 사실관계 〉

甲은 乙을 상대로 이혼의 소를 제기하였다. 甲이 이혼의 소를 제기할 당시 甲, 乙과 그들의 성년 자녀인 丙은 모두 주소지인 송달장소에서 주민등록상 동일 세대를 구성하며 동거하고 있었고, 乙은 위 송달장소에서 소장 부본 등을 직접 송달받았다.

법원은 甲과 乙이 이혼한다는 내용의 화해권고결정을 하였다. 그 결정 정본은 위 송달장소로 송달되었는데, 丙이 甲에 대한 결정 정본과 乙에 대한 결정 정본을 동시에 송달받았다. 甲과 乙은 모두 위 결정 정본이 송달된 날로부터 2주 이내에 이의신청을 하지 않았다.

丙은 지적 능력과 관련한 장애는 없다. 丙은 위 각 결정 정본을 송달받을 무렵 甲과 乙의 혼인 파탄의 책임이 乙에게 있다며 甲에게 乙과 이혼하고 자신과 평화롭게 살아갈 것을 제안하기도 하였다.

乙은 자신에 대한 위 결정 정본이 적법하게 송달되지 않았으며, 위 결정 정본의 송달 당시 병원에 입원 중이어서 위 결정이 내려진 사실을 알 수도 없었다고 주장하고 있다.

〈 문제 〉

丙이 甲에 대한 결정 정본과 乙에 대한 결정 정본을 동시에 송달받은 것이 적법·유효한지 판단하고 근거를 서술하시오. 만약 甲에 대한 결정 정본은 甲이 위 송달장소에서 직접 수령하였지만, 乙에 대한 결정 정본은 丙이 우연히 우체국 창구에서 송달받았다면 丙에게 이루어진 송달이 적법·유효한지 판단하고 근거를 서술하시오. (15점)

[제1문의 3] 해설

1. 문제
丙에 대한 보충송달 및 조우송달의 효력이 문제 된다.

2. 丙에 대한 보충송달의 효력
(1) **관련 조문** - 송달은 원칙적으로 송달받을 사람의 주소·거소·영업소 또는 사무소에서 송달받을 사람 본인에게 교부하는 교부송달이 원칙이나(민소법 제178조 제1항, 제183조 제1항), 송달기관이 위와 같은 장소에서 송달받을 사람을 만나지 못한 때에는 동거인으로서 사리를 분별할 지능이 있는 사람에게 하는 보충송달에 의할 수도 있다(민소법 제186조 제1항). 대리인은 본인의 허락이 없으면 본인을 위하여 자기와 법률행위를 하거나 동일한 법률행위에 관하여 당사자쌍방을 대리하지 못한다(민법 제124조).

(2) **판례** - 보충송달은 수령대행인이 소송서류를 수령하여도 사회통념상 본인에게 소송서류를 전달할 것이라는 합리적인 기대를 전제로 하는데, 동일한 수령대행인이 이해가 대립하는 소송당사자 쌍방을 대신하여 소송서류를 동시에 수령하는 경우 소송당사자 쌍방 모두에게 소송서류가 제대로 전달될 것이라고 합리적으로 기대하기 어렵고, 민법 제124조의 쌍방대리금지 원칙에도 반하는바, 보충송달은 무효이다.

(3) **사안의 경우** - 甲과 乙의 성년 자녀 丙은 甲과 乙을 대신하여 송달받았는데, 丙은 혼인 파탄의 책임이 乙에게 있고, 甲에게 乙과의 이혼을 제안하기도 한 점에서 이혼하기로 하는 화해권고결정에 대하여 이의신청을 하지 못하여 이혼이 확정되도록, 소송서류를 정상적으로 전달할 것이 합리적으로 기대하기 어려운바, 丙에 대한 보충송달은 부적법한 송달로서 무효이다.

3. 丙에 대한 조우송달의 효력
(1) **관련 조문** - 주소 등 또는 근무장소가 있는 사람의 경우에도 송달받기를 거부하지 아니하면 만나는 장소에서 송달할 수 있다(민소법 제183조 제4항).

(2) **판례** - 송달장소가 아닌 곳에서 동거자를 만난 경우에는 그 동거자가 송달받기를 거부하지 아니하더라도 그곳에서 그 동거자에게 서류를 교부하는 것은 보충송달의 방법으로서 부적법하다.

(3) **사안의 경우** - 조우 송달은 본인에게만 하여야 하므로, 乙의 동거인 丙을 우연히 우체국 창구에서 만나서 송달한 것은 부적법한 송달로서 무효이다.

4. 결론
丙에 대한 보충송달 및 조우송달의 효력은 부적법한 송달로서 무효이다.

<제1문의 4>

〈 기초적 사실관계 〉

甲은 2018. 2. 1. 乙로부터 주택 건축 공사를 도급받았다. 위 계약 시 甲은 乙과 공사대금은 4억 원으로 정하고 계약금 1억 원은 계약 당일에, 잔금 3억 원은 주택을 완공하여 인도 시에 지급받기로 합의하였고 계약금으로 1억 원을 지급받았다. 甲은 위 계약에 따라 주택 공사를 시작하여 2019. 1. 31. 완공하고 같은 날 乙에게 주택을 인도하였다.

[※ 이하의 추가적 사실관계 1, 2는 각각 독립적인 별개의 사실관계임, 기간 등과 관련하여 기재된 날짜가 공휴일인지는 고려하지 말 것]

〈 추가적 사실관계 1 〉

甲은 乙에게 위와 같이 주택을 인도하였음에도 계약금 1억 원 외에 나머지 공사대금을 지급받지 못하자 2021. 11. 1. 乙을 상대로 공사잔대금 3억 원의 지급을 구하는 소를 제기하였고 그 소장 부본은 2021. 11. 10. 乙에게 송달되었다. 그런데 甲은 성급하게 소를 제기한 것 같다는 생각에 일단은 조금 더 기다려 보기로 하고 乙이 답변서를 내기 전인 2021. 11. 25. 법원에 소취하서를 제출하였다. 소취하서는 2021. 12. 5. 乙에게 송달되었다. 이후 甲은 乙로부터 소제기에 관한 항의를 받고 화가 나 2022. 5. 28. 乙을 상대로 다시 공사잔대금 3억 원의 지급을 구하는 소(이하 '이 사건 소송'이라 한다)를 제기하였다.

〈 문제 〉

1. 이 사건 소송에서 乙은 공사잔대금채권이 시효로 소멸하였다고 주장하였고 이에 대하여 甲은 시효가 중단되었다며 반박하였다. 甲과 乙의 주장의 당부를 판단하고 근거를 서술하시오. (15점)

〈 추가적 사실관계 2 〉

丙은 甲에 대하여 3억 원의 대여금채권을 가지고 있었는데 이를 집행채권으로 하여 2021. 2. 1. 甲의 乙에 대한 공사잔대금채권 3억 원에 대하여 압류 및 추심명령을 받았고, 다음 날 그 압류 및 추심명령이 甲과 乙에게 각각 송달되었다. 丁도 甲에 대하여 4억 원의 대여금채권을 가지고 있어 이를 집행채권으로 하여 2021. 3. 3. 마찬가지로 甲의 乙에 대한 공사잔대금채권 3억 원에 대하여 압류 및 추심명령을 받았고, 다음 날 그 압류 및 추심명령이 甲과 乙에게 각각 송달되었다. 丙은 2021. 4. 1. 추심명령에 근거하여 乙을 상대로 3억 원의 지급을 구하는 추심금청구의 소를 제기하였다. 소송절차에서 丙의 소송은 조정에 회부되었고, 그 조정절차에서 "1. 피고는 원고에게 2억 5천만 원을 지급한다. 2. 원고는 나머지 청구를 포기한다. 3. 소송비용 및 조정비용은 각자 부담한다."라는 조정을 갈음하는 결정이 있었으며 이 결정은 쌍방으로부터 이의신청이 없어 그대로 적법하게 확정되었다.

〈 문제 〉

2. 이후 丁이 乙을 상대로 추심금청구의 소를 제기할 경우, 위 조정을 갈음하는 결정의 효력이 丁이 제기한 추심금청구의 소에 미치는지를 판단하고 근거를 서술하시오. (15점)

[참고 법령]

「민사조정법」제30조(조정을 갈음하는 결정) 조정담당판사는 합의가 성립되지 아니한 사건 또는 당사자 사이에 성립된 합의의 내용이 적당하지 아니하다고 인정한 사건에 관하여 직권으로 당사자의 이익이나 그 밖의 모든 사정을 고려하여 신청인의 신청 취지에 반하지 아니하는 한도에서 사건의 공평한 해결을 위한 결정을 할 수 있다.

제34조(이의신청) ① 제30조 또는 제32조의 결정에 대하여 당사자는 그 조서의 정본이 송달된 날부터 2주일 이내에 이의를 신청할 수 있다. 다만, 조서의 정본이 송달되기 전에도 이의를 신청할 수 있다.

② ~ ③ (생략)

④ 다음 각 호의 어느 하나에 해당하는 경우에는 제30조 및 제32조에 따른 결정은 재판상의 화해와 동일한 효력이 있다.

  1. 제1항에 따른 기간 내에 이의신청이 없는 경우

  2.~3. (생략)

⑤ 제1항의 기간은 불변기간으로 한다.

[제1문의 4] 문제 1. 해설

1. 문제
재판상 청구로 인한 공사잔대금 채권 소멸시효 중단 여부가 문제 된다.

2. 재판상 청구로 인한 공사잔대금 채권 소멸시효 중단 여부

(1) 관련 조문 - 도급받은 자의 공사에 관한 채권은 3년간 행사하지 아니하면 소멸시효가 완성한다(민법 제163조 제3호). 재판상의 청구는 소송의 취하의 경우에는 시효중단의 효력이 없고, 6월 내에 재판상의 청구를 한 때에는 시효는 최초의 재판상 청구로 인하여 중단된 것으로 본다(민법 제170조 제1,2항). 소장을 송달한 뒤에는 취하의 서면을 상대방에게 송달하여야 한다(민소법 제266조 제4항).

(2) 사안의 경우

1) 공사대금 채권의 소멸시효 완성시점 - 甲은 乙로부터 잔금 3억 원을 주택을 완공하여 인도시에 지급받기로 하였으므로 2019. 1. 31.부터 3년이 지난 2022. 1. 31. 소멸시효 완성시점이 된다.

2) 재판상 청구 이후 소 취하 - 甲은 2021. 11. 1. 乙을 상대로 소를 제기하였으나, 2021. 11. 25. 법원에 소취하서를 제출하였는바, 시효중단의 효력이 없다.

3) 6월 내에 재판상 청구 - 소장 부본이 乙에게 송달되었으므로 소취하서 또한 상대방 乙에게 송달되어야 소 취하의 효력은 유효하지만, 소 취하의 효력 발생시점은 상대방에게 송달된 2021. 12. 5. 시점이 아닌 법원에 소 취하서를 제출한 2021. 11. 25. 기준으로 하는바,[1] 甲이 다시 乙에게 소를 제기한 2022. 5. 28.은 6개월인 2022. 5. 25. 이 도과한 시점이므로 소멸시효 완성 이후의 소제기로서 시효중단의 효력이 없다.

3. 결론
이 사건 소송에서 乙의 공사잔대금 소멸시효 항변은 타당하고, 그렇지 않다는 甲의 반박은 타당하지 않다.

[제1문의 4] 문제 2. 해설

1. 문제
추심금 소송에서 확정된 판결의 기판력이 변론종결일 이전에 압류·추심명령을 받았던 다른 추심채권자에게 미치는지 여부가 문제 된다.

---
[1] 상대방이 본안에 관하여 응소하기 전에 소를 취하한 경우에는 소취하서를 법원에 제출한 때 또는 말로 소를 취하한다고 한 때에 효과가 발생한다. 법원행정처, 법원실무제요[Ⅲ], 2017, 1600면.

2. 丙의 조정 결정 효력이 丁의 추심금 청구에 미치는지 여부

(1) **관련 조문** - 확정판결은 당사자, 변론을 종결한 뒤의 승계인에 대하여 효력이 미친다(민소법 제218조 제1항).

(2) **판례**[2]

1) 동일한 채권에 대해 복수의 채권자들이 압류·추심명령을 받은 경우 어느 한 채권자가 제기한 추심금소송에서 확정된 판결의 기판력은 그 소송의 변론종결일 이전에 압류·추심명령을 받았던 다른 추심채권자에게 미치지 않는다

2) 그 이유로는 ① 재판상 조정을 한 경우 '나머지 청구 포기 부분'은 추심채권자가 적법하게 포기할 수 있는 자신의 '추심권'에 관한 것으로 애초에 자신에게 처분 권한이 없는 '피압류채권' 자체를 포기한 것으로 볼 수 없고, ② 추심채권자들이 제기하는 추심금 소송의 소송물이 채무자의 제3채무자에 대한 피압류채권의 존부로서 서로 같더라도 소송당사자가 다르고, ③ 민집법 제249조 제3항, 제4항이 정한 추심의 소에서 참가명령의 취지는 추심금 소송의 확정판결의 효력이 미치지 않음을 전제로 참가명령을 통해 판결의 효력이 미치는 범위를 확장할 수 있도록 한 것이다

(3) **사안의 경우** - 丁이 乙을 상대로 한 압류 및 추심명령은 2021. 3. 3. 받았고, 丙의 乙에 대한 추심금 청구에 대한 판결이 확정된 시점은 소를 제기한 2021. 4. 1.로 丁은 조정 결정의 확정이 전에 이미 추심명령을 받았던 자에 해당하는바, 조정 결정의 효력이 丁의 추심금 청구에 미치지 않는다.

3. 결론

丁이 乙을 상대로 추심금 청구의 소를 제기할 경우 丙의 乙에 대한 조정을 갈음하는 결정의 효력이 丁에게 미치지 않는다.

---

[2] 대법원 2020. 10. 29., 선고, 2016다35390, 판결

<제1문의 5>

< 사실관계 >

　甲은 X토지를 소유하고 있는 乙과 X토지에 관한 매매계약을 체결하고 잔금까지 지급하였으나, 매도인인 乙이 이전등기를 마쳐 주지 않자 A변호사를 소송대리인으로 선임하여 乙을 상대로 소유권이전등기청구의 소를 제기하였다. 甲은 A변호사에게 소송위임을 하면서 '소의 취하, 화해, 청구의 포기·인낙'에 관한 특별수권을 하였다. 소송 중에 A변호사는 乙이 甲에게 소유권이전등기를 마쳐 주지 못한 이유가 X토지의 일부를 도로로 사용하고 있는데 甲이 소유권을 취득한 후 그 도로를 없애버리면 곤란해지기 때문이라는 점을 파악하고, 乙과 X토지 전체의 5%에 해당하는 도로 부분을 분할하여 그 부분을 제외한 나머지 부분에 대하여 甲에게 소유권이전등기를 마쳐 주는 내용으로 소송상 화해를 하였다. 이에 대하여 甲은 준재심의 소를 제기하면서 자신이 A변호사에게 화해에 관한 권한은 부여하였으나, X토지 전체의 5%를 처분할 수 있는 권한을 준 것은 아니라고 주장하였다.

< 문제 >

　甲의 주장이 타당한지 판단하고 근거를 서술하시오. (10점)

[제1문의 5] 해설

1. 문제

소송상 화해나 청구의 포기에 관한 특별수권이 있는 경우, 당해 소송물인 권리의 처분이나 포기에 대한 권한도 수여되어 있다고 볼 것인지 여부가 문제 된다.

2. 소송상 화해나 청구의 포기에 관한 특별수권에 소송물인 권리의 처분이나 포기 권한 포함 여부

(1) **관련 조문** – 소송대리인은 위임을 받은 사건에 관하여 소의 취하, 화해, 청구의 포기, 인낙에 관하여는 특별수권이 있어야 한다(민소법 제90조 제2항 제2호). 소송대리인이 소송행위를 하는 데에 필요한 권한의 수여에 흠이 있는 때에는 확정된 종국 판결에 대하여 재심의 소를 제기할 수 있다 (민소법 제451조 제1항 제3호).

(2) **판례** – 소송상 화해나 청구의 포기에 관한 특별수권이 되어 있다면, 특별한 사정이 없는 한 그러한 소송행위에 대한 수권만이 아니라 그러한 소송행위의 전제가 되는 당해 소송물인 권리의 처분이나 포기에 대한 권한도 수여되어 있다.

(3) **사안의 경우** – 甲이 변호사 A에게 소의 화해, 청구의 포기에 대한 특별수권을 하였다면 X 토지 전체의 5%를 처분할 수 있는 권한도 수여한 것으로 해석되므로, 대리권 수여 권한에 흠이 있음을 이유로 준재심 청구는 타당하지 않다.

3. 결론

소송상 화해에 대리권 흠을 이유로 한 준재심 청구는 타당하지 않다.

<제1문의 6>

< 기초적 사실관계 >

甲은 2019. 3. 1. 乙로부터 X토지를 임대차보증금 5억 원, 임대차 기간 3년으로 정하여 임차하였다. 甲은 2019. 3. 1. A은행으로부터 3억 원을 변제기 2022. 2. 28.로 정하여 대출받으면서 A은행에 위 임대차보증금반환채권 중 3억 원에 대하여 질권을 설정해 주었다. 질권설정계약 당일 乙은 A은행에 위 질권 설정에 관하여 확정일자 있는 승낙을 하였고, 임대차의 종료 등으로 임대차보증금을 반환하는 경우 질권이 설정된 3억 원을 A은행에 직접 반환하기로 약정하였다.

[※ 이하의 추가적 사실관계 1, 2는 각각 독립적인 별개의 사실관계임, 기간 등과 관련하여 기재된 날짜의 공휴일 여부, 이자 및 지연손해금은 고려하지 말 것]

< 추가적 사실관계 1 >

丙은 甲에 대하여 5억 원의 대여금채권을 가지고 있는데, 2019. 5. 1. 위 대여금채권을 집행채권으로 하여 甲의 임대차보증금반환채권 5억 원에 대한 압류 및 전부명령을 받았고, 위 압류 및 전부명령은 2019. 5. 10. 채무자 甲과 제3채무자 乙에게 각각 송달된 후 확정되었다. 乙은 임대차가 종료된 2022. 2. 28. 위 보증금 5억 원을 丙에게 지급하였다. A은행은 丙이 지급받은 금원 중 3억 원이 자신에게 먼저 지급되었어야 할 몫이라고 주장하며, 丙을 상대로 부당이득반환청구의 소를 제기하였다.

< 문제 >

1. A은행의 丙에 대한 청구가 이유 있는지 판단하고 근거를 서술하시오. (20점)

< 추가적 사실관계 2 >

甲은 乙이 X토지를 B에게 매도하려 한다는 소식을 듣고 乙에게 보증금반환채권을 위한 담보를 요구하였다. 이에 乙은 2020. 1. 3. 甲에게 X토지에 관하여 채권최고액 5억 원, 채무자 乙, 근저당권자 甲으로 하는 근저당권설정등기를 마쳐 주었다. 이후 乙과 B 사이의 매매계약 체결이 무산되자, 甲과 乙은 2020. 5. 1. X토지에 관한 근저당권설정계약을 해지하고 위 근저당권설정등기를 말소하였다. 이후 乙은 X토지를 丁에게 양도하고 소유권이전등기를 마쳐 주었다.

뒤늦게 이러한 사정을 알게 된 A은행은 甲의 근저당권은 피담보채권의 종된 권리로서 그 피담보채권인 임대차보증금반환채권과 함께 질권의 목적이 되므로, A은행의 동의 없이 말소된 甲 명의의 근저당권설정등기가 회복되어야 한다고 주장하며 乙과 丁을 상대로 말소된 근저당권설정등기에 관한 회복등기청구의 소(이하 '이 사건 소송'이라 한다)를 제기하였다. 甲과 乙 사이의 임대차계약, 甲과 A은행 사이의 질권설정계약 당시 근저당권설정에 관해서는 논의된 바 없고, 甲의 근저당권설정등기에 관하여 질권의 부기등기가 마쳐지지는 않았다.

< 문제 >

2. 법원은 乙과 丁에 대한 이 사건 소송에 관하여 어떠한 판단을 하여야 하는지 ① 결론(소 각하/청구 기각/청구 인용)과 ② 근거를 서술하시오. (20점)

[제1문의 6] 문제 1. 해설

1. 문제
(1) 채권질권자 A 은행과 전부채권자 丙 사이의 우열관계, (2) 제3채무자 乙의 전부채권자 丙에 대한 변제로 채권질권자 A에게 대항할 수 있는지 여부가 문제 된다.

2. 채권질권자 A 은행과 전부채권자 丙 사이의 우열관계
(1) **관련 조문** - 지명채권을 목적으로 한 질권의 설정은 설정자가 제3채무자에게 질권 설정의 사실을 통지하거나 제3채무자가 이를 승낙함이 아니면 이로써 제3채무자 기타 제삼자에게 대항하지 못한다(민법 제349조 제1항).

(2) **판례** - 질권의 목적인 채권에 대하여 질권설정자의 일반채권자의 신청으로 압류·전부명령이 내려진 경우에도 그 명령이 송달된 날보다 먼저 질권자가 확정일자 있는 문서에 의해 민법 제349조 제1항에서 정한 대항요건을 갖추었다면, 전부채권자는 질권이 설정된 채권을 이전받을 뿐이고 제3채무자는 전부채권자에게 변제했음을 들어 질권자에게 대항할 수 없다.

(3) **사안의 경우** - 채권질권자인 A 은행은 甲의 乙에 대한 임대차보증금 5억 원 중에서 3억 원에 대하여 2019. 3. 1. 채권질권설정을 하고, 제3채무자인 乙은 채권질권자인 A에게 확정일자 있는 승낙을 하여주었으므로, 전부채권자인 丙은 2019. 5. 1. 압류 및 전부명령을 받아 2019. 5. 10. 확정되었더라도, 2019. 5. 1. 채권질권이 설정된 임대차보증금 5억 원을 이전받은 것에 해당하는바, A은행이 丙보다 우선하는 지위에 있다.

3. 제3채무자 乙의 전부채권자 丙에 대한 변제로 채권질권자 A에게 대항할 수 있는지 여부
(1) **관련 조문** - 질권자는 질권의 목적이 된 채권을 직접 청구할 수 있다(민법 제353조 제1항).

(2) **판례** - 질권설정자가 민법 제349조 제1항에 따라 제3채무자에게 질권이 설정된 사실을 통지하거나 제3채무자가 이를 승낙한 때에는 제3채무자가 질권자의 동의 없이 질권의 목적인 채무를 변제하더라도 질권자에게 대항할 수 없고, 질권자는 여전히 제3채무자에게 직접 채무의 변제를 청구할 수 있다.

(3) **사안의 경우** - 乙이 A 은행의 동의 없이 5억 원을 전부 전부채권자인 丙에게 지급하였더라도 채권 질권자인 A 은행에게 대항할 수 없는바, 질권자인 A 은행은 乙에게 3억 원의 변제를 청구하여야 한다.

4. 결론
A 은행의 丙에 대한 부당이득반환청구는 이유가 없는바, 기각되어야 한다.

[제1문의 6] 문제 2. 해설

1. 문제
(1) A 은행의 乙에 대한 청구에 관한 법원의 판단, (2) A 은행의 丁에 대한 청구에 관한 법원의 판단이 문제 된다.

2. A 은행의 乙에 대한 청구에 관한 법원의 판단

(1) **관련 조문** - 저당권은 그 담보한 채권과 분리하여 타인에게 양도하거나 다른 채권의 담보로 하지 못한다(민법 제361조). 저당권으로 담보한 채권을 질권의 목적으로 한 때에는 그 저당권등기에 질권의 부기등기를 하여야 그 효력이 저당권에 미친다(민법 제348조).

(2) **판례**
   1) 질권자와 질권설정자가 피담보채권만을 질권의 목적으로 하였고 그 후 질권설정자가 질권자에게 제공하려는 의사 없이 저당권을 설정받는 등 특별한 사정이 있는 경우에는 저당권은 질권의 목적이 되지 않는다.
   2) 담보가 없는 채권에 질권을 설정한 다음 그 채권을 담보하기 위해 저당권이 설정되었더라도, 민법 제348조가 유추적용되어 저당권설정등기에 질권의 부기등기를 하지 않으면 질권의 효력이 저당권에 미친다고 볼 수 없다.

(3) **사안의 경우**
   1) 甲과 乙 사이의 임대차계약과 甲과 A 은행 사이의 질권설정계약 근저당권설정에 관해서는 논의된 바가 없었던 점에 비추어 질권설정자인 甲과 질권자인 A 은행과 사이에서는 甲의 乙에 대한 임대차보증금 반환채권만을 질권의 목적으로 한 것으로 질권설정자인 甲이 질권자인 A 은행에게 제공하려는 의사 없이 甲과 乙 사이에서 2020. 1. 3. 근저당권설정계약을 체결한 특별한 사정이 있는바, 이 사건 저당권은 질권의 목적이 되지 않는다.
   2) 그리고, A 은행은 甲의 乙에 대한 근저당권설정등기에 부기등기를 경료한 적도 없는바, 질권의 효력이 저당권에 미친다고 볼 수 없는바, A 은행의 乙에 대한 근저당권설정등기 회복청구는 기각되어야 한다.

3. A 은행의 丁에 대한 청구에 관한 법원의 판단

(1) **관련 조문** - 부동산에 관한 법률행위로 인한 물권의 득실변경은 등기하여야 그 효력이 생긴다(민법 제186조). 말소된 등기의 회복을 신청하는 경우에 등기상 이해관계 있는 제3자가 있을 때에는 그 제3자의 승낙이 있어야 한다(부동산등기법 제59조).

(2) **판례** - 불법하게 말소된 것을 이유로 한 근저당권설정등기 회복등기청구는 그 등기말소 당시의 소유자를 상대로 하여야 한다.

(3) 사안의 경우 - A 은행이 자신의 동의 없이 말소된 甲 명의의 근저당권설정등기에 관한 회복청구는 말소 당시의 소유자인 乙을 상대로 하여야 하는바, 말소 이후의 소유자인 丁에 대한 청구는 피고적격이 없는 자에 대한 청구에 해당하는바, 부적법 각하되어야 한다.

4. 결론

법원은 A 은행의 이 사건 소송에 관하여 乙에 대해서는 기각하고, 丁에 대해서는 각하하여야 한다.

제2문

〈제2문의 1〉

〈 기초적 사실관계 〉

甲은 2022. 2. 1. A로부터 A 소유의 X토지 및 Y토지를 대금 각 1억 원에 매수하고, 위 대금을 모두 지급하였다. 이어서 甲은 2022. 3. 31. 「부동산등기법」에 따라 ① X토지에 관하여는 甲 명의의 소유권이전등기의 등기신청정보를 전산정보처리조직에 저장하였고, ② Y토지에 관하여는 그 등기 명의만을 乙로 하기로 하는 乙과의 합의 및 이에 대한 A의 협조하에 乙 명의의 소유권이전등기의 등기신청정보를 전산정보처리조직에 저장하였다. 이에 따라 등기관은 2022. 4. 4. 전산정보처리조직을 이용하여 각 등기부에 위 소유권이전등기에 관한 등기사항을 기록함으로써 등기사무를 처리한 뒤 나머지 후속절차까지 모두 마쳤다.

〈 문제 〉

1. 위 각 토지에 관한 등기가 모두 마쳐진 상태에서, 2022. 4. 1.을 기준으로 X토지 및 Y토지의 각 소유자는 누구인가? (10점)

〈 추가적 사실관계 〉

甲의 대여금 채권자 丙은 2022. 6. 1. 대여금채권의 변제에 갈음하여 甲으로부터 Y토지의 소유권을 이전받기로 약정하고, 같은 날 乙로부터 직접 丙 명의의 소유권이전등기를 마쳤다. 그 후 갑자기 Y토지의 시가가 폭등하자, Y토지에 관한 乙 명의의 소유권이전등기 과정을 잘 알고 있던 A는 Y토지를 되찾아올 목적으로, 丙을 상대로 Y토지에 관하여 진정명의회복을 원인으로 한 소유권이전등기 청구의 소를 제기하였다.

〈 문제 〉

2. A의 丙에 대한 위 소유권이전등기청구 소송에서, 丙은 ① 자신은 「부동산 실권리자명의 등기에 관한 법률」 제4조 제3항의 '제3자'에 해당하고, ② 자신 명의의 소유권이전등기는 실체관계에 부합한다고 항변하였다. A의 丙에 대한 청구는 인용될 수 있는가? (25점)

[제2문의 1] 문제 1. 해설

1. 문제

2022. 4. 1. 기준 X토지 및 Y토지의 각 소유자가 문제 된다.

2. X 토지의 소유자

(1) **관련 조문** - 부동산에 관한 법률행위로 인한 물권의 득실변경은 등기하여야 그 효력이 생긴다(민법 제186조). 등기신청은 등기신청정보가 전산정보처리조직에 저장된 때 접수된 것으로 보고, 등기관이 등기를 마친 경우 그 등기는 접수한 때부터 효력을 발생한다(부동산등기법 제6조 제1,2항).

(2) **사안의 경우** - 甲이 2022. 2. 1. A로부터 X토지를 매수하고, 2022. 3. 31. 등기신청정보를 전산정보처리조직에 저장하였고, 2022. 4. 4. 나머지 후속절차까지 모두 마쳐, 2022. 3. 31. 접수된 것으로 보는 바, 2022. 4. 1. X 토지의 소유자는 甲이다.

3. Y 토지의 소유자

(1) **관련 조문** - 명의신탁약정은 무효로 하고, 이러한 명의신탁약정에 따른 등기로 이루어진 부동산에 관한 물권변동은 무효로 한다(부동산실명법 제4조 제1,2항).

(2) **사안의 경우** - 매도인 A와 매수인 甲 사이에서 Y 토지에 대한 매매계약을 체결하고, 등기 명의만을 제3자 乙로 하기로 하는 것은 이른바 중간생략형 3자간 명의신탁에 해당하여 무효이고, 이에 따른 등기도 무효로 하는바, 乙 명의 등기와 상관없이 Y 토지의 소유자는 여전히 매도인 A이다.

4. 결론

2022. 4. 1. 기준 X 토지의 소유자는 甲이고, Y토지의 소유자는 A이다.

[제2문의 1] 문제 2. 해설

1. 문제

A의 청구에 대한 丙의 ①, ② 항변 당부가 문제 된다.

2. A의 진정명의회복을 원인으로 한 소유권이전등기청구 적법 여부

(1) **관련 조문 및 요건 사실** - 소유자는 소유권을 방해하는 자에 대하여 방해의 제거를 청구할 수 있다(민법 제214조). ① 원고 소유, ② 피고 등기 경료, ③ 피고 등기원인이 무효라는 요건 사실을 요한다.

(2) **판례** - 진정한 등기명의의 회복을 위한 소유권이전등기청구는 이미 자기 앞으로 소유권을 표상하는 등기가 되어 있었거나 법률에 의하여 소유권을 취득한 자가 진정한 등기명의를 회복하기 위한 방법으로 현재의 등기명의인을 상대로 그 등기의 말소를 구하는 것에 갈음하여 허용된다.

(3) **사안의 경우** - A는 Y토지에 관하여 자기 앞으로 소유권자로서 등기가 되어 있었던 자이므로 ①번 요건이 충족되었고, 이미 피고 丙 앞으로 등기가 경료되어 ②번 요건도 충족되었으며, 진정한 소유자가 아닌 丙으로부터 등기원인이 무효라고 주장하고 있는바, 일응 적법하다.

3. 丙의 ① 항변 당부 - 부동산실명법 제4조 제3항의 보호되는 제3자 여부

(1) **관련 조문** - 명의신탁약정은 무효로 하고, 이러한 약정에 따른 등기로 이루어진 부동산에 관한 물권변동은 무효로 하지만, 이를 가지고 제3자에게 대항하지 못한다(부동산실명법 제4조 제3항).

(2) **판례** - 부실법 제4조 제3항에 정한 '제3자'는 명의수탁자가 물권자임을 기초로 그와 새로운 이해관계를 맺은 사람을 말하고, 명의신탁자와 부동산에 관한 물권을 취득하기 위한 계약을 맺고 단지 등기명의만을 명의수탁자로부터 경료받은 것 같은 외관을 갖춘 자는 위 조항의 제3자에 해당하지 아니하므로, 위 조항에 근거하여 무효인 명의신탁등기에 터 잡아 경료된 자신의 등기의 유효를 주장할 수 없다.

(3) **사안의 경우** - 丙은 Y 토지의 수탁자 乙이 아닌 신탁자 甲으로부터 대여금 채권의 변제에 갈음한 Y토지의 소유권을 취득하기 위하여 2022. 6. 1. 대물변제 계약을 체결하고, 등기 명의만을 수탁자 乙로부터 경료하여, 부실법 제4조 제3항의 보호되는 제3자에 해당하지 않는바, 丙의 ① 항변은 타당하지 않다.

4. 丙의 ② 항변 당부 - 실체관계에 부합하는 등기 여부

(1) **관련 조문** - 부동산에 관한 법률행위로 인한 물권의 득실변경은 등기하여야 그 효력이 생긴다(민법 제186조).

(2) **판례** - 3자간 명의신탁에서 매도인과 명의신탁자 사이의 매매계약은 여전히 유효하고, 명의신탁자는 매도인에 대하여 매매계약에 기한 소유권이전등기를 청구하기 위하여 매도인을 대위하여 명의수탁자에게 무효인 그 명의 등기의 말소를 구할 수 있으므로, 명의신탁자가 제3자와 사이에 부동산 처분에 관한 약정을 맺고 그 약정에 기하여 명의수탁자에서 제3자 앞으로 마쳐준 소유권이전등기는 실체관계에 부합하는 등기로서 유효하다.

(3) **사안의 경우** - Y토지 매매계약의 매수인이자 명의신탁자인 甲은 A를 대위하여 乙에게 경료된 소유권이전등기를 말소하여 A로 회복시킨 다음 자신의 명의로 소유권이전등기를 하여 소유권을 취득할 수 있었던 자로서, 丙과 대물변제 계약을 체결하고 이를 위해 수탁자 乙에서 제3자 丙으로 이전등기를 마쳐준 것은 실체관계에 부합하는 등기로서 유효한바, 丙의 ②항변은 타당하다.

5. 결론

A의 丙에 대한 진정명의회복을 원인으로 한 소유권이전등기청구는 기각된다.

〈제2문의 2〉

A는 2022. 4. 1. 甲에게 1억 원을 변제기 2022. 4. 30.로 정하여 대여하였고, 甲의 부탁을 받은 乙은 같은 날 A와 사이에 甲의 A에 대한 위 대여금채무를 위한 보증계약을 체결하였다.

한편 乙은 2022. 5. 2. 甲에게 乙 소유의 X토지를 1억 원에 매도하면서 X토지의 인도 및 소유권이전등기 소요서류의 교부는 2022. 7. 1. 이행하기로 하였고, 대금은 계약 당일 전액 수령하였다. 그런데 甲은 2022. 5. 30. 乙에게 착오를 이유로 위 매매계약을 취소하였고, 위 취소의 의사표시는 2022. 5. 31. 乙에게 도달하여 매매계약은 적법하게 취소되었다.

위 상태에서 甲에 대한 1억 원의 대여금 채권자 丙은 2022. 6. 2. 관할 법원에 甲을 채무자, 乙을 제3채무자로 하여 甲의 乙에 대한 위 부당이득반환채권에 대해 압류 및 추심명령을 신청하였고, 법원은 2022. 6. 10. 압류 및 추심명령을 발령하였다. 위 압류 및 추심명령은 2022. 6. 20. 甲과 乙에게 송달되었고, 丙은 2022. 6. 21. 乙을 상대로 위 추심명령에 따른 추심금 청구의 소를 제기하였다. 한편 乙은 2022. 7. 20. A에게 甲의 A에 대한 2022. 4. 1.자 대여금 채무 전액을 변제하였다.

〈 문제 〉

丙의 乙에 대한 위 추심금청구 소송에서, 乙은 甲에 대한 사전구상권과 사후구상권을 자동채권으로, 甲의 乙에 대한 부당이득반환채권을 수동채권으로 하여 상계하였다. 乙의 각 상계 주장은 타당한가? (이자나 지연손해배상 기타 부수 청구는 고려하지 말 것) (30점)

[제2문의 2] 해설

1. 문제

丙의 추심금 청구에 대한 乙의 (1) 사후구상권, (2) 사전구상권을 자동채권으로 한 상계항변 당부가 문제 된다.

2. 乙의 사후구상권과 사전구상권을 자동채권으로 한 상계 가부[1]

(1) **판례** - 사후구상권은 보증인이 채무자에 갈음하여 변제 등 자신의 출연으로 채무를 소멸시켰다고 하는 사실에 의하여 발생하는 것이고, 사전구상권은 민법 제442조 제1항 소정의 사유나 약정으로 정한 일정한 사실에 의하여 발생하는 등 발생원인을 달리하고 법적 성질도 달리하는 별개의 독립된 권리이므로, 사후구상권이 발생한 이후에도 사전구상권은 소멸하지 아니하고 병존하며, 다만 목적달성으로 일방이 소멸하면 타방도 소멸하는 관계에 있다.

(2) **사안의 경우** - 乙은 수탁보증인으로서 甲에 대하여 민법 제442조 제1항 제4호에 따라 사전구상권과 2022. 7. 20. 주채무의 변제로 사후구상권을 갖는바, 양 채권을 자동채권으로 상계 주장은 일응 타당하다.

3. 乙의 사후구상권을 자동채권으로 한 상계항변의 당부

(1) **관련 조문** - 쌍방이 서로 같은 종류를 목적으로 한 채무를 부담한 경우에 그 쌍방의 채무의 이행기가 도래한 때에는 각 채무자는 대등액에 관하여 상계할 수 있다(민법 제492조 제1항). 지급을 금지하는 명령을 받은 제3채무자는 그 후에 취득한 채권에 의한 상계로 그 명령을 신청한 채권자에게 대항하지 못한다(민법 제498조). 압류명령은 제3채무자와 채무자에게 송달하여야 하고, 압류명령이 제3채무자에게 송달되면 압류의 효력이 생긴다(민집법 제227조 제2, 3항).

(2) **판례**

1) 채무의 이행기가 도래한 때는 채권자가 채무자에게 이행의 청구를 할 수 있는 시기가 도래하였음을 의미하고 채무자가 이행지체에 빠지는 시기를 말하는 것이 아니다. 즉, 이행기의 정함이 없는 채권의 경우 그 성립과 동시에 이행기에 놓이게 되고, 부당이득반환채권은 이행기의 정함이 없는 채권으로서 채권의 성립과 동시에 언제든지 이행을 청구할 수 있는바, 채권의 성립일에 상계적상에서 의미하는 이행기가 도래한 것으로 볼 수 있다.

2) 채권압류명령을 받은 제3채무자가 압류채무자에 대한 반대채권을 가지고 있는 경우에 상계로써 압류채권자에게 대항하기 위하여는, 압류의 효력 발생 당시에 대립하는 양 채권이 상계적상에 있거나, 그 당시 반대채권(자동채권)의 변제기가 도래하지 아니한 경우에는 그것이 피압류채권(수동채권)의 변제기와 동시에 또는 그보다 먼저 도래하여야 한다.

---

[1] 실전 답안에서는 생략 가능한 부분입니다. 이해 편의를 돕고자 기재하였습니다.

(3) 사안의 경우

1) 乙의 甲에 대한 자동채권인 사후구상권은 기한의 정함이 없는 채권으로서 채권발생일인 주채무인 甲의 A에 대한 2022. 4. 1.자 1억 원 대여금채무를 대위변제한 2022. 7. 20. 변제기가 도래한다. 甲의 乙에 대한 수동채권인 부당이득반환채권도 기한의 정함이 없는 채권으로서 발생일인 착오의 의사표시가 도달한 2022. 5. 31. 변제기가 도래한다.

2) 그런데, 乙이 丙의 추심금 청구에 甲에 대한 사후구상권을 자동채권으로 대항하기 위해서는 압류의 효력이 발생한 2022. 6. 20. 양 채권이 상계적상에 있어야 하는데 자동채권의 변제기가 아직 도래하지 않아 상계적상에 있지 않았고, 자동채권의 변제기는 2022. 7. 20. 수동채권의 변제기는 2022. 5. 31.로 수동채권 변제기보다 늦게 도래하여 동시에 또는 먼저 도래하지 않는다.

3) 따라서, 乙의 甲에 대한 사후구상권을 자동채권으로 한 상계항변은 타당하지 않다.

4. 乙의 사전구상권을 자동채권으로 한 상계항변의 당부

(1) **관련 조문** - 주채무자의 부탁으로 보증인이 된 자는 채무의 이행기가 도래한 경우에 주채무자에 대하여 미리 구상권을 행사할 수 있다(민법 제442조 제1항 제4호). 주채무자가 보증인에게 배상하는 경우에 주채무자는 자기를 면책하게 하거나 자기에게 담보를 제공할 것을 보증인에게 청구할 수 있다(민법 제443조).

(2) **판례** - 제3채무자가 압류채무자에 대한 사전구상권을 가지고 있는 경우에 상계로써 압류채권자에게 대항하기 위해서는, ① 압류의 효력 발생 당시 사전구상권에 부착된 담보 제공 청구의 항변권이 소멸하여 사전구상권과 피압류채권이 상계적상에 있거나, ② 압류 당시 여전히 사전구상권에 담보 제공 청구의 항변권이 부착되어 있는 경우에는 제3채무자의 면책행위 등으로 인해 위 항변권을 소멸시켜 사전구상권을 통한 상계가 가능하게 된 때가 피압류채권의 변제기보다 먼저 도래하여야 한다.

(3) **사안의 경우**

1) 주채무의 변제기는 2022. 4. 30.에 도래하여 乙은 甲에 대한 사전구상권을 갖는다.

2) 그런데 이를 가지고 丙에게 대항하기 위하여는 압류의 효력이 발생하는 2022. 6. 20. 사전구상권에 부착된 담보 제공 청구의 항변권이 소멸하여 수동채권인 부당이득반환채권과 상계적상에 있어야 하는데, 항변권이 소멸하는 시점은 주채무를 변제하여 甲을 면책시킨 2022. 7. 20.로 2022. 6. 20. 기준 상계적상에 있지 않았다. 또한, 위 항변권을 소멸하여 상계가 가능해진 시점은 2022. 7. 20.로서 피압류채권은 甲의 乙에 대한 부당이득반환채권의 변제기 2022. 5. 31.보다 이후에 도래한다.

3) 따라서, 乙의 甲에 대한 사전구상권을 자동채권으로 한 상계항변도 타당하지 않다.

5. 결론

丙의 추심금 청구에 대한 乙의 각 상계항변은 타당하지 않다.

〈제2문의 3〉

〈 기초적 사실관계 〉

甲(남편)과 乙(부인)은 2020. 1.경 혼인신고를 마친 부부이다.

乙은 2022. 4. 1. 甲을 대리하여 丙으로부터 丙 소유의 X토지를 매매대금 3억 원에 매수하면서, 잔금 지급과 토지인도 및 소유권이전등기 소요서류의 교부는 2022. 6. 30. 동시에 이행하기로 약정하였다(이하 '제1매매계약'이라 한다).

이후 乙은 2022. 8. 1. 甲을 대리하여 丁에게 X토지를 매매대금 3억 5,000만 원에 매도하면서, 잔금 지급과 토지인도 및 소유권이전등기 소요서류의 교부는 2022. 10. 31. 동시에 이행하기로 약정하였다(이하 '제2매매계약'이라 한다).

[※ 이하의 추가적 사실관계 1, 2는 각각 독립적인 별개의 사실관계임]

〈 추가적 사실관계 1 〉

제1, 2매매계약은 적법하게 체결되었고 그 이행기도 모두 경과하였으나, 위 각 매매계약에 따른 잔금 지급과 소유권이전등기는 이루어지지 않고 있었다. 그러던 중 甲, 丙, 丁 3인은 '丙은 甲을 거치지 아니하고 곧바로 丁에게 X토지에 관한 소유권이전등기를 마쳐 주기로 한다'는 내용의 합의서를 작성하였다. 그러나 위 합의에도 불구하고 丙이 소유권이전등기를 계속 미루자 丁은 丙을 상대로 X토지에 관하여 직접 소유권이전등기를 구하는 소를 제기하였다. 위 소송에서 丙은 '위 합의서 작성 이후 甲과 사이에 제1매매계약에 따른 미지급 잔대금 2억 원을 2억 3,000만 원으로 증액하기로 약정하였으므로, 위 2억 3,000만 원을 지급받을 때까지는 丁의 청구에 응할 수 없다'고 항변하였다.

〈 문제 〉

1. 법원은 어떠한 판단을 하여야 하는지 ① 결론(소 각하/청구 기각/청구 인용/청구 일부 인용 – 일부 인용의 경우 인용 범위를 특정할 것)과 ② 논거를 서술하시오. (10점)

〈 추가적 사실관계 2 〉

제1매매계약은 乙이 부동산 매매를 통한 시세차익을 얻기 위해 타지에 출장 중인 甲과 상의 없이 집에 보관 중이던 甲의 인감도장을 사용하여 체결한 것으로, 乙은 제1매매계약에 따른 매매대금을 지급하고 2022. 6. 30. X토지에 관하여 甲 명의로 소유권이전등기를 마쳤다. 甲은 2022. 7. 중순경 乙로부터 X토지의 소유권취득 경위를 듣게 되었으나 이에 대해 별다른 이의를 제기하지 않았다.

이후 X토지의 시세가 하락할 것이라는 소문이 돌자, 乙은 甲에게 알리지 않고 甲의 인감도장을 사용하여 甲 명의의 위임장을 작성한 다음, 2022. 8. 1. 甲을 대리하여 丁에게 X토지를 매도하는 제2매매계약을 체결하였다. 丁은 위 계약체결 당시 乙과 부동산중개인을 만나 '乙은 甲의 배우자로 출장 중인 남편 甲을 대리하여 X토지를 매수하였다가 바로 전매하는 것이다. 甲이 매매계약을 체결하라고 인감도장과 서류도 乙에게 맡기고 갔다'는 설명을 들었고, 乙이 甲의 인감도장과 X토지의 등기필정보를 소지하고 있음을 확인하였다.

출장에서 돌아온 甲은 2022. 8. 중순경 乙로부터 제2매매계약의 체결 사실을 듣고 X토지의 시세를 확인해 보니, 소문과 달리 X토지의 시세가 상승한 것을 확인하였다. 이에 甲은 즉시 丁에게 '제2매매계약은 乙이 무단으로 체결한 것이므로 무효'라고 주장하며 丁에 대한 소유권이전등기절차를 이행하지 아니할 의사를 밝혔다.

〈 문제 〉

2. 丁은 ① 乙이 甲의 배우자로서 X토지의 처분에 관한 대리권이 있었고, 그렇지 않다 하더라도 ② 丁으로서는 乙에게 그러한 대리권이 있는 것으로 믿을 수밖에 없었으므로, 甲은 丁에게 제2매매계약에 따른 소유권이전등기의무가 있다고 주장한다. 丁의 주장은 타당한가? (25점)

[제2문의 3] 문제 1. 해설

1. 문제

중간생략등기의 합의가 있은 후에 최초 매도인과 중간 매수인 간에 매매대금을 인상하는 약정이 체결된 경우, 최초 매도인이 인상된 매매대금이 지급되지 않았음을 이유로 최종 매수인 명의로의 소유권이전등기의무의 이행을 거절할 수 있는지가 문제 된다.

2. 丙의 동시이행항변 당부

(1) **관련 조문** - 매도인은 매수인에 대하여 매매의 목적이 된 권리를 이전하여야 하며 매수인은 매도인에게 그 대금을 지급하여야 하고, 이러한 쌍방의무는 특별한 약정이나 관습이 없으면 동시에 이행하여야 한다(민법 제568조 제1,2항).

(2) **판례** - 중간생략등기의 합의란 부동산이 전전 매도된 경우 각 매매계약이 유효하게 성립함을 전제로 그 이행의 편의상 최초의 매도인으로부터 최종의 매수인 앞으로 소유권이전등기를 경료하기로 한다는 당사자 사이의 합의에 불과할 뿐이므로, 최초 매도인은 인상된 매매대금이 지급되지 않았음을 이유로 최종 매수인 명의로의 소유권이전등기의무의 이행을 거절할 수 있다.[1]

(3) **사안의 경우** - 丁은 甲, 丙, 丁 3자의 중간생략등기의 합의를 근거로 丙에게 직접 이전등기를 구할 수 있지만, 중간생략등기 합의 이후 甲과 丙사이에서 2022. 4. 1.자 매매계약에 따른 미지급 잔대금을 2억 원에서 2억 3천만 원으로 증액하기로 한 합의도 유효한바, 이를 이유로 동시이행항변권은 타당하다.

3. 결론

법원은 "1. 丙은 소외 甲으로부터 2억 3천만 원을 지급받음과 동시에 丁에게 2022. 4. 1.자 매매[2]를 원인으로 한 소유권이전등기절차를 이행하라. 2. 나머지 청구는 기각한다."는 상환이행판결을 하여야 한다.

[제2문의 3] 문제 2. 해설

1. 문제

(1) 丁 주장의 당부를 판단하기 위한 선결문제로 X 토지의 소유자, (2) 丁의 ① 주장, (3) 丁의 ② 주장 당부가 문제 된다.

---

[1] 대법원 2005. 4. 29. 선고 2003다66431 판결
[2] 제2매매 계약을 원인으로 적어야 하는 것이 아닌가 하는 의문이 들 수 있으나, 필자가 실무 판례를 탐색해 본 결과 전매계약인 아닌 원 매매계약을 청구원인으로 기재하였음을 확인하였다. 최근 유사한 하급심 판례로 부산고등법원 2021. 6. 10. 선고 2020나53845 판결이 있다.

2. X 토지의 소유자

(1) **관련 조문** - 부부는 일상의 가사에 관하여 서로 대리권이 있다(민법 제827조 제1항). 대리권 없는 자가 타인의 대리인으로 한 계약은 본인이 이를 추인하지 아니하면 본인에 대하여 효력이 없다(민법 제130조). 추인은 다른 의사표시가 없는 때에는 계약시에 소급하여 그 효력이 생긴다(민법 제133조).

(2) **판례** - 부부간의 일상가사대리권은 부부가 공동체로서 가정생활상 항시 행하여지는 행위에 한하는 것이므로, 처가 별거하여 외국에 체류중인 부의 재산을 처분한 행위를 부부간의 일상가사에 속하는 것이라 할 수는 없다.

(3) **사안의 경우** - 甲의 처 乙이 시세차익을 얻기 위해 타지에 출장 중인 甲과 상의 없이 甲의 인감도장을 사용하여 체결한 제1매매계약은 일상가사대리권 범위 내의 행위라고 볼 수 없고, 甲의 적법한 대리권 수여를 통한 행위도 아닌 무권대리 행위로서 유동적 무효이다. 그런데 2022. 7. 중순경 甲이 이러한 사정을 알고도 별다른 이의를 제기하지 않은 것은 묵시적 추인으로 해석되므로 소급해서 유효한 매매계약이 된다. 따라서, 2022. 4. 1. 매매를 원인으로 한 2022. 6. 30. 소유권이전등기는 실체관계에 부합하는 등기로서 유효한바, X토지의 소유자는 甲이다.

3. 丁의 ① 주장 당부 - 유권대리

X토지의 시세가 하락할 것이라고 믿고, 처 乙이 본인 남편 甲의 동의를 받지 않고 甲의 인감도장을 무단으로 사용하여 2022. 8. 1. 대리인으로서 丁과 2022. 8. 1. 제2매매계약을 체결한 것은 상술한 2. (1), (2) 법리를 근거로 볼 때 일상가사대리에 속하는 법률행위로 해석될 수 없고, 甲의 수권행위도 없었는바, 乙이 甲의 배우자로서 X 토지의 처분에 관한 대리권이 있다는 주장은 타당하지 않다.

4. 丁의 ② 주장 당부 - 민법 제126조 표현대리 성부

(1) **관련 조문 및 요건 사실** - 대리인이 그 권한 외의 법률행위를 한 경우에 제3자가 그 권한이 있다고 믿을 만한 정당한 이유가 있는 때에는 본인은 그 행위에 대하여 책임이 있다(민법 제126조). ① 기본대리권의 존재, ② 권한을 넘은 표현대리 행위, ③ 상대방의 선의·무과실을 요건으로 한다.

(2) **판례** - 남편 부동산의 처분에 관한 아내의 대리권은 이례에 속하므로 표현대리가 되려면 아내에게 가사대리권이 있다는 것만으로는 부족하고 남편이 아내에게 그 행위에 관한 대리의 권한을 주었다고 믿었음은 정당화할 만한 객관적인 사정이 있어야 한다.

(3) **사안의 경우** - 배우자 乙이 출장 중인 남편 甲을 대리하여 X토지를 매수하였다가 바로 전매하는 것이고, 매매계약을 체결하라고 인감도장과 서류를 맡기고 간다는 것을 극히 이례적인 사정에 해당하므로, 남편에 정확한 매도 의사를 확인하기 위하여 배우자 乙의 말만 믿을 것이 아니라 본인 甲의 의사를 확인할 수 있는 다른 조치를 취하지 않은 것을 두고 정당한 사정이 있다고 보기 어려워 丁의 과실이 인정되는바, 대리권이 있는 것으로 믿을 수밖에 없었다는 주장은 타당하지 않다.

5. 결론

제2매매계약은 확정적 무효이므로 계약이 유효함을 이유로 소유권이전등기의무가 있다는 丁의 주장은 타당하지 않다.

제3문

〈제3문의 1〉

〈 기초적 사실관계 〉

A주식회사는 중고자동차 수출입업을 하는 비상장회사이다. A회사에는 대표이사 甲을 포함하여 총 7인의 이사가 있으며, 丁은 감사로 재직 중이다. 甲은 A회사의 영업이 호조를 보이자 스스로 전액 출자하여 중고자동차 수출입업을 하는 B주식회사를 설립하기로 하였다. 甲은 자신의 계획을 A회사 이사회에서 승인받기 위하여 적법한 절차를 거쳐 이사회를 소집하였다. 이사 전원이 참석한 A회사 이사회는 甲으로부터 B회사의 설립과 관련된 간단한 요약 자료에 의한 보고를 받고 이의 승인여부를 표결에 부쳤다. 이러한 보고 자료 외에 B회사 영업의 구체적인 내용이나 A회사에 미치는 영향 등에 대한 설명이나 검토는 이루어지지 않았다. 이사 乙은 B회사의 영업이 A회사와 경쟁관계에 있어 손해를 초래할 수 있으므로 이에 대해 충분한 검토를 해야 한다고 주장하며 표결에서 반대하였으나, 甲을 포함한 이사 5명은 찬성, 丙은 기권(의사록에는 이의를 했다는 기록은 없고 단지 기권한 것으로 기재되어 있음)하였다. 이사회 종료 후 甲은 B회사를 설립하고 영업을 개시하였다. B회사가 A회사와 주된 거래처를 두고 서로 경쟁하였고, 이로 인해 A회사는 매출액이 크게 감소하면서 손해를 입게 되었다.

〈 문제 〉

1. 가. A회사의 대표이사인 甲이 B회사를 설립하여 중고자동차 수출입업을 행하는 것은 「상법」상 요건을 갖춘 것인가? (15점)

　나. A회사는 乙을 제외한 나머지 이사 전부를 피고로 하여 손해배상청구소송을 제기하였다. 이 손해배상청구는 인용될 수 있는가? (20점)

〈 추가적 사실관계 〉

A회사는 비상장회사인 C주식회사의 발행주식총수 9천 주 중 7천6백 주를 주권 형태로 소유하고 있으며 주주명부에 명의개서까지 완료한 상태이다. 아울러 C회사는 자기주식 1천 주를 보유하고 있다. C회사는 경제 상황이 불안정해지자 자금을 추가 조달할 생각으로 A회사의 거래처인 D주식회사에 주식 1천 주를 적법하게 추가 발행하였다. C회사는 D회사의 명의로 주주명부에 명의개서까지 완료하였으나 주권을 발행하지는 않았다. 그런데 D회사는 신주를 발행받은 후 C회사의 경영실적이 급격히 악화되자 A회사에 C회사 주식 1천 주를 매수할 것을 요구하였다. 이에 A회사는 신주 발행일로부터 4개월이 지난 시점에 D회사로부터 1천 주를 매수하였고, D회사는 이를 C회사에 통지하였다. A회사가 D회사로부터 주식을 매수한 후 3개월이 더 지났으나 C회사는 여전히 1천 주에 대한 주권을 발행하지 않고 있으며, 주주명부상 D회사가 여전히 1천 주의 주주로 기재되어 있다. 경영실적이 더욱 악화된 C회사는 A회사가 「상법」상 지배주주의 매도청구권을 이용하여

C회사 소수주주들의 주식 전부를 강제적으로 매수하는 것이 C회사의 경영정상화의 첫걸음이라고 판단하였다. A회사, D회사, 소수주주들에게 소집통지를 하여 개최된 C회사의 주주총회에서는 A회사와 D회사의 찬성으로 A회사가 C회사의 소수주주들에게 주식의 매도를 청구할 수 있도록 승인하는 결의가 이루어졌다.

〈 문제 〉

2. 가. A회사는 D회사로부터 1천 주를 유효하게 취득하였는가? (10점)

   나. A회사의 매도청구를 승인하는 C회사의 주주총회결의에서 D회사가 소집통지를 받고, 의결권을 행사한 것은 결의의 하자라고 할 수 있는가? (10점)

   다. A회사는 C회사의 소수주주들에게 주식의 매도를 청구할 권리가 있는가? (10점)

[제3문의 1] 문제 1. 가. 해설

1. 문제

A 회사 대표이사 甲이 A회사와 동일한 영업을 하는 B회사를 설립한 행위가 경업금지의무 적법 요건을 충족하였는지 여부가 문제 된다.

2. 경업금지의무 적법 요건 충족 여부

(1) **관련 조문** - 이사는 이사회의 승인 없이 자기의 계산으로 회사의 영업부류에 속한 거래를 하거나 동종영업을 목적으로 하는 다른 회사의 이사가 되지 못한다(상법 제397조 제1항).

(2) **자기의 계산으로 회사의 영업부류에 속한 거래 해당 여부**

1) 판례 - 이사는 경업 대상 회사의 이사, 대표이사가 되는 경우뿐만 아니라 그 회사의 지배주주가 되어 그 회사의 의사결정과 업무집행에 관여할 수 있게 되는 경우에도 자신이 속한 회사 이사회의 승인을 얻어야 한다.[1]

2) 사안의 경우 - A 회사의 대표이사 甲이 전액을 출자하여 B 회사 1인 지배주주가 되어 A 회사와 동일한 중고자동차 수출입업을 하는 것은 이사 甲이 A회사와 경쟁관계에 있다고 보여지고, 이는 자기의 계산으로 A 회사의 영업부류에 속하는 거래를 하고 있는 것인바, 경업에 해당한다.

(3) **이사회 승인 적법 여부**

1) 관련 조문 - 이사회의 결의는 이사 과반수의 출석과 출석 이사의 과반수로 하여야 하고, 총회의 결의에 관하여 특별한 이해관계가 있는 자는 의결권을 행사하지 못하고, 출석한 이사의 의결권의 수에 산입하지 아니한다(상법 제391조 제1, 2, 3항).

2) 판례 - 개인적으로 이해관계를 가지는 경우로서 그 결의에 관한 특별이해관계인에 해당한다. 승인을 얻고자 하는 이사는 경업의 대상이 되는 거래 또는 겸직하려는 회사에 관한 중요사항을 이사회에 알려야 한다.[2]

3) 사안의 경우

① 총 7인의 이사 중에서 전원이 참석하여 의사정족수는 충족하였고, 경업의 승인을 구하는 대표이사 甲은 특별이해관계인에 해당하므로 결의에 참여할 수 없음에도 참여하였으나, 특별이해관계인 甲과 기권한 丙을 제외하고도 4명의 이사가 찬성하여 의결권 있는 이사 6명 중 4명이 찬성하여 의결정족수도 충족하였는바, 정족수 요건은 충족하였다.

② 법문에 명문으로 규정되어 있지 않으나 이사회가 경업에 관한 승인 여부를 판단하기 위해서는 관련된 구체적인 정보가 필요함에도,[3] 대표이사 甲은 B회사 영업의 구체적인 내용이나 A회사에 미치는 영향 등에 관한 설명이나 검토에 필요한 자료 등을 제공하지 않아 중요사항을 이사회에 알리지 않은 하자가 존재하는바, 승인의 절차가 적법하다고 볼 수 없다.

---

1) 대법원 2013. 9. 12., 선고, 2011다57869, 판결
2) 대법원 2007. 5. 10., 선고, 2005다4284, 판결
3) 송옥렬, 「상법강의」 제13판, 박영사, 2022, 1062면.

3. 결론

A회사 대표이사 甲이 B회사를 설립하여 중고자동차 수출입업을 행하는 것은 상법 제397조 제1항의 경업금지의무 적법요건을 갖추지 못하였다.

[제3문의 1] 문제 1. 나. 해설

1. 문제

A 회사가 경업금지의무를 위반한 이사 甲 및 이러한 이사회 결의에 찬성 또는 기권한 이사들에 대한 손해배상 청구의 인용 여부가 문제 된다.

2. 이사 甲의 A 회사에 대한 손해배상책임 - 선관주의의무 위배

(1) **관련 조문** - 회사와 이사의 관계는 민법 위임에 관한 규정을 준용한다(상법 제382조 제2항). 이사가 고의 또는 과실로 법령 또는 정관에 위반한 행위를 하거나 그 임무를 게을리한 경우에는 그 이사는 회사에 대하여 연대하여 손해를 배상할 책임이 있다(상법 제399조 제1항).

(2) **판례** - 법령에 위반한 행위에 대하여는 이사가 임무를 수행함에 있어서 선관주의의무를 위반하여 임무해태로 인한 손해배상책임이 문제되는 경우에 고려될 수 있는 경영판단의 원칙은 적용할 수 없다.

(3) **사안의 경우** - 이사 甲은 상법 제397조 제1항 법령에서 규정하고 있는 경업금지의무를 위반하여 A 회사와 동일한 중고자동차 수출입업을 하는 B 회사를 설립하고 영업을 개시하였다. 이로 인해 두 회사는 동일한 거래처를 두고 서로 경쟁한 결과 A 회사의 매출액이 크게 감소하는 손해를 발생시켰고, 양자간에는 인과관계가 인정되는바, 甲은 A 회사의 손해에 대하여 배상할 책임이 있다.

3. 찬성 이사들의 A 회사에 대한 손해배상책임 - 감시의무 위배

(1) **관련 조문** - 상법 제399조 제1항의 행위가 이사회의 결의에 의한 것인 때에는 그 결의에 찬성한 이사도 책임이 있다. 이러한 결의에 참가한 이사로서 이의를 한 기재가 의사록에 없는 자는 그 결의에 찬성한 것으로 추정한다(상법 제399조 제2,3항).

(2) **판례** - 이사가 이사회에 출석하여 결의에 기권하였다고 의사록에 기재된 경우에 그 이사는 "이의를 한 기재가 의사록에 없는 자"라고 볼 수 없으므로, 상법 제399조 제3항에 따라 이사회 결의에 찬성한 것으로 추정할 수 없는바, 회사에 책임을 부담하지 않는다.[4]

(3) **사안의 경우** - 이사 甲이 경업금지의무를 위반한 이사회 결의에 찬성한 4명의 이사들은 감시의무를 위배하였으므로, 상법 제399조 제2항에 따라 동조 제1항의 책임을 甲과 연대하여 배상할

---

[4] 대법원 2019. 5. 16., 선고, 2016다260455, 판결

책임이 있다. 그러나, 丙은 이사회에 출석하여 결의에 기권하였다고 의사록에 기재되어 동조 제3항의 추정이 이루어질 수 없으므로 손해배상책임을 부담하지 않는다.

4. 결론

A 회사의 이사들에 대한 손해배상 청구는 甲 및 이 사건 결의에 찬성 이사 4인에 대한 부분은 인용되고, 기권한 이사 丙에 대한 부분은 기각된다.

[제3문의 1] 문제 2. 가. 해설

1. 문제

주권발행 전 주식양도의 효력이 문제 된다.

2. 주권발행 전 주식양도의 효력

(1) **관련 조문** - 주권발행 전에 한 주식의 양도는 회사에 대하여 효력이 없으나 회사성립 후 6월이 경과한 때에는 회사에 대하여도 효력이 있다(상법 제335조 제3항).

(2) **판례** - 주권발행 전의 주식의 양도는 지명채권의 양도에 관한 일반원칙에 따라 당사자의 의사표시만으로 효력이 발생하는 것이고, 주권발행 전에 한 주식의 양도가 회사성립 후 또는 신주의 납입기일 후 6월이 경과하기 전에 이루어졌더라도 그 이후 6월이 경과하고 그 때까지 회사가 주권을 발행하지 않았다면, 그 하자는 치유되어 회사에 대하여도 유효한 주식양도가 된다.[5]

(3) **사안의 경우** - A회사는 C회사의 1천 주 미발행 신주를 발행일로부터 4개월이 지나지 않은 상태에서 D회사로부터 매수하였고, D회사는 이를 C회사에 통지하였으나 신주발행일로부터 6개월이 지나지 않았기 때문에 A와 D사이에서는 유효하지만 그 효력을 C사에게 주장할 수 없었다. 그런데 이후, 6월이 경과하여 그 하자는 치유되었으므로 A회사는 D회사로부터 1천 주를 유효하게 취득한 사실을 C에게도 주장할 수 있다.

3. 결론

A회사는 D회사로부터 1천주를 유효하게 취득하였다.

[제3문의 1] 문제 2. 나. 해설

1. 문제

명의개서 미필상태에서 주식양도인이 주주총회에서 행사한 의결권의 적법 여부가 문제 된다.

---

[5] 대법원 2002. 3. 15., 선고, 2000두1850, 판결

2. 명의개서 미필상태에서 주식양도인이 주주총회에서 행사한 의결권의 적법 여부

(1) **관련 조문** - 주식의 이전은 취득자의 성명과 주소를 주주명부에 기재하지 아니하면 회사에 대항하지 못한다(상법 제337조 제1항).

(2) **학설** - ① 편면적구속설 : 법문에 충실하게 회사가 스스로 주주임을 인정할 수 있다. ② 쌍면적 구속설 : 회사가 명의개서 미필주주를 인정하는 것은 허용될 수 없다.

(3) **판례**[6]
  1) 종래 편면적 구속설에서 쌍면적 구속설로 변경하여 회사도 명의개서 미필주주에게 주주권의 행사를 인정할 수 없다.
  2) 왜냐하면 ① 상법상 주주명부의 취지가 다수의 이해관계를 형식적이고 획일적 기준으로 처리하고자 함이므로, ② 주주명부에 기재되어 있는 자는 특별한 사정이 없는 한 회사에 대한 관계에서 주식에 관한 의결권을 적법하게 행사할 수 있고, ③ 이는 회사 역시 주주명부상 주주 외에 실제 주식을 인수 내지 양수하였던 자가 따로 존재한다는 사실을 알았던 몰랐던 간에 차이가 없기 때문이다.

(4) **사안의 적용** - A회사와 D회사의 주식양도는 유효하므로 A회사는 D회사의 주식을 적법하게 양수하였다고 볼 수 있으나, 주주명부상 주식양도인인 D회사가 여전히 주주로 기재되어 있어 A회사는 C회사에 대한 관계에서 주주로서의 지위를 갖는 자가 아닌바, 주주로서의 권리를 행사할 수 없다.

3. 결론

주식양도인 D회사가 명의개서된 주주로서 C회사의 주주총회결의에서 의결권을 행사한 것은 적법하므로 결의의 하자라고 할 수 없다.

[제3문의 1] 문제 2. 다. 해설

1. 문제

지배주주 A회사가 C회사의 소수주주들에 대한 매도청구권 행사 가부가 문제 된다.

2. 지배주주의 매도청구권 행사 가부

(1) **관련 조문** - 회사 발행주식총수의 100분의 95 이상을 자기의 계산으로 보유하고 있는 주주(지배주주)는 회사의 경영상 목적을 달성하기 위하여 필요한 경우에는 회사의 다른 주주(소수주주)에게 그 보유하는 주식의 매도를 청구할 수 있고, 이러한 보유주식의 수를 산정할 때에는 모회사와 자회사가 보유한 주식을 합산한다(상법 제360조의24 제1,2항).

---

[6] 대법원 2017. 3. 23., 선고, 2015다248342, 전원합의체 판결

(2) **판례** - 상법 제360조의24 제2항은 보유주식의 수를 산정할 때에는 모회사와 자회사가 보유한 주식을 합산하도록 규정할 뿐 자회사가 보유한 자기주식을 제외하도록 규정하고 있지 않으므로 자회사가 보유하고 있는 자기주식은 모회사의 보유주식에 합산되어야 한다

(3) **사안의 적용** - C회사의 발행주식총수는 자기주식 1천주를 포함하여 1만주이고, A회사는 이중 7천6백 주를 자기 명의로, 1천주를 타인 명의로 보유하고 있는 바,[7] 위 주식은 모두 합산된다. A회사는 C회사의 모회사이므로 C회사가 보유하는 자기주식은 모회사인 A회사의 보유주식에 합산된다. 위와 같이 총 9천 6백주의 주식을 A회사가 보유하는 것으로 볼 수 있는바, A회사는 C회사 주식의 100분의 96을 갖고 있는 지배주주에 해당하여 C회사의 소수주주에게 보유주식의 매도를 청구할 권리가 있다.

3. 결론

A회사는 C회사의 소수주주들에게 주식의 매도를 청구할 권리가 있다.

---

[7] 송옥렬,「상법강의」제13판, 박영사, 2022, 889면. 보유는 지배주주의 계산으로 하는 이상 누구의 명의로 하든지 상관없다.

〈제3문의 2〉

유명 가수인 甲은 乙과 대형 레스토랑 사업에 관하여 다음과 같이 약정하였다.

1. 甲은 사업자금 5억 원 전액을 출자하되, 레스토랑 운영에는 관여하지 않는다.
2. 레스토랑은 乙의 단독명의로 운영한다.
3. 이익의 분배는 甲과 乙이 7대 3의 비율로 한다.
4. 상호는 '월드스타 甲 레스토랑'으로 한다.

乙은 위 약정에 따라 레스토랑 영업을 개시한 이후 식자재도매상인 丙과 식자재납품계약을 체결하였는데 丙에게 3억 원의 대금을 변제하지 못하고 있다.

〈 문제 〉

丙은 지급받지 못한 식자재납품대금을 甲과 乙에게 청구할 수 있는가? (20점)

[제3문의 2] 해설

1. 문제
(1) 명의대여자 甲, (2) 익명조합의 영업자 乙에 대한 청구 가부가 문제 된다.

2. 명의대여자 甲에 대한 청구 가부

(1) 관련 조문 – 타인에게 자기의 성명 또는 상호를 사용하여 영업을 할 것을 허락한 자는 자기를 영업주로 오인하여 거래한 제3자에 대하여 그 타인과 연대하여 변제할 책임이 있다(상법 제24조). 익명조합원이 자기의 성명을 영업자의 상호 중에 사용하게 할 것을 허락한 때에는 그 사용 이후의 채무에 대하여 영업자와 연대하여 변제할 책임이 있다(상법 제81조).

(2) 사안의 적용

1) 익명조합원이 자기의 성명을 드러낸 경우에는 제24조의 명의대여자 책임과 유사한 책임을 지며, 제81조는 제24조와 같은 내용을 둔 것으로 주의적 규정에 불과하다고 해석한다.[1]

2) 그렇다면, ① 외관의 존재 : 명의차용자 乙이 명의대여자 甲을 명의를 사용하여 '월드스타 甲 레스토랑'이란 명의로 영업을 하였고, ② 외관의 부여 : 甲과 乙 사이의 레스토랑 사업에 관한 계약서 제4항에 상호는 '월드스타 甲 레스토랑' 으로 한다고 약정한 점에서 외관을 부여한 것으로 보이고, ③ 외관의 신뢰 : 거래상대방인 식자재도매상인 丙은 乙과 식사재납품계약을 체결할 때에 월드스타 甲 레스토랑' 이 운영하는 것이라는 외관을 신뢰한 것에 대한 고의 및 중과실이 인정되지 않는다면 甲에게 식사재납품대금에 대하여 乙과 연대하여 변제할 것을 청구할 수 있다. 여기서 연대는 부진정연대채무를 의미한다.

3. 익명조합의 영업자 乙에 대한 청구 가부

(1) 관련 조문 – 익명조합은 당사자의 일방이 상대방의 영업을 위하여 출자하고 상대방은 그 영업으로 인한 이익을 분배할 것을 약정함으로써 그 효력이 생긴다(상법 제78조). 익명조합원은 영업자의 행위에 관하여서는 제3자에 대하여 권리나 의무가 없다(상법 제80조).

(2) 판례 – 당사자의 일방이 상대방의 영업을 위하여 출자를 하는 경우라 할지라도 그 영업에서 이익이 난 여부를 따지지 않고 상대방이 정기적으로 일정한 금액을 지급하기로 약정한 경우에는 이익이라는 명칭을 사용하였다 하더라도 그것은 상법상의 익명조합계약이라고 할 수 없다.

(3) 사안의 적용 – 甲은 사업자금 5억 원을 투자하고, 운영은 영업자 乙이 단독으로 경영하고, 이익을 7 : 3의 비율로 하기로 약정한 것은 익명조합에 해당한다. 익명조합은 대외적으로 영업자 乙의 단독기업이라는 법형식을 가지고, 익명조합원 甲은 외부적으로 자신의 존재가 드러나지 않는 특징을 가지므로, 대외적인 거래관계에서 발생하는 채무에 대하여는 영업자가 단독으로 책임을 지는바, 丙은 익명조합 영업자 乙에게 청구할 수 있다.

---

[1] 송옥렬, 상법강의 제13판, 박영사, 2022, 142면.

4. 결론

丙은 지급받지 못한 식자재납품대금을 명의대여자 甲과 익명조합의 영업자 乙에게 연대하여 청구할 수 있다.

〈제3문의 3〉

E주식회사는 외상채무의 지급을 위하여 甲에게 약속어음(어음금 2억 원)을 발행하였고, 甲은 어음을 다시 乙에게 배서양도 하면서 "배서를 금지함"이라는 문구를 기재하였다. 乙은 어음을 다시 丙에게 배서양도 하였다. 丙은 지급제시기간 내에 E회사에 적법한 지급제시를 하였으나 거절되었다.

〈 문제 〉

丙은 甲과 乙에 대하여 상환청구권을 행사할 수 있는가? (상환청구권 보전절차는 모두 이행하였음) (15점)

[제3문의 3] 해설

1. 문제
丙의 甲과 乙에 대한 상환청구권 행사가부가 문제 된다.

2. 丙의 상환청구권 행사 가부
(1) 관련 조문 - 어음이 만기에 지급이 되지 아니한 경우 소지인은 배서인에 대하여 상환청구권을 행사할 수 있다(어음법 제77조 제1항 제4호, 제43조).

(2) 사안의 경우 - 丙이 지급제시기간 내에 발행인은 E 회사에 적법한 지급제시를 하여 거절되었고, 이후 상환청구권 보전절차를 모두 이행한 점에서 丙의 甲과 乙에 대한 상환청구는 일응 타당하다.

3. 甲의 배서금지배서 항변 당부
(1) 관련 조문 - 배서인은 자기의 배서 이후에 새로 하는 배서를 금지할 수 있다. 이 경우 그 배서인은 어음의 그 후의 피배서인에 대하여 담보의 책임을 지지 아니한다(어음법 제15조 제2항).

(2) 사안의 적용 - 배서인 甲은 乙에게 배서양도하면서 "배서를 금지한"이라는 문구를 기재하여 배서양도한 것은 이른바, '배서금지배서'를 한 것으로서 甲은 피배서인 乙에게는 배서에 따른 담보책임을 부담하겠지만, 그 이후의 어음을 양도받은 자에 대해서는 담보책임을 부담하지 않겠다는 의사를 표시한 것으로 해석된다. 따라서, 甲은 丙의 상환청구에 대하여 배서금지배서를 한 자로서 피배서인 乙에 대한 후자에 해당하는 丙에 대한 청구에 대하여 담보책임이 없음을 이유로 상환청구를 거절할 수 있다.

4. 乙의 제3자 항변 당부
(1) 관련 조문 - 배서인은 반대의 문구가 없으면 인수와 지급을 담보한다(어음법 제15조 제1항).

(2) 사안의 적용 - 乙은 통상의 배서를 하여 丙에게 어음을 양도하였으므로 배서에 따른 담보책임을 부담해야 한다. 乙이 甲이 갖는 배서금지배서 항변을 원용할 수 있는지가 논의될 수 있는데, 판례는[1] 어음 보증에 한하여 전자의 항변을 인정하는 듯한 태도를 취하고 있으며 그 경우에도 신의칙상 권리남용을 근거로 예외적으로 인정하는데, 당해 사안의 경우 丙의 권리행사는 적법한 것으로 보이는바, 乙은 甲의 항변을 원용하여 상환청구를 거절할 수 없다.

5. 결론
丙은 甲에 대해서는 상환청구권을 행사할 수 없고, 乙에 대해서는 상환청구권을 행사할 수 있다.

---
[1] 대법원 1988. 8. 9. 선고 86다카1858 판결

2. 2022년도 시행 제11회 변호사시험

제1문

〈제1문의 1〉

甲은 X건물을 소유하고 있으며, 아들인 乙이 오랫동안 X건물을 관리해 왔다. 甲이 병환으로 입원하자, 乙은 병원비 조달과 자신의 사업 자금 마련을 위하여 평소 보관하고 있던 甲의 인장과 관련 서류를 이용하여 위임장을 만든 후, 甲의 대리인이라고 하면서 X건물을 丙에게 매도하였다. 병원에서 퇴원한 甲이 이 사실을 알고 乙을 질책하자, 乙은 丙에게 X건물에 관한 소유권이전등기를 마쳐 주지 않았다. 이에 丙은 甲을 상대로, 주위적으로는 유권대리, 예비적으로는 표현대리에 의한 매매계약의 성립을 주장하며 매매계약을 원인으로 한 소유권이전등기청구의 소를 제기하였으나, 법원은 丙에게 추가적인 주장·증명을 요구하였다. 그러자 丙은 甲에 대한 청구가 기각될 것을 대비하여 乙을 상대로「민법」제135조의 무권대리로 인한 손해배상을 구하는 내용의 피고 추가 신청을 하였다.

〈문제〉

법원의 심리 결과 甲이 乙에게 명시적으로 X건물을 매도할 권한을 준 사실은 없지만 乙이 甲을 대신하여 X건물을 오랫동안 관리해 왔고, 건물 매도에 필요한 모든 서류를 乙이 보관하고 있던 점을 참작하여 甲에게 표현대리로 인한 계약상의 책임이 있다고 판단하였다. ① 丙의 피고 추가신청은 적법한가, ② 법원은 이 사건에서 어떠한 판결을 선고하여야 하는가? (20점)

[제1문의 1] 해설

1. 문제

(1) 丙의 피고 추가신청 적법성과 관련하여 주관적 예비적 공동소송의 적법 여부, (2) 이 사건에서 객관적 예비적 병합과 주관적 예비적 공동소송에 대한 법원의 판단이 문제 된다.

2. 丙의 피고 추가신청 적법성 – 주관적 예비적 공동소송의 적법 여부

(1) **관련 조문** – 공동소송인 가운데 일부의 청구가 다른 공동소송인의 청구와 법률상 양립할 수 없거나 공동소송인 가운데 일부에 대한 청구가 다른 공동소송인에 대한 청구와 법률상 양립할 수 없는 경우에는 법원은 제1심의 변론을 종결할 때까지 원고의 신청에 따라 결정으로 피고를 추가하도록 허가할 수 있다(민소법 제70조 제1항, 제68조 제1항).

(2) **판례** – 법률상 양립할 수 없는 경우란 두 청구들 사이에서 한 쪽 청구에 대한 판단 이유가 다른 쪽 청구에 대한 판단 이유에 영향을 주어 각 청구에 대한 판단 과정이 필연적으로 상호 결합되어 있는 관계를 의미하며, 실체법적으로 서로 양립할 수 없는 경우뿐 아니라 소송법상으로 서로 양립할 수 없는 경우를 포함한다.

(3) **사안의 경우** – 丙이 주위적 피고인 甲에 대한 계약이 유효함을 전제로 한 소유권이전등기청구가 기각될 것을 대비하여, 무권대리인 乙을 상대로 민법 제135조의 무과실 손해배상 책임을 묻기 위하여 예비적 피고를 추가한 것으로, 주위적 피고인 甲에 대한 청구가 인용되면 예비적 피고인 乙에 대한 청구는 기각하게 되어 실체법적으로 상호 결합되어 있어 서로 양립할 수 없는 경우에 해당하는바, 제1심 변론종결 전에 丙을 피고로 추가 신청한 것은 적법하다.

3. 법원의 판결 – 객관적 예비적 병합과 주관적 예비적 공동소송

(1) **객관적 예비적 병합**

1) 의의 및 심판방법 – 예비적 청구란 여러 개의 청구를 하면서 그 심판순위를 붙여 제1차적 청구가 인용될 것을 해제조건으로 하여 제2차적 청구에 대하여 심판을 구하는 병합형태를 말하며, 주위적 청구를 기각하는 때에는 예비적 청구를 심판하고 이유가 있는 때에는 인용하는 판결주문을 선고한다.

2) 사안의 경우 – 법원의 심리 결과 표현대리로 인한 매매계약 성립 주장이 인정되는바, 甲에 대한 주위적 주장을 기각하고, 예비적 주장을 인용하는 판결을 선고한다.

(2) **주관적 예비적 공동소송**

1) 관련 조문 – 주관적·예비적 공동소송에서는 모든 공동소송인에 관한 청구에 대하여 판결을 하여야 한다(민소법 제70조 제2항).

2) 판례 – 주관적·예비적 공동소송은 동일한 법률관계에 관하여 모든 공동소송인이 서로간의 다툼을 하나의 소송절차로 한꺼번에 모순 없이 해결하는 소송형태로서 모든 공동소송인에 관한

청구에 관하여 판결을 하여야 하고, 그 중 일부 공동소송인에 대하여만 판결을 하거나, 남겨진 자를 위한 추가판결을 하는 것은 허용되지 않는다.

3) 사안의 경우 – 주위적 피고인 甲에 대한 청구가 인용되었는바, 예비적 피고인 乙에 대한 청구를 기각한다.

4. 결론
(1) 丙의 피고 추가신청은 적법하고, (2) 법원은 丙의 주위적 피고 甲에 대한 주위적 청구는 기각하고, 예비적 청구는 인용하며, 예비적 피고 乙에 대한 청구는 기각한다.

<제1문의 2>

　　甲은 2000. 3. 3. X토지의 소유자 乙로부터 X토지를 매수하면서 당일 대금을 완납하고 점유를 이전받았으나 소유권이전등기를 마치지 않았다. 乙이 2018. 4. 4. 사망하자 X토지는 자녀인 丙과 丁에게 공동상속되었다. 丙은 2018. 9. 9. 위조된 상속재산분할합의서를 근거로 X토지 전체에 관하여 본인 명의로 소유권이전등기를 마쳤다. 甲은 2021. 12. 12. 丙을 상대로 X토지에 관하여 주위적으로 매매계약을, 예비적으로 취득시효 완성을 원인으로 한 소유권이전등기청구의 소를 제기하였다.

〈 문제 〉

　　위 소송의 변론과정에서 甲은 乙로부터 X토지를 매수하였음을 증명하지 못하였지만, 2000. 3. 3. 이후 현재까지 X토지를 계속하여 점유하고 있음을 증명하였다. 이 경우 법원은 어떠한 판결을 선고하여야 하는가? (20점)

[제1문의 2] 해설

1. 문제
(1) 甲 병합청구의 형태, (2) 부진정 예비적 병합인정 여부, (3) 법원의 판단이 문제 된다.

2. 甲 병합청구의 형태
(1) **의의** - 선택적 병합이란 여러 개의 청구 중 어느 한 청구가 택일적으로 인용될 것을 해제조건으로 하여 청구하는 형태를 말하고, 예비적 병합이란 양립할 수 없는 여러 개의 청구를 하면서 그 심판의 순위를 붙여 주위적 청구가 인용될 것을 해제조건으로 하여 예비적 청구에 대하여 심판을 구하는 형태의 병합을 말한다.

(2) **판례** - 병합의 형태가 선택적 병합인지 예비적 병합인지는 당사자의 의사가 아닌 병합청구의 성질을 기준으로 판단하여야 한다.

(3) **사안의 경우** - 甲이 2021. 12. 12. 丙을 상대로 주위적으로 매매계약, 예비적으로 취득시효 완성을 원인으로 소를 제기한 것은 소유권이전등기를 위한 동일 목적을 달성하기 위한 것으로서 어느 한 청구가 택일적으로 인용될 것을 해제조건으로 하는바, 선택적 병합 관계에 있다.

3. 부진정 예비적 병합인정 여부
(1) **판례** - 원칙적으로 선택적 병합으로 구해야 하는 청구를 주위적·예비적 병합하여 청구한 경우 부적법하지만 법원이 소송지휘권을 행사하여 보정하고, 예외적으로 당사자가 심판의 순위를 붙여 청구할 합리적 필요성이 있는 경우에 한하여 순서에 따라 심리한다.

(2) **사안의 경우** - 甲이 매매계약에 기한 청구와 취득시효완성에 기한 청구를 심판의 순위를 붙여 청구할 합리적 필요성이 있는 경우라고 볼 수 없으므로, 법원은 당사자가 붙인 순위에 따라서 심리를 하거나 판단을 할 필요가 없는바, 선택적 병합에 대한 청구로 보아서 판단하면 된다.

4. 법원의 판단[1]

(1) **점유취득시효 완성에 기한 청구**

  1) 관련 조문 - 20년간 소유의 의사로 평온, 공연하게 부동산을 점유하는 자는 등기함으로써 그 소유권을 취득한다(민법 제245조 제1항).

---

[1] 선택적 병합 청구의 일부만 인용되는 경우, 병합된 청구 가운데 가장 많이 인용되는 청구를 선택하여 판단하고, 나머지 청구들에 대해서는 심판을 요하지 아니하나 이와 관련하여서는 다음 세 가지의 견해가 생길 수 있다. 법원실무제요 민사실무(2), 701쪽에서는 ① 다른 청구에 대한 판단 없이 일부 인용되는 청구만을 선택, 판단하여 일부인용 일부기각의 주문을 내면 족하다는 견해, ② 병합된 청구 중 반드시 가장 많이 인용되는 청구를 먼저 선택하여 판단하고 그러한 취지를 판결 이유에 기재하되 적게 인용되는 다른 청구들에 대하여는 심리 판단할 필요가 없다는 견해, ③ 일부 기각되는 부분이 있는 한 항상 기각 부분에 해당하는 다른 청구도 심리 판단하여 이를 기각하는 주문을 내고 이유에도 기재해야 한다는 견해가 있다. 저자는 ③번 견해에 따라 서술하였음을 밝힌다.

2) 판례
    ① 점유자가 스스로 매매와 같은 자주점유의 권원을 주장하였으나 이것이 인정되지 않는 경우에도 원래 위와 같은 자주점유의 권원에 관한 입증책임이 점유자에게 있지 아니한 이상 그 점유권원이 인정되지 않는 사유만으로 자주점유의 추정이 번복되거나 또는 점유권원의 성질상 타주점유라고 볼 수 없다.
    ② 부동산의 점유로 인한 시효취득자는 취득시효완성 당시의 진정한 소유자에 대하여 소유권이전등기청구권을 가진다.
  3) 사안의 경우 - 甲이 乙로부터 X토지를 매수한 사실을 증명하지 못한 것만으로 자주점유의 추정이 번복된다고 볼 수 없고, 2000. 3. 3. 이후 현재까지 계속 점유하고 있어서 2020. 3. 3. 취득시효 완성을 원인으로 한 소유권이전등기청구권을 乙의 상속인인 丙과 丁에게 법정상속분인 1/2지분씩 각각 취득한 것으로 볼 수 있는바, 甲의 丙에 대한 X토지 전체에 대한 청구는 일부 인용된다.

(2) 매매계약에 기한 청구

甲은 乙로부터의 매매계약 사실을 증명하지 못하였는바, 상속인 丙에 대한 매매계약 청구 부분도 기각한다.

5. 결론

법원은 甲의 丙에 대한 매매계약에 기한 주위적 청구를 기각하고, 취득시효 완성을 원인으로 한 소유권이전등기청구는 1/2 지분범위 내에서 일부 인용한다.

〈제1문의 3〉

〈 기초적 사실관계 〉
　버섯 재배업자인 乙은 버섯 판매업자인 丙과 신선도가 떨어지는 버섯을 속여 판매하기로 공모하고, 丙은 소매업자 甲에게 위 버섯을 공급하는 계약을 甲과 체결하였다. 甲은 불량 버섯에 대한 소비자들의 항의가 빗발치자 이를 확인하는 과정에서 乙과 丙이 공모하여 불법행위를 저지른 사실을 알게 되었다.
　[※ 추가적 사실관계는 각각 별개임]

〈 추가적 사실관계 1 〉
　甲은 乙과 丙을 상대로 서울중앙지방법원에 불법행위로 인한 1억 원의 손해배상청구의 소를 제기하였다. 甲의 주소지는 인천광역시[토지관할 법원은 인천지방법원]이고, 乙의 주소지는 서울 서초구[토지관할 법원은 서울중앙지방법원]이며, 丙의 주소지는 대전광역시[토지관할 법원은 대전지방법원]이다.

〈 문제 〉
1. 소장부본을 송달받은 丙은 甲이 서울중앙지방법원에 제기한 소가 자신에게 관할이 없는 법원에 제기된 것이므로 각하되어야 한다고 주장하였다. 법원은 어떻게 판단하여야 하는가? (「민사소송법」 제18조에 따른 불법행위지의 특별재판적은 고려하지 말 것) (10점)

〈 추가적 사실관계 2 〉
　甲이 소를 제기하기 전에 乙과 丙을 찾아가 항의하자, 乙은 피해변상조로 1억 원을 지급하기로 하면서 일단 2천만 원을 지급하였고, 나머지 8천만 원은 丙과 상의하여 추후 지급하기로 약속하였으나 이를 이행하지 않았다.
　이에 甲은 乙과 丙을 상대로 "피고들은 공동하여 원고에게 1억 원을 지급하라."라는 취지의 손해배상청구의 소를 제기하였다. 법원은 乙과 丙에게 공시송달에 의하지 아니한 적법한 송달로 변론기일을 통지하였다. 乙은 변론 중에 자신이 이미 2천만 원을 변제한 사실을 주장하였으나, 丙은 답변서 기타 준비서면을 제출하지 않은 채 변론기일에도 출석하지 않았다.

〈 문제 〉
2. 법원은 乙의 변제항변을 받아들여 "피고들은 공동하여 원고에게 8천만 원을 지급하라."라는 판결을 선고하였다. 이러한 법원의 판결은 타당한가? (15점)

[제1문의 3] 문제 1. 해설

1. 문제
관할위반의 항변에 대한 법원의 판단이 문제 된다.

2. 주관적 병합에서의 관련재판적 인정 여부
(1) **관련 조문** - 소송목적이 되는 권리나 의무가 여러 사람에게 공통되거나 사실상 또는 법률상 같은 원인으로 말미암아 그 여러 사람이 공동소송인으로서 당사자가 되는 경우에는 여러 사람 가운에 하나의 청구에 대한 관할권이 있는 법원에 소를 제기할 수 있다(민소법 제25조 제1, 2항).

(2) **판례** - 수소법원의 재판관할권 유무는 법원의 직권조사사항으로서 법원이 그 관할에 속하지 아니함을 인정한 때에는 민사소송법 제34조 제1항에 의하여 직권으로 이송결정을 하는 것이고, 소송당사자에게 관할위반을 이유로 하는 이송신청권이 있는 것은 아니다. 따라서 당사자가 관할위반을 이유로 한 이송신청을 한 경우에도 이는 단지 법원의 직권발동을 촉구하는 의미밖에 없다.

(3) **사안의 경우** - 1억 원의 손해배상청구는 지참채무로서 의무이행지인 원고의 주소지 인천에 특별재판적이 있고, 피고 乙의 주소지인 서울중앙지법과 피고 丙의 주소지인 대전지법에 보통재판적이 있다. 그런데, 乙과 丙은 공모에 의한 공동불법행위자로서 부진정연대채무관계에 있어 소송목적이 되는 의무가 공통되는 경우 해당하여 관련재판적이 인정되는바, 원고 甲이 피고 乙의 관할권이 있는 서울중앙지법에 소를 제기한 것은 관할위반의 하자가 없다.

3. 결론
乙의 관할위반의 본안전 항변을 직권발동을 촉구하는 의미로 보아도 관할위반의 하자가 없는바, 법원은 속행하면 된다.

[제1문의 3] 문제 2. 해설

1. 문제
(1) 甲의 乙, 丙에 대한 소송관계, (2) 법원판결의 당부가 문제 된다.

2. 甲의 乙, 丙에 대한 소송관계 - 통상공동소송
(1) **관련 조문** - 소송목적이 되는 권리나 의무가 여러 사람에게 공통되거나 사실상 또는 법률상 같은 원인으로 말미암아 생긴 경우에는 그 여러 사람이 공동소송인으로서 당사자가 될 수 있다(민소법 제65조). 공동소송인 가운에 한 사람의 소송행위 또는 이에 대한 상대방의 소송행위와 공동소송인 가운에 한 사람에 관한 사항은 다른 공동소송인에게 영향을 미치지 아니한다(민소법 제66조).

(2) **판례** – 민소법 제66조의 명문의 규정과 변론주의 소송구조 등에 비추어 볼 때, 통상의 공동소송에 있어서 공동소송인 가운데 한 사람에 대한 상대방의 주장 사실은 다른 공동소송인에게 영향을 미치지 아니한다.

(3) **사안의 경우** – 원고 甲이 공동불법행위자인 乙과 丙을 공동피고로 삼은 경우 실체법상 관리처분권이 공동귀속 되거나 합일확정이 필수적인 경우가 아니어서 통상공동소송관계에 있는바, 공동피고인 乙, 丙이 행한 주장은 서로에게 영향을 미치지 않는다.

3. 법원판결의 당부 – 공동소송인 독립의 원칙준수 여부

(1) **乙에 대한 판단**

乙은 변론 중에서 2천만 원을 변제한 사실을 주장하였고, 법원이 이를 받아들여 乙에게 丙과 공동하여 8천만 원 지급을 선고한 부분은 타당하다.

(2) **丙에 대한 판단**

1) 관련 조문 – 당사자가 변론기일에 출석하지 아니하는 경우에는 당사자가 변론에서 상대방이 주장하는 사실을 명백히 다투지 아니한 것으로 보아 그 사실을 자백한 것으로 본다(민소법 제150조 제1, 3항).

2) 판례 – 통상공동소송인 중 1인의 자백은 다른 공동소송인에게는 효력이 생기지 않는다.

3) 사안의 경우 – 공동소송인 독립의 원칙에 따라 乙의 변제 항변과 丙의 자백의 효과는 상호간에 영향을 미치지 않으므로 丙에 대한 청구는 乙의 변제 항변을 고려함이 없이 자백만을 인정하여 전부 인용 판결을 하여야 하는바, 丙은 甲에게 1억 원을 지급하라는 판결을 선고하여야 한다.

4. 결론

따라서, 법원은 "원고 甲에게, 피고 丙은 1억 원을, 피고 乙은 피고 丙과 공동하여 위 돈 중 8천만 원을 각 지급하라(=원고 甲에게, 피고들은 공동하여 8천만 원을, 피고 丙은 2천만 원을 각 지급하라)[1]"는 판결을 선고하여야 하는바, 문제에 제시된 법원의 판결은 타당하지 않다.

---

[1] 2023년도 민사재판실무 제3장 제4절 주문을 참조하기 바랍니다. 청구 취지에 대한 작성 연습은 사례형 문제 풀이 과정부터 하기를 권합니다.

⟨제1문의 4⟩

甲은 乙에게 2019. 1. 5. 1억 원을, 2019. 3. 5. 5천만 원을 각 무이자로 대여하였으나 위 각 채권의 변제기가 도래하였음에도 불구하고 乙로부터 전혀 변제를 받지 못하고 있다고 주장하며, 乙을 상대로 위 각 대여금의 지급을 구하는 소를 제기하였다.

제1심에서 乙은 甲에 대한 5천만 원의 손해배상채권을 자동채권으로 하여 2019. 3. 5.자 대여금 5천만 원의 채권과 대등액에서 상계한다는 항변을 하였다. 제1심 법원은 심리 결과 甲의 위 각 대여금 채권이 인정된다고 판단하였고, 그중 2019. 3. 5.자 5천만 원의 대여금채권에 대해서는 乙의 상계항변이 인정된다고 판단하였다. 이에 제1심 법원은 위 대여금 1억 원에 대해서는 甲의 청구를 인용하고, 위 대여금 5천만 원에 대해서는 甲의 청구를 기각하였다. 이러한 제1심 판결 중 위 대여금 5천만 원 부분에 대해서는 乙만이 항소하였고, 위 대여금 1억 원 부분에 대해서는 甲과 乙 모두 항소하지 않았다.

⟨ 문제 ⟩

항소심 심리 결과 항소심 법원이 乙의 甲에 대한 손해배상채권이 존재하지 않는다고 판단한 경우, 항소심 법원은 어떤 판결을 선고하여야 하는가? (15점)

[제1문의 4] 해설

1. 문제
(1) 乙의 항소제기 적법여부, (2) 불이익변경금지원칙에 따른 항소심 법원의 판단이 문제 된다.

2. 乙의 항소제기 적법여부
(1) **관련 조문** - 상계를 주장한 청구가 성립되는지 아닌지의 판단은 상계하자고 대항한 액수에 한하여 기판력을 가진다(민소법 제216조 제2항).

(2) **판례** - 원고의 청구를 전부 기각한 판결에 대하여는 피고가 판결이유 중의 판단에 불복이 있더라도, 상계를 주장한 청구가 성립되어 원고의 청구가 기각된 때와 같이 예외적으로 기판력이 있는 경우를 제외하고는, 상소를 할 이익이 없다.

(3) **사안의 경우** - 乙은 상계를 주장한 2019. 3. 5.자 5천만 원의 손해배상채권이 성립함을 전제로 한 상계항변이 받아들여져 甲의 청구가 기각되어 乙의 자동채권이 소멸되는 점에 기판력이 발생되므로, 乙은 제1심판결에 대해 항소이익이 있는바, 乙의 항소 자체는 적법하다.

3. 불이익변경금지원칙에 따른 항소심 법원의 판단
(1) **관련 조문** - 제1심 판결을 그 불복의 한도 안에서 바꿀 수 있다. 다만, 상계에 관한 주장을 인정한 때에는 그러하지 아니하다(민소법 제415조).

(2) **판례** - 피고의 상계항변을 인용한 제1심 판결에 대하여 피고만이 항소하였는데, 항소심이 제1심에서 자동채권으로 인정하였던 부분을 인정하지 아니하고 피고의 상계항변을 배척하였다면, 항소심이 제1심과 다르게 그 자동채권에 관하여 피고의 상계항변을 배척한 것은 항소인인 피고에게 불이익하게 제1심 판결을 변경한 것에 해당한다.

(3) **사안의 경우** - 항소심 법원이 甲의 대여금채권이 인정되지만 상계의 자동채권인 乙의 손해배상채권이 인정되지 않는다고 판단하였더라도 불이익변경금지의 원칙상 제1심 판결과 마찬가지로 소구채권 및 상계의 자동채권의 존재를 전제로 상계항변을 받아들여 항소기각 판결을 선고하여야 한다.

4. 결론
항소심 법원은 제1심 판결과 동일한 이유를 근거로 항소기각 판결을 선고하여야 한다.

〈제1문의 5〉

〈 기초적 사실관계 〉

대부업자 甲은 2013. 5. 21. 乙에게 2억 원을 변제기 2014. 5. 20.로 정하여 대여하였다.
[※ 추가적 사실관계는 각각 별개임]

〈 추가적 사실관계 1 〉

甲은 乙을 상대로 2억 원에 대한 대여금청구의 소를 제기하기 위하여 2019. 2. 1. A변호사를 소송대리인으로 선임하였고, 그 당시 작성된 소송위임장에는 A변호사에게 상소 제기에 관한 특별한 권한을 부여하는 내용이 명시되어 있었다. A변호사는 甲의 소송대리인으로서 소송위임장을 첨부하여 2019. 2. 20. 乙을 피고로 2억 원의 대여금지급을 구하는 소를 제기하였다.

〈 문제 〉

1. 乙은 소장부본이 송달되기 전인 2019. 2. 25. 사망하였고, 丙은 乙의 유일한 상속인이다. 乙에 대한 소장부본이 송달되지 않자, 제1심 법원은 공시송달의 방법으로 소송을 진행하여 甲의 乙에 대한 일부 승소 판결을 선고하였고, 판결정본 역시 공시송달의 방법으로 송달되었다. A변호사는 항소기간 내에 甲의 패소 부분에 대해 甲을 항소인, 乙을 피항소인으로 하여 항소를 제기하였다. 甲은 항소심에서야 비로소 乙의 사망 사실을 알게 되어 피고를 丙으로 정정하는 당사자표시정정 신청서를 제출하였다. 위 당사자표시정정 신청은 적법한가? (10점)

〈 추가적 사실관계 2 〉

甲은 2019. 5. 1. 乙을 상대로 위 대여금 2억 원의 지급을 구하는 소를 제기하였다. 그런데 甲에 대해 1억 원의 채권을 보유하고 있는 丙은 甲을 채무자, 乙을 제3채무자로 하여 위 대여금 채권 중 1억 원에 대해 압류 및 추심 명령을 받았고, 위 명령은 2019. 6. 1. 乙에게 송달되었다.

〈 문제 〉

2. 甲의 乙에 대한 대여금청구소송에서, "丙이 압류 및 추심 명령을 받은 부분에 대해서는 甲에게 당사자적격이 없음을 확인하고, 乙은 甲에게 1억 원을 지급한다."라는 내용의 화해권고결정이 2019. 11. 1. 확정되었다. 그 후 丙은 2020. 1. 10. 乙을 상대로 1억 원의 추심금 지급을 구하는 소를 제기하였다. 乙은 甲의 위 대여금 채권이 시효로 소멸하였다고 주장한다. 乙의 주장은 타당한가? (20점)

〈 추가적 사실관계 3 〉

乙은 2015. 8. 14. 그의 유일한 재산인 시가 1억 원 상당의 X토지를 친구 丙에게 대금 5천만 원에 매도하는 매매예약을 체결하고 2015. 8. 20. 소유권이전등기청구권 보전을 위한 가등기를 마쳐 주었다. 그 후 2015. 10. 20. 위 매매예약과 동일한 매매를 원인으로 가등기에 기한 본등기를 마쳐 주었다. 丙은 매매예약 당시부터 乙이 채무초과라는 사실을 잘 알고 있었다. 한편 甲은 2019. 9. 15. 乙과 丙의 위와 같은 사해행위 사실을 비로소 알게 되었다.

〈 문제 〉

3. 甲은 2019. 10. 1. 丙을 상대로 매매예약 취소 및 가등기 말소, 본등기의 원인인 법률행위 취소 및 본등기 말소 청구의 소를 제기하였다. 소송계속 중인 2019. 11. 1. 丙은 위 사해행위 사실을 알고 있는 丁에게 X토지를 매도하고 같은 날 丁에게 소유권이전등기를 마쳐 주었다. 2020. 9. 1. 이를 알게 된 甲은 2020. 10. 1. 丁을 상대로 사해행위취소 및 원상회복으로 X토지에 관하여 丁 명의 등기의 말소를 구하는 별소를 제기하였다. 甲의 丁을 피고로 한 소 제기는 적법한가? (피보전채권의 소멸시효완성 여부는 고려하지 말 것) (15점)

〈 추가적 사실관계 4 〉

乙은 2018. 5. 1. 채무초과 상태에서 丙에게 자신의 Y토지를 매도하고 같은 날 소유권이전등기를 마쳐 주었다. Y토지에는 2013. 2. 1. 근저당권자 丁, 채권최고액 5천만 원의 근저당권설정등기, 2018. 3. 1. 乙의 채권자 戊, 청구금액 3천만 원의 가압류등기가 각 마쳐져 있었다. 丙이 Y토지의 소유권을 이전받은 후에 丁에 대한 피담보채무 전액 5천만 원과 戊의 가압류 청구금액 3천만 원을 각 변제함으로써 丁 명의의 근저당권설정등기와 戊 명의의 가압류등기가 모두 말소되었다. 한편 2019. 1. 1. 이를 알게 된 甲은 2019. 3. 1. 丙을 상대로 乙과 丙 간의 위 매매계약을 사해행위로 전부 취소하고 원상회복으로 Y토지에 관하여 丙 명의로 된 소유권이전등기의 말소를 구하는 소를 제기하였다.

〈 문제 〉

4. 丙은 위 소송에서 ① 자신이 사해행위 사실에 대해 선의이고, ② 설령 위 매매계약이 사해행위로서 취소된다 하더라도 甲이 매매계약의 전부취소 및 원물반환을 구하는 것은 부당하다는 취지로 항변하였으나, 甲은 변론종결 시까지 종전의 청구취지를 그대로 유지하였다. 법원의 심리 결과, 甲의 주장사실 중 수익자인 丙의 악의 여부를 제외한 사해행위의 실체적 요건이 모두 인정되었고, 丙의 악의 여부는 증명되지 않았으며, 사해행위 당시와 사실심 변론종결 당시 Y토지의 가액은 1억 원임이 확인된 경우, 법원은 어떠한 판단을 하여야 하는지 결론(소 각하/청구 기각/청구 인용/청구 일부 인용, 일부 인용 시 인용 범위를 특정할 것)과 논거를 기재하시오. (대여금채권의 이자 내지 지연손해금은 고려하지 말 것) (25점)

[제1문의 5] 문제 1. 해설

1. 문제
제소 전 사망을 간과한 판결의 항소심에서 당사자표시정정 신청의 적법 여부가 문제 된다.

2. 제소 전 사망을 간과한 판결의 항소심에서 당사자표시정정 신청의 적법 여부
(1) 판례 - 사망자를 피고로 하는 소제기는 원고와 피고의 대립당사자 구조를 요구하는 민사소송법상의 기본 원칙이 무시된 부적법한 것으로서 실질적 소송관계가 이루어질 수 없으므로, 그와 같은 상태에서 제1심판결이 선고되었다 할지라도 판결은 당연무효이며, 판결에 대한 사망자인 피고의 상속인들에 의한 항소나 소송수계신청은 부적법하다. 이러한 법리는 소제기 후 소장부본이 송달되기 전에 피고가 사망한 경우에도 마찬가지로 적용된다.

(2) 사안의 경우 - 소송계속시기에 대하여 소장부본송달시설을 취하고 있는 판례에 의하면, 피고 乙은 이 사건 소장이 송달되기 전에 사망하였으므로, 제소 당시 사망한 자를 피고로 하는 소제기로서 이 사건 판결은 무효이고 이에 대한 항소도 부적법한 바, 항소심에서 피고를 상속인 丙으로 정정하는 당사자 표시정정신청 또한 부적법하다.

3. 결론
항소는 부적법 각하 되어야 할 것인바, 당사자표시정정 신청은 적법하지 않다.

[제1문의 5] 문제 2. 해설

1. 문제
(1) 대여금 채권의 소멸시효 완성시점, (2) 대여금 청구 소송에서 화해권고결정으로 인한 시효중단 여부, (3) 추심금 청구 소송으로 인한 시효중단 여부가 문제 된다.

2. 대여금 채권의 소멸시효 완성시점
(1) 관련 조문 - 상행위로 인한 채권은 본법에 다른 규정이 없는 때에는 5년간 행사하지 아니하면 소멸시효가 완성한다(상법 제64조).

(2) 사안의 경우 - 대부업자 甲은 상인으로서 2013. 5. 1. 乙에게 2억 원을 변제기 2014. 5. 20.로 정하여 대여하였는바, 2019. 5. 20. 소멸시효가 완성된다.

3. 대여금 청구 소송에서 화해권고결정으로 인한 시효중단 여부
(1) 관련 조문 - 재판상의 청구가 각하된 경우에는 시효중단의 효력이 없다(민법 제170조 제1항). 화해권고결정이 확정된 때에는 재판상 화해와 같은 효력을 가진다(민소법 제231조). 재판상 화해는 확정판결과 같은 효력을 가진다(민소법 제220조).

(2) **사안의 경우** – 甲의 乙에 대한 대여금 청구 소송에서 丙이 압류 및 추심명령을 받은 부분에 대해서는 당사자적격이 없음이 확인되어 각하되었는바, 2019. 5. 1. 재판상 청구로 인한 시효중단의 효력이 없다.

4. 추심금 청구 소송으로 인한 시효중단 여부

(1) **관련 조문** – 재판상의 청구는 소송 각하의 경우에는 시효중단의 효력이 없지만, 그 경우 6개월 내에 재판상의 청구를 한 때에는 시효는 최초의 재판상 청구로 인하여 중단된 것으로 본다(민법 제170조 제2항).

(2) **판례** – 채무자가 제3채무자를 상대로 제기한 금전채권의 이행소송이 압류 및 추심명령으로 인한 당사자적격의 상실로 각하되더라도, 위 이행소송의 계속 중에 피압류채권에 대하여 채무자에 갈음하여 당사자적격을 취득한 추심채권자가 위 각하판결이 확정된 날로부터 6개월 내에 제3채무자를 상대로 추심의 소를 제기하였다면, 채무자가 제기한 재판상 청구로 인하여 발생한 시효중단의 효력은 추심채권자의 추심소송에서도 그대로 유지된다.

(3) **사안의 경우** – 甲의 乙에 대한 1억 원의 대여금 채권에 대하여 2019. 5. 1. 제기한 소송이 당사자적격이 없음을 이유로 각하 판결이 확정된 2019. 11. 1.부터 6개월 내인 2020. 1. 10. 압류 및 추심명령자 丙이 甲을 상대로 추심금 청구의 소를 제기하였는바, 甲의 乙에 대한 대여금 채권은 2019. 5. 1. 시효가 중단된다.

5. 결론

따라서, 압류 및 추심명령을 받은 1억 원의 대여금 채권이 시효로 소멸하였다는 乙의 주장은 타당하지 않다.

[제1문의 5] 문제 3. 해설

1. 문제

(1) 채권자의 수익자에 대한 제소기간 준수의 효과가 전득자에게 미치는지 여부, (2) 가등기에 기한 소유권이전의 본등기가 경료된 경우, 채권자취소권 행사의 대상 및 제척기간의 기산점이 문제 된다.

2. 채권자의 수익자에 대한 제소기간 준수의 효과가 전득자에게 미치는지 여부

(1) **판례** – 채권자가 수익자를 상대로 사해행위취소를 구하는 소를 제기하여 판결이 선고되어 확정되었더라도 판결의 효력은 전득자에게는 미치지 아니하므로, 채권자가 전득자에 대하여 채권자취소권을 행사하여 원상회복을 구하기 위하여는 민법 제406조 제2항에서 정한 기간 안에 별도로 전득자에 대한 관계에서 채무자와 수익자 사이의 사해행위를 취소하는 청구를 하여야 한다.

(2) **사안의 경우** – 甲이 2019. 10. 1. 丙을 상대로 2015. 8. 14. 매매예약 취소 및 가등기 말소를 구한 것은 2019. 9. 15. 안 날로부터 1년, 사해행위 있은 날로부터 5년 내에 제기한 적법한

채권자 취소소송이나 그 소 제기의 효과가 丁에게 미치지 아니하므로 개별적으로 제척기간 준수 여부를 검토하여야 한다.

3. 가등기에 기한 소유권이전의 본등기가 경료된 경우, 채권자취소권 행사의 대상 및 제척기간의 기산점

   (1) **관련 조문** - 채무자가 채권자를 해함을 알고 재산권을 목적으로 한 법률행위를 한 때에는 채권자는 그 취소 및 원상회복을 법원에 청구할 수 있다. 채권자가 취소원인을 안 날로부터 1년, 법률행위가 있은 날로부터 5년 내에 제기하여야 한다(제406조 제1, 2항).

   (2) **판례** - 채무자 소유의 부동산에 관하여 수익자의 명의로 가등기에 기한 소유권이전의 본등기가 경료된 경우에, 본등기의 기초가 된 가등기의 등기원인인 법률행위를 제쳐놓고 본등기의 등기원인인 법률행위만이 취소의 대상이 되는 사해행위라고 볼 것은 아니므로, 가등기의 등기원인인 법률행위가 있은 날이 언제인지와 관계없이 본등기가 경료된 날로부터 사해행위 취소의 소의 제척기간이 진행된다고 볼 수 없다.

   (3) **사안의 경우** - 甲의 丁에 대한 채권자취소권의 대상이 되는 사해행위는 가등기의 원인행위와 본등기의 원인행위가 같아 2015. 8. 14. 매매예약이 되므로, 2020. 10. 1. 이사건 소 제기는 있은 날로부터 5년이 도과하였다. 그리고, 안 날로부터 1년의 기산점은 甲이 사해행위 사실을 알게 된 2019. 9. 15.을 기산점으로 하므로 위 기간 또한 도과하였다.

4. 결론

甲의 丁을 피고로 한 소 제기는 제척기간을 도과하여 적법하지 않는바, 부적법 각하되어야 한다. (참고로 위와 같은 부당함을 방지하기 위하여는 원상회복청구의 모습이 원물반환인 경우에는 丙을 상대로 처분금지가처분, 가액반환인 경우에는 가압류 등의 보전처분을 해두는 것이 바람직하다.)

[제1문의 5] 문제 4. 해설

1. 문제

(1) 채권자취소권 가부, (2) 원상회복방법, (3) 취소 및 가액배상의 범위가 문제 된다.

2. 채권자취소권 가부

(1) **요건** - ① 피보전채권의 존재, ② 채무자의 사해행위, ③ 채무자의 사해의사(민법 제406조).

(2) **피보전채권의 존재**

甲의 乙에 대한 2014. 5. 20. 변제기로 하는 1억 원의 채권은 2018. 5. 1. 사해행위 이전인 2013. 5. 21.에 발생하였는바, 피보전채권이 존재한다.

(3) **채무자의 사해행위 및 사해의사**

   1) 판례 - 채무자가 자기의 유일재산인 부동산을 매각하여 소비하기 쉬운 금전으로 바꾸거나 타인에게 무상으로 이전하여 주는 행위는 채권자에 대하여 사해행위가 된다고 볼 것이므로 채무자

의 사해의사는 추정되고, 이를 매수하거나 이전 받은 자가 악의가 없었다는 입증책임은 수익자에게 있다.

2) 사안의 경우 - 채무자 乙이 채무초과 상태에서 자신의 Y 토지를 매각하여 소비하기 쉬운 금전으로 바꾼 행위는 채권자 甲에 대한 사해행위가 되어 채무자 乙의 사해의사는 추정되고, 수익자 丙의 악의는 추정되므로 채권자의 악의 입증이 없더라도 사해의사에 대한 丙의 악의는 인정된다.

(4) 소결 - 채권자취소에 필요한 요건을 충족하여 甲의 채권자취소소송은 인용된다.

3. 원상회복방법

(1) 판례

① 사해행위 후 변제에 의하여 저당권설정등기가 말소된 경우, 사해행위를 취소하여 그 부동산 자체를 회복하는 것은 채권자들의 공동담보가 아닌 부분까지 회복하는 것이 되어 공평에 반하므로 허용되지 않고 가액배상을 하여야 한다.

② 사해행위를 전부 취소하고 원상회복을 구하는 채권자의 주장 속에는 사해행위를 일부 취소하고 가액의 배상을 구하는 취지도 포함되어 있다.

(2) 사안의 경우 - Y토지의 소유권을 이전받은 사해행위 이후 丙이 근저당권자 丁에 대한 피담보채무를 변제함으로써 근저당권이 말소되어 원물반환이 불가능하므로 가액배상을 해야 하고, 채권자 甲이 변론종결시까지 종전의 청구취지를 유지하였다고 하여도 가액배상을 구하는 취지가 포함되어 있는바, 원상회복의 일환으로 가액반환이 인용되는 것은 처분권주의에 부합한다.

4. 취소 및 가액배상의 범위

(1) 관련 법리 - 채권자의 피보전채권액, 목적물의 공동담보가액, 수익자·전득자의 이익 중 가장 적은 금액을 한도로 이루어진다.

(2) 판례

1) 저당권이 설정되어 있는 부동산에 관하여 사해행위가 이루어진 경우에 그 사해행위는 부동산의 가액에서 저당권의 피담보채권액을 공제한 잔액의 범위 내에서만 성립하고, 그 가액산정은 사실심 변론종결시를 기준으로 한다.

2) 사해행위 당시 어느 부동산이 가압류되어 있다는 사정은 채권자 평등의 원칙상 채권자의 공동담보로서 그 부동산의 가치에 아무런 영향을 미치지 아니하므로, 법원이 사해행위를 취소하면서 원상회복으로 가액배상을 명하는 경우에도 그 변제액을 공제할 것은 아니다.

(3) 사안의 경우 - 피보전채권액 1억 원과 채권자 취소소송의 사실심 변론종결 당시의 Y토지의 시가 1억 원에서 근저당권자 丁의 피담보채권 5천만 원을 공제한 5천만 원 범위에서 사해행위가 성립하고, Y토지에 대한 채권자 戊의 가압류 청구금액 3천만 원은 공제의 대상이 아닌바, 5천만 원 범위에서 취소 및 가액배상이 이루어질 수 있다.

5. 결론

법원은 "1. 피고 丙과 소외 乙 사이에 Y부동산에 관한 2018. 5. 1.자 매매계약을 5천만 원 범위 내에서 취소한다. 2. 피고 丙은 원고 甲에게 5천만 원 및 이에 대한 판결 확정일 다음날부터 다 갚는 날까지 연 5%의 비율에 의한 금원을 지급하라."는 일부 인용 판결을 한다.

제2문

〈제2문의 1〉

〈 기초적 사실관계 〉

사단의 실질은 갖추었으나 법인등기를 하지 아니한 A종중은 2016. 9. 1. 종중회관 신축을 위해 B와 건물공사에 관한 도급계약(이하 '건물공사계약')을 체결하였다. 이후 B는 2016. 10. 1. 건물 신축을 위해 필요한 토목공사를 목적으로 하는 도급계약(이하 '토목공사계약')을 C와 체결하였다.

[※ 추가적 사실관계는 각각 별개임]

〈 추가적 사실관계 1 〉

B와 C 사이의 토목공사계약에 따르면, 총 공사대금은 5억 원으로 하되, B는 공사의 진척상황에 따라 매 20%에 해당하는 1억 원씩 5회에 걸쳐 C에게 공사대금을 지급하기로 하였다. C가 공사의 40%를 진척하여 2억 원의 공사대금을 B에게 청구하였으나, B는 지급할 대금이 부족하여 A종중에게 건물공사계약에 따른 공사대금 일부에 대한 변제 명목으로 2억 원을 C에게 직접 지급할 것을 요청하였고, 이에 A종중은 공사의 원활한 진행을 위해 2017. 9. 1. C에게 2억 원을 송금하였다.

한편 A종중의 정관 제13조에는 "예산으로 정한 사항 외에 본 종중 및 회원의 부담이 될 계약 체결 등에 관한 사항은 총회의 결의를 거쳐야 한다."라고 규정되어 있었는데, 건물공사계약에 관한 총회결의에 하자가 있어 총회결의가 무효임이 확인되었다. B는 건물공사계약 체결 당시, 해당 총회결의에 정관에 위배되는 하자가 있음을 알고 있었다.

〈 문제 〉

1. A종중은 C에게 지급한 2억 원을 부당이득으로 반환할 것을 청구할 수 있는지를 설명하시오.
   (사안에서 「하도급거래 공정화에 관한 법률」은 적용되지 않음을 전제로 함) (20점)

〈 추가적 사실관계 2 〉

甲은 2016. 9. 1. A종중을 대표하여 B와 건물공사계약을 체결하면서 B로부터 뒷돈을 받고 B가 제시하는 공사대금이 부풀려진 금액임을 알면서도 계약을 체결하여, A종중에 3억 원의 피해가 발생하였다. 이러한 사실을 A종중의 종전 임원이나 내부 직원은 알지 못하였으며, 새로 취임한 A종중의 신임 대표 乙이 2019. 10. 1. 종중 사무에 대한 전반적인 감사를 실시하는 과정에서 甲의 비위사실을 적발하게 되었다.

A종중은 2021. 10. 1. 甲을 상대로 법원에 불법행위로 인한 손해배상을 구하는 소를 제기하였다. 이에 대해 甲은 위 비위사실은 5년 전에 발생한 것이어서 자신에 대한 손해배상청구권은 이미 시효로 소멸하였다고 항변하였다.

〈 문제 〉

2. 이에 관하여 법원은 어떠한 판단을 하여야 하는지, 1) 결론(소 각하/청구 기각/청구 인용/청구 일부 인용 – 일부 인용의 경우 인용 범위를 특정할 것)과 2) 논거를 기술하시오. (15점)

[제2문의 1] 문제 1. 해설

1. 문제
(1) A 종중과 B와의 건물공사계약 효력, (2) 단축급부에 따라 지급된 2억 원의 부당이득반환청구 가부가 문제 된다.

2. A 종중과 B와의 건물공사계약 효력
(1) **관련 조문** - 법인이 아닌 사단의 사원이 집합체로서 물건을 소유할 때에는 총유로 한다(민법 제275조 제1항). 총유물의 관리 및 처분은 사원총회의 결의에 의한다(민법 제276조 제1항). 의사표시는 표의자가 진의 아님을 알고 한 것이라도 그 효력이 있으나 상대방이 표의자의 진의 아님을 알았거나 이를 알 수 있었을 경우에는 무효로 한다(민법 제107조 제1항).

(2) **판례**
1) 총유물의 관리 및 처분이라 함은 총유물 그 자체에 관한 이용·개량행위나 법률적·사실적 처분행위를 의미하는 것이므로, 단순한 채무부담행위를 총유물의 관리·처분행위라고 볼 수는 없다.
2) 단순한 채무부담행위를 조합 임원회의의 결의 등을 거치도록 한 조합규약은 조합장의 대표권을 제한하는 규정에 해당하는 것이므로, 거래 상대방이 그와 같은 대표권 제한 및 그 위반 사실을 알았거나 과실로 인하여 이를 알지 못한 때에는 그 거래행위가 무효로 된다.

(3) **사안의 경우**
1) A종중과 B와의 건물공사계약은 총유물 그 자체에 관한 행위에 포함되지 않고, 단순한 금전채무 부담행위이므로 총유물의 관리, 처분행위에 속하지 않으므로 결의가 없었다는 사정만으로 무효로 볼 수 없다.
2) 그런데, A종중과 B와의 건물공사계약은 A종중 정관 제13조에 따라 총회결의를 요함에도 이를 거치지 않았으므로 대표권 제한을 위반한 행위이고, 이에 대하여 B는 이러한 하자를 알고 있었는 바, 비진의표시 유추 적용에 따라 건물공사계약의 무효를 주장할 수 있다.

3. 단축급부에 따라 지급된 2억 원의 부당이득반환청구 가부
(1) **관련 조문** - 법률상 원인없이 타인의 재산으로 인하여 이익을 얻고 이로 인하여 타인에게 손해를 가한 자는 그 이익을 반환하여야 한다(민법 제741조).

(2) **판례** - 계약상의 급부를 한 계약당사자는 이익의 귀속 주체인 제3자에 대하여 직접 부당이득 반환을 청구할 수는 없다. 자기 책임 하에 체결된 계약에 따른 위험부담을 제3자에게 전가, 채권자인 계약당사자가 채무자인 계약 상대방의 일반채권자에 비하여 우대받는 결과, 수익자인 제3자가 계약 상대방에 대하여 가지는 항변권 등을 침해하기 때문이다.

(3) 사안의 경우 - A종중은 수급인 B의 요청으로 B에게 지급하여야 할 공사대금 일부에 대한 변제조로 하수급인 C에게 2억 원을 지급한 것이므로 A종중은 계약의 직접 당사자인 B에게 부당이득반환을 청구할 수 있을 뿐 제3자인 C를 상대로 부당이득반환을 청구할 수 없다.

4. 결론
A종중은 C에게 지급한 2억 원을 부당이득으로 반환할 것을 청구할 수 없다.

[제2문의 1] 문제 2. 해설

1. 문제
법인의 대표자가 법인에 대하여 불법행위를 한 경우의 소멸시효 기산점이 문제 된다.

2. 대표 甲의 소멸시효 항변 당부

(1) 불법행위로 인한 소멸시효 적용 여부
1) 관련 조문 - 불법행위로 인한 손해배상청구권은 피해자나 그 법정대리인이 그 손해 및 가해자를 안 날로부터 3년간, 불법행위를 한 날로부터 10년을 경과할 때까지 이를 행사하지 아니하면 시효로 인하여 소멸한다(제766조 제1,2항).
2) 판례 - 법인의 경우 대표기관의 인식여부를 기준으로 판단한다.
3) 사안의 경우 - 대표 甲이 2016. 9. 1. B로부터 리베이트를 받고 B가 제시하는 공사대금이 과대계상 된 것임을 알면서도 계약을 체결하여 A종중에 3억 원의 손해가 발생하는 불법행위를 하였고, 위 시점을 기산점으로 삼을 경우 2019. 9. 1. 시효가 도과한다.

(2) 대표자가 불법행위의 주체인 경우도 동일한지 여부
1) 판례 - 법인과 그 대표자는 이익이 상반되므로 현실로 그로 인한 손해배상청구권을 행사하리라고 기대하기 어려운 바, 법인의 이익을 정당하게 보전할 권한을 가진 다른 임원 또는 사원이나 직원 등이 이를 안 때를 기준으로 한다.
2) 사안의 경우 - A 종중의 정당한 이익을 보전할 권한을 가진 신임 대표 乙이 선임되어 실시한 감사 과정에서 甲의 비위사실이 적발된 2019. 10. 1.이 단기소멸시효의 기산점이 되므로, 2021. 10. 1.에는 아직 소멸시효가 완성되지 않았다. 또한, 불법행위를 한 날인 2016. 9. 1.부터 10년도 도과하지 않았는바, 대표 甲의 소멸시효 항변은 부당하다.

3. 결론
A 종중이 2021. 10. 1. 甲을 상대로 제기한 불법행위로 인한 손해배상 청구의 소는 인용된다.

〈제2문의 2〉

　　甲은 2001. 6. 15. 乙에게 甲 소유인 X토지를 임대차보증금 5억 원, 임대차기간 2001. 7. 1. 부터 2021. 7. 1.까지로 정하여 임대하였고, 乙은 2001. 7. 1. 甲에게 보증금 5억 원을 지급하고 X토지를 인도받았다.

　　위 임대차계약에서 甲과 乙은 X토지에 관한 세금은 乙이 부담하되 甲이 이를 대신 납부하고, 甲이 납부한 금액만큼 乙이 甲에게 구상금을 지급하기로 약정하였다. 甲이 2001. 7. 1.부터 2011. 6. 30.까지 납부한 세금은 총 3천만 원이고, 2011. 7. 1.부터 임대차 종료일까지 납부한 세금은 총 7천만 원이다. 甲은 2011. 6. 30. 乙에게 그때까지 납부한 3천만 원의 세금에 대한 구상금 지급을 최고하였다.

　　한편 乙은 2005. 8.경 X토지의 형질을 임야에서 공장용지로 변경하였고, 이를 위하여 1억 원을 지출하였다. 위 임대차 종료 당시 X토지는 형질변경으로 인하여 2억 원 상당의 가치가 증가하여 현존하고 있다.

　　임대차계약이 2021. 7. 1. 기간만료로 종료한 후 乙은 甲으로부터 보증금을 반환받고, X토지를 甲에게 인도하였다. 乙은 甲에게 위 형질변경으로 발생한 가치의 증가분 2억 원을 유익비로 청구하였으나 이를 지급받지 못하자 2021. 9. 1. 법원에 甲을 상대로 유익비 2억 원의 지급을 구하는 소를 제기하였다. 이에 甲은 乙의 유익비는 지출비용 1억 원이라고 주장하고, 乙에 대한 1억 원의 구상금채권을 자동채권으로 하여 乙의 甲에 대한 위 유익비상환채권과 상계한다고 항변하였다. 그러나 乙은 구상금채권액 1억 원 중 3천만 원은 소멸시효가 완성되어 채무가 존재하지 않는다고 재항변하였다. 이에 대해 甲은 2011. 6. 30.자 최고로 인하여 소멸시효는 중단되었고, 설령 소멸시효가 완성했다하더라도 위 구상금채권 전액을 자동채권으로 삼아 乙의 유익비상환채권과 상계할 것을 합리적으로 기대하는 이익이 시효 완성 전에 있었기 때문에 전액으로 상계할 수 있다고 주장하였다.

〈 문제 〉

　　이에 관하여 법원은 어떠한 판단을 하여야 하는지, 1) 결론(소 각하/청구 기각/청구 인용/청구 일부 인용 - 일부 인용의 경우 인용 범위를 특정할 것)과 2) 논거를 기술하시오. (甲의 구상금과 乙의 유익비에 대한 이자 또는 지연손해금 및 조세채권의 시효와 부과제척기간에 관하여는 고려하지 말 것) (30점)

[제2문의 2] 해설

1. 문제
(1) 乙의 유익비상환청구 가부, (2) 甲의 상계항변, (3) 乙의 소멸시효 재항변, (4) 甲의 재재항변으로 소멸시효 중단 및 소멸시효 완성된 채권에 의한 상계 당부가 문제 된다.

2. 乙의 유익비상환청구 가부
(1) **관련 조문** - 임차인이 유익비를 지출한 경우에는 임대인은 임대차 종료시에 그 가액의 증가가 현존한 때에 한하여 임차인의 지출한 금액이나 그 증가액을 상환하여야 한다(민법 제626조 제2항). 채권의 목적이 수개의 행위 중에서 선택에 좇아 확정될 경우에 다른 법률의 규정이나 당사자의 약정이 없으면 선택권은 채무자에게 있다(민법 제380조).

(2) **사안의 경우** - 임차인 乙이 임대차계약이 종료된 2021. 7. 1. X 토지의 형질변경을 위해 지출한 1억 원과 현존가치 증가액 2억 원을 청구할 수 있고, 임대인 甲은 민법 제626조 제2항에 따라 둘 중 하나를 선택하여 상환할 수 있다. 즉, 1억 원이라고 주장하는 것은 1억 원을 선택한 것으로 해석되는바, 乙의 유익비 상환청구는 1억 원 범위 내에서 타당하다.

3. 甲의 상계항변 당부
(1) **관련 조문** - 쌍방이 서로 같은 종류를 목적으로 한 채무를 부담한 경우에 그 쌍방의 채무의 이행기가 도래한 때에는 각 채무자는 대등액에 관하여 상계할 수 있다(민법 제492조 제1항).

(2) **사안의 경우** - 甲이 乙에게 갖는 구상금 채권(자동채권)은 甲이 乙을 대신하여 납부한 때부터 변제기가 도래한 것이고, 乙이 甲에게 갖는 유익비 채권은(수동채권) 임대차기간이 종료된 2021. 7. 1. 변제기가 도래하여, 양 채권의 변제기가 도래하였는바, 상계적상 시점은 2021. 7. 1.로서 상계는 가능하다.

4. 乙의 소멸시효 재항변 당부
(1) **관련 조문** - 채권은 10년간 행사하지 아니하면 소멸시효가 완성한다(민법 제162조 제1항).

(2) **사안의 경우** - 甲의 乙에 대한 구상채권 중에서 10년의 소멸시효가 완성된 3천만 원 부분에 대한 시효 완성 항변은 타당하다.

5. 甲의 재재항변
(1) **소멸시효 중단**
  1) 관련 조문 - 최고는 6월 내에 재판상의 청구, 파산절차참가, 화해를 위한 소환, 임의출석, 압류 또는 가압류, 가처분을 하지 아니하면 시효중단의 효력이 없다(민법 제174조).
  2) 사안의 경우 - 甲이 2011. 6. 30. 3천만 원의 구상채권에 대하여 최고를 하였으나, 이후 6월 내에 재판상의 청구 등을 시효중단을 위한 후속 조치가 없었는바, 시효가 중단되었다는 재재항변은 타당하지 않다.

(2) 소멸시효 완성된 채권에 의한 상계

1) 관련 조문 – 소멸시효가 완성된 채권이 그 완성 전에 상계할 수 있었던 것이면 그 채권자는 상계할 수 있다(민법 제495조).

2) 판례 – 민법 제495조는 '자동채권의 소멸시효 완성 전에 양 채권이 상계적상에 이르렀을 것'을 요건으로 하므로, 임대차 존속 중 임대인의 구상금 채권의 소멸시효가 완성된 경우에는 임대인이 이미 소멸시효가 완성된 구상금 채권을 자동채권으로 삼아 임차인의 유익비상환채권과 상계하는 것은 민법 제495조에 의하더라도 인정될 수 없다.

3) 사안의 경우 – 3천만 원 부분에 대해서는 민법 제495조의 요건이 충족되지 않아서 상계의 합리적 기대이익이 있다고 볼 수 없어 상계할 수 없고, 7천만 원 부분에 대해서는 민법 제495조의 요건이 충족되어 상계의 합리적 기대이익이 인정되어 상계 가능한바, 甲의 재재항변은 7천만 원 부분에서 타당하다.

6. 결론

법원은 乙의 甲에 대한 1억 원의 유익비 지급 청구의 소에서 3천만 원에 대하여 일부 인용 판결을 한다.

<제2문의 3>

〈 기초적 사실관계 〉
 A는 별다른 유언 없이 2019. 3. 10. 사망하였고, 상속인으로 A의 자녀 甲과 乙이 있다.
 [※ 추가적 사실관계는 각각 별개임]

〈 추가적 사실관계 1 〉
 사망 전 A는 B에 대한 1억 원의 대여금 채무를 부담하였다. 甲과 乙은 "A의 생전에 乙이 A로부터 1억 원을 증여받은 적이 있으므로, 乙이 A의 B에 대한 1억 원의 대여금 채무를 승계한다."라는 내용의 상속재산분할협의를 하였다.

〈 문제 〉
1. B는 甲과 乙사이의 위 상속재산분할협의의 내용을 듣고 乙을 상대로 1억 원의 대여금 지급을 구하는 소를 제기하였다. 이에 관하여 법원은 어떠한 판단을 하여야 하는지, 1) 결론(소 각하/청구 기각/청구 인용/청구 일부 인용 - 일부 인용의 경우에는 인용 범위를 특정할 것)과 함께 2) 논거를 기술하시오. (15점)

〈 추가적 사실관계 2 〉
 A는 X아파트를 소유하고 있었다. A의 사망 후 甲과 乙은 "甲과 乙이 X아파트를 각 1/2씩 공유하고, X아파트를 임대하여 그 임대수익을 절반씩 나누어 가진다."라는 내용의 상속재산분할협의를 하였다. 甲, 乙은 X아파트를 C에게 임대하여 차임 수익으로 총 3,000만 원을 얻은 후 각 1,500만 원씩 나누어 가졌고, 2020. 1. 20. X아파트를 D에게 9억 원에 매도하여 각 4억 5,000만 원씩 나누어 가졌다. 이후 망부(亡父) A의 혼외자임을 주장하는 丙이 인지청구의 소를 제기하여 승소 확정판결을 받았다. 甲, 乙은 丙이 인지청구를 하기 전까지는 丙의 존재를 알지 못하였다.

〈 문제 〉
2. 丙은 2022. 1. 15. 현재 자신의 상속재산을 회수하고자 한다. 丙이 회수 가능한 재산의 내역 및 범위를 ① X아파트 또는 그 가액, ② X아파트 차임 수익으로 항목을 나누어 논거와 함께 서술하시오. (X아파트의 2019. 3. 10. 당시 시가는 6억 원, 2020. 1. 20. 당시 시가는 9억 원이고, 2020. 1. 20. 이후 X아파트의 시가 변동은 없는 것으로 가정함. 아파트 매도에 따른 세금, 거래비용 등은 고려하지 말 것) (20점)

[제2문의 3] 문제 1. 해설

1. 문제

(1) 甲과 乙의 상속재산 분할 협의의 법률적 의미, (2) B가 乙을 상대로 한 1억 원의 청구에 대한 법원의 판단이 문제 된다.

2. 甲과 乙의 상속재산 분할 협의의 법률적 의미

(1) **관련 조문** - 상속재산의 분할은 상속 개시된 때에 소급하여 그 효력이 있다(민법 제1015조).

(2) **판례** - 금전채무와 같이 급부의 내용이 가분인 채무가 공동상속된 경우, 이는 상속개시와 동시에 당연히 법정상속분에 따라 공동상속인에게 분할되어 귀속되는 것이므로, 상속재산 분할의 대상이 될 수 없는 상속채무에 관하여 공동상속인들 사이에 분할의 협의가 있는 경우라면, 이에 따라 공동상속인 중의 1인이 법정상속분을 초과하여 채무를 부담하기로 하는 약정은 면책적 채무인수의 실질을 가진다.

(3) **사안의 경우** - 피상속인 A의 B에 대한 1억 원의 대여금 채무는 A의 사망과 동시에 甲과 乙에게 법정상속분 1/2지분에 따라 각각 5천만 원씩 분할상속되고, 협의분할 대상이 아니므로 소급효를 가질 수 없으며, 乙이 단독으로 1억 원의 채무를 부담하기로 한 약정은 면책적 채무인수의 의미를 갖는다.

3. B가 乙을 상대로 한 1억 원의 청구 당부

(1) **관련 조문** - 제3자가 채무자와의 계약으로 채무를 인수한 경우에는 채권자의 승낙에 의하여 효력이 생긴다(민법 제454조 제1항).

(2) **판례** - 채권자에 대한 관계에서 위 약정에 의하여 다른 공동상속인이 법정상속분에 따른 채무의 일부 또는 전부를 면하기 위하여는 민법 제454조의 규정에 따른 채권자의 승낙을 필요로 하고, 명시적인 방법뿐만 아니라 묵시적인 방법으로도 승낙을 할 수 있는데, 채권자가 직접 채무 인수인에 대하여 인수채무금의 지급을 청구하였다면 그 지급 청구로써 묵시적으로 채무 인수를 승낙한 것으로 본다.

(3) **사안의 경우** - 채권자 B가 甲과 乙의 상속재산분할협의의 내용을 알고 乙을 상대로 1억 원의 지급을 구한 것은 면책적 채무인수 약정에 대한 묵시적 승낙으로 판단되는바, 1억 원의 청구는 타당하다.

4. 결론

법원은 B의 乙에 대한 1억 원의 대여금 지급을 구하는 청구를 인용한다.

[제2문의 3] 문제 2. 해설

1. 문제
사후 피인지자 丙이 2022. 1. 15. 상속회복의 대상이 되는 재산의 내역 및 범위가 문제 된다.

2. X 아파트 또는 그 가액과 관련하여

(1) X 아파트
1) 관련 조문 - 인지는 그 자의 출생시에 소급하여 효력이 생긴다. 그러나 제3자의 취득한 권리를 해하지 못한다(민법 제860조).
2) 판례 - 상속개시 후에 인지되거나 재판이 확정되어 공동상속인이 된 자는 인지 이전에 다른 공동상속인이 이미 상속재산을 분할 내지 처분한 경우에는 인지의 소급효를 제한하는 민법 제860조 단서가 적용되어 사후의 피인지자는 다른 공동상속인들의 분할 기타 처분의 효력을 부인하지 못한다.
3) 사안의 경우 - 피상속인 A의 사망 이후 상속인 甲과 乙은 X아파트를 공유하다가, 2020. 1. 20. 제3자 D에게 처분하였으므로 이후 피인지자로서 공동상속인이 된 丙은 甲과 乙의 처분의 효력을 부인하지 못하는바, X 아파트는 상속회복으로서 회수의 대상이 될 수 없다.

(2) X 아파트 가액
1) 관련 조문 - 상속개시 후의 인지 또는 재판의 확정에 의하여 공동상속인이 된 자가 상속재산의 분할을 청구할 경우에 다른 공동상속인이 이미 분할 기타 처분을 한 때에는 그 상속분에 상당한 가액의 지급을 청구할 권리가 있다(민법 제1014조).
2) 판례 - 민법 제1014조의 가액은 다른 공동상속인들이 상속재산을 실제 처분한 가액 또는 처분한 때의 시가가 아니라 사실심 변론종결시의 시가를 의미한다.
3) 사안의 경우 - 丙이 甲과 乙에게 X아파트 가액으로 상속개시 당시의 6억 원이 아닌 사실심 변론 종결 당시의 시가 9억 원을 기준 가액으로 하여 법정상속분 1/3지분에 해당하는 3억 원에 대하여, 甲과 乙에게 각 1억 5천만 원의 가액반환을 구할 수 있다.

3. X 아파트 차임 수익과 관련하여
(1) 관련 조문 - 천연과실은 그 원물로부터 분리하는 때에 이를 수취할 권리자에게 속한다. 법정과실은 수취할 권리의 존속기간일수의 비율로 취득한다(민법 제102조).

(2) 판례 - 상속재산의 소유권을 취득한 자 즉, 분할받은 공동상속인 또는 공동상속인들로부터 양수한 자는 민법 제102조에 따라 그 과실을 수취할 권능도 보유하므로, 민법 제1014조에 의한 상속분상당 가액지급청구에 있어 상속재산으로부터 발생한 과실은 그 가액산정 대상에 포함되지 않는다.

(3) 사안의 경우 - 甲과 乙의 X 아파트 차임 수익 3천만 원은 가액반환의 대상이 되지 않는바, 회수 가능한 재산에 해당하지 않는다.

4. 결론
丙은 甲과 乙에게 각 1억 5천만 원의 X 아파트 가액반환만을 구할 수 있다.

제3문

甲은 2차 전지 제조업을 영위하는 A주식회사(상장회사, 보통주만 발행, 자본금 100억 원)의 발행주식총수의 100분의 15에 해당하는 주식을 가진 주주로, 회사 운영에 깊은 관심을 가지고 있다. 甲은 인공지능을 활용한 신제품을 개발할 계획으로 이 분야의 전문가인 乙을 초빙하였고 A회사는 적법한 절차를 거쳐 乙을 대표이사로 선임하였다.

甲은 대표이사 乙에게 자신의 영향력을 이용하여 ① 자신의 고등학교 동창인 주주 丙에게만 전환사채를 발행할 것, ② 발행가액을 시가보다 현저히 낮게 할 것, ③ 이사회의 결의만으로 발행할 것을 지시하였다. A회사는 2021. 2. 1. 甲의 지시대로 丙에게 전환사채를 발행하였다. A회사의 정관에 전환사채 발행 관련 내용은 따로 두고 있지 아니하다.

B주식회사는 인공지능 관련 제품을 개발·판매하고 있는 비상장회사이다. A회사는 B회사로부터 2억 원 상당의 인공지능 관련 제품을 구입하는 계약을 B회사와 2021. 3. 5. 체결하였다. A회사는 보유 중이던 丁 발행 약속어음(액면금 2억 원)을 제품 구입 대가로 B회사에 배서양도하였다. 이후 B회사는 어음에 "추심하기 위하여"라는 문구를 적어 배서하여 C주식회사에 교부하였다. C회사는 丁에게 어음을 만기에 적법하게 지급 제시하였으나 丁은 자금 사정이 어렵다는 이유로 지급을 거절하였다. 이후 C회사는 해당 어음에 관한 상환청구 요건을 적법하게 구비하였다.

한편 A회사는 회사 사무실 인테리어를 위하여 가구회사인 D주식회사로부터 가구를 3천만 원에 매수하여 2021. 5. 10. 해당 가구를 인도받았다.

〈문제〉

1. A회사의 발행주식총수의 100분의 2에 해당하는 주식을 3개월간 보유하고 있는 戊(명의개서를 완료함)는 위 전환사채의 발행과 관련하여 甲이 A회사에 손해를 끼쳤다고 주장하면서 甲의 책임을 묻고자 한다.

   (1) 戊는 甲을 상대로 대표소송을 제기할 수 있는가? 그리고 해당 대표소송에서 청구는 인용될 수 있는가? (35점)

   (2) 戊는 2021. 10. 1. 대표소송을 제기한 이후 2021. 10. 15. 자기가 보유한 주식의 80%를 매각하였고 명의개서가 완료되었다. 한편 A회사는 E주식회사(상장회사)와 전략적 협정을 맺고 사실심 변론 종결 전인 2021. 11. 2. 포괄적 주식교환 절차를 완료하여 A회사가 E회사의 완전자회사가 되었고, 이로써 戊는 E회사의 발행주식총수의 10만분의 1에 해당하는 주식을 갖게 되었다. 戊가 제기한 위 대표소송이 2021. 10. 16. 및 2021. 11. 3. 기준으로 각각 유지되는가? (아무도 소송참가한 바 없음) (20점)

2. B회사는 A회사에 대한 채권을 행사하고자 한다. B회사는 위 제품 구입 계약에 따른 매매대금을 청구하는 경우와 약속어음에 기한 청구를 하는 경우를 고려 중이다. B회사는 A회사에 대하여 어떠한 방법으로 자신의 채권을 청구할 수 있는가? (매매대금채권과 어음채권 중 무엇을 행사할지에 관한 A회사와 B회사의 의사는 명확하지 않음) (25점)

3. A회사는 D회사로부터 매입한 가구에 결함이 있음을 2021. 12. 15. 발견하였다. 해당 결함은 구성품인 볼트의 문제 때문에 가구의 이음새가 비틀리는 것으로 즉시 발견이 불가능한 것이다. A회사는 위 사실을 몰랐던 D회사에 하자담보책임을 물을 수 있는가? 만일 가구 인도 시점으로부터 36개월간 D회사가 가구의 품질과 성능을 보증하기로 하고 해당 보증기간 내 하자 발생 시 하자담보책임을 지기로 하는 특약이 A회사와 D회사 간에 있는 경우에는 어떠한가? (20점)

[제3문] 문제 1-(1). 해설

1. 문제
(1) 戊가 甲을 상대로 한 대표소송제기 가부, (2) 해당 대표소송의 인용 여부가 문제 된다.

2. 戊가 甲을 상대로 한 대표소송제기 가부

(1) 戊의 원고적격 인정 여부

1) 관련 조문 - 발행주식총수의 100분의 1 이상에 해당하는 주식을 가진 주주는 회사에 대하여 이사의 책임을 추궁할 소의 제기를 청구할 수 있다(상법 제403조 제1항). 6개월 전부터 계속하여 상장회사 발행주식 총수의 1만분의 1 이상에 해당하는 주식을 보유한 자는 제403조에 따른 주주의 권리를 행사할 수 있고(상법 제542조의6 제6항), 이는 이 장 다른 절에 우선하여 적용한다는 제542조의2 제2항에도 불구하고 다른 법률 규정에 의한 소수주주권의 행사에 영향을 미치지 아니한다(상법 제542조의6 제10항).

2) 판례 - 상장회사특례규정이 상법규정의 적용을 배제하는 특별법에 해당한다고 볼 수 없고, 6월의 보유기간요건을 갖추지 못한 경우라 할지라도 상법규정의 요건을 갖추고 있으면 그에 기하여 주주총회소집청구권을 행사할 수 있다.

3) 사안의 경우 - 상법 제542조의6 제10항에 의해 동조 제2항의 규정이 상법 제403조에 따른 대표소송 제기에 영향을 미치지 아니하는바, 주주 戊는 상장회사인 A회사의 주식 100분의 2를 3개월째 보유 중으로 6개월의 특례요건을 충족하지 못하였더라도 상법 제403조 제1항에 따라 대표소송을 제기할 수 있다.

(2) 甲의 피고적격 인정여부

1) 관련 조문 - 회사에 대한 자신의 영향력을 이용하여 이사에게 업무집행을 지시한 자에 관하여 제403조를 적용하는 경우에는 그 자를 "이사"로 본다(상법 제401조의 2 제1항 제1호).

2) 사안의 경우 - 戊는 A주식회사의 주식 15%를 보유하고 있는 주요주주로서 회사에 대한 자신의 영향력을 이용하여 대표이사 乙에게 업무집행을 지시한 자에 해당하는바, 대표소송의 피고적격이 인정된다.

3. 해당 대표소송의 인용 여부

(1) 이사의 회사에 대한 책임인정 여부

1) 관련 조문 - 업무집행지시자가 고의로 법령 또는 정관에 위반한 행위를 한 경우에는 그 업무집행지시자는 회사에 대하여 연대하여 손해를 배상할 책임이 있다(상법 제399조 제1항, 상법 제401조의 2 제1항 제1호).

2) 사안의 경우 - 업무집행지시자 甲은 제401조의2 제1항에 따라 제399조 제1항에 의한 책임이 있는바, A회사가 甲의 지시에 따라 甲의 동창인 주주 丙에게 전환사채를 발행한 것이 법령에 위반된 행위인지 여부가 검토되어야 한다.

(2) 丙에 대한 전환사채발행 적법 여부

1) 주주배정방식 인지 제3자배정방식인지
   ① 판례 - 전환사채발행에서 주주 배정방식과 제3자 배정방식을 구별하는 기준은 회사가 전환사채를 발행하는 때에 주주들에게 그들의 지분비율에 따라 신주 등을 우선적으로 인수할 기회를 부여하였는지 여부에 따라 객관적으로 결정되어야 할 성질이다.
   ② 사안의 경우 - A회사는 2021. 2. 1. 다른 주주들에게 전환사채를 발행받을 기회를 부여하지 않고 오로지 丙에게만 전환사채를 발행한 것은 제3자 전환사채 배정방식에 해당한다.

2) 제3자에 전환사채 발행요건 충족여부
   ① 관련 조문 - 주주외의 자에 대하여 전환사채를 발행하는 경우에 그 발행할 수 있는 전환사채의 액, 전환의 조건, 전환으로 인하여 발행할 주식의 내용과 전환을 청구할 수 있는 기간에 관하여 정관에 규정이 없으면 주주총회 특별결의로써 이를 정하여야 하고, 이 경우에는 신기술의 도입, 재무구조의 개선 등 회사의 경영상 목적을 달성하기 위하여 필요한 경우에 한한다(상법 제513조 제3항, 제418조 제2항 단서). 전환조건이 공정하여야 한다(상법 제516조 제1항, 제424조의2).
   ② 사안의 경우
      ㄱ) 주주총회 특별결의 - A회사의 정관에 전환사채 발행 관련 내용은 따로 두고 있지 아니하므로 주주총회 특별결의를 요함에도 불구하고, 이사회 결의만으로 발행한 하자가 존재한다.
      ㄴ) 경영상 목적 - 주주 아닌 제3자 丙에게 전환사채를 발행하는 경우 신기술의 도입, 재무구조의 개선 등 회사의 경영상 목적을 달성하기 위하여 필요한 경우에 한하는데, 자신에게 우호적인 丙에게만 발행한 것은 회사 지배력을 강화하기 위한 것으로 추정되므로, 경영상 목적을 결여한 하자가 존재한다.
      ㄷ) 발행가액의 불공정성 - 발행가액을 합리적 이유 없이 시가보다 현저하게 낮게 발행하여 주주들의 기존가치가 신주발행으로 희석되었을 우려가 큰바, 공정가액을 준수하지 못한 하자가 존재한다.

(3) 소결 - 업무집행지시자 甲이 대표이사 乙에게 주주총회 특별결의를 거치지 않고 경영상 목적 없이 丙에게 시가보다 현저히 낮게 A회사의 전환사채를 발행한 것은 고의로 법령에 위반된 행위를 하여 A회사에 손해를 발생시킨 것으로 이사에 회사에 대한 책임이 인정되는바, 주주대표소송은 인용될 수 있다.

4. 결론
戊는 甲을 상대로 대표소송을 제기할 수 있고, 해당 대표소송에서 청구는 인용될 수 있다.

[제3문] 문제 1-(2). 해설

1. 문제
戊의 대표소송이 (1) 2021. 10. 16. (2) 2021. 11. 3. 기준으로 유지되는지 여부가 문제 된다.

2. 2021. 10. 16. 기준

(1) **관련 조문** - 대표소송을 제기한 주주의 보유주식이 제소후 발행주식총수의 100분의 1 미만으로 감소한 경우(발행주식을 보유하지 아니하게 된 경우를 제외한다)에도 제소의 효력에는 영향이 없다(제403조 제5항).

(2) **판례** - 주주가 대표소송을 제기하기 위하여는 회사에 대하여 이사의 책임을 추궁할 소의 제기를 청구할 때와 회사를 위하여 그 소를 제기할 때 상법이 정하는 주식보유요건을 갖추면 되고, 소 제기 후에는 보유주식의 수가 그 요건에 미달하게 되어도 무방하다.

(3) **사안의 경우** - 戊가 제기한 위 대표소송은 2021. 10. 16. 기준으로 자기가 보유한 주식의 80%를 매각하여, 제소후 A회사 발행주식총수의 0.4%를 보유하게 되어 1% 미만으로 감소하였으나 제소의 효력에는 영향이 없는바, 유지된다.

3. 2021. 11. 3. 기준

(1) **관련 조문** - 회사는 주식의 포괄적 교환에 의하여 다른 회사의 발행주식의 총수를 소유하는 회사 즉, 완전모회사가 될 수 있다. 이 경우 그 다른 회사를 완전자회사라 한다. 주식의 포괄적 교환에 의하여 완전자회사가 되는 회사의 주주가 가지는 그 회사의 주식은 주식을 교환하는 날에 주식교환에 의하여 완전모회사가 되는 회사에 이전하고, 그 완전자회사가 되는 회사의 주주는 그 완전모회사가 되는 회사가 주식교환을 위하여 발행하는 신주의 배정을 받거나 그 회사 자기주식의 이전을 받음으로써 그 회사의 주주가 된다(상법 제360조의2 제1,2항).

(2) **판례** - 대표소송을 제기한 주주가 소송의 계속 중에 주식을 전혀 보유하지 아니하게 되어 주주의 지위를 상실하면, 특별한 사정이 없는 한 그 주주는 원고적격을 상실하여 그가 제기한 소는 부적법하게 되고, 이는 그 주주가 자신의 의사에 반하여 주주의 지위를 상실하였다 하여 달리 볼 것은 아니다.

(3) **사안의 경우** - A회사와 E회사의 포괄적 주식교환 절차를 통해 A회사가 E회사의 완전자회사가 되었고, 戊는 완전모회사인 E회사의 발행주식 총수의 10만분의 1에 해당하는 주식을 갖게 됨과 동시에 완전자회사인 A회사의 주식을 보유하지 아니하게 되어 대표소송을 제기한 원고적격을 상실하게 되는바, 위 대표소송은 부적법 각하되어야 하므로 유지되지 못한다.

4. 결론
戊가 제기한 위 대표소송은 2021. 10. 16. 기준으로 유지되나, 2021. 11. 3. 기준으로 유지되지 못한다.

[제3문] 문제 2. 해설

1. 문제
(1) A회사가 B회사에 배서한 약속어음의 의미, (2) 약속어음에 기한 청구, (3) 매매대금(원인채권) 청구 가부가 문제 된다.

2. A회사가 B회사에 배서한 약속어음의 의미
(1) **관련 법리** - 어음행위는 무인행위로서 어음은 원인관계와 상관없이 일정한 어음상의 권리를 표창하는 증권이지만, 어음은 원인관계를 전제로 하여 그 결제수단으로 수수되는 것이므로 당사자 사이에 특별한 사정이 없는 한 지급을 위해서 또는 지급을 담보하기 위해서 교부한다.

(2) **판례** - 어음상의 주채무자가 원인관계상의 채무자와 동일하지 아니한 때에는 제3자인 어음상의 주채무자에 의한 지급이 예정되고 있으므로 이는 '지급을 위하여' 교부된 것으로 추정한다.

(3) **사안의 경우** - A가 B에게 매매대금의 대가로서 丁이 발행한 약속어음을 배서·양도한 것을 이른바 '복명어음'에 해당하고, 이는 지급을 위하여 교부된 것으로 추정되는바, 어음채권을 원인채권 보다 먼저 행사하여야 하고, 그 행사로 만족을 얻을 수 없는 경우에 한하여 원인채권을 행사할 수 있다.

3. 약속어음에 기한 청구
(1) **관련 조문 및 법리** - 배서한 내용 중 추심하기 위하여 라는 문구가 있으면 소지인은 약속어음으로부터 생기는 모든 권리를 행사할 수 있다. 그러나 소지인은 대리를 위한 배서만을 할 수 있다. (어음법 제77조 제1항 제1호, 어음법 제18조 제1항 제2호). 즉, 추심위임배서란 배서인이 피배서인에게 어음·수표상의 권리를 행사할 대리권을 부여할 목적으로 하는 배서로서 피배서인은 배서인의 대리인이 된다.

(2) **사안의 경우** - B회사가 약속어음에 "추심하기 위하여"라는 문구를 적어 배서하여 C회사에 교부한 것은 추심위임배서에 해당하고, C회사가 만기에 丁에게 적법하게 지급제시를 하고 지급을 거절 당하였는바, B회사는 약속어음에 기한 청구를 통해 만족을 얻을 수 없게 되었다.

4. 매매대금(원인채권) 청구
(1) **관련 법리** - 채권자가 원인채권을 행사하는 경우에는 채무자는 이중지급의 위험으로부터 보호하기 위하여 동시이행의 방법으로 어음 수표의 반환을 청구할 수 있다.

(2) **판례** - 어음을 배서양도받은 채권자는 특별한 사정이 없는 한 채무자에 대하여 원인채권을 행사하기 위하여는 어음을 채무자에게 반환하여야 하므로, 채권자가 채무자에 대하여 자기의 원인채권을 행사하기 위한 전제로서 지급기일에 어음을 적법히 제시하여 소구권 보전절차를 취할 의무가 있다.

(3) **사안의 경우** – B회사의 추심위임 피배서인 C회사가 해당어음에 관한 상환청구 요건을 적법하게 구비하였으므로 매매대금을 청구할 수 있고, A회사는 B회사의 매매대금 청구에 어음 반환과의 동시이행항변을 주장할 수 있는바, 어음을 반환하면서 매매대금을 청구하여야 한다.

5. 결론
B회사는 약속어음을 A회사에 제시하면서 매매대금 채권을 청구할 수 있다.

[제3문] 문제 3. 해설

1. 문제
(1) A회사가 D회사에 상법 제69조 제1항 하자담보책임 가부, (2) 36개월의 하자담보책임 보증 특약이 있는 경우가 문제 된다.

2. A회사가 D회사에 상법 제69조 제1항 하자담보책임 가부
(1) **관련 조문** – 상인 간의 매매에 있어서 매수인이 목적물을 수령한 때에는 지체없이 이를 검사하여야 하며 하자 또는 수량의 부족을 발견한 경우에는 즉시 매도인에게 그 통지를 발송하지 아니하면 이로 인한 계약해제, 대금감액 또는 손해배상을 청구하지 못한다. 매매의 목적물에 즉시 발견할 수 없는 하자가 있는 경우에 매수인이 6월 내에 이를 발견한 때에도 같고 이는 매도인이 악의인 경우에는 적용하지 아니한다(상법 제69조 제1항, 제2항).

(2) **판례** – 상법 제69조는 상거래의 신속한 처리와 매도인의 보호를 위한 규정인 점에 비추어 볼 때, 매매의 목적물에 상인에게 통상 요구되는 객관적인 주의의무를 다하여도 즉시 발견할 수 없는 하자가 있는 경우에도 매수인은 6월 내에 그 하자를 발견하여 지체 없이 이를 통지하지 아니하면 매수인은 과실의 유무를 불문하고 매도인에게 하자담보책임을 물을 수 없다.

(3) **사안의 경우** – ① A와 D 모두 회사로서 당연상인으로 가구매매계약은 상행위이고, ② A가 2021. 5. 10. 매도인 D로부터 가구를 인도받았고, ③ 즉시 발견할 수 없었던 하자를 2021. 12. 15. 발견하였지만, ④ 하자발견 시점이 이미 가구를 수령한 2021. 5. 10.부터 6개월이 초과하였는바, 그러한 사실을 몰랐던 매도인 D에게 상법 제69조 제1항의 하자담보책임을 물을 수 없다.

3. 36개월의 하자담보책임 보증 특약이 있는 경우
(1) **판례** – 상법 제69조 제1항은 민법상의 매도인의 담보책임에 대한 특칙으로 전문적 지식을 가진 매수인에게 신속한 검사와 통지의 의무를 부과함으로써 상거래를 신속하게 결말짓도록 하기 위한 규정으로서 그 성질상 임의규정으로 보아야 할 것이고 따라서 당사자간의 약정에 의하여 이와 달리 정할 수 있다.

(2) 사안의 경우 - 상법 제69조 제1항의 담보책임은 임의규정으로서, A회사와 D회사간에 인도시인 2021. 5. 10.부터 36개월간인 2024. 5. 10.까지 매도인 D회사가 하자담보책임을 지기로 하는 특약을 맺었다면 이는 유효한바, A회사는 그 특약에 근거하여 D회사에게 하자담보책임을 물을 수 있다.

4. 결론

A회사는 2021. 12. 15. 상법 제69조 제1항에 근거한 담보책임을 D회사에게 물을 수 없으나, 담보책임 기간을 36개월로 연장하기로 한 특약이 있다면, 그에 근거하여 물을 수 있다.

3. 2021년도 시행 제10회 변호사시험

제1문

〈제1문의 1〉

〈 기초적 사실관계 〉

甲건설회사(이하 '甲회사'라고 함)는 2005. 1. 6. 乙법인과 공사대금 30억 원으로 하여 건물을 신축하는 도급계약을 체결하고 2006. 1. 6. 건물을 완공하였다. 그런데 乙법인이 공사대금을 지급하지 않고 있다. 이에 甲회사는 乙법인을 상대로 공사대금지급청구의 소(이하 '전소'라고 함)를 제기하였고 법원은 이에 대하여 30억 원의 지급을 명하는 판결을 선고하여 2007. 3. 10. 판결이 확정되었다.

〈 문제 〉

전소 판결이 확정된 후 乙법인이 위 30억 원의 공사대금을 지급하지 않았음에도 甲회사는 강제집행을 진행하지 아니하였다. 이후 甲회사는 2017. 3. 15. 乙법인을 상대로 전소와 동일한 이행청구의 소(이하 '후소'라고 함)를 제기하였다. 이에 乙법인은 '1) 후소가 전소 확정판결 채권의 시효중단을 위한 재소(再訴)이지만 시효완성 이후에 제기되었으므로 부적법하고, 2) 乙법인은 2017. 2. 10. 甲회사에 공사대금 30억 원을 모두 변제하여 더 이상 甲회사에 지급할 대금이 없다'고 주장하였고 변제사실은 증명되었다. 이때 후소 법원은 甲회사와 乙법인 사이의 채권이 乙법인의 변제로 소멸하였다고 본안판단을 할 수 있는가? (이자 및 지연손해금은 논하지 말 것) (15점)

[제1문의 1] 해설

1. 문제
(1) 전소 판결이 확정된 후 10년이 지나 제기된 후소의 적법성, (2) 후소에서 乙의 변제 항변을 고려하여 본안판단을 할 수 있는지가 문제 된다.

2. 후소의 적법 여부
(1) **관련 조문** - 도급받은 자의 공사에 관한 채권은 3년간 행사하지 아니하면 소멸시효가 완성한다(민법 제163조 제3항). 판결에 의하여 확정된 채권은 단기의 소멸시효에 해당한 것이라도 그 소멸시효는 10년으로 한다(민법 제165조 제1항). 재판상의 청구로 인하여 중단한 시효는 재판이 확정된 때로부터 새로이 진행한다(민법 제178조 제2항).

(2) **판례** - 후소가 전소 판결이 확정된 후 10년이 지나 제기되었다 하더라도 곧바로 소의 이익이 없다고 하여 소를 각하해서는 아니 되고, 채무자인 피고의 항변에 따라 원고의 채권이 소멸시효 완성으로 소멸하였는지에 관한 본안판단을 하여야 한다.

(3) **사안의 경우** - 甲 회사가 乙 법인으로부터 지급받아야 할 공사대금 30억 원이 3년의 단기소멸시효 대상이지만, 전소를 제기하여 2007. 3. 10. 판결이 확정되었으므로 10년의 소멸시효가 적용되어, 2017. 3. 10. 완성된다. 후소는 2017. 3. 15. 즉, 판결 확정 후 10년이 지나 제기되었더라도 곧바로 소의 이익이 없는 것은 아닌바, 후소는 적법하다.

3. 후소의 본안판단 여부
(1) **관련 조문** - 확정판결은 주문에 포함된 것에 한하여 기판력을 가진다(민소법 제216조 제1항).

(2) **판례** - 시효중단을 위한 후소의 판결은 전소의 승소 확정판결의 내용에 저촉되어서는 아니 되므로, 후소 법원으로서는 그 확정된 권리를 주장할 수 있는 모든 요건이 구비되어 있는지에 관하여 다시 심리할 수 없으나, 위 후소 판결의 기판력은 후소의 변론종결 시를 기준으로 발생하므로, 전소의 변론종결 후에 발생한 변제, 상계, 면제 등과 같은 채권소멸사유는 후소의 심리대상이 된다.

(3) **사안의 경우** - 채무자인 乙 법인은 후소 절차에서 2017. 2. 10. 채권자인 甲회사에 대한 변제사유를 들어 항변할 수 있고 그 주장이 인정되면 법원은 본안판단을 하여 甲회사의 청구를 기각하여야 한다.

4. 결론
후소 법원은 甲회사와 乙법인 사이의 채권이 乙법인의 변제로 소멸하였다는 본안판단을 할 수 있다.

〈제1문의 2〉

〈 기초적 사실관계 〉

甲은 2018. 4. 1. 乙에게 금 1억 원을 대여하였고, 丙은 乙을 위하여 이를 연대보증하였다. 甲은 2019. 2. 1. 丙을 상대로 대여금 채무의 연대보증 채무의 이행을 구하는 소(이하 '전소'라고 함)를 제기하였고, 丙은 전소의 제1회 변론기일에서 '대여금 채무의 주채무가 2018. 10. 1. 乙의 변제로 소멸하였다'고 주장하였다. 전소의 1심 진행 도중 乙이 주채무를 변제하였음을 주장하며 보조참가를 하였다(보조참가는 적법한 것을 전제로 할 것. 아래 각 설문은 독립적 사안임).

〈 추가적 사실관계 1 〉

丙은 1심에서 패소하였고, 위 판결정본은 2019. 6. 11. 乙에게, 2019. 6. 15. 甲과 丙에게 각 송달되었다. 이에 대하여 乙만이 2019. 6. 28. 항소하였고 丙은 2019. 7. 14. 乙의 항소를 취하하였다.

〈 문제 〉

1. 乙의 항소와 丙의 항소 취하는 각각 유효한가? (10점)

〈 추가적 사실관계 2 〉

丙은 제2회 변론기일에서 제1회 변론기일에 출석하여 진술한 '주채무가 乙의 변제로 소멸하였다'는 주장을 철회하고, 주채무는 아직 변제되지 않았다는 사실, 丙이 乙의 주채무에 대하여 연대보증계약을 체결한 사실을 인정하였다. 이로 인하여 甲의 승소판결이 선고되었고 그 판결이 확정되자 丙은 판결에 따른 연대보증채무를 변제하였다. 이후 丙은 乙을 상대로 위 연대보증채무의 이행에 따른 구상금 청구의 소(이하 '후소'라고 함)를 제기하였고 이에 대해 乙은 전소제기 전에 이미 주채무를 자신이 변제하였으므로 丙의 청구는 기각되어야 한다고 주장하였다.

〈 문제 〉

2. 후소 법원은 乙의 주채무 변제사실을 인정할 수 있는가? (10점)

[제1문의 2] 문제 1. 해설

1. 乙의 항소 유효 여부

(1) **관련 조문** - 참가인은 소송에 관하여 상소의 소송행위를 할 수 있다(민소법 제76조 제1항). 항소는 판결서가 송달된 날부터 2주 이내에 하여야 한다(민소법 제396조 제1항).

(2) **판례** - 피고 보조참가인이 상고장을 제출한 경우에 피고 보조참가인에 대하여 판결정본이 송달된 때로부터 기산한다면 상고기간 내의 상고라 하더라도 이미 피참가인인 피고에 대한 관계에 있어서 상고기간이 경과한 것이라면 피고 보조참가인의 상고 역시 상고기간 경과 후의 것이 되어 피고 보조참가인의 상고는 부적법하다.

(3) **사안의 경우** - 보조참가인 乙의 항소기간 준수 여부는 피참가인 丙을 기준으로 하므로 丙에게 판결정본이 송달된 2019. 6. 15.부터 2주 이내인 2019. 6. 28. 항소하였는바, 乙의 항소는 유효하다.

2. 丙의 항소 취하 유효 여부

(1) **관련 조문** - 참가인의 소송행위가 피참가인의 소송행위에 어긋나는 경우에는 그 참가인의 소송행위는 효력을 가지지 아니한다(민소법 제76조 제2항).

(2) **판례** - 민소법 제76조 제2항의 규정취지는 피참가인들의 소송행위와 보조참가인들의 소송행위가 서로 어긋나는 경우에는 피참가인의 의사가 우선하는 것을 뜻하므로 피참가인은 참가인의 행위에 어긋나는 행위를 할 수 있고, 따라서 보조참가인들이 제기한 항소를 포기 또는 취하할 수도 있다.

(3) **사안의 경우** - 피참가인 丙은 참가인 乙의 의사에 반하는 소송행위를 할 수 있는바, 丙이 2019. 7. 14. 乙이 제기한 항소를 취하한 행위는 유효하다.

[제1문의 2] 문제 2. 해설

1. 문제

전소에서 인정된 주채무 미변제 사실과 다른 주채무 변제 사실을 후소에서 인정할 수 있는지와 관련하여 참가적 효력 배제 사유 여부기 문제 된다.

2. 참가적 효력 배제 사유 여부

(1) **의의** - 참가적 효력이란 피참가인이 전소에서 패소한 뒤에 피참가인이나 참가인이 소송을 제기하는 경우 피참가인에 대한 관계에서 참가인의 전소 판결내용이 부당하다고 주장할 수 없는 구속력을 말한다.

(2) 관련 조문 – 참가인의 소송행위가 피참가인의 소송행위에 어긋나는 경우에는 그 참가인의 소송행위는 효력을 가지지 아니한다(제76조 2항). 제76조의 규정에 따라 참가인이 소송행위를 할 수 없거나, 그 소송행위가 효력을 가지지 아니하는 때에는 참가인에게도 효력이 미치지 않는다(제77조 제1호).

(3) 사안의 경우 – 참가인 乙은 전소에서 주채무가 변제로 소멸하였다는 주장을 하였는데, 피참가인 丙이 乙의 주채무 변제주장을 철회하고, 아직 변제되지 않았다는 사실을 자백하여, 참가인의 소송행위가 피참가인의 소송행위에 어긋나는 경우에 해당하는바, 참가적 효력이 배제된다.

3. 결론
후소 법원은 乙의 주채무 변제 사실을 전소의 판단에 구속되지 않고 인정할 수 있다.

⟨제1문의 3⟩

⟨ 기초적 사실관계 ⟩

　X 토지의 매수인인 甲은 2017. 7. 4. 매도인인 乙을 상대로 매매를 원인으로 한 소유권이전등기청구를 하였다. 이에 丙은 2017. 9. 10. 乙을 상대로 X 토지의 취득시효 완성을 원인으로 한 소유권이전등기청구를 하여 권리주장참가로서 독립당사자참가신청을 하였다. 이후 1심 법원은 甲의 乙에 대한 청구를 인용하고 丙의 참가 신청을 각하하였다.

⟨ 문제 ⟩

1. 丙의 참가 신청을 각하한 1심 법원의 판단은 타당한가? (5점)

⟨ 추가적 사실관계 ⟩

　1심 법원의 판단에 대하여 丙만 항소하였다. 항소법원은 丙의 항소를 기각하면서, 1심 판결 중 甲이 승소한 본소 청구 부분을 취소하고, 甲의 乙에 대한 청구를 기각하였다.

⟨ 문제 ⟩

2. 이러한 항소법원의 판단은 타당한가? (15점)

[제1문의 3] 문제 1. 해설

1. 丙의 권리주장참가 신청의 적법 여부

(1) **관련 조문** - 소송목적의 전부나 일부가 자기의 권리라고 주장하는 제3자는 당사자의 양쪽 또는 한쪽을 상대방으로 하여 당사자로서 소송에 참가할 수 있다(민소법 제79조 제1항).

(2) **판례** - 독립당사자참가 중 권리주장참가는 원고의 본소청구와 참가인의 청구가 주장 자체에서 양립할 수 없는 관계라고 볼 수 있는 경우에 허용될 수 있다.

(3) **사안의 경우** - 丙이 甲의 乙에 대한 17. 7. 4. 매매를 원인으로 한 소유권이전등기청구권의 매수인이 자신이라는 주장을 하는 것이 아니고, 丙의 乙에 대한 2017. 9. 10. 취득시효 완성을 원인으로 한 소유권이전등기청구권은 양립 가능한 경우에 해당하여, 양립할 수 없는 관계라고 볼 수 없는바, 丙의 참가 신청을 각하한 1심 법원의 판단은 정당하다.

[제1문의 3] 문제 2. 해설

1. 문제

독립당사자참가의 경우에는 필수적 공동소송 심판방법이 준용되므로, 불이익변경금지원칙이 배제되어 항소심으로 전부이심이 되는데, 독립당사자참가 자체가 부적법한 경우에도 이와 동일한지 여부가 문제 된다.

2. 항소법원 판단의 당부

(1) **관련 조문** - 독립당사자참가소송에서 소송목적이 공동소송인 모두에게 합일적으로 확정되어야 할 공동소송의 경우에 공동소송인 가운데 한 사람의 소송행위는 모두의 이익을 위하여서만 효력을 가진다(민소법 제79조 제2항, 제67조 제1항).

(2) **판례**

1) 독립당사자참가소송에서 원고승소의 판결이 내려지자 이에 대하여 참가인만이 상소를 한 경우에도 판결 전체의 확정이 차단되고 사건 전부에 관하여 이심의 효력이 생긴다.

2) 독립당사자참가소송에서 원고승소 판결에 대하여 참가인만이 상소를 했음에도 상소심에서 원고의 피고에 대한 청구인용 부분을 원고에게 불리하게 변경할 수 있는 것은 참가인의 참가 신청이 적법하고 나아가 합일확정의 요청상 필요한 경우에 한한다.

(3) **사안의 경우**

1) 참가인 丙의 항소로 인하여, 甲의 乙에 대하여 인용된 1심 판결 또한 전부 확정이 차단되어 항소심으로 이심되는 효력이 생긴다.

2) 그런데, 참가인 丙의 참가 신청 자체가 부적법한 경우로 합일확정의 필요가 있는 경우에 해당되지 않아 불이익변경금지원칙이 적용되는바, 참가인 丙의 항소를 기각하면서 제1심판결 중 피고 乙이 항소하지도 않은 본소 부분을 취소하고 甲의 乙에 대한 청구를 기각한 것은 부적법하다.

3. 결론
항소법원의 판단은 타당하지 않다.

〈제1문의 4〉

〈 기초적 사실관계 〉

X토지의 등기부에는 甲 명의 소유권보존등기 다음에 乙 명의 소유권이전등기가 마쳐져 있다. 甲은 乙을 피고로 삼아 乙 명의 등기가 위조서류에 의하여 마쳐진 원인무효라는 이유로 '1) X토지가 甲 소유임을 확인한다. 2) 乙은 甲에게 乙 명의 소유권이전등기의 말소등기절차를 이행하라'는 취지의 소(이하 '전소'라고 함)를 제기하여 승소판결을 받고 그 판결이 확정되었다. 甲은 위 판결에 기해 乙 명의 소유권이전등기를 말소하였다.

〈 문제 〉

乙은 甲을 상대로 소유권에 기하여 X토지의 인도를 구하는 후소를 제기하였다. 그 소송에서 乙은, 전소의 변론종결 전에 乙이 甲의 정당한 대리인에게서 X토지를 매수하여 소유권이전등기를 마친 것으로 X토지는 乙 소유인데, 전소에서는 이를 제대로 증명하지 못하여 패소하였을 뿐이라고 주장하였다. 후소에서 乙의 주장이 인정된다면 乙은 승소할 수 있는가? (15점)

[제1문의 4] 해설

1. 문제
(1) 전소 확정판결의 효력, (2) 후소 법원의 판단이 문제 된다.

2. 전소 확정판결의 효력
(1) **관련 조문** - 확정판결은 주문에 포함된 것에 한하여 기판력을 가진다(민소법 제216조 1항).

(2) **사안의 경우** - 甲과 乙 사이에 X 토지의 소유권이 甲에게 있으며, 甲이 X토지에 대한 乙 명의의 소유권이전등기말소청구권이 존재한다는 점에 대하여 사실심변론종결시를 기점으로 하여 기판력이 발생한다.

3. 후소 법원의 판단
(1) **관련 법리** - 전소에서 확정된 법률관계가 후소에서 선결 관계에 해당한다면, 전소 판결의 기판력이 후소에 미치는 관계에 있다.

(2) **판례** - 소유권확인청구에 대한 판결이 확정된 후 다시 동일 피고를 상대로 소유권에 기한 물권적 청구권을 청구원인으로 하는 소송을 제기한 경우에는 전소의 확정판결에서의 소유권의 존부에 관한 판단에 구속되어 당사자로서는 이와 다른 주장을 할 수 없을 뿐만 아니라 법원으로서도 이와 다른 판단은 할 수 없다.

(3) **사안의 경우** - 전소와 후소의 당사자는 甲과 乙로 동일하고, 후소에서 乙이 X토지의 소유권에 기하여 인도를 구하는 소를 제기한 것은 전소에서 X토지의 소유권이 甲에게 있다는 판결의 선결 관계에 해당하여 기판력이 미치는 주관적 · 객관적 범위에 해당한다. 그리고, 전소 변론종결 전에 乙의 甲의 정당한 대리인에게서 X토지를 매수하였다는 주장은 시적범위 차단효(실권효)에 저촉되는 주장이므로 받아들일 수 없다.

4. 결론
후소 법원은 전소 판단에 모순되는 乙의 주장을 근거로 판단할 수 없는바, 乙은 승소할 수 없다.

〈제1문의 5〉

〈 기초적 사실관계 〉

甲은 乙에게서 1억 원을 차용하고 그 일부를 담보하기 위해 甲 소유인 X토지에 관하여 乙에게 채권최고액 5,000만 원인 근저당권설정등기를 마쳐 주었다. (아래 각 문제는 독립적임)

〈 문제 〉

1. 그 후 甲은 채무초과상태에서 이런 사실을 잘 아는 丙에게 유일한 재산인 시가 2억 원인 X토지를 1억 원에 매도하고 소유권이전등기를 마쳐 주었다. 丙은 「민법」 제364조에 따라 乙에게 5,000만 원을 제공하면서 근저당권설정등기의 말소를 요구했으나 乙이 이에 응하지 아니하자 그 금액을 변제공탁한 후 乙을 상대로 근저당권설정등기의 말소를 구하는 소를 제기하였다. 乙이 위 소송에서 승소할 수 있는 전략은 무엇인가? (15점)

2. 甲은 乙에게 위 차용금 채무 1억 원을 모두 변제하였으나 근저당권설정등기를 말소하지 않고 있던 중 甲의 채권자 丁이 X토지를 가압류하였다. 그 후 甲은 戊에게서 다시 5,000만 원을 차용하고 甲, 乙, 戊의 합의에 따라, 乙 명의의 근저당권설정등기가 말소되지 않은 데에 착안하여, 근저당권을 戊에게 이전하는 형식의 부기등기를 마침으로써 戊에게 담보를 제공하였다. 丁은 戊를 피고로 삼아 근저당권설정등기의 말소를 구하는 소를 제기하였다. 그 소에서 丁은 '1) 戊는 근저당권 이전의 부기등기가 마쳐지기 전에 이해관계를 가진 丁에게 대항할 수 없으므로 丁에게는 戊 명의 근저당권설정등기에 대한 말소청구권이 있고, 2) 만약 丁에게 근저당권설정등기의 말소청구권이 없다면 丁은 X토지의 소유자인 甲을 대위하여 말소를 구한다'고 주장한다. 甲은 채무초과상태이다. 丁은 승소할 수 있는가? (20점)

[제1문의 5] 문제 1. 해설

1. 문제
乙이 본소에서 반소로서 채권자 취소소송을 제기하여 본소를 기각시킬 수 있는지가 문제 된다.

2. 반소로서 채권자 취소소송 제기

(1) **관련 조문** - 채무자가 채권자를 해함을 알고 재산권을 목적으로 한 법률행위를 한 때에는 채권자는 그 취소 및 원상회복을 법원에 청구할 수 있다(민법 제406조 제1항). 피고는 소송절차를 현저히 지연시키지 아니하는 경우에만 변론을 종결할 때까지 본소가 계속된 법원에 반소를 제기할 수 있다. 다만, 본소의 청구 또는 방어의 방법과 서로 관련이 있어야 한다(민소법 제269조 제1항).

(2) **판례**
   1) 원고의 본소청구에 대하여 피고가 본소청구를 다투면서 사해행위의 취소 및 원상회복을 구하는 반소를 적법하게 제기한 경우, 사해행위의 취소 여부는 반소의 청구원인임과 동시에 본소청구에 대한 방어방법이자, 본소청구 인용 여부의 선결문제가 될 수 있다.
   2) 법원이 반소청구가 이유 있다고 판단하여, 사해행위의 취소 및 원상회복을 명하는 판결을 선고하는 경우, 비록 반소청구에 대한 판결이 확정되지 않았다고 하더라도, 원고의 소유권 취득의 원인이 된 법률행위가 취소되었음을 전제로 원고의 본소청구를 심리하여 판단할 수 있다.

(3) **사안의 경우** - 乙은 甲에 대한 1억 원의 채권자로서 5천만 원은 담보권자로서 丙에게 추급효를 행사하여 우선권을 행사할 수 있으나 나머지 5천만 원은 일반 채권자의 지위를 갖으므로, 乙은 반소로서 甲이 채무초과상태에서 유일한 재산인 X토지를 시가 2억 원보다 저렴한 1억 원에 매도한 행위를 사해행위로 취소하고 원상회복으로 소유권이전등기말소청구를 행사한다면, 본소에서 사해행위취소 판결의 확정을 기다리지 않고, 반소 사해행위취소 판결을 이유로 丙의 본소청구를 기각할 수 있는 우월한 승소 전략이 된다.

3. 결론
乙은 본소에서 반소로서 사해행위취소소송을 제기하여 승소할 수 있다.

[제1문의 5] 문제 2. 해설

1. 문제
(1) 丁의 戊에 대한 말소등기청구권 존부, (2) 丁의 戊에 대한 채권자대위권 인용 여부가 문제 된다.

2. 丁의 戊에 대한 말소등기청구권 존부

(1) **관련 조문** - 부동산에 관한 법률행위로 인한 물권의 득실변경은 등기하여야 그 효력이 생긴다(민법 제186조).

(2) **판례** – 근저당권 이전의 부기등기 전에 등기부상 이해관계를 가지게 된 자에 대하여는 근저당권 등기 유용의 합의 사실을 들어 그 근저당권 이전의 부기등기의 유효를 주장할 수는 없다.

(3) **사안의 경우** – 丁은 甲, 乙, 戊의 근저당권 이전의 부기등기를 마치기 전에 X 토지를 가압류한 자로서 등기부상 이해관계를 가지게 된 자에 해당하므로, 戊는 丁에게 근저당권 이전의 유용 합의를 이유로 대항할 수 없으나, 丁은 甲의 채권자로서 X 토지에 가압류를 한 자에 불과하여 戊에게 직접적으로 근저당권 설정등기에 대한 말소청구권을 행사할 수 없다.

3. 丁의 戊에 대한 채권자대위권 인용 여부

(1) **관련 조문** – ① 피보전채권의 존재 및 이행기 도래, ② 보전의 필요성, ③ 채무자의 권리불행사, ④ 피대위권리의 존재를 요한다(민법 제404조).

(2) **판례** – 채권자대위권은 채무자의 제3채무자에 대한 권리를 행사하는 것이므로, 제3채무자는 채무자에 대해 가지는 모든 항변 사유로 채권자에게 대항할 수 있으나, 채권자는 채무자 자신이 주장할 수 있는 사유의 범위 내에서 주장할 수 있을 뿐 자기와 제3채무자 사이의 독자적인 사정에 기한 사유를 주장할 수는 없다.

(3) **사안의 경우** – 채권자 丁이 무자력인 채무자 甲이 차용금 채무 1억 원 변제 후, 戊에 대한 근저당권설정등기말소청구권을 행사하지 않음을 이유로 대위하여 말소를 구하나, 甲, 乙, 戊의 근저당권등기 유용의 합의는 甲과 戊사이에서는 유효하여 채무자 甲이 戊에게 말소를 구할 수 있는 피대위권리가 존재하지 않는바, 丁의 청구는 인용될 수 없다. 丁이 戊에게 주장할 수 있는 사유를 甲의 권리를 대신하여 행사하는 채권자대위소송에서 주장할 수는 없기 때문이다.

4. 결론

丁은 승소할 수 없다.

<제1문의 6>

〈 문제 〉

1. 아래의 [사실관계 및 소송진행 경과]와 [심리결과] 및 당사자의 주장 내용에 기초하여 원고 丙의 피고 甲, 乙을 상대로 한 각 청구에 관해 아래 [답안의 양식]에 따라 목차를 구성하여 기술하시오. (45점)

   ※ 오로지 당사자 사이에 실제로 주장된 내용에 한정하여 변론주의 원칙에 따라 판단하고, 청구의 병합과 변경 및 서면의 송달이 모두 적법하게 이루어졌고, 기타 소송 진행 절차상의 하자는 없는 것으로 간주하며, 그 적법성에 관하여 검토하지 말 것.

[답안의 양식]

1	피고 乙에 대한 청구의 인용 여부
	가. 소의 적법성에 대한 판단 　○ 결론 　○ 판단의 근거 나. 본안에 대한 판단 　○ 결론 　○ 판단의 근거
2	피고 甲에 대한 청구의 인용 여부
	가. 주위적 청구 관련 소의 적법성 판단 　○ 결론 　○ 판단의 근거 나. 매매에 기한 소유권이전등기청구의 당부 　○ 결론 　○ 판단의 근거 다. 점유취득시효 완성에 기한 소유권이전등기청구의 당부 　○ 결론 　○ 판단의 근거

[사실관계 및 소송진행 경과]

○ 甲은 X토지의 소유자이며 현재 그 등기명의를 유지하고 있다.

○ 乙은 1998. 5. 5. 丙에게 위 토지를 5,000만 원에 매도하고 같은 날 그 점유를 이전해 주었다.

　※ 위 매매계약 체결 과정에서 乙은 丙에게 'X토지를 1978. 3. 3. 甲으로부터 매수하였는데 편의상 소유권이전등기를 하지 않았다'고 말하였다.

○ 2018. 3. 4. 丙은 甲과 乙을 상대로 X토지에 관하여 아래와 같이 병합하여 소를 제기하였다.
 1) 乙 상대의 청구: 丙에게 1998. 5. 5.자 매매계약을 원인으로 한 소유권이전등기절차를 이행하라는 청구
 2) 甲 상대의 청구
  ① 주위적 청구: 乙을 대위하여, 乙에게 1978. 3. 3.자 매매계약을 원인으로 한 소유권이전등기절차를 이행하라는 청구
  ② 예비적 청구: 丙에게 20년간의 점유에 따른 점유취득시효 완성을 원인으로 한 소유권이전등기절차를 이행하라는 청구
○ 2018. 3. 20. 甲은 답변서를 제출하였다.
 ※ 위 답변서에는 '甲이 乙에게 X토지를 매도한 사실이 없고, 위 토지가 甲의 소유라면서 丙의 청구를 모두 기각해 달라'는 취지의 내용이 기재되어 있음
○ 2018. 5. 7. 丙은 '청구취지 및 청구원인 변경신청서'를 제출하였다.
 ※ 위 변경신청서의 내용: '점유개시일을 1998. 5. 5.로 하여 20년이 경과한 날 점유취득시효가 완성되었다'는 것으로 甲에 대한 점유취득시효 관련 청구취지와 청구원인을 구체화
○ 제1회 변론기일(2018. 5. 10.): 甲, 乙, 丙 각 출석 / 이하 소송행위의 내용(진술 등)
 1) 丙은 소장 및 2018. 5. 7.자 청구취지 및 청구원인 변경신청서를 각 진술
 2) 甲은 2018. 3. 20.자 답변서를 진술
 3) 乙은 다음과 같이 진술
  가) 1998. 5. 5.에 丙과 X토지에 관하여 매매계약을 체결한 사실을 인정한다.
  나) 설사 丙이 자신(乙)을 상대로 제기한 이 사건 소에서 승소하더라도 자신이 甲을 상대로 위 토지에 관하여 소유권이전등기절차의 이행을 구할 권리가 없어 판결이 나더라도 丙 명의로의 순차적인 소유권이전등기가 마쳐지는 것이 현실적으로 불가능하므로 자신을 상대로 제기된 소는 소의 이익이 없어 부적법하다.
 4) 법원
  乙에 대하여 순차적인 이전등기가 현실적으로 불가능함을 이유로 소가 부적법하다는 주장의 취지에 대하여 석명한바, 乙은 소의 이익을 부정하는 취지일 뿐, 이행불능의 항변까지 하는 취지는 아니라고 답변
○ 제2회 변론기일(2018. 8. 8.): 甲, 丙 각 출석, 乙 불출석 / 이하 소송행위의 내용(진술 등)
 1) 甲의 진술
  가) 丙과 乙 사이의 1998. 5. 5.자 매매계약에 기한 丙의 소유권이전등기청구권이 그 행사할 수 있는 날로부터 10년이 경과하여 시효완성으로 소멸하여 피보전채권이 존재하지 않으므로 채권자대위소송에 해당하는 주위적 청구는 부적법하다.

나) 이 사건 소송에서의 적극적인 권리주장으로 인하여 답변서 제출일인 2018. 3. 20.에 丙의 점유취득시효의 진행이 중단되었다.

2) 丙의 진술

가) (甲의 위 소멸시효 주장에 대하여) X토지를 점유하여 왔으므로 소유권이전등기청구권의 소멸시효가 진행하지 않았다.

나) 설사 적극적인 권리주장으로 취득시효가 중단된다 하더라도 甲의 답변서 진술일인 2018. 5. 10.에 비로소 중단의 효력이 생기는데, 그 이전에 이미 취득시효가 완성하였다.

3) 변론종결

[심리결과]

○ 법원은 다음과 같은 심증을 형성하였다.

① 甲이 주장하는 바와 같이 甲과 乙 사이에 X토지에 관하여 매매계약이 체결된 사실이 없다.

② 丙은 1998. 5. 5.부터 위 토지의 점유를 시작하여 현재까지 점유 중이다.

③ 乙의 위 토지에 대한 점유사실은 증명되지 아니하였다.

④ 다른 당사자가 주장한 내용을 원용한 당사자는 없다.

[제1문의 6] 해설

1. 피고 乙에 대한 청구의 인용 여부

가. 소의 적법성 판단

1) 결론
   丙의 乙에 대한 청구는 적법하다.

2) 판단의 근거
   가) 문제 – 丙의 乙에 대한 청구가 승소하더라도, 乙의 甲에 대한 소유권이전등기절차의 이행을 구할 권리가 없어 丙 명의로 순차적으로 이전등기를 경료하는 것이 불가능 경우에도 소의 이익 여부가 문제 된다.
   나) 판례 – 판결절차는 분쟁의 관념적 해결절차로 사실적인 해결방법인 강제집행 절차와는 별도로 독자적인 존재의의를 가지고, 집행권원의 보유는 피고에게 심리적 압박이 된다는 점에서 소의 이익을 인정한다.
   다) 사안의 경우 – 丙의 乙에 대한 청구는 乙의 甲에 대한 이행불능 여부와 상관없이 소의 이익이 인정되는바, 丙의 乙에 대한 청구는 적법하다.

나. 본안판단

1) 결론
   丙의 乙에 대한 청구는 인용된다.

2) 판단의 근거
   가) 문제 – 통상공동소송 여부와 재판상 자백의 효력이 문제 된다.
   나) 통상공동소송 여부
      ① 관련 조문 – 공동소송인 가운데 한 사람의 소송행위 또는 이에 대한 상대방의 소송행위와 공동소송인 가운데 한 사람에 관한 사항은 다른 공동소송인에게 영향을 미치지 아니한다 (민소법 제66조).
      ② 판례 – 통상공동소송인 중 1인의 자백은 다른 공동소송인에게는 효력이 생기지 않는다.
      ③ 사안의 경우 – 丙의 乙과 甲에 대한 소송은 실체법상 관리처분권이 공동귀속되거나 판결이 합일 확정되는 관계라고 볼 수 없는바, 甲, 乙에 대한 공동소송은 통상공동소송으로 상호간에 영향을 미치지 않는다.
   다) 재판상 자백의 효력
      ① 관련 조문 – 법원에서 당사자가 자백한 사실은 증명을 필요로 하지 아니한다(민소법 제288조).
      ② 사안의 경우 – 乙은 제1회 변론기일에서 1998. 5. 5. 丙과 X 토지에 관한 매매계약을 체결한 사실을 인정하였고, 변론주의의 원칙상 이행불능의 항변을 한 바도 없는바, 丙의 乙에 대한 1998. 5. 5. 매매를 원인으로 한 X토지에 관한 소유권이전등기청구는 인용된다.

2. 피고 甲에 대한 청구의 인용 여부

가. 주위적 청구 관련 소의 적법성 판단

1) 결론

丙의 甲에 대한 주위적 청구는 적법하다.

2) 판단의 근거

가) 문제 – 채권자대위권의 본안전 요건 충족 여부가 문제 된다.

나) 채권자대위권 행사 적법 여부

① 요건 – 피보전채권의 존재 및 이행기 도래, 보전의 필요성, 채무자의 권리불행사의 요건을 충족하여야 한다(민법 제404조).

② 판례

ㄱ) 채권자가 채권자대위권을 행사하여 제3자에 대하여 하는 청구에 있어서, 제3채무자는 채무자가 채권자에 대하여 가지는 항변으로 대항할 수 없고, 채권의 소멸시효가 완성된 경우 이를 원용할 수 있는 자는 원칙적으로는 시효이익을 직접 받는 자뿐이고, 채권자대위 소송의 제3채무자는 이를 행사할 수 없다.

ㄴ) 채권자가 채무자에 대한 채권을 보전하기 위하여 제3채무자를 상대로 채무자의 제3채무자에 대한 채권에 기한 이행청구의 소를 제기하는 한편, 채무자를 상대로 피보전채권에 기한 이행청구의 소를 제기한 경우, 채무자가 그 소송절차에서 소멸시효를 원용하는 항변을 하였고, 그러한 사유가 현출된 채권자대위소송에서 심리를 한 결과, 실제로 피보전 채권의 소멸시효가 적법하게 완성된 것으로 판단되면, 채권자는 더이상 채무자를 대위할 권한이 없다.

③ 사안의 경우

ㄱ) 丙의 乙에 대한 매매계약을 원인으로 한 소유권이전등기청구권은 존재하고, 이행기가 도래하였고, 특정채권을 보전하기 위해서는 채무자의 무자력은 요하지 않고, 乙이 甲에 대한 권리를 행사하고 있지 않으므로 권리불행사 요건도 충족되었다.

ㄴ) 甲은 제3채무자로 피보전채권의 시효이익을 직접 받는 자기 아니므로 제2회 변론기일에서의 시효항변은 타당하지 않고, 채무자 乙이 당해 소송에서 소멸시효 항변을 한 바도 없어, 이를 원용할 수도 없는바, 丙의 甲에 대한 채권자 대위소송 형태의 주위적 청구는 적법하다.

나. 매매에 기한 소유권이전등기청구의 당부

1) 결론

丙의 甲에 대한 청구는 기각된다.

2) 판단의 근거

가) 문제 – 채권자대위소송에서 피대위권리가 인정되지 않는 경우, 법원의 판단이 문제 된다.

나) 채권자대위권 행사의 인용 여부

① 관련 법리 – 피대위권리는 본안요건으로 법률요건 분류설에 따라 원고가 입증하지 못하는 경우, 청구는 기각된다.

② 사안의 경우 - 甲이 주장하는 바와 같이 甲과 乙 사이에 X토지에 관하여 매매계약이 체결된 사실이 없는바, 매매계약에 기한 丙의 甲에 대한 소유권이전등기청구는 기각된다.

다. 점유취득시효 완성에 기한 소유권이전등기청구의 당부
1) 결론
丙의 甲에 대한 청구는 기각된다.
2) 판단의 근거
가) 문제 - 점유취득시효 완성 여부가 문제 된다.
나) 점유취득시효 완성 여부
① 관련 조문 - 20년간 소유의 의사로 평온, 공연하게 부동산을 점유한 자는 등기함으로써 소유권을 취득하고(제245조 1항), 점유자의 자주점유 및 평온·공연은 추정된다(197조 1항).
② 판례
ㄱ) 취득시효의 기산점은 법률효과의 판단에 관하여 직접 필요한 주요사실이 아니고 간접사실에 불과하므로 법원으로서는 이에 관한 당사자의 주장에 구속되지 아니하고 소송자료에 의하여 점유의 시기를 인정할 수 있다.
ㄴ) 시효중단 사유인 재판상의 청구란, 시효를 주장하는 자가 원고가 되어 소를 제기한 데 대하여 피고로서 응소하여 그 소송에서 적극적으로 권리를 주장하고 그것이 받아들여진 경우도 이에 포함되고, 위와 같은 응소행위로 인한 시효중단의 효력은 피고가 현실적으로 권리를 행사하여 응소한 때인 답변서 제출일에 발생되며, 시효중단의 주장은 반드시 응소 시에 할 필요는 없고 소멸시효기간이 만료된 후라도 사실심 변론종결 전에는 언제든지 할 수 있다.
③ 사안의 경우
ㄱ) 丙은 1998. 5. 5. 乙이 甲으로부터 X토지에 대한 미등기 매수인의 지위에 있음을 믿고 매수한 뒤 현재까지 점유 중으로, 악의의 무단점유가 아닌 선의·자주점유가 추정되는바, 2018. 5. 5.이 취득시효가 완성 시점이 된다.
ㄴ) 그런데, 丙의 甲에 대한 예비적 청구에 대하여 2018. 3. 20. 甲은 "乙에게 X토지를 매도한 사실이 없고, 위 토지는 자신의 소유라면서 丙의 청구를 모두 기각해 달라"는 적극적인 권리를 주장하는 취지의 답변서를 제출하였고, 2018. 8. 8. 제2회 변론기일에서 시효중단의 주장을 하여, 丙의 주장처럼 답변서 진술일인 제1회 변론기일 2018. 5. 10.이 아닌 답변서 제출인인 2018. 3. 20. 취득시효가 중단되는바, 취득시효가 완성에 따른 소유권이전등기청구는 기각된다.

제2문

〈제2문의 1〉

〈 사실관계 〉

甲은 건물을 신축하기 위하여 乙과 乙 소유의 X토지에 관하여 토지임대차계약(임대차기간 2016. 6. 1.부터 2021. 5. 31.까지 5년, 임대차보증금 7억 원, 월 차임 2,000만 원)을 체결하고, 2017. 8. 22. X토지 위에 Y건물을 신축하여 소유권보존등기를 마쳤다.

甲은 Y건물에서 창고를 운영하려는 丙과 건물임대차계약(임대차기간 2017. 10. 1.부터 2020. 9. 30.까지 3년, 임대차보증금 1억 원, 월 차임 500만 원)을 체결하였다.

[※ 아래 각 문항은 별개이며, 「상가건물 임대차보호법」은 적용되지 않는 것을 전제로 함]

〈 문제 〉

1. 甲이 乙에게 5기의 차임 지급을 연체하자 乙은 2020. 9. 30. 甲과의 토지임대차계약을 적법하게 해지하였다. 1) 乙은 甲을 상대로 Y건물의 철거 및 X토지의 인도를 청구하였다. 이에 甲은 「민법」제643조, 제283조를 근거로 Y건물에 대한 매수청구권을 행사하였다. 2) 乙은 丙을 상대로 Y건물에서의 퇴거 및 2020. 10. 1.부터 X토지가 인도될 때까지 월 2,000만 원의 비율로 계산한 부당이득의 반환을 청구하였다. 이에 丙은 자신은 Y건물의 임차인에 불과하므로 X토지의 차임을 지급할 의무가 없다고 주장하였다. 乙의 청구 및 이에 대한 甲, 丙의 각 주장은 타당한가? (20점)

2. 甲은 2020. 4.경 丙에게 Y건물에 대한 임대차계약의 연장 여부를 물었으나 丙은 더 이상 연장하지 않겠다고 하였다. 丙은 코로나 여파로 영업이 되지 않던 중이라 임대차계약기간이 만료한 2020. 9. 30. 창고에 있던 물건을 빼놓은 채 창고 문을 열쇠로 잠가두었다. 丙은 2020. 10. 1. 甲에게 Y건물의 임대차계약기간 만료를 이유로 1억 원의 임대차보증금을 반환하라고 청구하였다. 이에 甲은 1) 丙이 임대차계약이 종료되었음에도 불구하고 2021. 1. 1. 현재까지 Y건물을 인도하지 않고 있으므로 부당이득 또는 불법점유에 따른 손해배상을 이유로 임대차보증금에서 3개월분의 차임을 공제하고, 2) 丙으로부터 Y건물을 인도받음과 동시에 공제된 임대차보증금 8,500만 원을 지급하겠다고 주장한다. 丙의 청구 및 이에 대한 甲의 주장은 타당한가? (20점)

[제2문의 1] 문제 1. 해설

1. 문제
(1) 乙 청구, (2) 甲의 건물매수청구권, (3) 丙의 차임지급의무 당부가 문제 된다.

2. 乙 청구의 당부
(1) **관련 조문** - 소유자는 소유권을 방해하는 자에 대하여 방해의 제거를 청구할 수 있다(민법 제214조).

(2) **사안의 경우** - 乙은 차임연체로 인해 토지 임대차계약을 적법하게 해지하였으므로, 토지소유권에 기한 물권적 청구권으로서 甲에게 Y 건물의 철거 및 X 토지의 인도와 丙에게 건물 퇴거 및 부당이득을 구하는 청구는 일응 타당하다.

3. 甲의 건물매수청구권 당부
(1) **관련 조문** - 건물의 소유를 목적으로 하는 토지임대차의 기간이 만료한 경우에 건물이 현존한 때에 지상물매수청구권을 행사할 수 있다(민법 제643조, 제283조).

(2) **판례** - 토지임차인의 차임연체 등 채무불이행을 이유로 임대차계약이 해지되는 경우 토지임차인으로서는 토지임대인에 대하여 지상건물의 매수를 청구할 수 없다.

(3) **사안의 경우** - 토지임차인 甲은 토지임대인 乙에게 5기의 차임을 연체하여 임대차계약이 해지된 경우이므로 건물매수청구권을 행사할 수 없는바, 甲의 주장은 부당하다.

4. 丙의 차임지급의무 당부
(1) **관련 조문** - 법률상 원인 없이 타인의 재산 또는 노무로 인하여 이익을 얻고 이로 인하여 타인에게 손해를 가한 자는 그 이익을 반환하여야 한다(민법 제741조).

(2) **판례** - 건물소유자는 토지소유자와 관계에서는 건물부지 부분에 관한 차임 상당의 부당이득 전부에 관한 반환의무를 부담하게 되며, 건물을 점유하고 있는 건물임차인이 토지소유자에게 부지점유자로서 부당이득반환의무를 진다고 볼 수 없다.

(3) **사안의 경우** - 토지소유자 乙은 토지를 점유하고 있는 건물소유자 甲에게 X토지의 차임상당액에 대하여 부당이득반환을 구할 수 있을지언정 건물점유자인 丙에게 부당이득을 구할 수 없는바, X토지의 차임지급의무가 없다는 丙의 주장은 타당하다.

5. 결론
(1) 乙의 甲에 대한 Y 건물철거 및 X 토지 인도 청구는 인용된다.

(2) 乙의 丙에 대한 Y 건물 퇴거청구는 인용되고, 부당이득반환청구는 기각된다.

[제2문의 1] 문제 2. 해설

1. 문제
(1) 丙 청구의 당부, (2) 甲의 차임공제 항변 당부, (3) 甲의 동시이행 항변 당부가 문제 된다.

2. 丙 청구의 당부
(1) **관련 법리** – 임대차계약기간이 만료되었음에도 임대차보증금을 임대인이 지급하지 않는 경우 임차인은 집행권원을 확보하기 위하여 임대차보증금의 지급을 구하는 소를 제기할 수 있다.

(2) **사안의 경우** – 임차인 丙이 2020. 4.경 임대인 甲의 임대차갱신을 거절하여 2020. 9. 30. 임대차 기간이 만료되었는바, 2020. 10. 1. 임대차보증금반환청구는 일응 타당하다.

3. 甲의 차임공제 항변 당부

(1) **부당이득**
  1) 관련 조문 – 법률상 원인없이 타인의 재산 또는 노무로 인하여 이익을 얻고 이로 인하여 타인에게 손해를 가한 자는 그 이익을 반환하여야 한다(민법 제741조).
  2) 판례 – 임차인이 임대차계약 관계가 소멸된 이후에도 임차 건물 부분을 계속 점유하였으나 본래 임대차계약의 목적에 따라 사용·수익하지 아니하여 실질적인 이득을 얻은 바 없는 경우에는, 그로 인하여 임대인에게 손해가 발생하였다 하더라도 임차인의 부당이득반환 의무는 성립하지 않는다.
  3) 사안의 경우 – 임차인 丙은 계약 기간이 만료한 2020. 9. 30. 창고에 있던 물건을 빼놓은 채 창고 문을 열쇠로 잠가두어 사용·수익하지 아니하여 실질적 이득을 얻은 바 없는바, 공제의 대상이 되는 임대인 甲의 부당이득반환채권은 존재하지 않는다.

(2) **불법행위**
  1) 관련 조문 – 고의 또는 과실로 인한 위법행위로 타인에게 손해를 가한 자는 그 손해를 배상할 책임이 있다(민법 제750조).
  2) 판례 – 임대차계약의 종료에 의하여 발생된 임차인의 임차목적물반환 의무와 임대인의 연체차임을 공제한 나머지 보증금의 반환의무는 동시이행의 관계에 있는 것이므로, 임대차계약 종료 후에도 임차인이 동시이행의 항변권을 행사하여 임차 건물을 계속 점유하여 온 것이라면, 임차인의 그 건물에 대한 점유는 불법점유라고 할 수 없으므로 임차인으로서는 이에 대한 손해배상 의무도 없다.
  3) 사안의 경우 – 임대인 甲이 임차인 丙에게 보증금반환 의무를 이행하였다거나 그 현실적인 이행의 제공을 하여 임차인의 건물인도 의무가 지체에 빠지는 등의 사유로 동시이행항변권을 상실하게 되었다는 사정이 없어 丙이 동시이행항변권을 행사하여 Y 건물을 점유하는 것은 불법행위에 해당한다고 볼 수 없는바, 공제의 대상이 되는 임대인 甲의 불법행위 채권은 존재하지 않는다.

(3) 소결

임대차보증금에서 3개월의 차임분 1,500만 원을 공제한다는 주장은 타당하지 않다.

4. 甲의 동시이행 항변 당부

(1) **관련 조문** – 쌍무계약의 당사자 일방은 상대방이 그 채무이행을 제공할 때까지 자기의 채무이행을 거절할 수 있다(민법 제536조 제1항).

(2) **사안의 경우** – 임대인의 보증금반환채무와 임차인의 목적물 인도의무는 동시이행 관계에 있으므로, 丙으로 Y건물을 인도받음과 동시에 1억 원을 지급하겠다는 주장은 타당하다.

5. 결론

丙의 보증금반환청구는 일응 타당하고, 甲의 공제 항변은 부당하고 동시이행 항변은 타당한바, 丙은 일부 인용 판결의 일종인 상환이행판결을 받는다.

〈제2문의 2〉

〈 사실관계 〉

甲은 2018. 3. 5. 乙에게 1억 원을 이자의 정함 없이 변제기 2020. 3. 4.로 하여 대여하였다. 한편 乙은 2020. 1. 1. 丙에게 곰돌이인형 100개를 납품하였고, 2020. 1. 15.까지 丙으로부터 그 대금 5,000만 원을 지급받기로 하였다.

乙은 채무초과 상태에 이르자 친구인 丁과 2020. 2. 1. 丙에 대한 위 물품대금채권 5,000만 원을 양도하기로 하는 채권양도계약을 체결하였고, 그 무렵 乙의 채권양도통지가 丙에게 도달하였다. 丁은 丙으로부터 아직 물품대금을 지급받지 못하였다.

甲은 위와 같이 乙이 丁에게 물품대금채권을 양도한 것이 사해행위에 해당한다는 이유로 丁을 피고로 하여 乙과 丁 사이의 채권양도계약을 취소하고, 원상회복을 구하는 소를 제기하려고 한다.

〈 문제 〉

1. 甲은 어떠한 방법으로 원상회복청구를 하여야 하는가? (10점)

2. 甲이 丁을 상대로 한 사해행위취소 및 원상회복청구소송에서 승소판결을 받고 그 판결이 확정된 후, 甲이 乙을 대위하여 丙에게 물품대금 지급청구의 소를 제기할 경우, 법원은 어떠한 판단을 하여야 하는가? (소 각하 / 청구 인용 / 청구 기각) (15점)

[제2문의 2] 문제 1. 해설

1. 문제
甲의 채권자취소권 행사에 따른 원상회복청구 방법이 문제 된다.

2. 甲의 원상회복청구 방법
(1) **관련 조문** - 채무자가 채권자를 해함을 알고 재산권을 목적으로 한 법률행위를 한 때에는 채권자는 그 취소 및 원상회복을 법원에 청구할 수 있다(민법 제406조 제1항).

(2) **판례** - 채무자의 수익자에 대한 채권양도가 사해행위로 취소되는 경우, 수익자가 제3채무자에게서 아직 채권을 추심하지 아니한 때에는, 채권자는 사해행위취소에 따른 원상회복으로서 수익자가 제3채무자에게 채권양도가 취소되었다는 취지의 통지를 하도록 청구할 수 있다.

(3) **사안의 경우** - 사해행위의 수익자 丁이 제3채무자 丙으로부터 아직 물품대금을 지급받지 못하였으므로, 채권자 甲은 乙과 丁 사이의 채권양도계약을 취소하고, 수익자 丁이 제3채무자 丙에게 2020. 2. 1.자 채권양도가 취소되었다는 취지의 통지를 하도록 청구하는 방식으로 원상회복을 구할 수 있다.

3. 결론
甲은 수익자 丁이 제3채무자 丙에게 2020. 2. 1.자 채권양도가 취소되었다는 취지의 통지를 하도록 청구한다.

[제2문의 2] 문제 2. 해설

1. 문제
(1) 甲의 丁에 대한 채권자 취소소송의 효과, (2) 甲의 丙에 대한 채권자대위소송에 관한 법원의 판단이 문제 된다.

2. 甲의 丁에 대한 채권자 취소소송의 효과
(1) **관련 조문** - 사해행위취소와 원상회복은 모든 채권자의 이익을 위하여 그 효력이 있다(민법 제407조).

(2) **판례** - 사해행위의 취소는 채권자와 수익자의 관계에서 상대적으로 채무자와 수익자 사이의 법률행위를 무효로 하는 데에 그치고, 채무자와 수익자 사이의 법률관계에는 영향을 미치지 아니한다.

(3) **사안의 경우** – 甲의 丁을 상대로 한 사해행위취소 및 원상회복청구소송에서 승소 판결을 받고 그 판결이 확정된 경우, 그 판결의 효력은 甲과 丁 사이에서만 발생할 뿐이고, 乙과 丙 사이에서 물품대금 채권이 丁으로 양도되었다는 사실에는 변함이 없다.

3. 甲의 丙에 대한 채권자대위소송에 관한 법원의 판단

(1) **관련 조문** – ① 피보전채권의 존재 및 이행기 도래, ② 보전의 필요성, ③ 채무자의 권리불행사, ④ 피대위권리의 존재를 요한다(민법 제404조).

(2) **판례** – 채무자의 수익자에 대한 채권양도가 사해행위로 취소되고, 그에 따른 원상회복으로서 제3채무자에게 채권양도가 취소되었다는 취지의 통지가 이루어지더라도, 채권자와 수익자의 관계에서 채권이 채무자의 책임재산으로 취급될 뿐, 채무자가 직접 채권을 취득하여 권리자로 되는 것은 아니므로, 채권자는 채무자를 대위하여 제3채무자에게 채권에 관한 지급을 청구할 수 없다.

(3) **사안의 경우** – 甲의 乙에 대한 2018. 3. 5.자 1억 원의 채권이 존재하고, 대위소송 중 2020. 3. 4. 변제기가 도래할 것으로 보이고, 乙이 무자력 상태에서 丙에 대한 권리를 행사하지 않는다면 본안전 요건은 충족된다. 그런데, 乙의 丙에 대한 물품대금 채권이 丁에게 양도되어 존재하지 하고, 채권자 취소소송이 인용되었더라도 상대효에 따라 이러한 법률관계에는 영향을 미치지 아니하여 피대위권리가 부존재하는 바, 청구는 기각되어야 한다.

4. 결론

甲이 乙이 대위하여 丙에게 물품대금지급청구의 소를 제기할 경우, 법원은 청구 기각 판단을 하여야 한다.

〈제2문의 3〉

〈 사실관계 〉

甲은 여행 중개 플랫폼을 통하여 리조트의 숙박과 렌터카 서비스가 포함된 여행패키지 계약을 A와 체결하고 대금을 완납하였다.

[※ 아래 각 문항은 별개임]

〈 문제 〉

1. A는 甲에게 여행패키지 계약을 광고하는 이메일을 송부하였는데, 광고 이메일에는 '승마체험 무료제공' 이벤트가 여행패키지 계약에 포함된 것으로 설명되어 있었다. 甲은 승마체험 무료제공 이벤트가 포함된 점에 매료되어 승마를 꼭 체험하리라 다짐하면서 광고와 연결된 여행 중개 플랫폼에서 여행패키지 계약 신청서를 작성한 후 제출하여 A와 계약을 체결하였다. 그런데 甲이 리조트 숙박 중 승마체험을 신청하였더니 광고와는 달리 무료가 아니라 1시간당 5만 원의 요금을 추가로 납부하여야 체험할 수 있다는 것이었다. 甲이 다시 인터넷을 통해 계약체결 화면에 있는 내용과 계약체결 후 받은 확인서를 자세히 살펴보았는데, 승마체험 무료제공 이벤트가 여행패키지 계약에 포함된다는 내용은 기재되어 있지 않았다. 甲이 A와 체결한 여행패키지 계약에 광고의 내용인 승마체험 무료제공 이벤트가 포함된 것으로 볼 수 있는지에 관하여 甲과 A가 주장할 수 있는 논거를 제시하시오. (15점)

2. 甲은 여행패키지 계약에 포함되어 있는 무료 승마체험을 신청하였다. A는 승마체험 시설을 직접 운영하고 있지 않아서 A의 직원은 아니지만 독립적으로 승마체험 영업을 하고 있는 乙에게 1시간 동안의 승마체험 진행을 위탁하였다. 하지만 乙은 甲에게 말을 타는 법을 제대로 설명하여 주지 않았고, 안전모를 제공하는 등의 안전조치도 취하지 않은 채 말을 타게 하였다. 결국 甲은 말에서 떨어져 머리를 다쳤다.
甲은 A에게 채무불이행 또는 불법행위를 이유로 하여 상해로 인한 손해배상을 청구할 수 있는가? (20점)

[제2문의 3] 문제 1. 해설

1. 문제
여행패키지 계약에 광고의 내용인 승마체험 무료제공 이벤트 포함 여부와 관련하여 甲과 A가 주장할 수 있는 논거가 문제 된다.

2. 甲이 주장할 수 있는 논거
(1) **관련 조문** - 계약의 청약은 이를 철회하지 못한다(민법 제527조).

(2) **판례** - 광고는 일반적으로 청약의 유인에 불과하지만 내용이 명확하고 확정적이며 광고주가 광고의 내용대로 계약에 구속되려는 의사가 명백한 경우에는 이를 청약으로 볼 수 있다. 나아가 광고가 청약의 유인에 불과하더라도 이후의 거래과정에서 상대방이 광고의 내용을 전제로 청약을 하고 광고주가 이를 승낙하여 계약이 체결된 경우에는 광고의 내용이 계약의 내용으로 된다.

(3) **사안의 경우** - 광고 이메일에 '승마체험 무료제공' 이벤트가 여행패키지 계약에 포함된 것으로 설명되어 있었으므로 이는 청약의 유인이 아닌 청약으로 볼 수 있으며, 설령 청약의 유인으로 보더라도 甲은 계약체결 과정에서 승마체험 무료제공을 전제로 청약을 하고 A가 승낙을 하여 여행계약이 체결되었는바, 甲이 A와 체결한 여행패키지 계약에 광고의 내용인 승마체험 무료제공 이벤트는 포함된다.

3. A가 주장할 수 있는 논거
(1) **관련 법리** - 청약의 유인은 청약과 달리 합의를 구성하는 의사표시가 되지 못하므로 피유인자가 그에 대응하여 의사표시를 하더라도 계약은 성립하지 않고 다시 유인한 자가 승낙의 의사표시를 함으로써 비로소 계약이 성립한다.

(2) **판례** - 광고의 내용은 청약의 유인으로서의 성질을 갖는 데 불과하다.

(3) **사안의 경우** - 광고 이메일에 '승마체험 무료제공' 이벤트가 여행패키지 계약에 포함되었더라도 이는 청약의 유인에 불과하고, 여행패키지 계약에 '승마체험 무료제공' 이벤트가 포함된다는 내용은 기재되어 있지도 않았는바, 甲이 A와 체결한 여행패키지 계약에 광고의 내용인 승마체험 무료제공 이벤트는 포함되지 않는다.

[제2문의 3] 문제 2. 해설

1. 문제
甲의 A에 대한 (1) 채무불이행 손해배상, (2) 불법행위 손해배상 청구 가부가 문제 된다.

2. 甲의 A에 대한 채무불이행 손해배상 청구 가부

(1) **관련 조문** - 여행계약은 당사자 한쪽이 상대방에게 숙박, 관광 또는 그 밖의 여행 관련 용역을 결합하여 제공하기로 약정하고 상대방이 그 대금을 지급하기로 약정함으로써 효력이 생긴다(민법 제674조의2). 채무자가 타인을 사용하여 이행하는 경우에는 이행보조자의 고의나 과실은 채무자의 고의나 과실로 본다(민법 제391조).

(2) **판례** - 민법 제391조의 이행보조자는 채무자의 의사 관여 아래 채무의 이행행위에 속하는 활동을 하는 사람이면 충분하고 반드시 채무자의 지시 또는 감독을 받는 관계에 있어야 하는 것은 아니므로 그가 채무자에 대하여 종속적인 지위에 있는지, 독립적인 지위에 있는지는 상관없고, 이행보조자가 채무자와 계약 그 밖의 법률관계가 있어야 하는 것이 아니며, 이행보조자의 활동이 일시적인지 계속적인지도 문제 되지 않는다.

(3) **사안의 경우** - 甲과 A는 여행 계약이 체결되었기에 안전배려의무를 부담한다. 乙은 A의 직원이 아니며 독립적인 승마체험 영업을 하는 자로, 채무자 A로부터 위탁을 받아 승마체험을 진행하는 민법 제391조의 이행보조자인데, 말을 타는 법을 제대로 설명해 주지 않고, 안전조치도 취하지 않은 등의 과실이 인정된다. 그렇다면 이행보조자 乙의 과실은 곧 채무자 A의 과실로 간주 되는바, 甲의 A에 대한 채무불이행에 따른 손해배상청구권이 인정된다.

3. 甲의 A에 대한 불법행위 손해배상 청구 가부

(1) **사용자책임의 성부**

1) 관련 조문 - 타인을 사용하여 어느 사무에 종사하게 한 자는 피용자가 그 사무집행에 관하여 제3자에게 가한 손해를 배상할 책임이 있다(민법 제756조 제1항).

2) 판례 - 사용 관계는 반드시 유효한 고용 관계가 있는 경우에 한하는 것이 아니고, 사실상 어떤 사람이 다른 사람을 위하여 그 지휘·감독 아래 그 의사에 따라 사무를 집행하는 관계에 있으면 족하다.

3) 사안의 경우 - 乙은 A의 직원도 아니고, A와는 독립적인 지위에서 승마체험 영업을 하고 있어 지휘·감독 아래 있는 자가 아닌바, 甲은 A에게 사용자책임을 물을 수는 없다.

(2) **일반불법행위책임의 성부**

1) 관련 조문 - 고의 또는 과실로 인한 위법행위로 타인에게 손해를 가한 자는 그 손해를 배상할 책임이 있다(민법 제750조).

2) 사안의 경우 - 甲의 낙상사고에 대하여 A의 직접적인 고의 또는 과실이 있다고 보기 어렵고, 乙의 과실은 A의 과실로 볼 수도 없는바, 일반불법행위 책임을 묻기는 어렵다.

4. 결론

甲은 A에게 여행 계약상의 안전배려주의의무를 위반을 근거로 채무불이행에 따른 손해배상을 청구할 수 있다.

제3문

〈 공통 사실관계 〉

甲주식회사는 건설업을 목적으로 2010년 설립된 비상장회사이다. 보통주만을 발행한 甲회사의 발행주식총수는 100만 주이고, 자본금은 5백억 원이다. 甲회사의 발행주식총수 중 대표이사 A는 30만 주, 이사 B와 이사 C는 각각 20만 주를 소유하고 있으며 모두 명의개서를 완료한 상태이다(주권 미발행 상태임). 甲회사는 건설경기 불황으로 자금사정이 나빠지자 2020. 초경 乙은행으로부터 30억 원의 대출을 받았다. A는 甲회사의 乙은행에 대한 대출채무의 담보로 자신이 소유한 甲회사 주식 30만 주에 대하여 근질권을 설정하는 계약을 체결하였는데, 그 계약의 주요 내용은 다음과 같다.

근질권설정계약

1. 향후 甲회사의 모든 정기주주총회 및 임시주주총회에서의 담보주식에 대한 의결권 행사를 乙은행에 위임한다.
2. 乙은행은 적당하다고 인정되는 방법과 시기, 가격으로 담보주식을 임의처분하여 그 취득금을 충당하거나 피담보채무의 변제에 갈음하여 담보주식을 취득할 수 있다.

A의 노력에도 甲회사의 경영 상태가 호전되지 않자 B와 C는 A를 이사직에서 해임하기로 뜻을 모았다. 이를 알게 된 A는 C를 설득하여 시장가격보다 높게 甲회사 주식 20만 주 전부를 자신의 친구인 D에게 양도하는 매매계약을 체결케 하였고, D명의로 명의개서까지 마쳐 주었다. 그런데 실제 D는 甲회사의 자금으로 C에게 매수대금을 지급하였고, 甲회사 주식을 취득함에 따른 손익 모두를 甲회사에 귀속하기로 甲회사와 합의하였다.

C의 배신을 알게 된 B가 C에게 강력하게 항의하자, C는 다시 마음을 바꿔 D에게 위 주식매매계약이 무효임을 주장하였다. 또한 C는 甲회사에 자신의 명의로 명의개서를 청구하였으나 甲회사 대표이사 A는 이를 거절하였다. 이후 B가 A의 이사 해임을 안건으로 하는 임시주주총회 소집을 요구하자, A는 乙은행이 자신에 대한 이사 해임에 반대하여 해임결의가 부결될 것으로 믿고 이사회결의를 거쳐 주주총회일 2주 전에 각 주주에게 서면으로 임시주주총회 소집을 통지하였다(위 통지절차에서 A는 C 대신 D에게 소집통지서를 발송함). 2020. 12. 개최된 위 임시주주총회에 乙은행, B, D가 참석하였고, D의 반대에도 불구하고 乙은행과 B의 찬성으로 A를 이사에서 해임하는 결의가 성립하였다.

〈 문제 〉

1. 가. A와 乙은행 사이의 근질권설정계약에 포함된 유질약정은 유효한가? (10점)

   나. C와 D 사이의 주식매매계약은 유효한가? (20점)

   다. A에 대한 이사해임결의의 효력은 누가 어떠한 사유와 방법으로 다툴 수 있는가? (25점)

〈 추가적 사실관계 1 〉

丙주식회사는 암반발파 사업을 하는 회사이며 그 발행주식총수는 10만 주이다. 丙회사의 주식 중 甲회사는 9만 주, E는 4천 주를 각 소유하고 있으며, 나머지 6천 주는 丙회사가 자기주식으로 보유 중이다(명의개서 각 완료). 丙회사는 암반발파 사업에 필수적인 특허권을 공정한 평가가액보다 20% 정도 할인된 금액인 8억 원으로 甲회사에 양도하는 매매계약을 체결하려고 한다. 위 매매계약에 대하여 丙회사의 이사들은 甲회사와의 관계, 시장상황 등을 고려하여 전원이 계약 체결을 승인한 후 위 매매계약이 2020. 6. 체결되었고, 이 과정에서 丙회사 주주총회에 의한 승인결의는 이루어지지 않았다.

〈 문제 〉

2. 가. 위 특허권 매매계약은 유효한가? (20점)

나. E는 甲회사에 대하여 자기가 소유한 丙회사 주식 4천 주의 매수를 청구할 권리가 있는가? (10점)

〈 추가적 사실관계 2 〉

甲회사의 총무부장 F는 甲회사가 丁회사로부터 발행받아 보관 중이던 약속어음(어음금액: 1억 원)을 자신의 개인채무 지급을 위하여 사용하기로 마음먹고, 이를 위해 F는 자신이 업무상 보관 중이던 甲회사 대표이사 인감을 사용하여 甲회사 명의로 배서한 후 G에게 위 약속어음을 교부하였다. G는 그 약속어음을 다시 어음 취득에 선의·무과실인 H에게 배서·교부하였고, H는 만기에 丁회사에게 어음금 1억 원의 지급을 청구하였으나 그 지급을 받지 못하였다(지급거절증서 작성은 면제됨).

〈 문제 〉

3. H는 甲회사, F, G에 대하여 어음상 권리를 행사할 수 있는가? (15점)

[제3문] 문제 1. 가. 해설

1. 문제
근질권설정자가 비상인인 경우의 유질약정 유효 여부가 문제 된다.

2. 근질권설정자가 비상인인 경우의 유질약정 유효 여부
(1) **관련 조문** - 질권설정자는 채무변제기 전의 계약으로 질권자에게 변제에 갈음하여 질물의 소유권을 취득하게 하거나 법률에 정한 방법에 의하지 아니하고 질물을 처분할 것을 약정하지 못한다는 민법 제339조의 규정은 상행위로 인하여 생긴 채권을 담보하기 위하여 설정한 질권에는 적용하지 아니한다(제59조).

(2) **판례** - 질권설정계약에 포함된 유질약정이 상법 제59조에 따라 유효하기 위해서는 질권설정계약의 피담보채권이 상행위로 인하여 생긴 채권이면 충분하고, 질권설정자가 상인이어야 하는 것은 아니다.

(3) **사안의 경우** - 질권설정계약의 피담보채권은 건설업을 목적으로 하는 당연상인인 甲주식회사가 자금사정의 악화를 벗어나기 위해 당연상인인 乙 은행으로부터 30억 원의 대출 계약을 체결한 것으로 쌍방의 상행위로 인하여 생긴 채권에 해당하고, 질권설정자인 대표이사 A로서는 상인이 아니지만, 유질약정이 유효하기 위해 질권설정자가 반드시 상인이어야 하는 것은 아닌바, 유질약정은 유효하다.

3. 결론
A와 乙은행 사이의 근질권설정계약에 포함된 유질약정은 유효하다.

[제3문] 문제 1. 나. 해설

1. 문제
(1) 주권발행 전 주식양도 가부, (2) 회사 아닌 제3자 명의의 주식취득이 자기주식 취득 해당 여부, (3) 자기주식취득의 적법성 및 효력이 문제 된다.

2. 주권발행 전 주식양도 가부
(1) **관련 조문** - 주식은 타인에게 양도할 수 있고, 주권발행 전에 한 주식의 양도는 회사에 대하여 효력이 없다. 그러나 회사성립 후 또는 신주의 납입기일 후 6월이 경과한 때에는 그러하지 아니하다(제335조 제1, 3항).

(2) **사안의 경우** - C의 D에 대한 주식양도는 2020년에 이루어진 것으로 회사가 성립된 2010년으로부터 6개월이 경과한 후에 이루어진 것으로 C와 D사이는 물론 甲 회사에 대하여도 유효하다.

3. 회사 아닌 제3자 명의의 주식취득이 자기주식 취득 해당 여부

(1) **판례** - 회사 아닌 제3자의 명의로 회사의 주식을 취득하더라도 그 주식취득을 위한 자금이 회사의 출연에 의한 것이고 그 주식취득에 따른 손익이 회사에 귀속되는 경우라면, 상법 기타의 법률에서 규정하는 예외사유에 해당하지 않는 한, 그러한 주식의 취득은 회사의 계산으로 이루어져 회사의 자본적 기초를 위태롭게 할 우려가 있는 것으로서 상법 제341조가 금지하는 자기주식의 취득에 해당한다.

(2) **사안의 경우** - 주식양수인 D는 甲 회사의 자금으로 주식양도인 C에게 매수대금을 지급하였고, 甲 회사 주식을 취득함에 따른 손익 모두를 甲 회사에 귀속하기로 甲 회사와 합의하였는바, 실질적으로 자기주식취득에 해당된다.

4. 자기주식취득의 적법성 및 매매계약의 효력

(1) **관련 조문**
  1) 자기주식 취득은 회사의 자본충실 책임을 해할 우려가 있다는 점에서 자기주식을 취득하려는 회사는 배당가능이익 범위 내에서 미리 주주총회의 결의로 취득할 수 있는 주식의 종류 및 수, 취득가액의 총액의 한도를 결정하여야 한다(상법 제341조 제1항, 제2항).
  2) 다만, 특정 목적 즉, 주식을 소각하기 위한 때, 회사의 합병 또는 다른 회사의 영업전부의 양수로 인한 때, 회사의 권리를 실행함에 있어 그 목적을 달성하기 위하여 필요한 때, 단주의 처리를 위하여 필요한 때, 주주가 주식매수청구권을 행사한 때에 의해 자기주식을 취득하는 경우에 한하여 예외적으로 자기주식을 취득할 수 있다(상법 제341조의2).

(2) **판례** - 자기주식의 취득은 원칙적으로 허용되지 아니하는 것이고 법률규정에 위반하여 회사가 자기주식을 취득하는 것은 당연히 무효이다.

(3) **사안의 경우** - 甲사의 자기주식취득이 배당가능이익 범위 내에서 주총결의로 이루어지는 자사주 취득에 해당되지 않고, 대표 A가 자신의 이사 해임을 막기 위하여 친구 D를 형식 주주로 하여 의결권을 행사할 목적으로 자기주식을 취득한 것은 법률이 규정한 특정 목적에 의한 적법한 자사주 취득에 해당하지 않는바, 당연무효이다.

5. 결론

C와 D 사이의 주식매매계약은 무효이다.

[제3문] 문제 1. 다. 해설

1. 문제

甲 회사 2020. 12. 주총에서 의결한 A이사 해임의 결의안을 다투기 위한 주총결의취소소송의 (1) 원고적격, (2) 하자 사유, (3) 방법이 문제 된다.

2. 원고적격 인정 여부

(1) **관련 조문** - 총회의 소집절차 또는 결의방법이 법령 또는 정관에 위반하거나 현저하게 불공정한 때 또는 그 결의의 내용이 정관에 위반한 때에는 주주·이사 또는 감사는 결의의 날로부터 2월 내에 결의취소의 소를 제기할 수 있다(상법 제376조 제1항).

(2) **A**

1) 주주 - 주식에 대한 질권설정계약이 체결된 것만으로 주식에 대한 소유권이 질권자로 변경되는 것은 아니고, 유질약정이 유효하다고 하더라도 사안에서 아직 유질약정이 실행된 사정이 존재하지 않고, 실행되었더라도 乙은행으로 명의개서가 되지 않았는바, A는 여전히 주주로서의 지위를 갖는다.

2) 이사 - 하자 있는 결의에 의하여 해임당한 이사도 제소권을 가지는바, A는 이사로서의 원고적격도 갖는다.

(3) **B**

1) 판례 - 주주는 다른 주주에 대한 소집절차의 하자를 이유로 주주총회결의 취소의 소를 제기할 수도 있다.

2) 사안의 경우 - B는 위 결의에 찬성하였지만, 다른 주주에 대한 하자를 이유로 한 주총취소의 소를 제기하는 것이 신의칙에 위배되지 않는바, 원고적격이 인정된다.

(4) **C와 D**

1) 판례 - 회사는 주주명부에 기재된 자의 주주권 행사를 부인하거나 주주명부에 기재되지 아니한 자의 주주권 행사를 인정할 수 없다. 다만, 주주명부에 기재를 마치지 않고도 회사에 대한 관계에서 주주권을 행사할 수 있는 경우는 주주명부에의 기재 또는 명의개서청구가 부당하게 지연되거나 거절되었다는 등의 극히 예외적인 사정이 인정되는 경우에 한한다.

2) 사안의 경우 - 명의개서 부당거절의 경우 그 순간 명의개서가 된 것으로 취급하므로, C와 D의 주식양도계약은 위법한 자기주식취득 거래에 해당하여 무효이고, C는 여전히 적법한 주식소유권자로 대표이사가 이를 거절한 것은 부당거절에 해당하는바, 원고적격을 갖는다. D는 위법한 양도계약을 원인으로 하여 명의개서까지 하였으나, 이는 위법한 명의개서에 해당하여 쌍면적 구속설이 적용되지 않는바, 주주로서의 원고적격을 인정하기 어렵다.

(5) **소결**

A는 주주와 이사로서, B와 C는 주주로서 원고적격을 갖는다.

3. 하자사유

(1) 소집절차 하자

1) 판례 - 회사가 부당하게 명의개서를 거절하면서 그처럼 명의개서를 거절당한 주주에게 소집통지를 하지 않고 주주총회를 개최한 경우에는 그 결의에 하자가 있다.

2) 사안의 경우 - 甲 회사는 명의개서를 부당거절당한 C에게 소집통지를 하지 않은 절차상의 하자가 존재한다.

(2) 결의방법 하자

1) 乙의 의결권 행사
   ① 판례 - 주식회사 주주가 의결권 행사를 포괄적으로 위임할 수 있고, 담보권자가 담보물인 주식에 대한 담보권실행을 위한 약정에 따라 담보제공자인 주주에게서 의결권을 위임받아 행사하는 것이 허용된다.
   ② 사안의 경우 - 본인의 대리인에게 포괄위임을 약정한 것은 유효하고, 乙의 의결권이 A의 의사에 반하여 이루어졌다 하더라도 그러한 반대의사결정 위험은 본인 A가 부담하는 것이기에 위법하다고 볼 수 없는바, 乙의 의결권 하자는 존재하지 않는다.

2) D의 의결권 행사
   ① 판례 - 쌍면적 구속설은 적법한 명의개서를 전제로 적용되는바, 주주명부상 주주가 무권리자이거나 부적법한 경우에까지 적용되지 않는다.
   ② 사안의 경우 - D는 무권리자이므로 설령 주주명부에 주주로 기재되었다 하더라도, 주총에서 주주로서의 의결권을 행사한 것은 부적법하다.

(3) 소결

발행주식 총수의 1/5를 소유하고 있는 주주 C에게 소집통지를 하지 않고, 주주가 아닌 D가 의결권을 행사한 하자가 존재한다.

4. 방법

A, B, C는 2020. 12. 주총결의일로부터 2개월 내에 소집절차 또는 결의방법상의 하자를 이유로 회사를 상대로 주총결의 취소의 소를 제기할 수 있다.

[제3문] 문제 2. 가. 해설

1. 문제
(1) 중요한 일부의 영업양도 및 간이영업양도, (2) 주요주주 자기거래 해당 여부가 문제 된다.

2. 중요한 일부의 영업양도 및 간이영업양도 해당여부
(1) **관련 조문** - 회사가 영업의 전부 또는 중요한 일부의 양도행위는 주주총회의 특별결의를 거쳐야 한다(상법 제374조 제1항 제1호). 제374조 제1항 제1호에 해당하는 행위를 하는 회사 발행주식총수의 100분의 90 이상을 해당 행위의 상대방이 소유하고 있는 경우에는 그 회사의 주주총회의 승인은 이를 이사회의 승인으로 갈음할 수 있다(상법 제374조의3 제1항, 제2항).

(2) **판례** - 회사의 영업 그 자체가 아닌 영업용 재산의 처분이라고 하더라도 그로 인하여 회사의 영업의 전부 또는 중요한 일부를 양도하거나 폐지하는 것과 같은 결과를 가져오는 경우에는 그 처분 행위를 함에 특별결의를 요하고, 이를 거치지 않은 경우 그러한 양도는 무효이다.

(3) **사안의 경우**
   1) 丙 회사는 암반발파 사업을 하는 회사로, 사업 수행에 필수적인 특허권을 양도하는 것은 회사의 영업을 폐지하는 결과를 가져오는 중요한 영업양도에 해당하는바, 주주총회 특별결의를 거쳐야 한다.
   2) 다만, 丙 회사 발행주식 총수 10만 주 중에서 90% 이상인 9만 주를 甲 회사가 소유하고 있는 간이영업양도에 해당하여 주총특별결의를 이사회 승인으로 갈음할 수 있는바, 주주총회 승인 결의를 거치지 않는 하자를 이유로 한 매매계약의 무효주장은 타당하지 않다.

3. 주요주주와 적법한 자기거래인지 여부
(1) **관련 조문** - 발행주식총수의 100분의 10 이상의 주식을 소유하고 있는 주요주주가 자기 또는 제3자의 계산으로 회사와 거래를 하기 위하여는 미리 이사회에서 해당 거래에 관한 중요 사실을 밝히고 이사회의 승인을 받아야 한다. 이 경우 이사회의 승인은 이사 3분의 2 이상의 수로써 하여야 하고, 그 거래의 내용과 절차는 공정하여야 한다(상법 제398조 제1호, 제542조의8 제2항 제6호).

(2) **사안의 경우** - 甲회사는 丙회사 발행주식의 90%를 보유하고 있어 丙회사의 주요주주에 해당하므로, 甲회사가 丙회사와 거래하기 위하여 丙 회사의 이사회에서 상술한 요건을 충족하여야 하는데, 이사 전원이 승인하여 3분의 2이상의 수는 충족하였지만, 거래의 내용이 평가액 보다 20% 저렴하게 거래된 것으로 보아 공정하다고 볼 수 없는바, 위법한 자기거래에 해당한다.

4. 결론
특허권 매매계약의 무효주장은 丙 회사만이 주장할 수 있고, 승인을 얻었으나 불공정한 거래의 경우 원칙적으로 무효가 된다고 보기 어렵다. 즉, 丙회사는 불공정한 거래에 따른 손해를 승인한 이사의 책임을 묻는 것이 타당하지 거래를 무효로 하여 거래안정을 해하는 것은 타당하지 않다.

[제3문] 문제 2. 나. 해설

1. 문제
소수 주주의 매수청구권 가부가 문제 된다.

2. 소수 주주의 매수청구권 가부
(1) **관련 조문** - 지배주주가 있는 회사의 소수 주주는 언제든지 지배주주에게 그 보유주식의 매수를 청구할 수 있다(제360조의 25 제1항). 지배주주에 해당하기 위해서는 대상회사 발행주식 총수의 100분의 95이상을 자기계산으로 보유하여야 하고, 지배주주가 소수 주주에게 주식의 매도를 청구할 때의 보유주식 수를 산정할 때에는 모회사와 자회사가 보유한 주식을 합산한다(제360조의 24 제1항, 제2항).

(2) **판례** - 자회사의 소수 주주가 상법 제360조의25 제1항에 따라 모회사에게 주식매수청구를 한 경우에 모회사가 지배주주에 해당하는지 여부를 판단함에 있어, 자회사의 자기주식은 발행주식 총수에 포함되어야 한다. 또한 상법 제360조의24 제2항은 보유주식의 수를 산정할 때에는 자회사가 보유하고 있는 자기주식은 모회사의 보유주식에 합산되어야 한다.

(3) **사안의 경우** - 丙 회사의 발행주식 총수는 丙 회사의 자기주식 6천 주를 포함한 10만 주이고, 매수청구권의 피신청인인 甲 회사는 대상회사인 丙 회사 발행주식 총수에 9만 6천주(피신청인 甲 회사 보유 9만 주, 자회사인 丙 회사의 자기주식 6천 주) 즉, 발행주식 총수의 96%를 보유한 주주로서, 상법 제360조 25 제1항의 지배주주 요건을 충족하고 있는바, 丙 회사의 소수주주 E의 지배주주 甲 회사를 상대로 한 주식매수청구권을 행사할 권리가 있다.

3. 결론
E는 甲 회사에 대하여 자기가 소유한 丙 회사 주식 4천 주의 매수를 청구할 권리가 있다.

[제3문] 문제 3. 해설

1. 문제
(1) H의 어음상 권리취득 여부, (2) 甲, F, G의 어음상 채무 부담 여부가 문제 된다.

2. H의 어음상 권리취득 여부
(1) **승계취득**
   1) 의의 - 이전의 권리자로부터 유효하게 취득하여야 한다.
   2) 사안의 경우 - G는 甲 회사 대표이사 인감을 보관하고 있는 총무부장 F의 권한 없는 배서 즉, 무권대행 방식의 배서 위조를 통해 어음을 취득한 자로 완전한 권리를 승계 취득한 자에 해당되지 않는바, H 또한 어음상 권리를 승계 취득할 수 없다.

(2) 선의취득

1) 관련 조문 - 어떤 사유로든 약속어음의 점유를 잃은 자가 있는 경우에 그 어음의 소지인이 그 권리를 증명할 때에는 그 어음을 반환할 의무가 없다. 그러나 소지인이 악의 또는 중과실로 인하여 어음을 취득한 경우에는 그러하지 아니하다(어음법 제16조 제2항, 제77조 제1항 제1호).

2) 사안의 경우 - ① 어음법적 유통방식에 의한 취득 : H는 정식배서에 의해 어음을 취득하였고, ② 양도인의 형식적 자격 존재 : 배서의 연속이 인정되므로 G의 형식적 자격은 인정되고, ③ 무권리자로부터 취득 : 상술한 바와 같이 G은 무권리자이고, ④ 양수인의 악의 또는 중과실이 아닐 것 : H는 이러한 사실에 대하여 선의·무과실이었고, ⑤ 양수인의 독립된 경제적 이익 : H는 거래행위에 취득한 것으로 추정되는바, 독립된 경제적 이익이 있다.

(3) 소결

H는 어음상 권리를 승계취득 하지는 못하였지만 선의취득 하였는바, 유효하게 어음상 권리를 행사할 수 있다.

3. 甲, F, G의 어음상 채무 부담 여부

(1) 甲 - 甲회사는 어음이 위조되었음을 들어 이른바 물적 항변의 일종인 위조 항변을 주장하여 어음상 채무 지급을 거절할 수 있다.

(2) F - 어음문언성을 강조하면 위조자의 책임을 물을 수 없으나, 위조자에게 책임을 묻는다고 하여 어음행위 유통성을 해하지 않는바, 어음법 제8조의 무권대리 규정을 유추 적용하여 위조자에게 책임을 물을 수 있다는 견해에 따르면 F는 어음상 채무를 부담한다.

(3) G

1) 관련 조문 - 약속어음에 어음채무를 부담할 능력이 없는 자의 위조의 기명날인으로 인하여 약속어음의 기명날인자나 그 본인에게 의무를 부담하게 할 수 없는 기명날인이 있는 경우에도 다른 기명날인자의 채무는 그 효력에 영향을 받지 아니한다(어음법 제7조 제2호, 제77조 제2항).

2) 사안의 경우 - 어음행위의 유통성 확보를 위해 선행 어음행위의 위조에 따른 하자와 상관없이 배서 등의 후행 어음행위를 한 자는 어음상 채무를 독립에서 부담하는바, G는 F의 배서가 무효임에도 배서의 담보적 책임 등의 어음상 채무를 진다.

4. 결론

어음상 권리를 선의 취득한 H는 F와 G에 대하여 상환청구를 할 수 있다.

4. 2020년도 시행 제9회 변호사시험

제1문

〈제1문의 1〉

〈 기초적 사실관계 〉

甲은 乙로부터 X건물을 대금 1억 원에 매수하였다.

※ 아래 각 문제는 서로 독립적임

〈 문제 〉

1. 甲이 乙을 상대로 위 매매를 원인으로 한 소유권이전등기 청구의 소를 제기하였다. 乙은 甲으로부터 대금을 지급받을 때까지는 이전등기 청구에 응할 수 없다고 동시이행의 항변을 하였다. 甲은 乙에 대한 1억 원의 대여금 채권으로 乙의 대금 채권과 상계하겠다고 주장하였다. 법원은 대여사실에 대한 증명이 부족하다는 이유로 甲의 상계주장을 배척하여 '乙은 甲으로부터 1억 원을 지급받음과 동시에 甲에게 X건물에 관한 위 매매를 원인으로 한 소유권이전등기절차를 이행하라'는 취지의 청구 일부 인용 판결을 선고하였고 그 판결이 확정되었다. 그 후 甲이 乙을 상대로 위 대여금 1억 원의 지급을 청구하는 소를 제기하여 대여 및 변제기 도래 사실을 증명하였다면 법원은 어떠한 판결을 하여야 하는가? (소 각하 / 청구 기각 / 청구 인용) (20점)

2. 甲이 乙을 상대로 위 매매를 원인으로 한 소유권이전등기 청구의 소를 제기하였다. 1심에서 패소한 甲은 변호사 A를 선임하여 위 소의 항소심을 수행하게 하였으나 항소 기각 판결을 선고받자 변호사 B를 선임하여 상고를 제기하였다. 상고심 법원은 원심을 파기하여 항소심으로 환송하는 판결을 선고하였다. 환송 후 항소심 법원은 변론기일 통지서를 변호사 A에게 송달하였다. 위 송달은 적법한가? (15점)

〈 추가적 사실관계 〉

매매 당시 乙은 甲으로부터 위 매매대금을 지급받음과 동시에 甲에게 X건물에 관하여 설정되어 있던 저당권설정등기(저당권자 C)를 말소해 주기로 약정하였다. 乙의 채권자 丙은 乙의 甲에 대한 위 매매대금 채권에 관하여 압류 및 추심명령을 받았고 위 명령이 甲에게 송달되었다. 甲의 대금지급의무와 乙의 소유권이전등기의무가 이행되지 않고 있던 중 C의 저당권에 기한 경매절차가 개시되었다. 甲은 C에게 위 저당권의 피담보채무액 5,000만 원을 대위변제하여 위 저당권을 말소시켰고, 乙은 甲에게 소유권이전등기를 마쳐 주고 X건물을 인도하였다. 이후 丙은 甲을 상대로 추심금 1억 원의 지급을 구하는 소를 제기하였다.

〈 문제 〉

3. 甲은 위 소에서 대위변제로 발생한 구상금 채권 5,000만 원으로 乙의 매매대금 채권과 대등액에서 상계한다고 주장하였다. 甲의 상계 항변은 이유 있는가? (25점)

[제1문의 1] 문제 1. 해설

1. 문제
(1) 전소에서 상계 재항변에 대한 기판력 발생 여부, (2) 후소에 대한 법원의 판단이 문제 된다.

2. 전소에서 상계 재항변에 대한 기판력 발생 여부
(1) **관련 조문** - 확정판결은 주문에 포함된 것에 한하여 기판력을 가지고(민소법 제216조 제1항), 상계를 주장한 청구가 성립되는지 아닌지의 판단은 상계하자고 대항한 액수에 한하여 기판력을 가진다(민소법 제216조 제2항).

(2) **판례**
  1) 상계 주장에 관한 판단에 기판력이 인정되는 경우는, 상계 주장의 대상이 된 수동채권이 소송물로서 심판되는 소구채권이거나 그와 실질적으로 동일하다고 보이는 경우로서 상계를 주장한 반대채권과 그 수동채권을 기판력의 관점에서 동일하게 취급하여야 할 필요성이 인정되는 경우를 말한다.
  2) 상계 주장의 대상이 된 수동채권이 동시이행항변에 행사된 채권일 경우에는 상계 주장에 대한 판단에는 기판력이 발생하지 않는다. 왜냐하면 동시이행항변이 상대방의 상계의 재항변에 의하여 배척된 경우에 그 동시이행항변에 행사된 채권을 나중에 소송상 행사할 수 없게 되어 민사소송법 제216조가 예정하고 있는 것과 달리 동시이행항변에 행사된 채권의 존부나 범위에 관한 판결 이유 중의 판단에 기판력이 미치기 때문이다.

(3) **사안의 경우** - 수동채권인 乙의 1억 원의 대금채권은 매매계약에서 동시이행항변에 행사된 채권이므로 甲이 상계로 주장한 1억 원의 대여금 채권에 대하여는 기판력이 발생하지 않는바, 후소로 구할 수 있다.

3. 후소에 대한 법원의 판단
(1) **판례** - 민사재판에 있어서는 다른 민사사건 등의 판결에서 인정된 사실에 구속받는 것이 아니라 할지라도 이미 확정된 관련 민사사건에서 인정된 사실은 유력한 증거가 되므로, 합리적인 이유 설시 없이 이를 배척할 수 없다.

(2) **사안의 경우** - 전소에서는 법원이 甲의 乙에 대한 1억 원 대여 사실에 대한 증명이 부족하다고 판단하였으나, 후소에서 甲이 乙에 대한 대여 및 변제기 도래 사실을 증명하여 전소 판단을 번복할만한 사정이 존재하는바, 후소는 甲의 乙에 대한 청구를 인용한다.

4. 결론
후소 법원은 甲의 乙에 대한 1억 원의 청구를 인용한다.

[제1문의 1] 문제 2. 해설

1. 문제
파기 환송시 소송대리권 부활 및 송달 적법 여부가 문제 된다.

2. 파기 환송시 소송대리권 부활 및 송달 적법 여부
(1) **관련 조문** - 소송대리인은 상소의 제기 또는 취하에 대하여는 특별한 권한을 따로 받아야 한다(민소법 제90조 제2항 제3호). 상고법원은 상고에 정당한 이유가 있다고 인정할 때에는 원심판결을 파기하고 사건을 원심법원에 환송하거나, 동등한 다른 법원에 이송하여야 한다. 사건을 환송받거나 이송받은 법원은 다시 변론을 거쳐 재판하여야 한다(민소법 제436조 제1, 2항).

(2) **판례** - 사건이 상고심에서 환송되어 다시 항소심에 계속하게 된 경우에는 상고 전의 항소심에서의 소송대리인의 대리권은 그 사건이 항소심에 계속되면서 다시 부활하는 것이므로 환송받은 항소심에서 환송 전의 항소심에서의 소송대리인에게 한 송달은 소송당사자에게 한 송달과 마찬가지의 효력이 있다.

(3) **사안의 경우** - 심급대리의 원칙상 변호사 A의 항소심 소송대리권은 파기 후 환송심에서 부활되는바, 환송 후 항소심 법원이 변론기일 통지서를 변호사에게 송달한 것은 소송당사자에게 한 송달과 같은 효력이 있다.

3. 결론
환송 후 항소심 법원이 변론기일 통지서를 변호사 A에게 송달 한 것은 적법하다.

[제1문의 1] 문제 3. 해설

1. 문제
甲의 상계항변 당부가 문제 된다.

2. 甲의 상계항변의 당부
(1) **관련 조문** - 쌍방이 서로 같은 종류를 목적으로 한 채무를 부담하는 경우에 그 쌍방의 채무의 이행기가 도래한 때에는 각 채무자는 대등액에 관하여 상계할 수 있다(제492조 제1항).

(2) **자동채권의 제498조 금지채권 해당여부**
  1) 관련 조문 - 압류명령을 받은 제3채무자는 그 후에 취득한 채권에 의한 상계로 그 명령을 신청한 채권자에게 대항할 수 없다(민법 제498조).
  2) 판례
    ① 저당권설정등기 있는 부동산의 매매계약에 있어서는 매도인의 소유권이전등기 의무와 아울러 저당권설정등기의 말소의무도 매수인의 대금지급의무와 동시이행관계에 있다.

② 제3채무자의 압류채무자에 대한 자동채권이 수동채권인 피압류채권과 동시이행의 관계에 있는 경우에는, 압류명령이 제3채무자에게 송달되어 압류의 효력이 생긴 후에 자동채권이 발생하였다고 하더라도 제3채무자는 동시이행의 항변권을 주장할 수 있고 따라서 그 채권에 의한 상계로 압류채권자에게 대항할 수 있다.

③ 이 경우에 자동채권이 발생한 기초가 되는 원인은 수동채권이 압류되기 전에 이미 성립하여 존재하고 있었던 것이므로, 그 자동채권은 민법 제498조 소정의 "지급을 금지하는 명령을 받은 제3채무자가 그 후에 취득한 채권"에 해당하지 않기 때문이다.

(3) 사안의 경우

1) 추심채권자 丙이 乙의 甲에 대한 매매대금채권에 관하여 압류 및 추심명령을 받아 확정되었고, 그 이후 C의 저당권에 기한 경매절차가 개시되어 甲이 C에게 대위변제하여 발생된 5천만 원 구상채권을 자동채권으로 한 甲의 상계항변이 타당한지가 논의된다.

2) 乙의 저당권말소의무는 甲의 매매대금채무와 이행상 견련관계가 인정되어 서로 동시이행관계에 있고, 甲이 피담보채권을 대위변제하여 발생된 乙의 구상금채무도 저당권말소의무의 변형물로서 甲의 채무와 동시이행관계에 있다.

3) 甲의 乙에 대한 구상채권과 乙의 甲에 대한 매매대금채권이 동시이행관계에 있는바, 압류의 효력이 생긴 후에 구상채권이 발생하였다고 하여도 甲은 乙에게 동시이행항변권을 행사할 수 있고, 구상채권에 의한 상계로 丙에게 대항할 수 있다. 왜냐하면 구상채권 발생의 기초가 되는 원인인 저당권 설정계약 및 매매계약은 압류 이전부터 존재하고 있었던바, 민법 제498조에 저촉되지 않기 때문이다.

3. 결론

甲의 상계항변은 타당하다.

〈제1문의 2〉

〈 기초적 사실관계 〉

甲과 乙은 2018. 3. 1. 甲 소유의 고려청자 1점을 乙이 보관하기로 하는 계약을 체결하였고, 甲은 乙에게 위 고려청자를 인도하였다.

※ 아래 각 문제는 서로 독립적임

〈 문제 〉

1. 乙은 2018. 5. 1. 보관 중이던 위 고려청자를 관리 소홀로 도난당하였고, 甲은 위 고려청자의 소재를 파악할 수 없게 되자 2019. 5. 3. 위 고려청자의 시가가 1억 5,000만 원이라고 주장하면서 乙을 상대로 채무불이행을 원인으로 한 시가 상당액의 손해배상을 청구하는 소를 제기하였다. 甲은 위 고려청자의 시가 감정을 신청하였으나, 감정인은 '위 고려청자와 비슷한 도자기가 존재하지 아니하여 정확한 시가를 산정하기 곤란하다'는 의견을 제시하였다. 甲은 시가를 정확히 산정할 만한 다른 증거를 제출하지 못하였다. 이때 甲의 청구는 인용될 수 있는가? (10점)

2. 乙은 2018. 5. 1. 보관 중이던 위 고려청자를 甲의 허락 없이 丙에게 평온·공연하게 매각하여 인도하였는데, 丙은 당시 아무런 과실 없이 乙이 정당한 소유자라고 믿었다. 甲은 2019. 5. 3. 丙을 상대로 위 고려청자가 도품(盜品) 또는 유실물에 해당한다는 이유로 소유권에 기하여 위 고려청자에 관한 인도 청구의 소를 제기하였다. 위 소에서 법원은 어떠한 판결을 하여야 하는가? (소 각하 / 청구 기각 / 청구 인용) (10점)

[제1문의 2] 문제 1. 해설

1. 문제
손해의 액수 산정이 곤란한 경우에 대한 법원의 판단이 문제 된다.

2. 손해의 액수 산정이 곤란한 경우에 대한 법원의 판단

(1) **관련 조문** - 손해가 발생한 사실은 인정되나 구체적인 손해의 액수를 증명하는 것이 사안의 성질상 매우 어려운 경우에 법원은 변론 전체의 취지와 증거조사의 결과에 의하여 인정되는 모든 사정을 종합하여 상당하다고 인정되는 금액을 손해배상 액수로 정할 수 있다(민소법 제202조의2).

(2) **판례** - 자유심증주의 아래에서 손해의 발생사실은 증명되었으나 사안의 성질상 손해액에 대한 증명이 곤란한 경우에 증명도·심증도를 경감함으로써 손해의 공평·타당한 분담을 지도원리로 하는 손해배상제도의 이상과 기능을 실현하려는 것에 그 취지가 있으므로, 손해액 산정의 근거가 되는 간접사실이 합리적으로 평가된 가운데 객관적으로 수긍할 수 있도록 손해액이 산정되어야 한다.

(3) **사안의 경우** - 수치인 乙의 과실로 임치인 甲의 고려청자가 도난당하여 손해가 발생한 사실은 분명하나 손해액에 대한 증명이 곤란한 경우이므로 법원은 모든 사정을 종합하여 객관적으로 수긍할 수 있는 손해액을 산정할 수 밖에 없다.

3. 결론
甲의 청구는 인용될 수 있다.

[제1문의 2] 문제 2. 해설

1. 문제
도품·유실물 반환청구의 가부가 문제 된다.

2. 도품·유실물 반환청구의 가부

(1) **관련 조문** - 평온, 공연하게 동산을 양수한 자가 선의이며 과실없이 그 동산을 점유한 경우에는 양도인이 정당한 소유자가 아닌 때에도 즉시 그 동산의 소유권을 취득한다(민법 제249조). 선의취득 동산이 도품이나 유실물인 때에는 피해자 또는 유실자는 도난 또는 유실한 날로부터 2년 내에 그 물건의 반환을 청구할 수 있다(민법 제250조).

(2) **판례** - 도품, 유실물이란 원권리자로부터 점유를 수탁한 사람이 적극적으로 제3자에게 부정처분한 경우와 같은 위탁물 횡령의 경우는 포함되지 않는다.

(3) 사안의 경우 - 丙은 평온·공연하게 고려청자를 양수하였고, 매매를 통해 선의이며 과실없이 동산을 점유하였기에 乙이 수치인으로서 정당한 소유자가 아니지만 즉시 그 소유권을 취득한다. 甲은 丙에게 도품 또는 유실물에 해당한다는 이유로 소유권에 기하여 인도청구의 소를 제기하였으나, 이는 횡령물이지 도품 또는 유실물에 해당하지 않는바, 위 청구는 인용될 수 없다.

3. 결론
법원은 청구기각판결을 한다.

〈제1문의 3〉

〈 기초적 사실관계 〉

甲은 2008. 4. 1. 乙에게 1억 원을 변제기 2009. 3. 31.로 정하여 대여하였다.

※ 아래 각 문제는 서로 독립적임

※ 아래 문제에서 공휴일 여부는 고려하지 말 것

〈 문제 〉

1. 乙은 2012. 4. 1. 甲을 상대로 위 대여금 채무가 부존재한다는 확인의 소를 제기하였다. 이에 甲은 乙을 상대로 위 대여금 1억 원의 지급을 청구하는 반소를 제기하였다. 乙의 소는 적법한가? (15점)

2. 甲은 2012. 4. 1. 乙을 상대로 위 대여금 채권 1억 원의 지급을 청구하는 소를 제기하여 청구인용 판결을 선고받아 위 판결이 확정되었다. 한편 乙에게는 甲에 대한 1억 원의 손해배상 채권이 있었고, 위 소송의 사실심 변론종결 당시 위 두 채권은 상계적상에 있었으며, 乙도 위 두 채권이 상계적상에 있음을 알고 있었다. 甲이 위 확정판결로 강제집행을 하려고 하자, 乙은 비로소 위 손해배상 채권으로 위 대여금 채권과 상계한다고 주장하면서 위 확정판결의 집행력을 배제하기 위한 청구이의의 소를 제기하였다. 乙의 상계 주장은 적법한 청구이의의 사유에 해당하는가? (15점)

3. 甲은 2012. 4. 1. 乙을 상대로 위 대여금 1억 원의 지급을 청구하는 소(전소)를 제기하였으나, 법원은 대여사실에 대한 증명이 부족하다는 이유로 2012. 6. 30. 변론을 종결하고 2012. 7. 14. 원고 청구 기각 판결을 선고하였으며, 위 판결은 2012. 8. 20. 확정되었다. 甲은 2012. 12. 1. 乙을 상대로 위 대여금에 대하여 2012. 7. 1.부터 다 갚는 날까지 연 5%의 비율로 계산한 지연손해금의 지급을 청구하는 소(후소)를 제기하였다. 후소에서의 증거조사 결과 위 대여사실이 증명되었다면 후소 법원은 어떠한 판결을 하여야 하는가? (소 각하 / 청구기각 / 청구 인용) (20점)

4. 甲은 2018. 11. 1. 乙을 상대로 위 대여금 1억 원의 지급을 청구하는 소(전소)를 제기하였다. 전소에서 甲은 丙에게 위 대여금 채권을 양도하였다고 주장하면서 丙에 대한 소송인수 신청을 하였고, 법원이 소송인수 결정을 하였으며, 甲은 2019. 5. 1. 乙의 동의를 얻어 전소에서 탈퇴하였다. 인수참가인 丙에 대한 청구 인용 판결이 선고되자 乙은 항소를 제기하였다. 항소심은 위 채권양도가 무효라고 판단하여 丙에 대한 청구 기각 판결을 선고하였고 위 판결은 2019. 8. 1. 확정되었다. 채권양도가 무효로 판단됨에 따라 甲은 2019. 12. 1. 乙을 상대로 다시 위 대여금 1억 원의 지급을 청구하는 소(후소)를 제기하였다. 후소에서 乙은 '위 대여금 청구가 변제기로부터 10년이 도과하여 소멸시효가 완성되었다'고 주장하였고, 甲은 '시효완성 전에 전소를 제기하였고 비록 전소에서 탈퇴하였으나 전소 판결의 확정일부터 6개월 이내에 후소를 제기하였으므로 소멸시효가 중단되었다'고 주장하였다. 甲과 乙의 위 주장은 타당한가? (20점)

[제1문의 3] 문제 1. 해설

1. 문제
乙 확인의 소의 적법 여부가 문제 된다.

2. 乙 확인의 소의 적법 여부

(1) **관련 법리** - 자기의 현재 권리관계에 대하여 ① 법률상 이익이, ② 현존하는 위험, ③ 그 위험 제거에 가장 유효적절한 수단이어야 한다.

(2) **판례** - 소송요건을 구비하여 적법하게 제기된 본소가 그 후에 상대방이 제기한 반소로 인하여 소송요건에 흠결이 생겨 다시 부적법하게 되는 것은 아니므로, 원고가 피고에 대하여 채무부존재확인을 구할 이익이 있어 본소로 그 확인을 구하였다면, 피고가 그 후에 그 채무이행을 구하는 반소를 제기하였다 하더라도 그러한 사정만으로 본소청구에 대한 확인의 이익이 소멸하여 본소가 부적법하게 된다고 볼 수는 없다.

(3) **사안의 경우** - 乙이 2012. 4. 1. 甲을 상대로 2008. 4. 1. 자 1억 원의 대여금 채무가 부존재한다는 확인의 소를 제기하였고, 이후 甲이 乙을 상대로 1억 원의 대여금 지급을 청구하는 반소를 제기한 사정만으로 확인의 이익이 없다고 볼 수 없다.

3. 결론
乙의 확인의 소는 적법하다.

[제1문의 3] 문제 2. 해설

1. 문제
상계권 행사가 적법한 청구이의의 소 사유 인지가 문제 된다.

2. 청구이의의 소 사유 해당 여부

(1) **관련 조문** - 채무자가 판결에 따라 확정된 청구에 관하여 이의하려면 제1심 판결법원에 청구에 관한 이의의 소를 제기하여야 하고, 이의는 그 이유가 변론이 종결된 뒤에 생긴 것이어야 한다 (민사집행법 제44조 제1,2항).

(2) **판례** - 채무자가 집행권원인 확정판결의 변론종결 전에 상대방에 대하여 상계적상에 있는 채권을 가지고 있었다 하더라도 확정판결의 변론종결 후에 이르러 비로소 상계의 의사표시를 한 때에는 민사집행법 제44조 제2항이 규정하는 '이의원인이 변론종결 후에 생긴 때'에 해당하는 것으로서, 당사자가 변론종결 전에 자동채권의 존재를 알았는가 몰랐는가에 관계없이 적법한 청구이의 사유로 된다.

(3) 사안의 경우 - 乙이 甲의 乙에 대한 1억 원의 채권과 乙의 甲에 대한 손해배상채권이 상계적상에 있음을 알고 있었는지와 관계없이 甲의 乙에 대한 확정판결의 집행력을 배제하기 위해 상계를 주장하는 것은 적법한 청구이의 사유에 해당된다.

3. 결론

乙의 상계 주장은 적법한 청구이의의 사유에 해당한다.

[제1문의 3] 문제 3. 해설

1. 문제

(1) 전소 확정판결의 효력, (2) 후소에 대한 법원의 판단이 문제 된다.

2. 전소 확정판결의 효력

(1) 관련 조문 - 확정판결은 주문에 포함된 것에 한하여 기판력을 가진다(민소법 제216조 1항).

(2) 사안의 경우 - 사실심변론종결일인 2012. 6. 30.에 甲은 乙에 대하여 2012. 4. 1. 자 대여금 1억의 반환청구권을 가지고 있지 않다는 점에 한하여 기판력이 발생한다.

3. 후소 법원의 판단 - 전소 사실심 변론종결 후에 발생한 지연손해금 청구 부분

(1) 관련 법리 - 전소에서 확정된 법률관계가 후소에서 선결관계에 해당하므로, 전소판결의 기판력이 후소에 미치는 관계에 있다.

(2) 판례 - 확정판결의 기판력은 사실심의 최종변론종결 당시의 권리관계를 확정하는 것이므로, 원고의 청구 중 확정판결의 사실심 변론종결시 후의 이행지연으로 인한 지연손해금은 그 선결문제로서 확정판결에 저촉되는 금원에 대한 피고의 지급의무의 존재를 주장하게 되어 확정판결의 기판력의 효과를 받게 된다.

(3) 사안의 경우 - 후소에서 대여사실이 증명되었다고 하여도 이를 인정하는 경우 전소 기판력에 저촉되는 판단으로 허용되지 않는바, 대여금청구권이 여전히 존재하지 않음을 이유로 2012. 7. 1.부터 다 갚는 날까지 연 5%의 비율로 계산한 지연손해금의 지급을 청구하는 후소는 기각되어야 한다.

4. 결론

후소 법원은 청구기각 판결을 한다.

[제1문의 3] 문제 4. 해설

1. 문제

(1) 전소로 인한 시효중단의 효력 발생시점, (2) 후소제기로 기존 시효중단의 효력 유지 여부가 문제된다.

2. 전소로 인한 시효중단의 효력 발생시점

(1) **관련 조문** – 소멸시효는 재판상 청구로 중단된다(민법 제168조 제1호). 소송이 법원에 계속되어 있는 동안에 제3자가 소송목적인 권리의 전부나 일부를 승계한 때에는 법원은 당사자의 신청에 따라 그 제3자로 하여금 소송을 인수하게 할 수 있고(민소법 제82조 제1항), 법원이 소송인수 결정을 한 경우에는 소송이 법원에 처음 계속된 때에 소급하여 시효중단의 효력이 생긴다(민소법 제82조 제3항, 제81조).

(2) **사안의 경우** – 甲은 2018. 11. 1. 乙을 상대로 2019. 3. 31. 소멸시효가 완성되는 1억 원의 대여금 청구를 구하는 소를 제기하였으므로 시효가 중단되었고, 이후 채권양수인 丙이 소송을 인수하여 법원에 계속되었는바, 2018. 11. 1.자 시효중단의 효력이 발생한다.

3. 후소제기로 기존 시효중단의 효력 유지 여부

(1) **관련 조문 및 법리** – 소송목적인 권리를 양도한 원고는 법원이 소송인수 결정을 한 후 피고의 승낙을 받아 소송에서 탈퇴할 수 있는데(민사소송법 제82조 제3항, 제80조), 그 후 법원이 인수참가인의 청구의 당부에 관하여 심리한 결과 인수참가인의 청구를 기각하거나 소를 각하하는 판결을 선고하여 판결이 확정된 경우에는 원고가 제기한 최초의 재판상 청구로 인한 시효중단의 효력은 소멸한다.

(2) **판례** – 소송탈퇴는 소취하와는 성질이 다르며, 탈퇴 후 잔존하는 소송에서 내린 판결은 탈퇴자에 대하여도 효력이 미치므로 인수참가인의 소송목적 양수 효력이 부정되어 인수참가인에 대한 청구 기각 또는 소각하 판결이 확정된 날부터 6개월 내에 탈퇴한 원고가 다시 탈퇴 전과 같은 재판상의 청구 등을 한 때에는, 탈퇴 전에 원고가 제기한 재판상의 청구로 인하여 발생한 시효중단의 효력은 그대로 유지된다.

(3) **사안의 경우** – 甲은 전소 판결이 확정된 2019. 8. 1.부터 6월 이내인 2019. 12. 1. 후소를 제기하였으므로 탈퇴 전에 甲이 제기한 재판상 청구로 인하여 발생한 2018. 11. 1. 자 시효중단의 효력은 그대로 유지되는바, 소멸시효는 완성되지 않았다.

4. 결론

甲의 주장이 타당하고, 乙의 주장이 부당하다.

제2문

⟨제2문의 1⟩

⟨ 기초적 사실관계 ⟩

甲은 2015. 2. 1. A은행으로부터 3억 원을 변제기 2017. 1. 31.로 정하여 차용하였는데, 같은 날 甲과 A은행은 '甲이 A은행에 대해 현재 및 장래에 부담하는 대출 및 보증에 기해 발생하는 채무'를 담보한다는 내용의 근저당권설정계약서를 작성하고, 甲 소유의 X토지(시가 5억 원) 및 Y건물(시가 3억 원)에 대해 각 A은행 명의로 채권최고액을 4억 5,000만 원으로 하는 1번 근저당권설정등기를 마쳐 주었다. 이후 甲은 2016. 4. 1. B은행으로부터 2억 원을 변제기 2017. 3. 31.로 정하여 차용하면서, 甲 소유의 X토지에 대해 채권최고액을 2억 5,000만 원으로 하는 2번 근저당권설정등기를 마쳐 주었다. 또한 甲은 2016. 5. 1. A은행으로부터 1억 원을 변제기 2017. 4. 30.로 정하여 추가로 차용하였다. 이후 甲이 A은행에 대한 위 각 차용금채무를 변제하지 않자 A은행은 2018. 3. 2. X토지에 대해서 근저당권에 기한 경매를 신청하였다. 한편 2018. 4. 1. 甲의 배우자인 丁은 A은행으로부터 5,000만 원을 변제기 2019. 3. 31.로 정하여 차용하였고, 당시 甲은 丁의 A은행에 대한 차용금채무를 연대보증하였다.

⟨ 문제 ⟩

1. 위 경매절차에서 2019. 8. 1. X토지가 시가 상당액인 5억 원에 매각되고, 2019. 9. 1. 배당이 이루어진다면, A은행이 X토지의 매각대금으로부터 배당받을 수 있는 금액은 얼마인가? (배당받을 금액을 산정하는 데 있어 차용원금 외에 이자 및 지연손해금 등은 고려하지 않음) (20점)

⟨ 추가적 사실관계 ⟩

甲은 2017. 4. 15. 戊에게 X토지를 매도하였고, 같은 날 戊 명의로 소유권이전등기를 마쳐 주었다.

⟨ 문제 ⟩

2. A은행이 X토지에 대한 경매를 신청하자 戊는 X토지의 소유권을 계속 보유할 법적 수단을 강구하기 위하여 변호사인 당신에게 자문을 구하였다. 당신은 戊를 위하여 어떤 법적 수단을 강구할 것을 조언하겠는가? (15점)

[제2문의 1] 문제 1. 해설

1. 문제
(1) 근저당권의 피담보채권 확정 및 범위, (2) 공동저당에서 이시배당의 배당방법이 문제 된다.

2. 근저당권의 피담보채권 확정 및 범위
(1) **관련 조문** - 저당권은 원본, 이자, 위약금, 채무불이행으로 인한 손해배상 및 저당권의 실행비용을 담보한다(민법 제360조).

(2) **판례** - 근저당권자가 그 피담보채무의 불이행을 이유로 경매신청을 한 때에는 그 경매신청 시에 근저당권은 확정된다.

(3) **사안의 경우** - A은행의 경매신청일인 2018. 3. 2. 기준으로 2015. 2. 1. 자 '제1차용금' 채무원금 3억 원, 2016. 5. 1. 자 '제2차용금' 원금 1억 원, 총 4억 원이 피담보채권액으로 확정된다. A은행의 甲에 대한 연대보증채권은 2018. 4. 1. 발생한 채권으로 확정기준일인 2018. 3. 2. 이후에 발생한 채권으로 피담보채권 범위에 포함되지 않는다.

3. 공동저당에서 이시배당의 배당방법
(1) **관련 조문** - 동일한 채권의 담보로 수개의 부동산에 저당권을 설정한 경우 그 저당부동산 중 일부에 대한 대가에서 그 채권전부의 변제를 받을 수 있다(민법 제368조 제2항 1문).

(2) **사안의 경우** - A은행은 4억 5천만 원의 채권을 담보하기 위하여 甲소유 X, Y 부동산에 공동저당권을 설정하였고, 이 중 X토지의 저당권이 실행되어 매각대금 5억 중에서 자신의 피담보채권액 4억을 우선변제 받을 수 있다.

4. 결론
A은행이 X토지 매각대금에서 배당받을 수 있는 금액은 4억 원이다.

[제2문의 1] 문제 2. 해설

1. 문제
(1) 제3취득자 변제권 행사, (2) 경락인으로 경매에 참가할 수 있는지가 문제 된다.

2. 제3취득자 변제권 행사하는 방법
(1) **관련 조문** - 저당부동산에 대하여 소유권, 지상권 또는 전세권을 취득한 제삼자는 저당권자에게 그 부동산으로 담보된 채권을 변제하고 저당권의 소멸을 청구할 수 있다(민법 제364조).

(2) **판례** - 근저당부동산에 대하여 민법 제364조의 규정에 의한 권리를 취득한 제3자는 피담보채무가 확정된 이후에 채권최고액의 범위 내에서 그 확정된 피담보채무를 변제하고 근저당권의 소멸을 청구할 수 있다.

(3) **사안의 경우** - X토지의 소유권을 취득한 戊는 민법 제364조 규정에 따라 채권최고액 범위 내에서 확정된 피담보채무를 변제하고 A은행에 대하여 근저당권말소를 청구하여 X토지의 소유권을 계속 보유할 수 있다.

3. 경락인으로 경매에 참가하는 방법
(1) **관련 조문** - 저당권자는 그 채권의 변제를 받기 위하여 저당물의 경매를 청구할 수 있다. 저당물의 소유권을 취득한 제삼자도 경매인이 될 수 있다(민법 제363조 제1,2항).

(2) **사안의 경우** - 戊는 2순위 저당권자 B은행의 근저당권 실행에 따른 부담 또한 제거하기 위한 방법으로 A은행이 실시한 경매에 민법 제363조 제2항을 근거로 경락인으로 참가하여 매수하여 소유권을 새롭게 취득하는 방법이 있다.

4. 결론
戊는 제3취득자 변제권을 행사하거나 경매에 참가하여 X토지의 소유권을 보유 및 취득할 수 있다.

〈제2문의 2〉

〈 기초적 사실관계 〉

상인인 甲은 乙에 대하여 상품 판매로 인한 4억 원의 물품대금채권을 가지고 있다.

※ 추가된 사실관계는 각각 별개임

〈 추가적 사실관계 〉

甲이 乙에 대해 갖고 있는 물품대금채권의 변제기는 2015. 4. 1.이었으나, 甲과 乙은 위 물품대금채권의 소멸시효 기간을 5년으로 약정하였다. 乙은 경제적으로 형편이 어려워져 2015. 4. 1.에 甲에게 물품대금을 변제해 주지 못하였다. 甲이 물품대금채권을 회수하기 위하여 강제집행을 하려고 하자 2018. 12. 1. 乙은 자신의 유일한 재산인 X토지를 丙에게 매도하였고, 같은 날 丙 명의로 소유권이전등기를 마쳐 주었다. 乙이 丙에게 X토지를 매도한 사실을 알게 된 甲은 2019. 5. 1. 丙을 상대로 乙과 丙이 체결한 매매계약을 취소하고, 丙 명의의 소유권이전등기의 말소를 구하는 사해행위 취소의 소를 제기하였다.

甲의 위 청구에 대하여 丙은 甲의 물품대금채권의 소멸시효가 완성되었다는 주장을 하였다. 丙의 주장에 대하여 甲은 물품대금채권의 소멸시효 기간이 5년이므로 물품대금채권의 소멸시효가 완성되지 않았고, 설령 소멸시효가 완성되었더라도 물품대금채권의 채무자가 아닌 丙이 소멸시효가 완성되었다는 항변을 할 수 없다고 주장하였다.

〈 문제 〉

1. 甲의 丙에 대한 소송에서 법원은 어떠한 판단을 하여야 하는지 1) 결론(소 각하/청구 기각/청구 인용/청구 일부 인용 - 일부 인용의 경우에는 인용 범위를 특정할 것)과 2) 논거를 기재하시오. (15점)

〈 추가적 사실관계 2 〉

甲에게 2억 원의 대여금채권을 갖고 있는 丁은 甲을 대위하여 乙에 대해 물품대금 중 2억 원을 丁에게 지급할 것을 청구하는 소를 제기하였다. 丁이 乙을 상대로 제기한 대위소송에서 2017. 8. 12. "乙은 丁에게 2억 원을 지급하라."라는 판결(이하 '이 사건 판결'이라 한다)이 선고되었고, 2017. 9. 3. 이 사건 판결이 그대로 확정되었다. 丁의 채권자인 戊는 丁에 대한 집행력 있는 지급명령 정본에 기초하여 2018. 1. 11. 이 사건 판결에 따라 乙이 丁에게 지급해야 하는 2억 원에 대하여 채권압류 및 전부명령을 받아 그 전부명령이 확정되었고, 戊는 2018. 4. 25. 乙을 상대로 전부금의 지급을 청구하는 소를 제기하였다.

〈 문제 〉

2. 戊의 乙에 대한 소송에서 법원은 어떠한 판단을 하여야 하는지 1) 결론(소 각하/청구 기각/청구 인용/청구 일부 인용 - 일부 인용의 경우에는 인용 범위를 특정할 것)과 2) 논거를 기재하시오. (20점)

[제2문의 2] 문제 1. 해설

1. 문제
甲의 채권자취소소송에 대한 법원의 판단이 문제 된다.

2. 甲의 채권자 취소소송에 대한 법원의 판단
(1) **요건** - ① 피보전채권의 존재, ② 채무자의 사해행위, ③ 채무자의 사해의사(민법 제406조).

(2) **피보전채권의 존재**
  1) 관련 조문 - 상인이 판매한 상품채권은 3년간 행사하지 아니하면 소멸시효가 완성한다(민법 제163조 제6호). 소멸시효는 법률행위에 의하여 이를 연장할 수 없다(민법 제184조 제2항).

  2) 판례 - 소멸시효를 원용할 수 있는 사람은 권리의 소멸에 의하여 직접 이익을 받는 자에 한정되는바, 사해행위취소소송의 상대방이 된 사해행위의 수익자는, 사해행위가 취소되면 사해행위에 의하여 얻은 이익을 상실하고 사해행위취소권을 행사하는 채권자의 채권이 소멸하면 그와 같은 이익의 상실을 면하는 지위에 있으므로, 그 피보전채권의 소멸에 의하여 직접 이익을 받는 자에 해당한다.

  3) 사안의 경우 - 甲과 乙이 민법 제163조 제6호 3년의 단기소멸시효 대상인 상인 甲이 판매한 상품채권의 소멸시효 기간을 5년으로 연장한 약정은 효력이 없어 여전히 3년의 단기소멸시효가 적용대상이 되고, 수익자 丙은 이러한 소멸시효의 이익을 직접 받는 자에 해당하는바, 피보전채권의 소멸시효 완성 항변을 주장할 수 있는 지위에 있어 甲의 재항변은 타당하지 못하다.

3. 결론
법원은 甲의 채권자취소소송에 대하여 피보전채권의 부존재를 이유로 청구기각판결을 해야 한다.

[제2문의 2] 문제 2. 해설

1. 문제
무효인 압류 및 전부 명령에 기인한 전부금 청구에 대한 법원의 판단이 문제 된다.

2. 무효인 압류 및 전부 명령에 기인한 전부금 청구에 대한 법원의 판단
(1) **관련 조문** - 채권자는 자기의 채권을 보전하기 위하여 채무자의 권리를 행사할 수 있다(민법 제404조 제1항). 채권에 대한 강제집행은 집행법원의 압류명령에 의하여 개시한다(민집법 제223조).

(2) **판례**
  1) 자기의 금전채권을 보전하기 위하여 채무자의 금전채권을 대위행사하는 대위채권자는 채무자의 제3채무자에 대한 피대위채권이 대위채권자에게 이전되거나 귀속되는 것이 아니므로, 대위채권

자의 제3채무자에 대한 추심권능 내지 변제수령권능은 자체로서 독립적으로 처분하여 환가할 수 있는 것이 아니어서 압류할 수 없는 성질의 것이고, 따라서 추심권능 내지 변제수령권능에 대한 압류명령 등은 무효이다.

2) 채권자대위소송에서 제3채무자로 하여금 직접 대위채권자에게 금전의 지급을 명하는 판결이 확정되었더라도 판결에 기초하여 금전을 지급받는 것 역시 대위채권자의 제3채무자에 대한 추심권능 내지 변제수령권능에 속하므로, 채권자대위소송에서 확정된 판결에 따라 대위채권자가 제3채무자로부터 지급받을 채권에 대한 압류명령 등도 무효이다.

(3) **사안의 경우** - 丁이 甲을 대위하여 乙에 대해 물품대금 중 2억 원에 대한 지급판결이 선고 확정되었더라도, 2억 원의 채권 자체가 丁에게 귀속되는 것은 아니므로 독자적으로 압류의 대상이 될 수 없는바, 戊가 위 채권에 대하여 받은 압류 및 전부 명령은 무효이다.

3. 결론

법원은 무효인 압류 및 전부 명령에 기인한 전부금 청구에 대하여는 청구기각 판결을 한다.

〈제2문의 3〉

〈 기초적 사실관계 〉

甲은 2015. 8. 31. 甲 명의로 X토지에 관한 소유권이전등기를 적법하게 마치고, 2018. 12. 22. 사망하였다. 甲의 상속인으로는 배우자 乙과 자녀 丙, 丁이 있다.

丙은 2019. 1. 21. 乙과 丁의 동의 없이 丙 단독명의로 X토지에 관한 소유권이전등기를 마친 후, 자신이 대표이사로 재직하고 있는 A주식회사의 B은행에 대한 차용금반환채무를 담보하기 위하여 B은행 앞으로 X토지에 관한 근저당권설정등기를 마쳐 주었다.

〈 문제 〉

1. 乙과 丁이 2019. 5. 20. B은행에 대하여 근저당권설정등기의 말소를 청구하는 것은 타당한가? (10점)

〈 추가적 사실관계 1 〉

이후 2019. 8. 15. 丙과 乙, 丁은 X토지를 丙이 단독으로 상속하기로 하는 내용의 상속재산 분할협의를 하였다.

〈 문제 〉

2. 위의 경우 B은행의 근저당권은 유효한가? (5점)

〈 추가적 사실관계 2 〉

丙과 乙, 丁은 2019. 10. 1. 위 상속재산 분할협의의 내용에 "丙이 2019. 11. 15.까지 상속세를 비롯한 상속 관련 채무를 모두 변제하고, 이를 지키지 않을 경우 이 상속재산 분할협의는 그 효력을 상실한다."라는 조건을 추가하여 새로운 상속재산 분할협의를 하였다. 그러나 丙은 이 조건을 약정한 기한 내에 지키지 못하였다.

〈 문제 〉

3. 위의 경우 2020. 1. 10. 乙과 丁이 B은행에 대하여 근저당권설정등기의 말소를 청구하는 것은 타당한가? (15점)

[제2문의 3] 문제 1. 해설

1. 문제
乙과 丁의 공유물 보존행위로서 근저당권설정등기 말소청구 가부가 문제 된다.

2. 乙과 丁의 공유물 보존행위로서 근저당권설정등기 말소청구 가부

(1) **관련 조문** - 상속인이 수인인 때에는 상속재산은 그 공유로 한다(민법 제1006조). 동순위의 상속인이 수인인 때에는 그 상속분은 균분으로 하고, 피상속인의 배우자의 상속분은 직계비속과 공동으로 상속하는 때에는 직계비속의 상속분의 5할을 가산한다(민법 제1009조 제1, 2항). 공유물의 보존행위는 각자가 할 수 있다(민법 제265조 단서).

(2) **판례** - 공유자 중 1인이 다른 공유자의 동의 없이 그 공유토지의 특정 부분을 매도하여 타인 명의로 소유권이전등기가 마쳐졌다면, 그 매도 부분 토지에 관한 소유권이전등기는 처분공유자의 공유지분 범위 내에서는 실체관계에 부합하는 유효한 등기라고 보아야 한다.

(3) **사안의 경우** - 甲의 사망으로 배우자 乙과 직계비속 丙과 丁은 X 토지를 각각 3/7, 2/7, 2/7 지분으로 공유하는데, 丙이 단독으로 B은행과 A회사 차용금채무에 물상보증인으로 X토지 전체에 대하여 근저당권설정등기를 경료한 것은 자신의 지분을 제외한 나머지 범위에서는 무권한자의 처분행위로서 원인무효의 근저당권등기에 해당하는바, 乙과 丁은 보존행위로서 단독으로 자기의 지분 범위에서 근저당권설정등기말소청구를 할 수 있다.

3. 결론
乙과 丁이 2019. 5. 20. B은행에 대하여 근저당권설정등기말소청구를 하는 것은 타당하다.

[제2문의 3] 문제 2. 해설

1. 문제
상속재산분할협의의 효력이 문제 된다.

2. 상속재산분할협의의 효력

(1) **관련 조문** - 상속재산의 분할은 상속개시된 때에 소급하여 그 효력이 있다(민법 제1015조).

(2) **사안의 경우** - 2019. 8. 15. 丙과 乙, 丁이 X토지를 丙이 단독으로 상속하기로 하는 내용의 상속재산분할협의를 하여, 甲이 사망한 2018. 12. 22.부터 丙이 X토지를 단독으로 상속한 것이 되는바, 2019. 1. 21. 위 토지에 근저당권을 설정한 행위 또한 유효한 것이 된다.

3. 결론
B은행의 근저당권은 유효하다.

[제2문의 3] 문제 3. 해설

1. 문제
B은행이 합의해제에서 보호되는 제3자에 해당되는지 여부가 문제 된다.

2. B은행이 합의해제에서 보호되는 제3자에 해당되는지 여부

(1) **관련 조문** – 당사자 일방이 계약을 해제한 때에는 각 당사자는 그 상대방에 대하여 원상회복의 의무가 있으나 제3자의 권리를 해하지 못한다(민법 제548조 제1항). 상속재산의 분할은 상속개시된 때에 소급하여 그 효력이 있다. 그러나 제3자의 권리를 해하지 못한다(민법 제1015조).

(2) **판례**
  1) 상속재산 분할 협의는 공동상속인들 사이에 이루어지는 일종의 계약으로서, 공동상속인들은 이미 이루어진 상속재산 분할 협의의 전부 또는 일부를 전원의 합의에 의하여 해제한 다음 다시 새로운 분할 협의를 할 수 있다.
  2) 상속재산 분할 협의가 합의해제되면 그 협의에 따른 이행으로 변동이 생겼던 물권은 당연히 그 분할 협의가 없었던 원상태로 복귀하지만, 민법 제548조 제1항 단서의 규정상 이러한 합의해제를 가지고서는, 그 해제 전의 분할 협의로부터 생긴 법률효과를 기초로 하여 새로운 이해관계를 가지게 되고 등기·인도 등으로 완전한 권리를 취득한 제3자의 권리를 해하지 못한다.

(3) **사안의 경우**
  1) 丙과 乙, 丁은 2019. 8. 15. X토지를 단독소유로 하기로 하는 내용의 상속재산분할협의를 한 이후인 2019. 10. 1. 기존 분할협의를 무효로 하는 새로운 분할협의를 한 것은 당사자 사이에서는 유효하다.
  2) 다만, 기존 분할 협의가 유효함을 전제로 근저당권을 취득한 B은행에게 새로운 분할 협의의 유효를 주장하는 것은 민법 제548조 제1항 단서에 반하여 허용될 수 없는바, 乙과 丁은 B은행에 근저당권설정등기의 말소청구를 할 수 없다.

3. 결론
乙과 丁이 2020. 1. 10. B은행에 대하여 근저당권설정등기의 말소를 청구하는 것은 부당하다.

제3문

⟨ 공통사실관계 ⟩

 삼광 주식회사(이하 '삼광'이라 한다)는 2000년 초에 설립된 비상장회사이며 대표이사는 甲이다. 삼광은 전기배터리사업과 태양광사업을 주된 사업으로 하고 있다.

 ※ 아래에서 추가된 사실관계는 서로 독립적임

⟨ 추가적 사실관계 1 ⟩

 삼광은 위에서 언급한 주된 사업과 관련하여 일반인에게 널리 알려져 있으며 성남시에 '삼광 주식회사'라는 상호로 등기되어 있다. 삼광전기 주식회사(이하 '삼광전기'라 한다)는 2018년 초에 성남시에서 설립된 이래 '삼광전기 주식회사'라는 상호를 사용하며 삼광이 생산, 판매하는 전기배터리와 유사한 제품인 전기배터리를 생산, 판매하고 있다. 삼광과 삼광전기의 주 고객층은 대부분 겹친다.

⟨ 문제 ⟩

1. 삼광은 삼광전기를 상대로 상법상 어떠한 권리를 행사할 수 있는가? (20점)

⟨ 추가적 사실관계 2 ⟩

 삼광의 발행주식총수 70%를 소유하고 있는 대표이사 甲은 자녀인 P에게 경영권을 승계시키기 위한 목적으로 P 앞으로 신주인수권부사채를 발행하기로 하였다. 삼광의 정관에는 "회사는 신주인수권부사채를 발행할 수 있다."라고만 규정되어 있다. 삼광은 주주총회를 개최하여 P 앞으로 신주인수권부사채를 발행하는 안건을 甲의 찬성으로 승인하였다. P는 신주인수권부사채를 발행받은 직후에 신주인수권을 행사하여 삼광의 발행주식총수 20%를 확보하게 되었다. 그 후 삼광은 임시주주총회를 개최하여 P를 이사로 선임하였는데, 그 선임결의 시에 P는 자신이 소유한 20%의 주식에 관하여 의결권을 행사하였다.

⟨ 문제 ⟩

2. 가. 위와 같이 신주인수권부사채를 발행함에 있어 무효사유가 존재하는가? (15점)

 나. 삼광의 주주들이 위 신주인수권부사채에 대하여 신주인수권부사채발행무효의 소를 제기하였고, 그에 대한 원고승소판결이 P가 위와 같이 이사로 선임된 후에 확정되었다고 가정한다. 이러한 경우 삼광의 주주들은 신주인수권부사채발행이 무효라는 이유를 들어 P를 이사로 선임한 주주총회의 결의에 대하여 다툴 수 있는가? (15점)

⟨ 추가적 사실관계 3 ⟩

 삼광의 발행주식총수(모두 의결권 있음) 70%는 甲이, 30%는 乙이 각 소유하고 있다. 삼광의 기존 이사는 3명인데 그들의 임기가 조만간 만료될 예정이어서 삼광은 신임이사 3명을 선임하기 위하여 주주총회를 개최할 계획이다. 그런데 삼광은 위 주주총회에서 甲이 신임이사 후보로 추천한 A,

B, C만을 이사 후보로 상정하고 乙이 신임이사 후보로 추천한 D는 이사 후보로 상정하지 아니할 태도를 취하고 있다.

〈 문제 〉

3. 가. 乙이 위 주주총회에서 D를 신임이사 후보로 상정할 수 있는 상법상 방법이 있는가? (10점)
   나. 乙이 위 주주총회에서 D를 신임이사로 선임할 수 있는 상법상 방법이 있는가? (다만 D도 신임이사 후보로 상정되었다고 전제함) (10점)

〈 추가적 사실관계 4 〉

삼광의 대표이사 甲은 분식회계를 한 다음 이를 주주들에게 제시하면서 주주들이 신주인수를 하도록 유도하였다. 주주들은 분식회계를 진정한 것으로 신뢰하고 신주인수를 하였는데 그 후 분식회계를 한 사실이 밝혀져 주식가치가 크게 하락하였다.

〈 문제 〉

4. 주주들이 신주인수로 인하여 입은 손해를 배상받기 위하여 상법상 어떠한 권리를 행사할 수 있는가? (20점)

〈 추가적 사실관계 5 〉

丙은 삼광으로부터 태양광사업 부문을 인수하고자 한다. 다만 丙은 인수방식과 관련하여 삼광이 장차 가지게 될 주식을 매수하는 방식을 원하고 있다.

〈 문제 〉

5. 丙의 위와 같은 요구에 부합하기 위하여 삼광은 회사를 어떻게 분할해야 하는가? (10점)

[제3문] 문제 1. 해설

1. 문제
상호전용권 행사의 일환으로 (1) 상호폐지청구권, (2) 손해배상청구, (3) 상호등기배척청구가 가부가 문제 된다.

2. 상호폐지청구권
(1) **관련 조문** - 누구든지 부정한 목적으로 타인의 영업으로 오인할 수 있는 상호를 사용하지 못한다. 이에 위반하여 상호를 사용하는 자가 있는 경우에 이로 인하여 손해를 받을 염려가 있는 자 또는 상호를 등기한 자는 그 폐지를 청구할 수 있다(상법 제23조 제1, 2항).

(2) **사안의 경우**
  1) 부정한 목적 - 원래의 상호가 이미 획득한 사회적 신용이나 경제적 가치를 자신의 영업에 유리하게 이용하려는 목적으로 말하는바, 삼광은 2000년 초부터 설립되어 활동하고 있는 회사인데, 삼광전기가 2018년 초에 동일 지역인 성남시에 설립된 이래 '삼광전기 주식회사'라는 상호를 사용하며 삼광이 취급한 제품과 유사한 제품을 생산·판매하고, 주고객층이 겹치는 점에서 부정한 목적이 인정된다.
  2) 오인가능성 - 일반인의 입장에서 영업주체를 혼동할 우려가 있는지를 가지고 판단해야 하는 바, 상술한 바와 같이 영업의 종류, 규모, 지역성 등을 고려할 때 '삼광전기'라는 상호는 '삼광'의 영업으로 오인할 수 있는 상호에 충분히 해당된다.
  3) 손해발생염려 - 삼광은 이미 상호를 등기하였기 때문에 손해발생사실에 대하여는 별도의 입증을 할 필요 없이 바로 유사상호의 폐지청구를 할 수 있다.

3. 손해배상청구
(1) **관련 조문** - 상호폐지청구권의 규정은 손해배상의 청구에 영향을 미치지 아니한다(상법 제23조 제3항).

(2) **사안의 경우** - 삼광은 삼광전기에 수입감소에 따른 손해배상 청구를 할 수 있다.

4. 상호등기배척청구
(1) **관련 조문** - 타인이 등기한 상호는 동일한 특별시·광역시·시·군에서 동종영업의 상호로 등기하지 못한다(상법 제22조).

(2) **사안의 경우** - '삼광 주식회사'와 '삼광전기 주식회사'는 동일 상호로 보기 어렵기 때문에 동 규정에 따른 상호등기배척청구는 불가하다.

5. 결론
삼광은 상호전용권 행사의 일환으로 상호폐지청구권과 손해배상을 구할 수 있으나, 상호등기배척청구는 행사할 수 없다.

[제3문] 문제 2-가. 해설

1. 문제
신주인수권부 사채발행의 무효 사유 존재 여부가 문제 된다.

2. 신주인수권부 사채발행의 무효 사유 존재 여부

(1) **관련 조문** - 회사는 신주인수권부사채를 발행할 수 있고, 주주 외의 자에 대하여 신주인수권부사채를 발행하는 경우에 그 발행할 수 있는 신주인수권부사채의 액, 신주인수권의 내용과 신주인수권을 행사할 수 있는 기간에 관하여 정관에 규정이 없으면 제434조의 결의로써 이를 정하여야 한다. 그리고 제418조 제2항의 규정을 준용하여 신기술의 도입, 재무구조의 개선 등 회사의 경영상 목적을 달성하기 위하여 필요한 경우에 한한다(상법 제516조의2 제1, 4항).

(2) **판례** - 주식회사가 신주를 발행함에 있어 정관이 정한 사유가 없는데도 회사의 경영권 분쟁이 현실화된 상황에서 경영진의 경영권이나 지배권 방어라는 목적을 달성하기 위하여 제3자에게 신주를 배정하는 것은 상법 제418조 제2항을 위반하여 주주의 신주인수권을 침해하는 것이다.

(3) **사안의 경우**
  1) 정관 - 정관에는 회사는 신주인수권부 사채를 발행할 수 있다고만 규정하고 있지, 주주 외의 제3자에게 어떠한 경우에 발행할 것인가에 대하여는 구체적으로 규정하고 있지 않은바, 막연한 정관규정을 근거로 신주인수권 사채발행이 유효한 것으로 보기는 어렵다.
  2) 주주총회 특별결의 - 출석한 주주의 의결권의 3분의 2 이상의 수와 발행주식총수의 3분의 1 이상의 수로써 하여야 하는데, 주주총회에서 삼광 발행주식총수의 70%를 보유하고 있는 甲이 찬성하였는바, 위 요건은 충족한 것으로 보인다.
  3) 제3자 배정의 합리성 - 주주 이외의 제3자인 대표 甲의 자녀 P에게 신기술의 도입, 재무구조의 개선 등 회사의 경영상 목적인 아닌 경영권 승계 목적으로 신주인수권부사채를 발행하는 것은 제418조 제2항 단서의 규정을 충족하였다고 보기 어렵다.

3. 결론
삼광의 P에 대한 신주인수권부사채를 발행에는 정관규정 및 제418조 2항 단서 규정을 위반한 무효 사유가 존재한다.

[제3문] 문제 2-나. 해설

1. 문제
P의 의결권 행사와 관련하여, (1) 신주인수권부사채발행무효의 소의 효력, (2) 특별이해관계인 해당 여부가 문제 된다.

2. 신주인수권부 사채발행 무효의 소의 효력

(1) **관련 조문 및 법적 성질** – 신주인수권부 사채발행 무효의 소에 관한 상법상 규정이 존재하지 않는다. 신주발행의 무효는 주주·이사 또는 감사에 한하여 신주를 발행한 날로부터 6월내에 소만으로 이를 주장할 수 있다(상법 제429조). 이는 형성의 소의 성질을 가지며 대세적 효력이 있으나 소급효는 없고 재량기각의 대상이 된다.

(2) **판례** – 신주인수권부사채는 신주인수권이 부여된 사채로서, 이러한 사채의 발행은 주식회사의 물적 기초와 기존 주주들의 이해관계에 영향을 미친다는 점에서 사실상 신주를 발행하는 것과 유사하므로, 신주발행무효의 소에 관한 상법 제429조가 유추 적용된다.

(3) **사안의 경우** – 신주인수권부사채발행무효의 소가 확정되면 P는 주주로서의 지위를 잃으나, 이는 장래효 밖에 없어 자신을 이사로 선임한 결의에서 P가 주주로서 참여한 것은 하자가 없다.

3. 특별이해관계인 해당여부

(1) **관련 조문** – 총회의 결의에 관하여 특별한 이해관계가 있는 자는 의결권을 행사하지 못한다(상법 제368조 제3항).

(2) **판례** – 주주의 입장을 떠나 개인적으로 이해관계를 가지는 경우로서 그 결의에 관한 특별이해관계인에 해당한다.

(3) **사안의 경우** – 주주 P가 자신을 이사로 선임하기로 한 결의에서 의결권을 행사한 것은 특별이해관계인에 해당하지 않는바, 하자가 없다.

4. 결론

삼광의 주주들이 신주인수권부사채발행이 무효라는 이유를 들어 P를 이사로 선임한 주주총회의 결의에 대하여 다툴 수 없다.

[제3문] 문제 3-가. 해설

1. 문제

주주제안권 행사 가부가 문제 된다.

2. 주주제안권 행사 가부

(1) **관련 조문** – 의결권없는 주식을 제외한 발행주식총수의 100분의 3 이상에 해당하는 주식을 가진 주주는 이사에게 주주총회일의 6주 전에 서면 또는 전자문서로 일정한 사항을 주주총회의 목적사항으로 할 것을 제안할 수 있다. 이사는 제1항에 의한 주주제안이 있는 경우에는 이를 이사회에 보고하고, 이사회는 주주제안의 내용이 법령 또는 정관을 위반하는 경우와 그 밖에 대통령령으로

정하는 경우를 제외하고는 이를 주주총회의 목적사항으로 하여야 한다. 이 경우 주주제안을 한 자의 청구가 있는 때에는 주주총회에서 당해 의안을 설명할 기회를 주어야 한다(상법 제363조의 2).

(2) **사안의 경우** - 주주제안권 행사를 위한 발행주식총수의 100분의 3이상인 30%을 소유하고 있는 乙은 '3명 이사 선임의 건'이라고 하여 의제제안을 하거나, '이사후보자 D를 이사로 선임한다'라는 의안제안을 할 수 있다.

3. 결론
乙은 상법 제363조의 2의 주주제안권을 행사하여 D를 신임이사 후보로 상정할 수 있다.

[제3문] 문제 3-나. 해설

1. 문제
집중투표제 행사가부가 문제 된다.

2. 집중투표제 행사가부
(1) **관련 조문** - 2인 이상의 이사의 선임을 목적으로 하는 총회의 소집이 있는 때에는 의결권 없는 주식을 제외한 발행주식 총수의 100분의 3 이상에 해당하는 주식을 가진 주주는 정관에서 달리 정하는 경우를 제외하고는 회사에 대하여 집중투표의 방법으로 이사를 선임할 것을 청구할 수 있다. 위 청구는 주주총회일의 7일 전까지 서면 또는 전자문서로 하여야 한다(상법 제382조의 2 제1,2항).

(2) **사안의 경우** - 乙은 100분의 3이상의 주식을 보유한 삼광의 주주로서 회사에 주주총회일 7일 전까지 집중투표방식으로 의결할 것을 청구할 수 있고, 乙은 자신의 의결권 전부를 이사 후보자 D에게 집중적으로 투표하여 D를 이사로 선임할 수 있다.

3. 결론
乙은 상법 제382조의2의 집중투표제를 활용하여 주주총회에서 D를 신임이사로 선임할 수 있다.

[제3문] 문제 4. 해설

1. 문제
(1) 이사 甲에 대한 상법 제401조의 책임 가부, (2) 삼광에 대한 불법행위 책임 가부가 문제 된다.

2. 이사 甲에 대한 상법 제401조의 책임 가부
(1) **관련 조문 및 법적 성질** - 이사가 고의 또는 중과실로 그 임무를 게을리한 때에는 그 이사는 제3자에 대하여 연대하여 손해를 배상할 책임이 있다(상법 제401조 제1항). 이는 이사의 제3자에 대한 손해배상책임이 제3자를 보호하기 위하여 상법이 인정하는 특수한 책임이다.

(2) 판례 - 이사가 악의 또는 중과실로 부실공시를 하여 주식매수인이 그러한 사실을 알지 못한 채 주식을 취득하였다가 그 후 그 사실이 증권시장에 공표되어 주가가 하락한 경우에는, 주주는 정상 주가보다 높은 가격에 주식을 매수하였다가 주가가 하락함으로써 직접 손해를 입은 것이므로, 이사에 대하여 상법 제401조 제1항에 의하여 손해배상을 청구할 수 있다.

(3) 사안의 경우 - 이사 甲의 분식회계로 인하여 주가가 하락한 것은 주주의 직접손해에 해당하므로 주주들은 대표이사 甲을 상대로 상법 제401조 제1항의 책임을 물을 수 있다.

3. 삼광에 대한 불법행위 책임 가부

(1) 관련 조문 - 회사를 대표하는 이사가 그 업무집행으로 인하여 타인에게 손해를 가한 때에는 회사는 그 사원과 연대하여 배상할 책임이 있다(상법 제389조 제3항, 제210조).

(2) 판례 - 주식회사가 대표이사의 불법행위로 손해배상책임을 지는 것은 대표이사가 '업무집행으로 인하여' 타인에게 손해를 입힌 경우이어야 하고, '업무집행으로 인하여'라는 것은 대표이사의 업무 그 자체에는 속하지 않으나 행위의 외형으로부터 관찰하여 마치 대표이사의 업무 범위 안에 속하는 것으로 보이는 경우도 포함한다.

(3) 사안의 경우 - 대표이사 甲의 분식회계처리라는 업무집행으로 인하여 제3자인 주주에게 손해를 발생시켰는바, 주식회사 삼광은 대표이사 甲과 연대하여 주주에게 불법행위에 따른 손해배상 책임을 진다.

4. 결론

주주들은 신주인수로 인하여 입은 직접손해를 배상받기 위하여 대표이사 甲을 상대로 상법 제401조에 따른 책임을 묻거나, 회사 삼광을 상대로 상법 제389조 제3항에 따른 책임을 물을 수 있으며, 양자는 부진정연대채무관계에 있다.

[제3문] 문제 5. 해설

1. 문제

단순분할 후 물적 분할이 문제 된다.

2. 단순분할 후 물적 분할

(1) 관련 조문 - 회사는 분할에 의하여 1개 또는 수개의 회사를 설립할 수 있다(상법 제530조의2 제1항).

(2) 종류 - 분할회사가 회사분할로 인하여 발행하는 신주를 주주에게 귀속시키는 인적분할과 분할회사가 취득하는 물적 분할이 있다.

(3) **사안의 경우** - 삼광은 여전히 존속하면서 전기배터리 사업과 태양광사업을 단순분할하는 방식을 취한다. 이후 태양광사업만을 담당하는 신설회사의 주식을 삼광이 100% 보유하는 물적 분할을 한 다음 그 주식을 丙이 전부 매수하면 丙의 요구에 부합하는 분할방식이 된다.

3. 결론

丙의 위와 같은 요구에 부합하기 위하여 삼광은 회사를 단순분할 하고 그 주식을 삼광이 전부 소유하는 물적 분할방식을 취한 뒤, 그 소유주식을 전부 丙에게 매각하면 된다.

5. 2019년도 시행 제8회 변호사시험

제1문

〈제1문의 1〉

〈 기초적 사실관계 〉

중고차매매업을 하는 甲과 乙은 영업장 확보를 위하여 2012. 1. 6. 丙의 보증 아래 A은행으로부터 3억 원을 연이율 7%, 변제기 1년으로 하여 차용하였고, 甲은 A은행에 집행력 있는 공정증서의 형식으로 차용증을 따로 작성해 주었다.

한편 甲과 乙은 변제기인 2013. 1. 5.까지의 이자는 모두 지급하였으나 그 이후로 아무런 변제를 못하고 있다.

[※ 추가적 사실관계는 각각 별개임]

〈 추가적 사실관계 1 〉

A은행이 甲, 乙, 丙의 재산을 찾아보았더니, 甲은 B은행에 9천만 원의 정기예금을, 丙은 A은행에 1억 2천만 원의 정기예금을 가지고 있었다. 이에 A은행은 2013. 5. 2. 丙에게 위 대출금채권 중 원금 1억 2천만 원을 2013. 1. 5. 만기인 위 1억 2천만 원의 정기예금채무와 상계한다는 통지를 보냈고, 이는 2013. 5. 3. 丙에게 도달하였다.

그리고 A은행은 甲을 상대로 위 공정증서에 기한 강제집행에 착수하여, 2015. 1. 6. 甲의 B은행에 대한 정기예금채권에 채권압류 및 전부명령이 있었고, 이는 다음 날 甲과 B은행에 송달된 후 확정되었다. 그런데 甲의 B은행에 대한 위 정기예금채권에는 2014. 12. 3. 甲에 대한 다른 채권자인 C가 甲에 대한 1억 원의 대여금채권을 청구채권으로 하여 신청한 채권가압류가 있었고, 이는 다음 날 甲과 B은행에 송달된 사실이 있었다. 한편 乙은 2018. 11. 9. A은행에 남은 대출금 채무를 전액 변제하겠다는 확약서를 제출하였다.

〈 문제 〉

1. 현재 A은행은 甲, 乙, 丙에 대하여 각 얼마의 대출금 지급을 구할 수 있는가? (금액은 원금에 한하고, 다수 채무자 간의 중첩적 채무관계는 별도로 표시할 필요 없음) (30점)

〈 추가적 사실관계 2〉

A은행이 2018. 11. 1. 甲을 상대로 위 대출금의 지급을 구하는 소를 제기하자, 甲은 이 소송에서 위 대출금채무의 소멸시효가 완성되었다고 주장한다. 이에 A은행은 2018. 1. 4. 위 공정증서에 기하여 甲 소유의 유체동산에 대한 가압류를 신청하여 2018. 1. 8. 그 결정을 받았으므로 시효가 중단되었다고 주장한다.

이에 甲은 다시 ① 위 가압류결정이 이미 시효가 완성된 후에 이루어졌고, 또한 ② 가압류결정에 기한 집행이 이루어지지 않았으므로, 시효가 중단되지 않았다고 주장한다. 사실 A은행은 위 가압류결정을 받은 후 甲에게 가치 있는 유체동산이 없다는 판단하에 집행절차를 밟지 않았다.

〈 문제 〉
2. 甲의 위 ①, ② 주장은 이유 있는가? (20점)

[제1문의 1] 문제 1. 해설

1. 문제

(1) A은행에 대한 甲, 乙, 丙 채무의 법적성질, (2) A은행의 丙에 대한 상계가부 및 효과, (3) A은행의 甲에 대한 채권압류 및 전부명령의 효과, (4) 乙의 2018. 11. 9.자 채무전액변제 확약서의 효력이 문제된다.

2. A은행에 대한 甲, 乙, 丙 채무의 법적성질

(1) 관련 조문 - 상인이 영업을 위하여 하는 행위는 상행위로 본다(상법 제47조 제1항). 수인이 전원에게 상행위가 되는 행위로 인하여 채무를 부담한 때에는 연대하여 변제할 책임이 있고, 보증인이 있는 경우에 그 보증이 상행위이거나 주채무가 상행위로 인한 것인 때에는 주채무자와 보증인은 연대하여 변제할 책임이 있다(상법 제57조 제1,2항).

(2) 사안의 경우 - 중고차매매업을 하는 상인 甲, 乙이 영업장 확보를 위하여 A은행으로부터 금전을 차용한 행위는 상행위에 해당하므로 연대하여 변제할 책임이 있고, 상사시효 5년의 적용대상이 된다. 이러한 상행위를 보증한 丙 또한 甲, 乙과 연대하여 변제할 책임이 있다.

3. A은행의 丙에 대한 상계가부 및 효과

(1) 관련 조문 - 쌍방이 서로 같은 종류를 목적으로 한 채무를 부담한 경우에 그 쌍방의 채무의 이행기가 도래한 때에는 각 채무자는 대등액에 관하여 상계할 수 있다(민법 제492조 제1항). 어느 연대채무자가 채권자에 대하여 채권이 있는 경우에 그 채무자가 상계한 때에는 채권은 모든 연대채무자의 이익을 위하여 소멸한다(민법 제418조 제1항).

(2) 사안의 경우

1) 상계가부 - A은행의 대여금채권 3억 원과 丙의 정기예금채권 1억 2천만 원은 동종의 금전채권으로 모두 2013. 1. 5. 변제기가 도래하였고, A은행의 상계의사표시가 2013. 5. 3. 丙에게 도달하였으므로 자동채권의 변제기가 도래한 2013. 1. 5. 상계적상시점으로 하여, 1억 2천만 원의 범위에서 소멸한다.

2) 효과 - 이러한 보증채무 소멸의 효과는 주채무자인 甲과 乙에게 효력이 미친다.

4. A은행의 甲에 대한 채권압류 및 전부명령의 효과

(1) 전부명령의 효과

1) 관련 조문 - 압류한 금전채권에 대하여 압류채권자는 전부명령을 신청할 수 있고, 전부명령이 있는 때에는 압류된 채권은 지급에 갈음하여 압류채권자에게 이전된다. 전부명령이 제3채무자에게 송달될 때까지 금전채권에 관하여 다른 채권자가 가압류를 한 경우에는 전부명령은 효력을 가지지 아니한다(민집법 제229조 제1,3,5항).

2) 판례 - 제3채무자에 전부명령이 송달될 당시 제3채무자는 피압류채권이 중복하여 압류되었고, 총 압류액이 피압류채권액을 초과하는 경우 압류의 경합으로 전부명령이 무효이다.

3) 사안의 경우 - A은행의 전부명령이 2015. 1. 7. 채무자 甲과 제3채무자 B은행에 송달된 후 확정되었으나 피압류채권인 9천만 원의 정기예금채권에 대하여 甲의 다른 채권자 C가 1억 원의 대여금채권을 집행채권으로 한 가압류가 2014. 12. 4. 채무자 甲과 B은행에 송달되어 효력이 발생하였고, 이는 압류의 경합으로 A은행의 甲에 대한 전부명령의 효과는 발생하지 않는바, 전부명령에 기한 대여금채권 9천만 원 부분에 대한 변제의 효과는 발생하지 않는다.

(2) 압류명령의 효과

1) 관련 조문 - 소멸시효는 압류로 인하여 중단된다(민법 제168조 제2호). 주채무자에 대한 시효의 중단은 보증인에 대하여 그 효력이 있다(민법 제440조).

2) 판례
① 강제집행에 채권의 가압류나 압류가 경합되었을 경우에 그 압류된 채권을 채권자의 한 사람에게 전부할 수는 없으므로 그러한 전부명령은 무효이나 압류명령부분만은 유효하다.
② 압류에 의한 시효중단효력은 다른 연대채무자에게 미치지 않고 최고로서의 효력만이 인정된다.

3) 사안의 경우
① A은행의 甲에 대한 압류명령은 전부명령의 무효여부와 상관없이 유효하므로 A은행의 甲에 대한 1억 8천만 원에 대한 소멸시효는 가압류 신청시에 발생하는바, 압류의 효력이 발생한 2015. 1. 7. 이전에 중단되었고, 그 효과는 보증인 丙에게도 미친다.
② 연대채무자 乙에게는 최고의 효력 발생 이후 6개월 내에 재판상 청구 등의 후속조치가 없었는바, 시효중단의 효력은 발생하지 않는다.

5. 乙의 2018. 11. 9.자 채무전액변제 확약서의 효력

(1) 관련 조문
상행위로 인한 채권은 5년간 행사하지 아니하면 소멸시효가 완성한다(상법 제64조). 어느 연대채무자에 대하여 소멸시효가 완성한 때에는 그 부담부분에 한하여 다른 연대채무자도 채무를 면한다(민법 제421조). 주채무자의 항변포기는 보증인에게 효력이 없다(민법 제433조 제2항).

(2) 판례
① 소멸시효기간이 지난 후에 채무자가 의무이행을 약정한 바 있다면 시효이익을 포기한 것으로 보아야 한다.
② 보증채무에 대한 소멸시효가 중단되었다고 하더라도 이로써 주채무에 대한 소멸시효가 중단되는 것은 아니고, 주채무가 소멸시효 완성으로 소멸된 경우에는 보증채무도 그 채무 자체의 시효중단에 불구하고 부종성에 따라 당연히 소멸된다.

(3) 사안의 경우
① 乙의 대출금 채무는 상사시효 5년의 대상으로 변제기인 2013. 1. 5.부터 5년이 경과한 2018. 1. 5. 24시에 시효가 완성되므로, 연대채무자 甲은 잔존 대출금 채무 1억 8천만 원 중 乙의 부담부분 9천만 원에 대해서는 의무를 면하며, 보증인 丙도 부종성에 따라 9천만 원 범위에서 의무를 면한다.

② 乙이 A은행에 대하여 시효가 완성된 시점 이후인 2018. 11. 9. 남은 대출금 채무 전액을 변제하겠다는 확약서를 작성한 것은 시효이익포기로 해석되어 1억 8천만 원 전액에 대한 의무이행을 하여야 되나, 그 포기의 효과는 상대적인 것으로 다른 연대채무자 甲이나 보증인 丙에게 아무런 효력이 없다.

6. 결론

A은행은 甲과 丙에 대하여 9천만 원의 대출금 지급을 청구할 수 있고, 乙에 대해서는 1억 8천 만 원의 대출금 지급을 청구할 수 있다.

[제1문의 1] 문제 2. 해설

1. 문제

甲의 (1) ① 주장, (2) ② 주장 당부가 문제 된다.

2. 甲의 ① 주장 당부

(1) **관련 조문** - 소멸시효는 압류로 인하여 중단된다(민법 제168조 제2호).

(2) **판례** - 가압류채권자의 권리행사는 가압류를 신청한 때에 시작되므로, 가압류에 의한 시효중단의 효력은 가압류신청을 한 때에 소급한다.

(3) **사안의 경우** - A 은행의 甲의 대출금 채권은 상사시효 5년의 대상으로 변제기인 2013. 1. 5.부터 5년이 경과한 2018. 1. 5.에 시효가 완성되고, A은행은 甲소유의 유체동산에 대하여 2018. 1. 4. 가압류를 신청하여 2018. 1. 8. 결정을 받아, 2018. 1. 4. 소멸시효가 중단되는바, 시효가 중단되지 않았다는 ①번 주장은 부당하다.

3. 甲의 ② 주장 당부

(1) **판례** - 유체동산에 대한 가압류결정을 집행한 경우 가압류에 의한 시효중단 효력은 가압류 집행 보전의 효력이 존속하는 동안 계속되나 유체동산에 대한 가압류 집행절차에 착수하지 않은 경우에는 시효중단 효력이 없고, 집행절차를 개시하였으나 가압류할 동산이 없기 때문에 집행불능이 된 경우에는 집행절차가 종료된 때로부터 시효가 새로이 진행된다.

(2) **사안의 경우** - 유체동산가압류로 시효가 중단되기 위해서는 가압류 등의 집행이 필요한데, A은행은 가압류결정을 받은 후 甲에게 가치 있는 유체동산이 없다는 판단 하에 집행절차에 착수하지 않아 시효중단의 효력이 발생하지 않는바, 甲의 ②번 주장은 타당하다.

4. 결론

甲의 ① 주장은 이유 없고, ② 주장은 이유 있다.

〈제1문의 2〉

〈 기초적 사실관계 〉

甲은 乙로부터 X부동산을 5억 원에 매수하였다며 2017. 3. 2. 乙을 상대로 "乙은 甲에게 X부동산에 관하여 2015. 7. 1. 매매를 원인으로 한 소유권이전등기절차를 이행하라."라는 취지의 소유권이전등기청구의 소를 제기하였다.

[※ 추가적 사실관계는 각각 별개임]

〈 추가적 사실관계 1 〉

위 소송 계속 중 2018. 2. 2. 甲과 乙은 다음과 같이 소송상화해를 하였다. "乙은 甲에게 X부동산에 관하여 2015. 7. 1. 매매를 원인으로 한 소유권이전등기절차를 이행한다. 甲은 乙에게 매매 잔대금 1억 원을 2018. 6. 30.까지 지급한다. 소송비용은 각자 부담한다." 그런데 乙은 위 화해조항에 따라 甲 명의로 소유권이전등기를 마쳤음에도 甲이 매매 잔대금 1억 원을 지급하지 않아서 위 매매계약이 잔대금 미지급으로 해제되었고 그로 인해 위 소송상화해도 효력이 없다고 주장하면서, 甲을 상대로 X부동산에 관한 甲 명의 소유권이전등기의 말소를 구하는 소를 제기하였다.

〈 문제 〉

1. 乙의 주장대로 甲이 화해조항에 따른 매매 잔대금 1억 원을 지급하지 않았다면, 법원은 乙의 청구에 대해 어떤 판결을 하여야 하는가? (25점)

〈 추가적 사실관계 2〉

제1심 법원이 甲의 청구를 기각하자 甲이 항소하였고 乙은 甲의 항소 직후 사망하였다. 그런데 항소심 법원이 이를 간과한 채 소송을 진행하여 항소장 부본 및 변론기일 소환장이 공시송달의 방법으로 송달되었다. 항소심 법원은 甲의 항소를 받아들여 甲의 청구를 인용하는 판결을 선고하였고 판결문까지 공시송달의 방법으로 송달되었다. 乙의 상속인으로는 A, B가 있고 A, B는 상소기간 도과 후인 2018. 10. 28.에야 이러한 사실을 알게 되었는데, A는 위 판결을 그대로 받아들이기로 했으나 B는 위 판결의 효력을 다투고 있다.

〈 문제 〉

2. B가 혼자서 2018. 11. 5. 추후보완상고를 제기하였다면 이는 적법한가? (15점)

〈 추가적 사실관계 3〉

제1심 법원이 甲의 청구를 기각하자 甲이 항소하였다. 乙은 항소심에서 X부동산에 관한 매매계약이 해제되었다고 주장하고, 만일 해제되지 않았다면 甲은 乙에게 매매 잔대금 1억 원을 지급할 의무가 있다고 주장하면서 예비적으로 "甲은 乙에게 1억 원을 지급하라."라는 취지의 반소를 제기하였다.

〈 문제 〉

3. 항소심 법원이 항소기각 판결을 한다면 위 반소청구에 대하여 판단을 하여야 하는가? (10점)

[제1문의 2] 문제 1. 해설

1. 문제
乙의 청구에 대한 법원의 판단과 관련하여 (1) 2018. 2. 2. 자 소송상 화해의 기판력 발생여부, (2) 소송상 화해 해제 가부가 문제 된다.

2. 2018. 2. 2. 자 소송상 화해의 기판력 발생여부

(1) **의의** - 소송상 화해란 소송계속 중 양쪽 당사자가 소송물인 권리관계의 주장을 서로 양보하여 소송을 종료시키기로 하는 기일에서의 합의로써 민법상 화해계약과는 별도로 확정판결과 같은 효력을 가지는 화해조서의 작성을 위하여 당사자가 법원에 대하여 하는 진술인 소송행위이다.

(2) **판례** - 소송상 화해는 소송행위로서 사법상 화해와는 달리 사기나 착오를 이유로 취소할 수 없으며, 소송상 화해를 조서에 기재한 때에는 그 조서는 확정판결과 동일한 효력이 있고 당사자 사이에 기판력이 생기는 것으로 확정판결의 당연무효 사유가 없는 한 준재심의 소에 의해서만 다툴 수 있다.

(3) **사안의 경우** - 소송상 화해 주문에 나타난 乙의 甲에 대한 2015. 7. 1. 매매를 원인으로 한 소유권이전등기의무와 甲의 乙에 대한 1억 원의 매매대금지급의무의 존재에 대하여 기판력이 발생한다.

3. 소송상 화해 해제 가부

(1) **판례** - 재판상 화해를 한 당사자는 재심의 소송에 의하지 아니 하고서 그 화해를 사법상의 화해계약임을 전제로 하여 그 화해의 해제를 주장하는 것과 같은 화해 조서의 취지에 반하는 주장을 할 수 없다.

(2) **사안의 경우** - 乙이 화해조항에 따라 甲 명의로 소유권이전등기를 경료하였음에도 甲이 매매 잔대금을 지급하지 않아 매매계약이 해제되었고 그로 인해 소송상 화해도 해제되었다는 주장은 할 수 없다.

4. 결론
乙의 주장대로 甲이 화해조항에 따른 매매 잔대금 1억 원을 지급하지 않았더라도, 乙이 甲을 상대로 X부동산에 관한 甲명의 소유권이전등기의 말소를 구하는 것은 乙이 甲에게 이전등기의무가 존재한다는 소송상 화해의 기판력에 모순 저촉되는바, 법원은 乙의 청구를 기각해야한다.

[제1문의 2] 문제 2. 해설

1. 문제
(1) B의 단독상고 적법여부, (2) B의 추후보완상고의 적법여부가 문제 된다.

2. B의 단독상고 적법여부
(1) **관련 조문** – 공동소송인 가운데 한 사람의 소송행위는 다른 공동소송인에게 영향을 미치지 않는다(민소법 제66조).

(2) **판례** – 피상속인이 이행하여야 할 부동산소유권이전등기 절차이행을 공동상속인에 대하여 청구하는 경우·통상공동소송으로 본다.

(3) **사안의 경우** – 상속인 A, B는 피상속인 乙로부터 X부동산을 공동으로 상속하여 각자의 지분으로 공유하는 관계이므로, 통상공동소송에서 공동소송인독립의 원칙에 따라 A와 상관없이 B가 단독으로 상고를 제기할 수 있다.

3. B의 추후보완상고 적법여부
(1) **관련 조문** – 당사자가 책임질 수 없는 사유로 말미암아 불변기간을 지킬 수 없었던 경우에는 그 사유가 없어진 날부터 2주 이내에 게을리 한 소송행위를 보완할 수 있다(민소법 제173조 제1항).

(2) **판례** – 사망자에 대한 공시송달은 무효로 상고기간의 진행을 위한 판결문의 송달이 없으므로 B는 추후보완 상고기간에 구애되지 아니하고 언제라도 상고를 제기할 수 있다.

(3) **사안의 경우** – 항소심 법원이 乙의 사망을 간과하고 甲의 청구를 인용하는 판결을 선고하여 송달하였더라도 사망자 乙에 대한 송달은 무효로 상고기간은 진행되지 않아 언제라도 상고를 제기할 수 있는바, 2018. 11. 5의 추후보완상고는 책임질 수 없는 사유로 말미암아 불변기간을 지킬 수 없었는지 여부 및 그 사유가 없어진 날부터 2주 기간 준수 여부와 상관없이 단순 상고로써 적법·유효하다.

4. 결론
B가 혼자서 2018. 11. 5. 추후보완상고를 제기한 것은 추후보완상고가 아니라 일반상고로서 적법하다.

[제1문의 2] 문제 3. 해설

1. 문제
예비적 반소 청구에 대한 항소심 법원의 판단이 문제 된다.

2. 예비적 반소 청구에 대한 항소심 법원의 판단

(1) **의의** – 예비적 반소는 본소청구가 인용될 때를 대비하여 조건부로 반소청구에 대하여 심판을 구하는 것으로 본소가 배척된 것을 해제조건으로 반소를 제기하는 조건부반소이다.

(2) **판례** – 피고의 예비적 반소는 본소청구가 인용될 것을 조건으로 심판을 구하는 것으로서 제1심의 원고의 본소청구를 배척한 이상 피고의 예비적 반소는 심판대상이 될 수 없다.

(3) **사안의 경우** – 항소심 법원이 원고 甲의 항소를 기각한다면, 피항소인 乙이 제기한 예비적 반소 청구에 대하여 심판대상에서 제외된다.

3. 결론

항소심 법원이 항소기각 판결을 한다면 위 반소청구에 대하여 판단할 필요가 없다.

〈제1문의 3〉

〈 기초적 사실관계 〉

甲종중의 대표자 乙은 2018. 5.경 일부 종원들이 乙 몰래 甲종중 소유의 X토지를 종원 丙에게 매도하고 관련서류를 위조하여 소유권이전등기를 마쳐 준 사실을 알게 되어 甲종중을 원고로 하여 丙을 상대로 X토지에 관한 소유권이전등기말소청구의 소를 제기하였다.

[※ 추가적 사실관계는 각각 별개임]

〈 추가적 사실관계 1 〉

위 소송에서 丙은 甲종중이 그 종중을 나타내는 특별한 명칭을 사용한 적이 없고 서면으로 된 정식 종중규약도 없으며, 그 대표자라는 乙이 일부 종원들에게는 소집통지를 하지 않고 乙에게 우호적인 종원들에게만 소집통지를 하여 개최된 종중총회의 결의에 의하여 선임되었을 뿐이라고 주장하고 있다. 그럼에도 불구하고 제1심 법원은 甲종중에 대하여 석명권을 행사하거나 직권증거조사를 해서 乙에게 적법한 대표권이 있는지를 심리하지 않고 변론을 종결하였다.

〈 문제 〉

1. 1심 법원은 원고에 대하여 석명권을 행사하는 등으로 乙에게 대표권이 있는지를 심리 판단하여야 하는가? 또 丙의 주장이 사실이라면 원고의 이 사건 소는 적법한가? (15점)

〈 추가적 사실관계 2〉

제1심 소송 계속 중 丙은 甲종중을 상대로 반소를 제기하면서 주위적으로 甲종중과의 매매계약이 유효하다면 X토지의 인도를 구하고, 예비적으로 위 매매계약이 무효라면 X토지 매매대금 상당의 부당이득금반환을 구하였다. 제1심은 위 매매계약이 무효라고 판단한 후 甲종중의 청구와 丙의 예비적 청구를 인용하였다. 이에 대하여 원고(반소피고)인 甲종중이 丙의 예비적 청구에 대하여 항소하였고, 丙은 패소부분에 대하여 항소 및 부대항소를 하지 않았다.

〈 문제 〉

2. 항소심에서 심리한 결과 甲종중과 丙의 매매계약이 유효라는 판단을 한 경우에 항소심은 丙의 주위적 청구를 인용할 수 있는가? (20점)

〈 추가적 사실관계 3〉

제1심에서 甲종중의 청구를 인용하는 판결이 선고되어 확정되었다. 이에 甲종중이 丙의 소유권이전등기를 말소하기 위하여 새로운 등기부등본을 발급받아 보고, 丙이 丁에게 위 소송의 변론종결 전에 소유권이전등기를 마쳐 주었으며, 다시 丁이 戊에게 위 소송의 변론종결 후에 소유권이전등기를 마쳐 준 사실을 비로소 알게 되었다.

〈 문제 〉

3. 위 판결의 효력이 丁과 戊에게 미치는지 여부와 甲종중이 丁과 戊 명의의 각 소유권이전등기를 말소할 수 있는 방법을 서술하시오. (15점)

[제1문의 3] 문제 1. 해설

1. 문제
(1) 법원의 석명의무 및 판단, (2) 소의 적법 여부가 문제 된다.

2. 법원의 석명의무 및 판단
(1) **관련 조문** - 재판장은 소송관계를 분명하게 하기 위하여 당사자에게 사실상 또는 법률상 사항에 대하여 질문할 수 있고, 증명을 하도록 촉구할 수 있다(민소법 제136조 제1항).

(2) **판례** - 비법인사단이 당사자인 사건에 있어서 대표자에게 적법한 대표권이 있는지 여부는 소송요건에 관한 것으로서 법원의 직권조사사항이므로, 법원으로서는 그 판단의 기초자료인 사실과 증거를 직권으로 탐지할 의무까지는 없다 하더라도 이미 제출된 자료에 의하여 그 대표권의 적법성에 의심이 갈만한 사정이 엿보인다면 그에 관하여 심리·조사할 의무가 있다.

(3) **사안의 경우** - 소송에서 피고 丙이 비법인사단인 甲종중 대표자 乙의 대표권 유무에 대하여 의심스러운 사정을 주장하고 있다면 이는 직권조사의 발동을 촉구하는 의미에 그치지만, 이는 소송요건에 관한 것으로 甲종중에 대하여 석명권을 행사하거나 직권으로 증거조사를 하는 등의 방법으로 대표권의 적법여부를 판단할 의무가 있다.

3. 소의 적법 여부
(1) **관련 조문** - 비법인사단은 대표자가 있는 경우에 그 사단의 이름으로 당사자가 될 수 있다(민소법 제52조).

(2) **판례**
  1) 종중은 성립을 위하여 특별한 조직행위를 필요로 하는 것이 아니고, 반드시 특별한 명칭의 사용 및 서면화된 종중규약이 있어야 하거나 종중의 대표자가 선임되어 있는 등 조직을 갖추어야 성립하는 것은 아니다.
  2) 일부 종중원에게 소집통지를 결여한 채 개최된 종중총회의 결의는 효력이 없다.

(3) **사안의 경우**
  1) 丙의 주장 중 종중의 명칭 및 서면화된 종중규약이 없음을 이유로 비법인사단에 해당하지 않는다는 주장은 타당하지 못하다.
  2) 다만, 대표자 乙의 선임결의에서 일부종원들에게 소집통지를 하지 않은 하자가 존재하여 乙은 적법 유효한 대표권자에 해당하지 않는다는 주장은 타당하다.

4. 결론
甲 종중의 적법한 대표권자가 아닌 乙이 제기한 이 사건 소는 부적법하다.

[제1문의 3] 문제 2. 해설

1. 문제
(1) 예비적 병합여부, (2) 예비적 병합의 항소심 심판대상이 문제 된다.

2. 예비적 병합여부
(1) 의의 - 여러 개의 청구를 하면서 그 심판순위를 붙여 제1차적 청구가 인용될 것을 해제조건으로 하여 제2차적 청구에 대하여 심판을 구하는 병합형태를 말하며, 예비적 청구는 주위적 청구와의 사이에서 원칙적으로 양립할 수 없는 관계이어야 한다.

(2) 사안의 경우 - 丙의 반소 중 주위적 청구는 甲종중과의 매매계약 유효를 전제로 하고, 예비적 청구는 무효를 전제로 하여 양립불가능한 바, 예비적 청구에 해당한다.

3. 예비적 병합의 항소심 심판대상
(1) 관련 조문 - 상소제기에 의한 확정차단의 효력와 이심의 효력은 원칙적으로 상소인의 불복신청의 범위에 관계없이 원심판결 전부에 대하여 불가분적으로 발생한다(상소불가분의 원칙). 제1심 판결은 그 불복의 한도 안에서 바꿀 수 있다(민소법 제415조, 불이익변경금지원칙).

(2) 판례 - 제1심 법원이 원고의 주위적 청구와 예비적 청구를 병합 심리한 끝에 주위적 청구는 기각하고 예비적 청구만을 인용하는 판결을 선고한 데 대하여 피고만이 항소한 경우, 항소제기에 의한 이심의 효력은 사건 전체에 미쳐 주위적 청구에 관한 부분도 항소심에 이심되지만, 항소심의 심판범위는 피고의 불복신청의 범위에 한하는 것으로서 원고들의 부대항소가 없는 한 주위적 청구는 심판대상이 될 수 없다.

(3) 사안의 경우 - 제1심은 丙의 반소로 제기한 예비적 청구를 인용하였고, 이에 대해 원고인 甲종중만이 丙의 예비적 청구에 대하여 항소하였으므로, 1심 판결 전부가 확정차단되고 이심되지만, 丙은 패소부분에 대하여 항소 및 부대항소를 하지 않았으므로 주위적 청구부분은 심판대상이 될 수 없다.

4. 결론
항소심은 丙의 주위적 청구를 인용할 수 없다.

[제1문의 3] 문제 3. 해설

1. 문제
(1) 판결의 효력이 丁과 戊에게 미치는지 여부, (2) 甲 종중의 丁과 戊명의 등기말소방법여부가 문제 된다.

2. 판결의 효력이 丁과 戊에게 미치는지 여부

(1) **관련 조문** - 확정판결은 당사자, 변론을 종결한 뒤의 승계인에 대하여 효력이 미친다(민소법 제218조 제1항).

(2) **판례** - 채권적 청구권에 기한 소송 중 계쟁물을 취득한 자는 승계인에 포함되지 않지만, 물권적 청구권에 기한 소송 중 계쟁물을 양수한 자는 승계인에 포함된다.

(3) **사안의 경우** - 甲종중의 X토지 소유권에 기한 소유권이전등기말소청구소송 변론종결 전에 피고 丙이 丁에게 계쟁물인 X토지의 소유권이전등기를 경료하였으므로 丁에게는 위 판결의 효력이 미치지 않는다. 그리고 戊는 위 소송의 변론종결 후에 소유권이전등기를 경료하였으나, 피고 丙이 아닌 기판력이 미치지 않은 丁으로부터 승계한 것으로 기판력이 미치지 않는다.

3. 甲 종중의 丁과 戊명의 등기말소방법

(1) **승계집행문**

1) **관련 조문** - 당사자가 변론을 종결할 때까지 승계사실을 진술하지 아니한 때에는 변론종결 뒤에 승계한 것으로 추정한다(민소법 제218조 제2항).

2) **판례** - 민소법 제218조 제2항의 취지는, 변론종결 전의 승계를 주장하는 자에게 그 입증책임이 있다는 뜻을 규정하여 변론종결 전의 승계사실이 입증되면 확정판결의 기판력이 그 승계인에게 미치지 아니한다.

3) **사안의 경우** - 甲은 丁과 戊의 변론종결 전 승계 사실을 주장입증이 없다면 승계집행문을 부여받아 丁과 戊명의 등기말소를 할 수 있다. 다만, 丁과 戊는 승계집행문 부여에 대한 이의신청(민집법 제34조 제2항)에서 변론종결 전 승계사실을 입증하여 등기말소집행에서 벗어날 수 있다.

(2) **별소제기**

상술한 승계집행문 부여 이의신청이 인용된 경우, 甲은 丁과 戊에게 별소를 제기하여 丁과 戊명의 등기말소를 구할 수 있다.

4. 결론

(1) 판결의 효력은 丁과 戊에게 미치지 않는다.

(2) 추정승계인 제도를 이용하여 승계집행문을 부여받거나, 거절된 경우 별소를 제기하여 丁과 戊명의의 소유권이전등기말소를 구할 수 있다.

제2문

〈제2문의 1〉

〈 기초적 사실관계 〉

甲은 2018. 3. 1. 乙에 대해 1억 원의 대여금채권을 가지고 있다.

[※ 추가적 사실관계는 각각 별개임]

[※ 제시된 일자는 공휴일이 아닌 것으로 간주함]

〈 추가적 사실관계 1 〉

평소 甲과 알고 지내던 丙은 甲으로부터 어떠한 권한도 부여받은 적 없이 甲의 대리인이라고 칭하면서 2018. 4. 1. 위 채권을 丁에게 양도하는 계약을 체결하였고, 丁은 2018. 5. 1. 乙로부터 확정일자 있는 증서로써 채권양도의 승낙을 받았다.

이러한 사실을 알지 못한 甲은 2018. 5. 1. 자신의 채권자 戊에게 위 채권을 양도하고, 이러한 사실을 乙에게 내용증명우편으로 통지하여 2018. 5. 3. 위 통지가 도달하였다. 이에 乙은 甲에게 연락하여 이미 한 달 전에 위 채권이 丙을 통해 丁에게 양도되었으며 자신이 이를 승낙하였다고 설명하였다. 그간의 경위를 알게 된 甲은 丙과의 관계를 고려해서 2018. 5. 10. 丁에게 연락하여 丙과 체결한 위 채권양도계약을 추인하였다. 위 채권을 두고 丁과 戊는 乙에게 각자 자신에게 채무를 이행하여야 한다고 주장하고 있다.

〈 문제 〉

1. 이러한 경우에 누구의 주장이 타당한지를 설명하시오. (15점)

〈 추가적 사실관계 2 〉

丙은 2018. 8. 1. 乙로부터 기계를 1억 원에 매수하는 계약을 체결하면서 乙로부터 2018. 8. 5.까지 기계를 인도받기로 하였다. 계약당일 乙과 丙은 기계매수대금 지급에 갈음하여 乙이 甲에게 부담하는 위 채무 전액을 丙이 면책적으로 인수하는 약정을 체결하였으나, 甲의 승낙은 받지 않았다. 이후 이러한 사실을 알게 된 甲은 丙이 乙보다 경제적 자력이 낮다고 판단하여, 2018. 12. 1. 丙에게 乙이 부담하던 위 채무 전액의 이행을 청구하였다. 한편 乙은 현재까지 丙에게 기계를 인도하지 않고 있다.

이에 대해 丙은 ① 乙과 丙 사이의 채무인수계약에 대해 甲의 승낙이 없었기 때문에 甲은 丙에게 채무의 이행을 청구할 권리가 없고, ② 丙은 乙로부터 기계를 인도받기로 하여 동시이행항변권을 행사할 수 있는데, 아직 기계를 인도받지 못한 상황에서는 甲의 이행청구에 응할 수 없다고 항변한다.

〈 문제 〉

2. 甲의 청구는 정당한 것인지에 대해 설명하시오. (15점)

[제2문의 1] 문제 1. 해설

1. 문제

(1) 丙의 무권대리 행위의 효과, (2) 甲의 戊에 대한 채권양도의 효력, (3) 甲의 2018. 5. 10.자 추인의 효력이 문제 된다.

2. 丙의 무권대리 행위의 효과

(1) **관련 조문** - 대리권 없는 자가 타인의 대리인으로 한 계약은 본인이 이를 추인하지 아니하면 본인에 대하여 효력이 없다(민법 제130조).

(2) **사안의 경우** - 丙이 甲의 乙에 대한 대여금 채권에 대하여 어떠한 권한도 부여받은 적 없이 甲의 대리인이라고 칭하면서 丁과 위 채권양도계약을 체결한 것은 무권대리 행위로서 甲의 추인이 없는 한 유동적 무효상태에 있다.

3. 甲의 戊에 대한 채권양도의 효력

(1) **관련 조문** - 지명채권의 양도는 양도인이 채무자에게 통지하거나 채무자가 승낙하지 아니하면 채무자 기타 제3자에게 대항하지 못한다(민법 제450조 제1항).

(2) **사안의 경우** - 甲은 乙에 대한 1억 원의 대여금 채권을 2018. 5. 1. 戊에게 양도하였고, 위 사실을 채무자 乙에게 내용증명우편으로 통지하여 2018. 5. 3. 도달하였는바, 戊는 채무자 및 제3자에 대하여 유효한 채권양수인의 지위를 취득하였다.

4. 甲의 2018. 5. 10.자 추인의 효력

(1) **관련 조문** - 추인은 다른 의사표시가 없는 때에는 계약 시에 소급하여 효력이 생긴다. 그러나 제3자의 권리를 해하지 못한다(민법 제133조).

(2) **사안의 경우** - 추인은 본인이 그 행위의 효과를 자기에게 직접 발생시키는 것을 목적으로 하는 단독행위로서, 그 권리의 관리 처분권이 있음을 전제로 하는데, 甲은 2018. 5. 1. 戊에게 1억 원의 위 대여금채권을 양도하여 관리처분권을 상실하였는바, 위 추인은 무권한자의 추인으로서 무효이다.

5. 결론

丁의 채권양수 행위는 확정적 무효로서 효력이 없으므로 戊는 적법한 채권양수인으로 乙에게 채무이행을 청구할 수 있는바, 戊의 주장이 타당하다.

[제2문의 1] 문제 2. 해설

1. 문제
甲의 청구에 대한 丙 항변의 당부가 문제 된다.

2. 丙의 ①항변 당부

(1) **관련 조문** - 제3자가 채무자와의 계약으로 채무를 인수한 경우에는 채권자의 승낙에 의하여 그 효력이 생긴다(민법 제454조 제1항).

(2) **판례** - 채무자와 인수인 사이의 계약에 의한 채무인수에 대하여 채권자는 명시적인 방법뿐만 아니라 묵시적인 방법으로도 승낙을 할 수 있는데, 채권자가 직접 채무인수인에 대하여 인수채무금의 지급을 청구하였다면 그 지급청구로써 묵시적으로 채무인수를 승낙한 것으로 본다.

(3) **사안의 경우** - 채권자 甲이 2018. 12. 1. 채무자 乙과 인수인 丙사이의 면책적 채무인수 약정 사실을 알고, 丙에게 채무 전액의 이행을 청구한 것은 묵시적 승낙으로 판단되는바, 甲의 승낙이 없었기 때문에 甲이 丙에게 채무이행을 청구할 권리가 없다는 주장은 부당하다.

3. 丙의 ②항변 당부

(1) **관련 조문** - 인수인은 전채무자의 항변할 수 있는 사유로 채권자에게 대항할 수 있다(민법 제458조).

(2) **판례** - 채무인수계약은 채무자의 채무의 동일성을 유지하면서 인수인이 이를 부담하는 것이므로 특별한 의사표시가 없으면 채무인수자의 채무자에 대한 항변사유로서는 채권자에게 대항할 수는 없다.

(3) **사안의 경우** - 丙이 乙에 대하여 갖는 매매계약상의 동시이행항변권은 채무자 乙의 채권자 甲에 대한 항변사유가 아닌바, 丙이 乙에 대한 동시이행항변사유로 甲의 이행청구에 응할 수 없다는 주장은 부당하다.

4. 결론
丙의 ①, ② 항변은 모두 이유가 없는 바, 甲의 청구는 정당하다.

〈제2문의 2〉

〈 기초적 사실관계 〉

甲은 2015. 12. 10. 그 소유인 X점포에 관하여 乙과 전세금 2억 원, 기간 2016. 1. 10.부터 2018. 1. 9.까지로 정하여 전세권설정계약을 체결하고 2016. 1. 10. 전세금을 받은 다음 乙에게 X점포를 인도하고 전세권설정등기를 마쳐주었다. 乙은 2017. 2. 10. 丙으로부터 2억 원을 차용하고 丙에게 위 전세권에 저당권을 설정하여 주었다. (이자나 지연손해금은 발생하지 않는 것으로 함)

[※ 추가적 사실관계는 각각 별개임]
[※ 제시된 일자는 공휴일이 아닌 것으로 간주함]

〈 추가적 사실관계 1 〉

乙은 전세 기간 만료일인 2018. 1. 9. 甲에게 X점포를 인도하면서 전세금 반환을 요구하였고 甲은 그날 乙에게 전세금 일부 반환 명목으로 8,000만 원을 지급하였다. 乙의 일반 채권자 丁은 같은 해 1. 15. 법원으로부터 위 전세금반환채권 2억 원에 대해 압류·추심명령을 받았고 그 명령이 같은 해 1. 20. 甲에게 송달되었다. 丙도 같은 해 1. 22. 전세권저당권에 기해 법원으로부터 전세금반환채권 2억 원에 대해 압류·전부명령을 받고 그 명령이 같은 해 1. 25. 甲에게 송달되고 그 무렵 확정되었다.

이러한 사실이 알려지자 ① 丙은 자신이 전세권저당권자로서 전세금반환채권에 대해 우선변제권이 있으므로 甲이 乙에게 일부 전세금을 변제한 행위는 丙에게 대항할 수 없고 따라서 丙은 전세금 2억 원 전체에 대해 권리가 있다고 주장하였고, ② 丁은 자신의 압류·추심명령이 丙의 압류·전부명령보다 甲에게 먼저 송달되었으므로 丙의 전부명령은 효력을 상실하였고 따라서 丙과 丁은 동등한 권리가 있다고 주장한다.

〈 문제 〉

1. 丙과 丁의 위 주장을 검토하고 丙과 丁이 각각 전세금반환채권에 관해 얼마의 범위에서 권리를 주장할 수 있는지 설명하시오. (20점)

〈 추가적 사실관계 2 〉

甲은 乙에게 4차례에 걸쳐 금전을 대여하여 아래와 같은 채권이 발생하였다.

	대여일	금액	변제기
제1대여금채권	2015. 12. 15.	1,000만 원	2017. 10. 14.
제2대여금채권	2015. 12. 20.	1,500만 원	2018. 1. 19.
제3대여금채권	2016. 12. 15.	2,000만 원	2017. 12. 14.
제4대여금채권	2016. 12. 20.	2,500만 원	2018. 2. 19.

전세 기간이 만료된 후 丙은 2018. 2. 28. 전세권저당권에 기하여 법원으로부터 전세금반환채권 2억 원에 대해 압류·추심명령을 받고 그 명령이 같은 해 3. 10. 甲에게 송달되었다. 甲은 그 때까지 乙로부터 위 대여금을 전혀 변제받지 못하였다. 丙이 甲에게 추심금의 지급을 구하자, 甲은 위 4건의 대여금채권 합계 7,000만 원을 자동채권으로, 전세금반환채권 2억 원을 수동채권으로 하여 상계한다는 의사를 표시하였다.

〈 문제 〉
2. 甲이 상계로 丙에게 대항할 수 있는 대여금채권의 범위를 검토하시오. (15점)

[제2문의 2] 문제 1. 해설

1. 문제
(1) 丙 주장의 당부, (2) 丁 주장의 당부, (3) 丙과 丁이 주장할 수 있는 금액이 문제 된다.

2. 丙 주장의 당부
(1) 관련 조문 - 저당권은 저당물의 멸실, 훼손, 공용징수로 인하여 저당권설정자가 받을 금전에 대하여도 이를 행사할 수 있고, 그 지급 또는 인도전에 압류하여야 한다(민법 제370조, 제342조).

(2) 판례 - 전세권의 존속기간이 만료되어 전세권이 소멸한 경우 전세권저당권은 당연히 소멸하고, 전세권저당권자는 전세권 소멸에 갈음하여 전세권자가 취득하는 전세금반환채권에 대하여 물상대위권을 행사할 수 있다.

(3) 사안의 경우 - 채권자 丁의 전세금반환채권에 대한 압류 및 추심명령과 저당권자 丙의 압류 및 전부명령은 전세권의 존속기간 만료 이후 甲이 乙에게 전세금 중 일부인 8천만 원을 지급한 이후에 이루어진 것으로 甲의 乙에 대한 지급은 적법하여 丙에게 대항할 수 있는 바, 전세금 2억 원 전체에 대한 권리가 있다는 주장은 부당하다.

3. 丁 주장의 당부
(1) 관련 조문 - 압류한 금전채권에 대하여 전부명령이 있는 때에는 압류된 채권은 지급에 갈음하여 압류채권자에게 이전된다. 전부명령이 제3채무자에게 송달될 때까지 금전채권에 관하여 다른 채권자가 가압류를 한 경우에는 전부명령은 효력을 가지지 아니한다(민집법 제229조 제1,3,5항).

(2) 판례 - 전세금반환채권에 대하여 전세권저당권자가 우선권 있는 채권에 기하여 전부명령을 받은 경우에는 형식상 압류가 경합되었다 하더라도 그 전부명령은 유효하다.

(3) 사안의 경우 - 丁의 압류 및 추심명령이 2018. 1. 20. 甲에게 먼저 도달하여, 丙의 압류 및 전부명령인 2018. 1. 25. 보다 먼저 효력이 발생하였더라도, 丙은 전세권저당권자로서 우선변제권이 인정되어 압류 경합과 상관없이 전부명령이 유효한바, 丙과 丁이 동등한 권리가 있다는 丁의 주장은 부당하다.

4. 丙과 丁이 주장할 수 있는 금액
2억 원의 전세금반환채권에 대하여 丙은 1억 2천만 원에 대하여 권리를 주장할 수 있고, 丁이 주장할 수 있는 권리는 없다.

[제2문의 2] 문제 2. 해설

1. 문제

전세권설정자가 전세권저당권자의 물상대위권에 기한 우선변제권 행사의 방법 중에 하나인 압류 및 추심명령에 대하여 상계로 대항할 수 있는지가 문제 된다.

2. 전세권설정자 甲의 상계권 행사가부

(1) **관련 조문** – 쌍방이 서로 같은 종류를 목적으로 한 채무를 부담한 경우에 그 쌍방의 채무의 이행기가 도래한 때에는 각 채무자는 대등액에 관하여 상계할 수 있다(민법 제492조 제1항). 지급을 금지하는 명령을 받은 제3채무자는 그 후에 취득한 채권에 의한 상계로 그 명령을 신청한 채권자에게 대항할 수 없다(민법 제498조).

(2) **판례** – 전세권저당권이 설정된 때에 이미 전세권설정자가 전세권자에 대하여 반대채권을 가지고 있고 반대채권의 변제기가 장래 발생할 전세금반환채권의 변제기와 동시에 또는 그보다 먼저 도래하는 경우와 같이 전세권설정자에게 합리적 기대 이익을 인정할 수 있는 경우에는 특별한 사정이 없는 한 전세권설정자는 반대채권을 자동채권으로 하여 전세금반환채권과 상계함으로써 전세권저당권자에게 대항할 수 있다.

(3) **사안의 경우** – 제1,2,3,4 대여금채권은 전세권저당권이 설정된 2017. 2. 10. 이전부터 존재하고 있었고, 그 변제기가 전세금반환채권의 변제기인 2018. 1. 9. 동시에 또는 그보다 먼저 도래하는 경우는 제1,3대여금 채권이 이에 해당하는바, 甲은 위 채권의 합계 3천만 원 범위에서 전세금반환채권 2억 원에 대한 추심명령에서 상계로 대항할 수 있다.

3. 결론

甲이 상계로 丙에 대항할 수 있는 대여금 채권의 범위는 제1대여금채권 1천만 원, 제3대여금 채권 2천만 원이다.

⟨제2문의 3⟩

⟨ 기초적 사실관계 ⟩

甲은 2017. 2. 3. 乙에게 1억 원을 이자 연 5%, 변제기 2018. 1. 2.로 정하여 대여하였다. 乙은 유일한 재산으로 X아파트를 소유하고 있다.

[※ 추가된 사실관계는 각각 별개임]
[※ 제시된 일자는 공휴일이 아닌 것으로 간주함]

⟨ 추가적 사실관계 1 ⟩

乙은 2017. 6. 2. 친구인 丙과 X아파트에 관하여 명의신탁 약정을 체결하고, 같은 날 丙에게 X아파트에 관한 소유권이전등기를 마쳤다. 乙은 2017. 8. 5. 丁에게 X아파트를 매도하기로 하고, 乙 자신을 매도인으로, 丁을 매수인으로 하는 매매계약을 체결하였다. 乙은 같은 날 丙의 협조를 받아 X아파트에 관하여 丙에서 丁으로 소유권이전등기를 마쳤다.

甲은 2018. 6. 5. 丁을 상대로, 채무자인 乙이 丁에게 X아파트를 매도한 행위는 사해행위에 해당하므로, 위 매매계약의 취소와 소유권이전등기의 말소를 구하는 소를 제기하였다. 이에 丁은 X아파트를 乙로부터 매수한 것은 사실이나, 乙이 매도한 것은 丙 명의로 소유권이전등기가 마쳐진 X아파트이므로 乙의 채권자인 甲이 사해행위 취소를 구할 수 없다고 주장한다. 심리 결과 乙의 재산 상태는 위 매매계약 당시부터 변론종결 당시까지 채무초과임이 인정된다.

⟨ 문제 ⟩

1. 법원은 어떠한 판단을 하여야 하는지 1) 결론(소각하/청구기각/청구인용/청구일부 인용 - 일부 인용의 경우에는 인용범위를 특정할 것)과 2) 논거를 기재하시오. (15점)

⟨ 추가적 사실관계 2 ⟩

乙은 2017. 3. 3. 丙에게 X아파트를 매도하고 X아파트에 관하여 소유권이전등기를 마쳐 주었다. 乙의 채권자 丁은 2017. 6. 5. 丙을 상대로 乙과 丙 사이의 위 매매계약이 사해행위라고 주장하면서, 위 매매계약의 취소와 丙 명의의 소유권이전등기의 말소를 구하였다(이하 '이 사건 전소'라 함). 丁은 2018. 1. 25. 이 사건 전소에서 전부 승소하였고, 丙이 항소하지 않아 이 사건 전소가 확정되었다. 丙은 2018. 2. 25. 乙에게 X아파트에 관한 소유권이전등기를 말소하여 주었다.

乙은 2018. 3. 4. X아파트에 관하여 소유권이전등기가 회복된 것을 기화로 戊에게 X아파트를 매도하고 다음 날 X아파트에 관하여 戊에게 소유권이전등기를 마쳐주었다. 이에 甲은 2018. 6. 5. 戊를 상대로 戊 명의의 소유권이전등기가 원인무효임을 주장하며 소유권이전등기 말소청구의 소를 제기하였다. 이에 戊는 ① 채무자인 乙은 X아파트를 처분할 권한이 있고, ② 甲은 이 사건 전소의 취소채권자가 아니고, 채무자의 재산에 강제집행 절차를 통해 배당을 받을 수 있는 일반 채권자일 뿐 등기말소청구권을 행사할 권리가 없다고 주장한다.

〈 문제 〉
2. 법원은 어떠한 판단을 하여야 하는지 1) 결론(소각하/청구기각/청구인용/청구일부 인용- 일부 인용의 경우에는 인용범위를 특정할 것)과 2) 논거를 기재하시오. (20점)

[제2문의 3] 문제 1. 해설

1. 문제
甲의 채권자취소 및 원상회복청구에 대한 법원의 판단이 문제 된다.

2. 甲의 채권자취소권 행사 적법여부

(1) **요건** - ① 피보전채권의 존재, ② 채무자의 사해행위, ③ 채무자의 사해의사 ④ 제소기간 준수(민법 제406조 제1,2항).

(2) **판례** - 양자간 명의신탁의 경우 부동산은 여전히 신탁자의 소유로서 신탁자의 일반채권자들의 공동담보에 제공되는 책임재산이 되므로 채무자인 신탁자가 직접 자신의 명의로 제3자와 매매계약을 체결하는 경우 이러한 신탁자의 법률행위는 신탁자의 일반채권자들을 해하는 행위로서 사해행위에 해당할 수 있다.

(3) **사안의 경우** - ① 甲이 2017. 2. 3. 乙에 대한 1억 원의 대여금 채권은 乙의 丁에 대한 2017. 8. 5. 매매계약이전에 존재하고 있었던 채권으로 피보전채권에 해당하고, ② 乙과 丙의 X부동산 명의신탁은 무효이므로 X부동산은 여전히 乙소유이고, 乙이 X부동산을 매매할 당시의 채무초과상태에서 이를 처분하여 채무초과상태가 심화되었으므로 사해행위로 판단되고, ③ 乙이 자신의 유일한 재산을 처분하였으므로 사해의사 또한 인정된다. ④ 제소기간도 사해행위가 있은 2017. 8. 5.부터 1년 내인 2018. 6. 5. 제기되었는바, 甲의 채권자취소권 행사는 적법하다.

3. 결론
甲이 丁을 상대로 제기한 매매계약의 취소와 소유권이전등기말소를 구하는 청구는 인용된다.

[제2문의 3] 문제 2. 해설

1. 문제
甲의 청구에 대한 戊의 ①, ② 항변의 당부가 문제 된다.

2. 戊의 ① 항변 당부

(1) **판례** - 채무자와 수익자 사이의 부동산매매계약이 사해행위로 취소되고 그에 따른 원상회복으로 수익자 명의의 소유권이전등기가 말소되어 채무자의 등기명의가 회복되더라도, 채무자가 직접 부동산을 취득하여 권리자가 되는 것은 아니므로 채무자가 사해행위 취소로 등기명의를 회복한 부동산을 제3자에게 처분하더라도 이는 무권리자의 처분에 불과하여 효력이 없다.

(2) **사안의 경우** - 乙의 채권자 丁이 이 사건 전소를 제기하여 확정된 판결에 따라 丙이 乙에게 소유권이전등기를 말소하였어도 채권자취소의 상대효에 따라 소유권은 여전히 丙에게 있는바, 채무자인 乙이 X아파트를 처분할 권한이 있다는 戊의 ①항변은 부당하다.

3. 戊의 ② 항변 당부

(1) **관련 조문** - 채권자취소권 규정에 의한 취소와 원상회복은 모든 채권자의 이익을 위하여 그 효력이 있다(민법 제407조).

(2) **판례** - 취소채권자나 민법 제407조에 따라 사해행위 취소와 원상회복의 효력을 받는 채권자는 채무자의 책임재산으로 취급되는 부동산에 대한 강제집행을 위하여 원인무효 등기의 명의인을 상대로 등기의 말소를 청구할 수 있다.

(3) **사안의 경우** - 이 사건 전소의 취소채권자가 아닌 甲도 사해행위 취소와 원상회복의 효력을 받은 채권자에 해당하는바, 원상회복청구권으로 등기말소청구권을 행사할 권리가 없다는 戊의 ②항변은 부당하다.

4. 결론

법원은 甲이 戊를 상대로 한 戊명의의 X아파트 소유권이전등기말소청구를 인용한다.

제3문

〈 기초적 사실관계 〉

甲주식회사(자본금 20억 원 규모의 비상장회사, 이하 '甲회사'라 함)에는 대표이사 A, 전무이사 B, 이른바 명목상의 이사인 C가 있는데, 이들 모두 등기이사이다. 다음은 甲회사 정관의 일부이다.

> **甲회사 정관 (일부)**
>
> 제40조(이사의 보수와 퇴직금) ① 주주총회는 이사 보수의 총액을 정하고 개인별 지급 규모에 대한 결정을 이사회에 위임한다.
> ② 이사의 퇴직금의 지급은 주주총회의 결의를 거쳐야 한다.

甲회사의 정기주주총회는 이사의 연간 보수 총액과 각 이사가 퇴직할 경우에 지급할 퇴직금의 액수를 정하였으며, 이사회는 주주총회가 정한 이사 보수의 총액 범위 내에서 각 이사에게 지급할 구체적 액수를 정하였다. 甲회사는 이사가 해임될 경우 퇴직금과는 별도로 회사가 일정한 금액을 해직보상금으로 지급하기로 하는 약정을 이사회의 승인만을 얻어 각 이사와 체결하였다. 甲회사의 적자가 계속 누적되자 소수주주의 소집청구에 의하여 개최된 임시주주총회는 A를 이사직에서 해임하는 결의를 하였으며, 아울러 당시에 임기가 종료된 B에게 지급하기로 한 퇴직금을 박탈하는 결의를 하였다.

〈 문제 〉

1. 甲회사에 A가 해직보상금을, B가 퇴직금을, C가 보수를 청구할 수 있는가? (35점)

〈 추가된 사실관계 1 〉

甲회사는 관계회사인 乙주식회사(이하 '乙회사'라 함)의 자금을 융통하기 위하여 약속어음(어음금액: 5,000만 원, 만기: 2018. 3. 31.)을 발행하여 乙회사에 교부하였으며, 乙회사는 동 어음이 자금융통의 목적으로 발행된 것임을 알고 있는 D에게 이 어음을 배서양도하였다. 그 후 甲회사의 이사회는 丙주식회사(이하 '丙회사'라 함)와 합병하기로 결의하였다. 이윽고 2017. 11. 30. 개최된 甲회사의 주주총회는 甲회사를 소멸회사, 丙회사를 존속회사로 하는 합병을 승인하였다.

〈 문제 〉

2. 甲회사는 D에 대하여 합병절차상 어떠한 조치를 취하여야 하는가? (15점)

〈 추가된 사실관계 2 〉

丙회사(자본금 100억 원 규모의 비상장회사)는 의결권 있는 보통주 80,000주와 의결권 없는 우선주 20,000주를 발행하였고, E는 이 중 의결권 있는 보통주 2,800주와 의결권 없는 우선주 1,000주를 소유하고 있다. 丙회사는 2017. 11. 13. 합병승인결의를 위한 주주총회의 소집(주식매수청구권의 내용 및 행사방법 포함)을 통지하였다. E는 재무상황이 열악한 甲회사와의 합병이 오히려 丙회사의 주주에게 손해를 야기할 것으로 판단하였다. 이에 E는 丙회사의 주주총회 전에 서면으로 합병승인결의에 반대한다는 의사를 통지하였다. 丙회사는 2017. 11. 30. 개최된 주주총회에서 합병승인결의를 하였는데, 동 주주총회에 E는 참석하지 않았다. E는 2017. 12. 11. 丙회사에 자신이 소유한 주식 전량을 매수해 줄 것을 서면으로 청구하였고, 동 서면이 같은 날 丙회사에 도달하였다. E와 丙회사는 주식매수가액을 1주당 10만 원으로 하기로 합의하였으나(보통주·우선주를 불문하고 동일한 매수가액을 적용하기로 함), 丙회사는 회사의 자금사정을 이유로 2019. 1. 11. 현재 주식매수가액의 지급을 지연하고 있다. 한편 E는 丙회사의 대표이사 F가 甲회사와의 합병을 추진한 것이 중대한 임무해태행위를 한 것으로 보았다. 이에 E는 임시주주총회일인 2018. 6. 11.의 6주 전에 F를 丙회사의 이사직에서 해임하는 안건을 위 주주총회의 목적사항으로 제안하였다.

〈 문제 〉

3. 丙회사의 이사회는 위 '이사 F를 해임하는 건'을 주주총회의 목적사항으로 하여야 하는가? (35점)

4. E가 2019. 1. 11. 현재 丙회사에 청구할 수 있는 금액을 산출하는 과정을 근거와 함께 설명하라. (15점)

[제3문] 문제 1. 해설

1. 문제
(1) 甲회사 정관 제40조의 유효여부, (2) A의 해직보상금 청구가부, (3) B의 퇴직위로금 청구가부, (4) C의 보수 청구가부가 문제 된다.

2. 甲회사 정관 제40조의 유효여부
(1) **관련 조문** – 이사의 보수는 정관에 그 액을 정하지 아니한 때에는 주주총회의 결의로 이를 정한다 (상법 제388조). 즉, 이사 전원에 대한 보수의 총액 또는 한도액을 정하고 각 이사에 대한 배분의 결정을 이사회에 위임할 수 있으나 보수액의 결정 및 지급을 전적으로 이사회나 대표이사에 위임하는 내용의 주총결의는 무효로 본다.

(2) **사안의 경우** – 주총은 이사 보수의 총액을 정하고 개인별 지급 규모 결정만을 이사회에 위임하고 있고 이사의 퇴직금 지급은 주총결의를 거칠 것을 요하고 있는바, 적법 유효한 정관에 해당한다.

3. A의 해직보상금 청구가부
(1) **판례** – 주식회사와 이사 사이에 해직보상금을 지급받기로 약정한 경우, 그 해직보상금은 실질적으로 보수에 해당하므로 이사의 보수에 관한 상법 제388조를 준용 내지 유추적용하여 이사는 해직보상금에 관하여도 정관에서 그 액을 정하지 않는 한 주주총회 결의가 있어야만 회사에 대하여 이를 청구할 수 있다.

(2) **사안의 경우** – 이사 A의 해직보상금에도 상법 제388조가 준용 내지 유추적용되어 주총결의를 거쳐야 회사에 대하여 이를 청구할 수 있는데 甲사의 경우 이사회 승인만으로 이를 정하였는바, 이사 A는 甲사에 해직보상금을 청구할 수 없다.

4. B의 퇴직위로금 청구가부
(1) **판례** – 이사의 퇴직위로금은 상법 388조에 규정된 보수에 포함된다 할 것이므로 위 법조에 근거하여 정관이나 주주총회결의로 그 액이 결정되었다면 주주총회에서 퇴임한 특정이사에 대하여 그 퇴직위로금을 박탈하거나 이를 감액하는 결의를 하였다 하여도 그 효력이 없다.

(2) **사안의 경우** – 甲사는 주총결의로 퇴직금액을 결정하였으므로 그 이후에 甲사의 임시주총에서 퇴직위로금을 박탈하는 결의를 하였더라도 효력이 없는바, 이사 B는 甲사에 대하여 퇴직위로금을 청구할 수 있다.

5. C의 보수 청구가부
(1) **판례** – 명목상 이사도 법인인 회사의 기관으로서 상법이 정한 권한과 의무를 갖고 의무 위반에 따른 책임을 부담하는 것은 일반적인 이사와 다를 바 없으므로, 회사에 대하여 상법 제388조에 따라 정관의 규정 또는 주주총회의 결의에 의하여 결정된 보수의 청구권을 갖는다.

(2) 사안의 경우 – 명목상 이사 C가 이사로서의 의무와 책임을 지는 것은 일반이사와 동일하고, 오로지 보수지급을 위한 이사 선임이라는 특별한 사정이 없는바, C는 甲사에 대하여 보수를 청구할 수 있다.

6. 결론

甲회사에 A는 해직보상금을 청구할 수 없고, B는 퇴직금을 청구할 수 있으며, C는 보수를 청구할 수 있다.

[제3문] 문제 2. 해설

1. 문제

(1) D가 甲회사에 융통어음청구 가부 및 채권자인지 여부, (2) 甲회사의 합병에 따른 채권자 보호 절차가 문제 된다.

2. D가 甲회사에 융통어음청구 가부 및 채권자인지 여부

(1) 의의 – 융통어음이란 현실적인 거래관계 없이 오로지 자금을 융통하게 할 목적으로 수수되는 어음을 말한다.

(2) 판례 – 융통어음을 발행한 자는 이를 양수한 제3자의 선악을 불문하고 대가 관계없이 발행된 융통어음이었다는 항변으로 대항할 수 없으나, 피융통자에 대하여는 어음상 책임을 부담하지 않는다.

(3) 사안의 경우 – 융통어음의 발행자인 甲회사는 소지인 D에게는 선악을 불문하고 어음상 채무를 부담하는바, D는 甲회사의 채권자에 해당한다.

3. 甲회사의 합병에 따른 채권자 보호 절차

(1) 관련 조문 – 회사는 주주총회의 승인결의가 있은 날로부터 2주내에 채권자에 대하여 합병의 이의가 있으면 1월 이상의 기간 내에 이를 제출할 것을 공고하고 알고 있는 채권자에 대하여는 따로따로 이를 최고하여야 한다(상법 제527조의5 제1항). 채권자가 위 기간 내에 이의를 제출하지 아니한 때에는 합병을 승인한 것으로 보고, 이의를 제출한 채권자가 있는 때에는 회사는 채권자에 대하여 변제 또는 상당한 담보를 제공하거나 이를 목적으로 하여 상당한 재산을 신탁회사에 신탁하여야 한다(상법 제527조의5 제3항).

(2) 사안의 경우 – 甲사는 합병승인결의가 있은 2017. 11. 30. 부터 2주 내에 채권자 D에 대하여 합병에 이의가 있으면 이의를 제출할 것을 공고하여야 하고, 이의를 제출한 경우 변제 또는 상당한 담보를 제공하거나 이를 목적으로 상당한 재산을 신탁회사에 신탁하여야 한다.

4. 결론

甲회사는 채권자 D에 대한 합병에 따른 채권자 보호 절차를 취하여야 한다.

[제3문] 문제 3. 해설

1. 문제

주주 E의 (1) 주식매수청구권 행사 이후 주주 지위 보유 여부, (2) 주주제안권 행사의 적법여부가 문제된다.

2. 주식매수청구권 행사 이후 주주 지위 보유 여부

(1) 관련 조문 - 합병계약서에 따른 주총결의 사항에 반대하는 주주는 주총 전에 회사에 대하여 서면으로 그 결의에 반대하는 의사를 통지한 경우에는 그 총회의 결의일 부터 20일 이내에 주식의 종류와 수를 기재한 서면으로 회사에 대하여 자기가 소유하고 있는 주식의 매수를 청구할 수 있다(상법 제522조의3 제1항). 주식을 취득하는 지배주주가 매매가액을 소수주주에게 지급한 때에 주식이 이전된 것으로 본다(상법 제360조의26 제1항).

(2) 판례 - 주주의 주식매수청구권은 이른바 형성권으로서 그 행사로 회사의 승낙 여부와 관계없이 주식에 관한 매매계약이 성립한다.

(3) 사안의 경우

1) 주주 E는 丙회사의 주총 전에 서면으로 합병승인결의에 반대하는 의사를 통지하였고, 총회결의일 2017. 11. 30.부터 20일 이내인 2017. 12. 11. 서면으로 丙회사에 자기 소유 주식 전량 매수를 서면을 청구하였는바, 주식매수청구권 행사는 적법한 것으로 판단된다.

2) 다만, 丙회사는 자금사정을 이유로 현재까지 주식매수가액의 지급을 지연하고 있는바, 주주 E는 주주의 지위를 보유하고 있다.

3. 주주제안권 행사의 적법여부

(1) 관련 조문 - 의결권 없는 주식을 제외한 발행주식총수의 100분의 3이상에 해당하는 주식을 가진 주주는 이사에게 주주총회일 6주 전에 서면 또는 전자문서로 일정한 사항을 주주총회의 목적사항으로 할 것을 제안할 수 있다(상법 제363조의2 제1항). 이사는 주주제안이 있는 경우에는 이를 이사회에 보고하고 이를 주주총회의 목적사항으로 하여야 한다(상법 제363조의2 제3항).

(2) 사안의 경우

1) 의결권 없는 주식을 제외한 발행주식총수의 100분의 3이상 주식 보유 여부 - 丙사는 의결권 있는 보통주 80,000주를 발행하였고, 주주 E는 그 중 3%를 초과한 2,800주를 보유하고 있는바, 위 요건은 충족한다.

2) 주총 6주 전에 서면 또는 전자문서로 일정사항을 제안 – E는 임시주총일인 2018. 6. 11. 6주 전에 F를 丙사의 이사직에서 해임하는 안건을 제한하였는바, 위 요건 또한 충족된다.

3) 주주제안 내용이 법령 또는 정관에 위반하는 사항이 아닐 것 – 상법시행령 제12조 제4호에서 회사의 주주제안 거부사유로 상장회사의 임기 중에 있는 임원 해임에 관한 사항의 경우 회사는 주주제안을 거부할 수 있다고 하고 있으나, 비상장회사의 경우에는 규정이 없는바, 丙사는 비상장회사로 이사해임에 관한 주주제안을 거부할 수 없다.

4) 상기 요건을 모두 충족하여 주주 E의 주주제안권 행사는 적법하다.

4. 결론

丙사의 이사회는 이사 F를 해임하는 건을 주주총회의 목적사항으로 하여야 한다.

[제3문] 문제 4. 해설

1. 문제

주식매수가격의 결정과 이행시기에 따른 원금과 지연이자가 문제 된다.

2. 주식매수가격의 결정과 이행시기에 따른 원금과 지연이자

(1) **관련 조문** – 회사합병에 반대하는 주주의 주식매수청구를 받으면 해당 회사는 주주총회의 결의일부터 20일 이내 즉, 매수청구기간이 종료하는 날로부터 2개월 이내에 주식을 매수해야 한다 (상법 제530조 제2항, 제374조의2 제2항).

(2) **판례** – 합병 반대주주의 주식매수청구권은 이른바 형성권으로서 그 행사로 회사의 승낙 여부와 관계없이 주식에 관한 매매계약이 성립하고, 상법 제374조의2 제2항의 '회사가 주식매수청구를 받은 날로부터 2월'은 주식매매대금 지급의무의 이행기를 정한 것으로 해석된다.

(3) **사안의 경우**

1) 원금 – E와 丙사는 1주당 10만 원으로 합의하였고, E는 보통주 2,800주와 우선주 1,000주 즉, 총 3,800주를 보유하고 있는바, 원금은 3억 8천만 원이 된다.

2) 지연이자 – E는 매수청구기간이 종료하는 날인 주총결의일 2017. 11. 30.부터 20일이 도과한 2017. 12. 20.에 매수청구기간이 종료하고, 그 날부터 2개월이 경과한 다음 날인 2018. 2. 21. 0시부터 2019. 1. 11까지 상사이율 연 6%의 비율로 계산한 금원을 지급하여야 한다.

3. 결론

E는 2019. 1. 11. 현재 丙회사에 3억 8천만 원 및 2018. 2. 21.부터 2019. 1. 11.까지 연 6%의 비율로 계산한 금원을 청구할 수 있다.

6. 2018년도 시행 제7회 변호사시험

제1문

〈제1문의 1〉

〈 기초적 사실관계 〉

甲은 2011. 8. 1. 丙과 丁의 연대보증 아래 乙에게 3억 원을 변제기 2012. 7. 31. 이율 연 12% (변제기에 지급)로 정하여 대여(이하 '이 사건 대여'라 한다)하였다.

丁은 무자력 상태에서 2015. 10. 1. 자신의 유일한 재산인 시가 4억 원 상당의 X토지를 戊에게 1억 원에 매도(이하 '이 사건 매매계약'이라 한다)하고 같은 달 10. 소유권이전등기(이하 '이 사건 소유권이전등기'라 한다)를 마쳐주었다.

丁에 대해 변제기가 2014. 11. 30.인 2억 원의 물품대금채권을 가지고 있던 K는 戊를 상대로 2016. 9. 1. 이 사건 매매계약의 취소와 소유권이전등기의 말소를 구하는 사해행위취소의 소를 제기하였다.

〈 문제 〉

1. K의 사해행위취소의 소가 법원에 계속 중인 2016. 9. 30. 甲이 丁에 대한 연대보증채권을 피보전채권으로 하여 K와 동일한 청구취지의 사해행위취소의 소를 같은 법원에 제기하였고, 법원이 두 사건을 병합하여 2017. 5. 1. 판결을 선고하는 경우 甲과 K의 청구의 결론[각하, 기각, 인용, 일부인용]과 논거를 서술하시오. (20점)

〈 추가적 사실관계 1 〉

甲변제기가 지나도 乙이 이 사건 대여금을 변제하지 않자 甲은 2017. 9. 1. '乙, 丙, 丁은 연대하여 甲에게 이 사건 대여원리금을 지급하라'는 취지의 소를 제기하였다.

甲의 이 사건 대여사실과 丙과 丁의 연대보증사실이 기재된 소장 부본이 2017. 9. 29. 乙에게 송달되었고, 乙은 '甲으로부터 이 사건 대여금을 차용한 사실은 있지만 대여금 채권은 시효소멸되었다'는 취지의 답변서를 그 무렵 제출하였다. 한편, 丙에게도 2017. 10. 2. 소장 부본이 송달되었으나 丙은 답변서나 준비서면을 제출하지 않았고, 丁에게는 소장 부본이 소재불명으로 송달불능되어 재판장의 명령에 따라 소장 부본이 공시송달되었다.

법원은 적법하게 변론기일소환장을 송달(丁에게는 공시송달됨)하여 2017. 11. 6. 제1차 변론기일을 진행하였다. 乙은 변론기일에 출석하여 답변서를 진술하면서 자신은 컴퓨터판매업을 하는 상인이고, 이 사건 대여금은 사업운영자금으로 빌린 돈이라고 주장하였다. 이에 대해 甲은 乙의 위와 같은 상황을 알고서 대여해 준 것이며, 乙의 주장이 맞다고 진술하였다. 위 변론기일에 丙은 적법하게 변론기일 소환장을 받고도 출석하지 않았으며, 丁 또한 출석하지 않았다. 甲은 변론기일에서 乙이 작성명의인으로 된 이 사건 대여금의 차용증서는 증거로 제출하였으나 丙, 丁의 연대보증 사실을 증명할 만한 증거를 제출하지는 않았다.

〈 문제 〉

2. 만약 법원이 위 변론기일을 종결하고 2018. 1. 12. 판결을 선고하는 경우 피고들에 대한 각 청구의 결론[각하, 기각, 인용, 일부인용]과 논거를 서술하시오. (30점)

〈 추가적 사실관계 2 〉

제1차 변론기일 후 2017. 12. 11. 아래와 같은 내용으로 제2차 변론기일이 추가로 진행되었다.

甲은 제2차 변론기일에 출석하여 乙이 2017. 8. 20. 이 사건 대여원리금을 이유를 불문하고 조만간 갚겠다는 각서를 써 주었다고 주장하며 乙의 서명이 된 위 각서를 증거로 제출하였고, 위 기일에 출석한 乙은 그 각서의 서명이 자신의 것이 맞다고 진술하였다. 한편 丙은 제2차 변론기일에는 출석하여 이 사건 대여원리금을 연대보증한 사실은 인정하지만, 모든 채무가 시효로 소멸하였다고 항변하였다. 丁은 제2차 변론기일에도 출석하지 않았다. 법원은 심리 후 丁에 대한 변론을 분리하여 乙과 丙에 대해서만 변론을 종결하였다.

〈 문제 〉

3. 만약 법원이 2018. 1. 12. 판결을 선고하는 경우 피고 乙과 丙(丁은 제외)에 대한 청구의 결론 [각하, 기각, 인용, 일부인용]과 논거를 서술하시오. (20점)

[제1문의 1] 문제 1. 해설

1. 문제
(1) 채권자 취소권 가부, (2) 중복제소 해당 여부, (3) 법원의 판단이 문제 된다.

2. 채권자 취소권 가부
(1) **관련 법리** - ① 피보전채권의 존재, ② 채무자의 사해행위, ③ 채무자의 사해의사를 요한다(민법 제406조 1항).

(2) **판례** - 채무자가 유일한 재산인 부동산을 매각하여 소비하기 쉬운 금전으로 바꾸는 행위는 채권자에 대하여 사해행위가 되므로 채무자의 사해의 의사는 추정되고 이를 매수한 수익자의 악의가 없었다는 입증 책임은 그 수익자 자신에게 있다.

(3) **사안의 경우**
1) 丁의 사해행위시인 2015. 10. 1. 이전에 甲은 피보전채권으로 2011. 8. 1. 3억원의 대여금 채권을, K는 2014. 11. 30. 변제기인 2억 원의 물품대금채권을 가지고 있었다.
2) 채무자 丁이 무자력 상태에서 유일한 재산인 X토지를 매도한 행위는 사해행위가 되고, 사해 의사도 추정되므로 이를 매수한 戊의 악의 또한 추정된다.
3) 이 사건 매매계약은 甲과 K에 대한 사해행위로서 채권자취소권 행사의 대상이 되고, 甲과 K는 채권자 취소권을 행사할 수 있다.

3. 중복제소 해당 여부
(1) **판례** - 채권자 취소권의 요건을 갖춘 각 채권자는 고유의 권리로서 각 채권자가 동시 또는 이시에 사해행위의 취소 및 원상회복을 구하는 소송을 제기하여도 각 소송이 중복제소에 해당한다거나 권리보호의 이익이 없게 되는 것은 아니다.

(2) **사안의 경우** - 甲은 K의 사해행위취소의 소가 법원에 계속 중에 K와 동일한 청구취지의 사해행위취소소송을 같은 법원에 제기하였지만 각 소송은 중복제소에 해당하지 않는다.

4. 법원의 판단
(1) **판례** - 여러 명의 채권자가 사해행위취소 및 원상회복청구의 소를 제기하여 여러 개의 소송이 계속 중인 경우에는 각 소송에서 채권자의 청구에 따라 사해행위의 취소 및 원상회복을 명하는 판결을 선고하여야 하고, 이는 병합되어 하나의 소송절차에서 심판을 받는 경우에도 마찬가지이다.

(2) **사안의 경우** - 법원은 K와 甲의 이 사건 매매계약취소와 소유권이전등기말소 청구를 각각 인용하여야 한다.

5. 결론
법원은 甲과 K의 청구를 각각 전부 인용하여야 한다.

[제1문의 1] 문제 2. 해설

1. 문제
(1) 통상공동소송 여부, (2) 주채무자 乙에 대한 청구, (3) 연대보증인 丙에 대한 청구, (4) 연대보증인 丁에 대한 청구가 문제 된다.

2. 통상공동소송 여부
(1) **관련 조문** - 공동소송인 가운데 한 사람의 소송행위 또는 이에 대한 상대방의 소송행위와 공동소송인 가운데 한 사람에 관한 사항은 다른 공동소송인에게 영향을 미치지 아니한다(민소법 제66조).

(2) **판례** - 통상공동소송인 중 1인의 자백은 다른 공동소송인에게는 효력이 생기지 않는다.

(3) **사안의 경우** - 주채무자 乙, 연대보증인 丙, 丁에 대한 소송은 실체법상 관리처분권이 공동귀속 되거나 판결이 합일 확정되는 관계라고 볼 수 없는바, 乙, 丙, 丁에 대한 공동소송은 통상공동소송으로 상호 간에 영향을 미치지 않는다.

3. 주채무자 乙에 대한 청구

(1) **재판상 자백의 성립**
원고 甲의 이 사건 대여사실이 기재된 소장 부본이 2017. 9. 29. 乙에게 송달되었고, 乙은 甲으로부터 이 사건 대여금을 차용한 사실은 있지만 대여금 채권은 시효소멸 되었다는 취지의 답변서를 그 무렵 제출하여, 주요사실은 대여금 사실에 대하여는 재판상 자백이 성립되었다.

(2) **시효소멸여부**
1) 관련 조문 - 상행위로 인한 채권은 5년간 행사하지 아니하면 시효로 소멸한다(상법 제64조).

2) 판례 - 영업자금 차입 행위는 행위 자체의 성질로 보아서는 영업의 목적인 상행위를 준비하는 행위라고 할 수 없지만, 행위자의 주관적 의사가 영업을 위한 준비행위이었고 상대방도 행위자의 설명 등에 의하여 그 행위가 영업을 위한 준비행위라는 점을 인식하였던 경우에는 상행위에 관한 상법의 규정이 적용된다.

3) 사안의 경우 - 乙은 변론기일에 출석하여 답변서를 진술하면서 자신은 컴퓨터판매업을 하는 상인이고, 이 사건 대여금은 사업운영자금으로 빌린 돈이라고 주장하였고, 甲은 乙의 위와 같은 상황을 알고서 대여해 준 것이며, 乙의 주장이 맞다고 진술하였으므로 위 대여금에는 상사시효가 적용되는바, 변제기인 2012. 7. 31.부터 5년이 경과하여 2017. 9. 1. 제기된 소에서의 시효항변은 타당하다.

(3) **소결**
甲의 乙에 대한 청구는 기각 된다.

4. 연대보증인 丙에 대한 청구

(1) 관련 법리 - 주채무의 발생과 보증계약의 체결의 존재가 주장 증명되어야 한다.

(2) 자백간주 여부

1) 관련 조문 - 당사자가 변론기일에 출석하지 아니하는 경우에는 상대방이 주장하는 사실을 자백한 것으로 본다(민소법 제150조 제3항).

2) 사안의 경우 - 甲의 이 사건 대여사실과 丙의 연대보증사실이 기재된 소장 부본이 丙에게 2017. 10. 2. 소장 부본이 송달되었으나 丙은 답변서나 준비서면을 제출하지 않았고, 丙은 적법하게 변론기일 소환장을 받고도 출석하지 않았으므로 의제자백의 효과가 발생하는바, 丙은 주채무의 발생과 보증계약체결의 존재에 대하여 자백한 것으로 본다.

(3) 소결

甲의 丙에 대한 청구는 인용된다.

5. 연대보증인 丁에 대한 청구

(1) 관련 법리 - 주채무의 발생과 보증계약의 체결의 존재가 주장 증명되어야 한다.

(2) 자백간주 여부

1) 관련 조문 - 공시송달의 방법으로 기일통지서를 송달받은 당사자가 변론기일에 출석하지 아니하는 경우에는 상대방이 주장하는 사실을 자백한 것으로 보지 않는다(민소법 제150조 제3항 단서).

2) 사안의 경우

① 甲의 이 사건 대여사실과 丁의 연대보증사실이 기재된 소장 부본이 丁에게는 소재불명으로 송달 불능되어 재판장의 명령에 따라 소장 부본이 공시송달 되었으므로 주채무의 발생과 보증계약의 체결에 대하여 자백한 것으로 보지 않는다.

② 그렇다면, 甲이 위 사실을 입증하여야 하는데 甲은 변론기일에서 乙이 작성명의인으로 된 이 사건 대여금의 차용증서는 증거로 제출하였으나 丁의 연대보증사실을 증명할 만한 증거를 제출하지는 못하였는바, 이에 따른 입증책임을 지는 甲이 패소가능성을 부담한다.

(3) 소결

甲의 丁에 대한 청구는 기각된다.

6. 결론

(1) 甲의 乙에 대한 청구는 기각된다.

(2) 甲의 丙에 대한 청구는 인용된다.

(3) 甲의 丁에 대한 청구는 기각된다.

[제1문의 1] 문제 3. 해설

1. 문제
(1) 주채무자 乙에 대한 청구, (2) 보증인 丙에 대한 청구의 당부가 문제 된다.

2. 주채무자 乙에 대한 청구

(1) 시효완성 후 시효이익 포기
 1) 관련 조문 - 소멸시효의 이익은 미리 포기하지 못한다(민법 제184조 제1항).
 2) 판례 - 시효이익을 받을 채무자는 소멸시효가 완성된 후 시효이익을 포기할 수 있다.
 3) 사안의 경우 - 채무자 乙은 상사채권 5년(상법 제64조)의 소멸시효 기간(2017. 7. 31.)이 지난 2017. 8. 20. 대여금을 갚겠다는 각서를 작성했는바, 이에 해당한다.

(2) 乙의 증거인부
 1) 관련 조문 - 사문서는 그것이 진정한 것임을 증명하여야 하고(민소 제357조), 본인의 서명이 있는 때에는 진정한 것으로 추정한다(민소 제358조).
 2) 판례 - 인영의 진정이 성립되면 날인의 진정이 사실상 추정되고, 날인의 진정이 인정되면 성립의 진정이 추정되는 '2단의 추정'을 인정한다.
 3) 사안의 경우 - 乙은 각서의 서명이 자신의 것이라고 인정하였으므로 그 문서의 진정 성립이 추정되어 그 증명력이 인정되는바, 시효이익포기 사실을 전제로 판단해야 한다.

3. 보증인 丙에 대한 청구

(1) 자백간주효과 번복여부
 1) 관련 조문 - 당사자가 변론에서 상대방이 주장하는 사실을 명백히 다투지 아니한 때에는 그 사실을 자백한 것으로 보며, 이는 당사자가 변론기일에 출석하지 아니한 경우에도 동일하다(민소 제150조 제1항, 제3항).
 2) 판례 - 자백간주가 성립되면 법원에 대하여 구속력은 있으나, 당사자는 자백간주가 있었다 하여도 그 뒤 사실심에서 사실을 다툼으로써 그 효과를 번복할 수 있다.
 3) 사안의 경우 - 丙은 제1차 변론기일에 출석하지 아니하여 甲의 丙에 대한 청구원인 사실인 대여금성립 및 연대보증계약체결이 자백간주 되었으나 제2차 기일에서 시효소멸 항변을 하여 이를 다투었는바, 자백간주 효과는 번복된다.

(2) 乙의 시효이익 포기 효력이 丙에게 미치는지 여부
 1) 관련 조문 - 주채무자의 항변포기는 보증인에게 효력이 없다(민법 제433조 제2항).
 2) 사안의 경우 - 주채무자 乙의 시효이익 포기 효력은 보증인 丙에게 미치지 않는다.

4. 결론
甲의 乙에 대한 청구는 인용되고, 甲의 丙에 대한 청구는 기각된다.

〈제1문의 2〉

甲은 乙회사의 자금지출담당 사원으로, 乙회사가 거래처 丁에게 물품대금으로 지급할 회삿돈 2억 원을 보관하던 중 이를 횡령하여 자신의 처인 丙에게 퇴직금 중간정산금이라고 하면서 위 금원의 보관을 위해 丙의 예금계좌로 1억 원을 송금하였다. 송금 받은 당일 丙은 甲의 지시에 따라 다시 甲의 계좌로 위 1억 원을 송금하였다. 또한 甲이 위와 같이 횡령한 돈 중 나머지 1억 원으로 자신에게 돈을 빌려준 戊에게 변제하려 하자 戊는 자신이 물품대금채무를 부담하고 있는 A에게 대신 지급해 달라고 하여 甲은 A의 계좌로 1억 원을 송금하였다.

한편 甲은 위 횡령한 2억 원을 은폐할 목적으로 권한 없이 무단으로 대출관계 서류를 위조하여 乙회사의 명의로 B은행으로부터 2억 원을 대출받아 그 대출금을 편취하였다. 甲은 이후 위 2억 원의 횡령금을 변제하는 방편으로서 그 편취한 대출금으로 乙회사의 채권자인 거래처 丁에게 변제하여 乙회사의 물품대금채무를 소멸시켰다.

〈문제〉
1. 乙회사가 丙, 戊에게 각각 1억 원에 대하여 부당이득에 기한 반환청구를 할 수 있는가? (20점)
2. B은행이 乙회사에게 2억 원에 대하여 대출약정에 기한 청구 및 부당이득에 기한 반환청구를 할 수 있는지 여부를 그 논거와 함께 각 검토하시오. (20점)

[제1문의 2] 문제 1. 해설

1. 乙의 丙에 대한 부당이득반환청구 가부
   (1) 관련 조문 – 법률상 원인 없이 타인의 재산으로 인하여 이익을 얻고 이로 인하여 타인에게 손해를 가한 자는 그 이익을 반환하여야 한다(민법 제741조).
   (2) 판례 – 타인의 금원으로 이익을 얻은 것으로 보기 위해서는 그 금원을 사실상 지배할 수 있는 상태 즉, 실질적 이득자로 인정되어야 하는데 송금 즉시 인출한 경우 실질적 이득자로 보기 어렵다.
   (3) 사안의 경우 – 丙은 甲으로부터 1억을 송금 받은 당일 甲의 지시로 다시 1억을 송금하여 1억의 실질적 이득자로 보기 어려운 바, 乙의 丙에 대한 부당이득반환청구는 기각된다.

2. 乙의 戊에 대한 부당이득반환청구 가부
   (1) 甲의 戊에 대한 변제 유효여부
      1) 판례 – 계약의 일방당사자가 상대방의 지시로 상대방과 또 다른 계약관계를 맺고 있는 제3자에게 직접 급부한 경우, 그 급부로써 급부를 한 당사자의 상대방에 대한 급부가 이루어질 뿐 아니라 그 상대방의 제3자에 대한 급부도 이루어진다.
      2) 사안의 경우 – 甲이 채권자 戊에게 변제하려 하자 戊가 자신의 채권자 A에 대신 변제해 달라는 부탁에 따라 A의 계좌로 1억을 송금한 것은 이른바 단축급부로써 甲의 戊에 대한 변제의 효과가 발생한다.
   (2) 戊의 법률상 원인 여부
      1) 판례 – 채권자가 그 변제를 수령함에 있어 횡령사실에 대한 악의 또는 중대한 과실이 없는 경우에는 채권자의 금전 취득은 피해자에 대한 관계에 있어서 법률상 원인 있는 이득이 된다.
      2) 사안의 경우 – 戊가 甲의 횡령 사실에 대하여 알았거나 중대한 과실로 몰랐다는 사정을 乙이 입증하지 않는 한 선의로 추정되어 戊는 법률상 원인 있는 자인바, 乙의 戊에 대한 부당이득반환청구는 기각된다.

[제1문의 2] 문제 2. 해설

1. B은행의 乙에 대한 대출약정에 기한 청구 가부
   (1) 무권대리
      1) 관련 조문 – 대리권 없는 자가 타인의 대리인으로 한 계약은 본인이 이를 추인하지 아니하면 본인에 대하여 효력이 없다(민법 제130조).

2) 사안의 경우 - 甲은 권한 없이 무단으로 대출관계 서류를 위조하여 乙명의 B은행으로부터 대출을 받은 후에 본인이 추인한 사정이 없어 대출약정이 유효하지 않는바, B은행의 乙에 대한 대출약정에 기한 청구는 불가하다.

(2) 표현대리

1) 관련 조문 - 대리인이 그 권한 외의 법률행위를 한 경우에 제3자가 그 권한이 있다고 믿을 만한 정당한 이유가 있는 때에는 본인은 그 행위에 대하여 책임이 있다(민법 제126조).

2) 판례 - 은행이 회사의 대출요청을 확인하는 절차를 밟았더라면 회사의 경리부장에게 대리권이 있는지의 여부를 알 수 있었던 경우에는 은행이 회사의 경리부장에게 자금차용에 관한 대리권이 있었다고 믿었더라도 거기에는 주의를 다하지 아니한 과실이 있어 은행으로서는 회사에게 표현대리 책임을 물을 수 없다.

3) 사안의 경우 - B 은행이 乙회사의 자금지출담당사원 甲의 대리권을 믿었더라도 정당한 이유 즉, 주의의무 위반의 과실이 있어 표현대리가 인정되지 않아 대출약정은 乙회사에 효력이 없는바, 대출약정에 기한 청구는 불가하다.

2. B은행의 乙에 대한 부당이득반환청구 가부

(1) **판례** - 경리업무담당자가 회사자금 횡령의 은폐목적으로 권한 없이 회사 명의로 은행과 대출계약을 체결하여 그 대출금을 편취한 후 이를 회사 채권자의 예금계좌에 송금하여 횡령금 상당액을 변제한 경우, 위 송금 당시 이러한 사정에 대하여 회사의 악의 또는 중과실이 없는 한 회사가 채무소멸의 이익을 얻은 것은 편취행위의 피해자인 은행에 대한 관계에서 법률상 원인이 있다.

(2) **사안의 경우** - 甲이 2억의 횡령금을 변제하여 횡령사실을 은폐할 목적으로 B은행에서 편취한 대출금을 乙회사의 채권자인 丁에게 변제하여 乙회사의 물품대금채무를 소멸시킨 때에 乙 회사의 악의 중과실이 없는 한, B은행에 대한 관계에서는 법률상 원인이 있는 바, B은행의 乙에 대한 부당이득반환청구는 불가하다.

〈제1문의 3〉

주식회사 甲은행은 丙에게 대출을 해 주면서 丙 소유의 X건물에 대하여 2015. 7. 1. 제1순위 근저당권설정등기를 마쳤다. 丙은 자신 소유의 X건물 대수선 공사를 하기 위하여 공사업자 乙과 2016. 2. 1. X건물의 공사에 관하여 공사대금 2억 원, 공사완공예정일 2017. 3. 20., 공사대금은 완공 시에 일시금으로 지급하기로 하는 도급계약을 체결하였고, 乙은 계약당일 위 X건물에 대한 점유를 이전받았다. 근저당권자인 甲은행은 丙이 대출금에 대한 이자를 연체하자 위 근저당권실행을 위한 경매를 신청하여 2017. 5. 1. 경매개시결정 기입등기가 마쳐졌다. 乙은 2017. 3. 20. 위 공사를 완공하였고, 2017. 5. 20. 위 경매절차에서 공사대금채권의 유치권을 신고하였다. 경매절차에서 丁은 X건물에 대한 매각허가결정을 받아 2017. 10. 2. 매각대금을 완납하고, 소유권이전등기를 마친 후 乙에게 X건물에 대한 인도청구를 하였다.

〈 문제 〉

1. 乙은 유치권으로 丁에게 대항할 수 있는가? (20점)
2. 만약 수원세무서에서 2017. 3. 1. X건물에 대해 체납처분압류등기를 한 경우 乙은 유치권으로 丁에게 대항할 수 있는가? (10점)
3. 만약 乙의 유치권이 상사유치권이었다고 한다면 乙은 丁에게 대항할 수 있는가? (10점)

[제1문의 3] 문제 1. 해설

1. 문제
(1) 乙의 유치권 성부, (2) 丁에게 대항할 수 있는지가 문제 된다.

2. 乙의 유치권 성부
(1) **관련 조문** - 타인의 물건을 적법하게 점유한 자는 그 물건에 관하여 생긴 채권이 변제기에 있는 경우 변제를 받을 때까지 그 물건을 유치할 권리가 있다(민법 제320조 제1항, 2항).

(2) **사안의 경우** - 乙은 丙 소유 X건물을 도급계약으로 2016. 2. 1.부터 적법하게 점유하고 있는 자로, X건물 수선을 위한 공사를 완료하여 대금 2억 원의 변제기가 2017. 3. 20. 도래하였는데도 아직 변제를 받지 못하였는바, 이를 유치할 권리가 있다.

3. 丁에게 대항 가부
(1) **판례** - 근저당권설정 후 경매로 인한 압류의 효력 발생 전에 취득한 유치권으로 경매절차의 매수인에게 대항할 수 있다. 왜냐하면 압류의 효력이 발생하기 전에 유치권을 취득한 경우에는 압류의 처분금지효에 저촉되지 않기 때문이다.

(2) **사안의 경우** - X건물에 근저당권이 설정된 2015. 7. 1. 이후 경매개시결정 기입등기 경료된 2017. 5. 1. 즉, 압류의 효력이 발생 이전인 2017. 3. 20. 乙이 유치권을 취득하였는바, 乙은 경매절차의 매수인 丁에게 대항할 수 있다.

4. 결론
따라서, 乙은 유치권으로 丁에게 대항할 수 있다.

[제1문의 3] 문제 2. 해설

1. 체납처분압류 후 유치권행사
(1) **판례**
1) 체납처분압류가 되어 있는 부동산에 대하여 경매절차가 개시되기 전에 민사유치권을 취득한 유치권자는 경매절차의 매수인에게 유치권을 행사할 수 있다.

2) 근거로, ① 국세징수법에 의한 체납처분절차에서 체납처분압류와 동시에 매각절차가 개시되는 것이 아니고, ② 체납처분압류가 반드시 공매절차로 이어지는 것도 아니며, ③ 부동산에 대한 체납처분압류가 경매개시결정에 따른 압류와 동일하지 않기 때문이다.

(2) 사안의 경우

2017. 3. 1. X건물에 대해 체납처분압류등기가 이루어졌으나 乙은 경매개시결정등기가 되기 전에 유치권을 취득하였으므로 丁에게 유치권을 행사할 수 있다.

2. 결론

乙은 유치권으로 丁에게 대항할 수 있다.

[제1문의 3] 문제 3. 해설

1. 선행저당권 이후 성립된 상사유치권 행사가부

(1) 판례

1) 채무자 소유의 부동산에 이미 선행저당권이 설정되어 있는 상태에서 채권자의 상사유치권이 성립한 경우, 상사유치권자는 선행저당권에 기한 임의경매절차에서 부동산을 취득한 매수인에게 상사유치권으로 대항할 수 없다.

2) 왜냐하면, 상사유치권은 ① 상법 제58조의 규정상 성립 당시 채무자가 목적물에 대하여 보유하고 있는 담보가치만을 대상으로 하는 제한물권이고, ② 기존의 제한물권이 확보하고 있는 담보가치를 사후적으로 침탈하지는 못하기 때문이다.

(2) 사안의 경우

乙은 甲의 1순위 근저당권설정등기가 마쳐진 2015. 7. 1. 이후인 2017. 3. 20. X건물에 대한 상사유치권을 취득한 자로, 丁에게 상사유치권을 행사할 수 없다.

2. 결론

乙은 丁에게 대항할 수 없다.

제2문

〈제2문의 1〉

〈 기초적 사실관계 〉

甲은 자기 소유인 X 토지에 대하여 A 은행 앞으로 근저당권을 설정한 후, 乙에게 지상권을 설정해 주었다. 乙은 2015. 10.경 X 토지 위에 Y 다세대 주택을 신축하여 분양하는 사업을 하게 되었다. 그 후 신축공사가 절반 정도 진행된 상태에서 乙은 자금사정 악화로 공사를 계속하기 어려워졌고, 乙에게 건축자재를 납품해 오던 丙은 연체된 대금을 받으려는 의도로 丁에게 Y 다세대 주택이 최고급 건축자재로 지어지고 있고, 역세권에 있어서 투자가치가 높으며, 이미 준공검사 신청까지 접수해 놓은 상태여서 이를 담보로 은행 대출도 가능하다고 이야기하면서 분양받을 것을 제의하였다. 이에 丁은 2016. 1. 10. 乙과 Y 다세대 주택 중 1세대(이하 '이 사건 주택'이라고 함)에 대한 분양계약을 체결하고, 계약 당일 계약금 3,000만 원, 같은 해 2. 10. 중도금 1억 원을 乙에게 각 지급하였다.

한편, 분양계약 체결 당시에 Y 다세대 주택은 절반밖에 완성되지 않은 상태였다. 그런데 乙은 丁이 丙에게서 Y 다세대 주택이 준공검사 신청까지 접수되어 은행 대출도 가능한 좋은 물건이라고 소개받았다는 말을 듣고 이상하다고 생각하면서도 자금이 급한 나머지 그대로 분양계약을 체결하였다. 이후 乙은 2016. 4. 20. Y 다세대 주택의 내부공사만 남겨둔 상태에서 지급불능 상태에 빠졌다. 이 사건 주택의 소유권을 취득하지 못하게 된 丁은 乙과 丙을 상대로 소를 제기하였는바, 乙에 대하여서는 기망을 이유로 분양계약의 취소와 기지급한 계약금과 중도금 합계액에 대한 부당이득반환을 청구하고, 丙에 대하여서는 불법행위에 기한 손해배상을 청구하였다.

〈 문제 〉

1. 丁의 청구에 대하여 乙은, ① 丁을 기망한 것은 자신이 아닌 丙이므로 丙의 기망을 이유로 이 사건 주택에 관한 분양계약을 취소할 수 없고, ② 동일한 금액에 대하여 丙을 상대로 불법행위에 기한 손해배상을 청구하는 이상 자신에 대한 부당이득반환청구는 허용될 수 없다고 주장한다. 丁의 乙에 대한 분양계약 취소 및 부당이득반환 청구는 인용될 수 있는가? (25점)

〈 추가적 사실관계 〉

그 후 乙은 자금을 차용하여 Y다세대주택을 준공하고 소유권보존등기를 마쳤으나, 분양사업의 부진으로 甲에게 X토지에 대한 지료를 지급하지 못하였다. 이에 甲은 2년 이상의 지료 미납을 이유로 지상권 소멸을 청구하였고, 甲은 乙로부터 Y다세대주택을 매수한 후 소유권이전등기를 마쳤다.

한편, 甲이 A은행에 대한 대출금 채무를 연체하자 A은행은 X토지에 대한 근저당권에 기하여 X토지와 함께 Y다세대주택에 대한 일괄경매를 신청하였고, 戊가 이를 모두 경락받았다. 그러자 甲은 乙이 Y다세대주택을 건축하였고 그 주택을 자신이 매수한 것이므로 Y다세대주택은 일괄경매의 대상이 될 수 없다고 주장하면서 戊를 상대로 Y다세대주택에 대한 소유권이전등기의 말소를 청구하는 소를 제기하였다.

〈 문제 〉
2. 甲의 戊에 대한 소유권이전등기의 말소등기 청구는 인용될 수 있는가? (15점)

[제2문의 1] 문제 1. 해설

1. 문제
(1) 제3자 사기 취소 가부, (2) 부당이득반환청구와 불법행위청구의 경합이 문제 된다.

2. 제3자 사기 취소 가부
(1) **관련 조문** - 상대방 있는 의사표시에 관하여 제3자가 사기를 행한 경우, 상대방이 그 사실을 알았거나 알 수 있었을 경우에 한하여 그 의사표시를 취소할 수 있다(제110조 제2항).

(2) **판례** - 상대방의 대리인 등 상대방과 동일시 할 수 있는 자는 제3자에 해당하지 않고, 상대방의 단순한 피용자는 제3자에 해당한다.

(3) **사안의 경우**
   1) 丙은 사기를 당한 표의자의 상대방인 乙과 동일시 할 수 있는 사정이 없으므로 제3자에 해당하고,
   2) 乙은 Y 주택이 절반 밖에 완성되지 않은 상태에서 丁이 丙에게서 Y다세대 주택이 완공된 상태로 은행대출도 가능하다는 말을 신뢰하여 계약을 체결하려 한다는 사실을 알았다면, 丙의 丁에 대한 기망사실을 알았거나 알 수 있었을 경우에 해당한다.
   3) 따라서, 丁은 丙의 기망을 이유로 乙에 대한 분양계약 취소 청구를 할 수 있다.

3. 부당이득반환청구 가부
(1) **관련 조문** - 법률상 원인 없이 타인의 재산으로 인하여 이익을 얻고 이로 인하여 타인에게 손해를 가한 자는 그 이익을 반환하여야 한다(제741조).

(2) **판례** - 법률행위가 사기로 취소되는 경우에 그 행위가 동시에 불법행위를 구성하는 때에는 취소의 효과로 생기는 부당이득반환청구권과 불법행위 손해배상청구권은 경합하여 병존하는 것으로, 선택하여 행사할 수 있으나 중첩적으로 행사할 수 없다.

(3) **사안의 경우** - 이 사건 분양계약은 취소되어 소급하여 무효가 되는 바(제141조 본문), 乙이 기지급한 계약금과 중도금 합계액은 부당이득반환청구의 대상이 된다. 즉, 乙의 丙에 대한 불법행위 손해배상청구권과는 경합하여 존재하는 것으로, 乙은 이중 변제를 받지 않는 범위 내에서 선택적으로 행사할 수 있다.

4. 결론
丁의 乙에 대한 분양계약 취소 및 부당이득반환청구는 인용된다.

[제2문의 1] 문제 2. 해설

1. 문제
A은행의 일괄경매청구가 적법한지 여부가 문제 된다.

2. 일괄경매청구의 적법성
(1) **관련 조문** – 토지를 목적으로 저당권을 설정한 후 그 설정자가 그 토지에 건물을 축조한 때에는 저당권자는 토지와 함께 그 건물에 대하여 경매를 청구할 수 있다(민법 제365조).

(2) **취지** – 저당권의 실행으로 토지가 제3자에게 경락될 경우에 건물을 철거하여야 한다면 사회경제적으로 현저한 불이익이 생기고, 저당권자에게도 저당토지상의 건물의 존재로 인하여 생기게 되는 경매의 어려움을 해소하기 위함이다.

(3) **판례** – 일괄경매청구권은 저당권설정자로부터 저당토지에 대한 용익권을 설정 받은 자가 그 토지에 건물을 축조한 경우라도 그 후 저당권설정자가 그 건물의 소유권을 취득한 경우에는 저당권자는 토지와 함께 그 건물에 대하여 경매를 청구할 수 있다.

(4) **사안의 경우** – 甲 소유 X 토지에 대하여 A 은행의 저당권이 설정된 후 甲으로부터 지상권을 설정받은 乙이 Y 주택을 축조하여 보존등기를 마친 다음, 이를 甲이 취득한 경우에도 저당권자 A 은행은 X 토지와 Y 주택에 대하여 일괄경매를 청구할 수 있는바, Y 주택이 일괄경매의 대상이 될 수 없다는 戊의 주장은 부당하다.

3. 결론
A 은행의 일괄경매청구가 적법하고 戊는 Y 주택에 대한 소유권을 적법하게 취득하였는바, 甲의 戊에 대한 소유권이전등기 말소등기 청구는 기각 된다.

〈제2문의 2〉

X토지를 소유하고 있던 A에게는 세 자녀(B, C, D)가 있다. A는 X토지를 장남인 B에게 준다는 말을 자주 하였으나 2016. 3. 10. 유언 없이 사망하였다. 평소 B의 도움을 많이 받았던 C는 A의 뜻을 존중하여 2016. 5. 7. 상속포기신고를 하였고, 2016. 6. 20. 수리되었다. 그리고 A의 사망사실을 즉시 알았으나 해외유학 중이던 D는 2016. 8.경 귀국하여 2016. 8. 25. 상속포기신고를 하였고, 2016. 9. 30. 수리되었다.

한편 B는 2016. 4. 초순경 X토지 위에 Y건물을 짓기 시작하여 같은 해 8. 31. 준공검사를 받았다. 공사가 거의 끝날 무렵인 2016. 8. 5. B는 乙과 Y건물에 대한 매매계약을 체결하였고, 2016. 9. 5. 보존등기를 하지 않은 상태에서 乙에게 Y건물을 인도하였다. 그 후 B는 사업자금을 마련할 목적으로 2016. 9. 21. 甲에게 X토지를 매도하고 소유권이전등기를 경료해 주었다. 그런데 X토지 위에 미등기 상태인 Y건물이 있는 것을 알게 된 甲은 Y건물이 자신의 동의 없이 건축되었다고 주장하면서 乙을 상대로 Y건물의 철거를 청구하는 소를 제기하였다.

〈문제〉

甲의 청구에 대하여, 乙은 X토지의 전 소유자인 B가 신축한 건물을 정당하게 매수하였다고 항변하였고, 甲은 Y건물을 신축할 당시 X토지가 B, C, D의 공유였다고 반박하였다. 甲의 Y건물에 대한 철거청구는 인용될 수 있는가? (35점)

[제2문의 2] 해설

1. 문제
(1) 甲이 X토지의 적법한 소유권자인지 여부, (2) B의 관습법상 법정지상권 취득여부, (3) 乙의 법정지상권 취득 가부, (4) 乙에 대한 건물철거청구 타당성이 문제 된다.

2. 甲이 X토지의 적법한 소유권자인지 여부
(1) **관련 조문** - 상속인은 상속개시가 있음을 안 날로부터 3월내에 포기를 할 수 있고(민법 제1019조 제1항), 상속포기 및 상속재산의 분할은 상속개시 된 때에 소급하여 효력이 있다(민법 제1015조, 제1042조).

(2) **판례** - 민법 제1019조 제1항의 법정기간을 경과한 상속포기 신고를 상속재산의 협의분할로 볼 수 있다.

(3) **사안의 경우**
 1) 상속포기 - C는 피상속인 A의 사망일인 2016. 3. 10.부터 3월내인 2016. 5. 7. 상속포기신고를 하였으므로 적법하게 상속포기효력이 발생하여 상속인에서 제외된다.
 2) 상속재산협의 - D의 상속포기신고는 상속포기기간을 경과한 2016. 8. 25. 신고된 것으로 포기의 효력이 없으나, B에게 상속재산 전부를 취득시키려는 상속재산 협의분할의사로 해석된다.
 3) 소결 - C의 상속포기, D의 상속재산분할에 따른 효과가 상속개시 된 때에 소급하여 발생하여 B가 2016. 3. 10. 단독으로 X토지를 취득하는 바, 2016. 9. 21. 매매계약을 통해 소유권이전등기를 경료한 甲은 적법한 소유권자이다.

3. B의 관습법상 법정지상권 취득여부
(1) **관련 법리** - ① 토지상에 건물이 존재하고, ② 토지와 건물이 동일한 소유에 속하고, ③ 매매 기타 적법한 원인으로 소유자가 달라져야 한다.

(2) **사안의 경우** - ① X토지상에 Y건물이 존재하고, ② X토지와 Y건물은 B소유에 속하고, ③ B가 X토지를 2016. 9. 21. 甲에게 매매하여 소유권이전등기를 하여주어 토지와 건물의 소유자가 달라졌는바, Y건물의 소유자 B는 관습법상 법정지상권을 취득한다.

4. 乙의 법정지상권 취득가부
(1) **판례** - 건물소유자가 건물의 소유를 위한 법정지상권을 취득하기에 앞서 건물을 양도한 경우에도 건물과 함께 장차 취득하게 될 법정지상권도 함께 양도하기로 한 것으로 본다.

(2) **사안의 경우** - 건물양수인 乙은 채권자대위권을 행사하여 B 및 甲에 대하여 차례로 지상권설정등기 및 이전등기절차의 이행을 구할 수 있다.

5. 乙에 대한 건물철거청구의 타당성

(1) 판례

1) 건물을 매수하여 점유하고 있는 자는 등기부상 아직 소유자로서의 등기명의가 없더라도 건물에 대하여 법률상 또는 사실상 처분을 할 수 있는 지위에 있으므로 토지소유자는 건물점유자에게 그 철거를 구할 수 있다.

2) 법정지상권을 취득할 지위에 있는 건물 양수인에 대하여 대지 소유자가 건물의 철거를 구하는 것은 지상권의 부담을 용인하고 지상권설정등기절차를 이행할 의무가 있는 자가 그 권리자를 상대로 한 것이어서 신의성실의 원칙상 허용될 수 없다.

(2) 사안의 경우

1) Y건물의 미등기 매수인 乙은 Y건물에 대하여 법률상 또는 사실상 처분을 할 수 있는 지위에 있는바, 토지 소유권자인 甲은 乙에게 건물철거를 구할 수 있다.

2) 다만, X토지 소유자 甲은 乙에게 지상권의 부담을 용인하고 지상권설정등기를 이행해줄 의무가 있는 자로 건물철거청구는 신의칙상 허용될 수 없다.

6. 결론

甲의 Y건물에 대한 철거청구는 기각된다.

〈제2문의 3〉

〈 기초적 사실관계 〉

甲은 X건물을 신축한 후 소유권보존등기를 마치고, 2016. 9. 25. 부동산중개업소를 운영하려는 乙에게 임대하였다(보증금 1억 원, 월차임 300만 원은 매월 말일 지급). 乙은 2016. 10. 1. 사업자등록을 마치고 영업을 시작하였는데, 처음 몇달간은 차임을 제때 지급하였으나, 2017년 1월부터 차임을 연체하기 시작하였다.

[※ 추가된 사실관계는 각각 별개임]

〈 추가적 사실관계 〉

2017. 7. 1. 甲은 X건물을 丙에게 매도하고 같은 날 소유권이전등기를 경료해 주었는데, 丙이 X건물을 매수한 후에도 차임연체는 계속되었다. 이에 2017. 11. 2. 丙은 乙에게 차임연체를 이유로 임대차계약의 해지를 통지하면서 X건물의 반환을 청구하였고, 乙이 같은 달 30. X건물을 인도하자 연체된 차임액 3,300만 원을 공제한 6,700만 원을 乙에게 지급하였다. 그러자 乙은 丙이 甲과 X건물에 대한 매매계약을 체결할 당시 연체차임채권을 양수한 바 없어 丙이 소유권을 취득한 후에 연체한 1,500만 원만 보증금에서 공제할 수 있다고 주장하면서, 이를 초과하여 공제한 1,800만 원을 반환할 것을 청구하는 소를 제기하였다. 丙은 甲과 X건물에 대한 매매계약을 체결할 당시 연체차임에 관한 합의를 한 바 없었다.

〈 문제 〉

1. 乙의 丙에 대한 보증금반환청구는 인용될 수 있는가? (15점)

〈 추가적 사실관계 〉

甲의 채권자 丁은 2016. 11. 20. 甲의 乙에 대한 차임채권에 대하여 채권압류 및 추심명령을 받았고, 다음 날 위 명령이 乙에게 송달되었다. 이에 乙은 2016년 11월분과 12월분 차임을 추심채권자 丁에게 지급하였다.

한편, 2017. 9. 10. 甲은 乙에 대하여 차임연체를 이유로 임대차계약을 해지한다고 통지하였고, 2017. 9. 30. 乙이 甲에게 X건물을 인도하자 甲은 보증금에서 연체차임 2,700만 원을 공제한 잔액을 乙에게 반환하였다. 그러자 乙은 甲의 차임채권에 대한 丁의 채권압류 및 추심명령이 송달된 이후에는 甲에게 차임을 지급하는 것이 금지되므로 보증금에서 이를 공제할 수 없다고 주장하면서, 甲을 상대로 공제한 보증금 2,700만 원의 반환을 청구하는 소를 제기하였다.

〈 문제 〉

2. 乙의 甲에 대한 보증금반환청구는 인용될 수 있는가? (10점)

[제2문의 3] 문제 1. 해설

1. 문제
(1) 임대인의 지위승계 여부, (2) 연체차임 승계 여부, (3) 보증금 공제 여부가 문제 된다.

2. 임대인의 지위승계여부
(1) **관련 조문** - 상가임대차는 임차인이 건물의 인도와 사업자등록을 신고하면 그 다음 날부터 제3자에 대하여 효력이 생기고, 건물의 양수인은 임대인의 지위를 승계한 것으로 본다(상임법 제3조 제1, 2항).

(2) **사안의 경우** - 임차인 乙이 임대차계약을 2016. 9. 25. 체결하고 2016. 10. 1. 사업자등록을 마쳤으므로 2016. 10. 2. 0시부터 대항력을 취득하고, 2017. 7. 1. 임대인 甲은 X건물을 丙에게 매도하고 소유권이전등기를 하였는바, 丙이 임대인의 지위를 승계한다.

3. 연체차임 승계여부
(1) **판례** - 소유권이 이전되기 전에 이미 발생한 연체차임은 별도의 채권양도절차가 없는 한 양수인에게 이전되지 않고 종전 임대인만이 임차인에게 청구할 수 있다. 차임은 임차건물을 사용한 대가로서 임차인에게 임차건물을 사용하도록 할 당시의 소유자 즉, 처분권한 있는 자에게 귀속되기 때문이다.

(2) **사안의 경우** - 丙이 甲과 X건물에 대한 매매계약 체결 시에 연체차임채권을 양수한 바 없어 차임채권이 丙에게 승계되지 않는다.

4. 보증금 공제여부
(1) **판례** - 임차건물 양수인의 소유권 취득 후 임대차관계가 종료된 경우에 임대인의 지위를 승계하기 전까지 발생한 연체차임은 임대차보증금에서 당연히 공제된다. 임차건물의 양도 시에 연체차임이 남아있더라도 나중에 임대차관계가 종료되는 경우 임대차보증금에서 이를 공제하겠다는 것이 당사자들의 의사나 거래관념에 부합하기 때문이다.

(2) **사안의 경우** - X건물 양수 전인 2017년 1월부터 6월까지의 차임 1,800만 원은 丙에게 이전되는 것은 아니나, 보증금에서는 당연히 공제된다.

5. 결론
乙의 丙에 대한 1,800만원 보증금반환청구는 기각된다.

[제2문의 3] 문제 2. 해설

1. 차임채권 압류 및 추심명령 이후 보증금 공제여부

(1) **관련 법리** - 부동산 임대차에 있어서 수수된 보증금은 차임채무, 목적물의 멸실·훼손 등으로 인한 손해배상채무 등 임대차에 따른 임차인의 모든 채무를 담보한다.

(2) **판례** - 임대보증금이 수수된 임대차계약에서 차임채권에 관하여 압류 및 추심명령이 있었다 하더라도, 당해 임대차계약이 종료되어 목적물이 반환될 때에는 그 때까지 추심되지 아니한 채 잔존하는 차임채권 상당액도 임대보증금에서 당연히 공제된다.

(3) **사안의 경우** - 丁이 甲의 乙에 대한 채권압류 및 추심명령으로 2016년 11월, 12월 차임 6백을 乙이 丁에게 지급한 것은 유효하고, 2017년 1월부터 9월까지 9개월 차임에도 압류 및 추심효력이 미치지만, 그때까지 추심되지 아니한 잔존하는 차임 상당액 2천7백은 임대차 종료시에 임대보증금에서 당연히 공제된다.

2. 결론

乙의 甲에 대한 2,700만원 보증금반환청구는 기각된다.

제3문

〈 기초적 사실관계 〉

甲주식회사(이하 '甲회사')는 자동차부품과 건설기계부품의 제조·판매업을 목적으로 하고 있다. 甲회사 발행주식 총수의 40%를 A(甲회사 대표이사), 35%를 B, 25%를 C가 각각 소유하고 있다. 甲회사의 정관에는 "이사회는 새로운 기술의 도입이나 긴급한 경영자금의 조달이라는 경영목적을 위해서는 주주가 아닌 제3자에게 신주를 배정할 수 있다."라고 규정되어 있다.

A는 기존 사업의 규모를 축소하고 새로운 사업인 휴대전화부품 제조업에 투자하려는 사업계획을 마련하였다. B와 C는 이에 반대하고 A를 대표이사에서 해임하고자 논의하였다. 이에 대응하기 위하여 A는 이사회의 신주발행결의를 거쳐 A의 고교동창인 D에게 신주를 발행하였다.

한편 A는 컴퓨터부품을 제조·판매하는 乙주식회사(이하 '乙회사')의 대표이사를 겸임하고 있다. 甲회사는 X주식회사(이하 'X회사')와 차세대 브레이크 납품계약을 체결하면서 납품계약을 이행하지 못할 경우 50억 원을 지급하기로 약정하였다. 동시에 A는 乙회사를 대표하여 위 납품계약으로 甲회사가 X회사에 부담하게 될 수 있는 납품계약불이행 위약금채무에 관한 연대보증계약을 체결하였다. 이후 甲회사는 위 납품계약을 이행하지 못하였다.

〈 문제 〉

1. 주주 B가 위 신주발행의 효력을 다툴 수 있는 사유와 방법은 무엇인가? (35점)
2. 乙회사의 위 연대보증계약은 유효한가? (30점)

〈 추가된 사실관계〉

甲회사는 자동차부품 제조·판매업을 새로이 신설되는 '금강자동차부품 주식회사'로 분할하였다. 甲회사는 분할계획서에 "분할에 의하여 설립되는 회사는 분할회사의 채무 중에서 [첨부: 승계채무목록]에 기재된 채무만을 승계한다. 분할 후 존속하는 분할회사는 신설회사가 부담하지 아니하는 채무에 대한 책임만을 부담한다."라는 내용을 기재하였다. 이 분할계획서는 주주총회에서 특별결의요건을 갖추어 승인되었고 甲회사는 채권자보호절차를 이행하였다. 위 차세대 브레이크 납품계약불이행 위약금채무는 [첨부: 승계채무목록]에 기재되어 있지 않았다.

〈 문제 〉

3. X회사가 위 납품계약불이행 위약금채무가 자동차부품 제조·판매업과 직접 관련되는 채무라고 주장하면서 '금강자동차부품 주식회사'에 이를 이행하도록 청구하는 소를 제기하는 경우 인용될 수 있는가? (15점)

〈 추가된 사실관계 〉

경영상 어려움을 겪게 된 '금강자동차부품 주식회사'는 대표이사 등 임원진을 제외한 모든 회사의 인적·물적 자원을 丙주식회사(이하 '丙회사')에 양도하였다. 丙회사는 자동차부품 제조·판매업을 집중적으로 성장시키기 위하여 위 영업을 양수한 직후 회사 상호를 '금강오토부품 주식회사'로 변경하였다. Y는 '금강자동차부품 주식회사'에 부품제조에 필요한 원자재를 공급하였는데, '금강자동차부품 주식회사'로부터 원자재 공급에 대한 대금을 지금까지 받지 못하였다.

〈 문제 〉

4. Y는 '금강오토부품 주식회사'에 위 원자재 대금의 지급을 청구할 수 있는가? (20점)

[제3문] 문제 1. 해설

1. 문제
(1) 제3자 신주발행의 효력을 다툴 수 있는 사유, (2) 신주발행을 다툴 수 있는 방법이 문제 된다.

2. 제3자 신주발행의 효력을 다툴 수 있는 사유

(1) **관련 조문** - 회사는 정관에 정하는 바에 따라 주주 외의 자에게 신주를 배정할 수 있다. 다만, 이 경우에는 신기술의 도입, 재무구조의 개선 등 회사의 경영상 목적을 달성하기 위하여 필요한 경우에 한한다(상법 제418조 제2항).

(2) **판례** - 주식회사가 신주를 발행함에 있어 정관이 정한 사유가 없는데도 회사의 경영권 분쟁이 현실화된 상황에서 경영진의 경영권이나 지배권 방어라는 목적을 달성하기 위하여 제3자에게 신주를 배정하는 것은 상법 제418조 제2항을 위반하여 주주의 신주인수권을 침해하는 것이다.

(3) **사안의 경우** - 甲회사의 정관에 "이사회는 새로운 기술의 도입이나 긴급한 경영자금의 조달이라는 경영목적을 위해서는 주주가 아닌 제3자에게 신주를 배정할 수 있다."라고 규정되어 있는데, 甲회사의 대표이사 A가 경영권방어 목적으로 제3자 D에게 신주를 배정하는 것은 상법 제418조 제2항에 위반하여 주주의 신주인수권을 침해함을 이유로, 신주발행의 효력을 다툴 수 있다.

3. 신주발행을 다툴 수 있는 방법

(1) **이사회결의의 하자**

1) **판례** - 주식회사의 신주발행은 주식회사의 업무집행에 준하는 것으로서 대표이사가 그 권한에 기하여 신주를 발행한 이상 신주발행은 유효하고, 설령 신주발행에 관한 이사회의 결의가 없거나 이사회의 결의에 하자가 있더라도 이사회의 결의는 회사의 내부적 의사결정에 불과하므로 신주발행의 효력에는 영향이 없다.

2) **사안의 경우** - A는 이사회의 신주발행결의를 거쳐 A의 고교동창인 D에게 신주를 발행하였는데, 이사회 결의는 내부적 의사결정에 불과하여 신주발행효력에 영향이 없으므로 주주 B는 이사회의 결의가 주주의 신주인수권을 침해하는 하자 있는 결의임을 이유로 신주발행의 효력을 다툴 수 없다.

(2) **신주발행무효의 소**

1) **관련 조문** - 신주발행의 무효는 주주·이사 또는 감사에 한하여 신주를 발행한 날로부터 6월내에 소만으로 이를 주장할 수 있다(상법 제429조). 이는 형성의 소의 성질을 가지며 대세적 효력이 있으나 소급효는 없고 재량기각의 대상이 된다.

2) **판례** - 주식회사의 본질이나 회사법의 기본원칙에 반하거나 기존 주주들의 이익과 회사의 경영권에 중대한 영향을 미치는 경우로서 거래의 안전을 고려하더라도 도저히 묵과할 수 없을 정도에 이르러야 무효를 인정할 수 있다.

3) 사안의 경우 - 대표이사 A가 경영권 방어 목적으로 기존 주주인 B의 신주인수권을 무시하고 자신에게 우호적인 고교동창인 D에게 신주를 발행한 것은 甲사 발행주식의 과반수가 넘는 60%를 소유하고 있는 기존 주주들 B, C의 이익에 중대한 영향을 미치는 경우로서 거래의 안전을 고려하더라도 묵과할 수 없는 경우에 해당하는바, 신주발행무효의 소의 원인이 된다.

(3) 소결 - 신주발행을 위한 이사회 결의에 하자가 있는 경우에도 그러한 하자는 신주발행의 소에 흡수되어 별개로 결의하자소송을 제기할 것 없이 신주발행무효의 소만을 제기하면 된다.

4. 결론

주주 B는 위 신주발행이 경영권 방어 목적의 제3자 신주발행으로 기존 주주의 신주인수권을 침해함을 이유로 상법 제429조의 신주발행무효의 소를 제기하여 다툴 수 있다.

[제3문] 문제 2. 해설

1. 문제

(1) 연대보증계약의 자기거래 해당여부 및 효력, (2) 연대보증계약의 대표권 남용여부가 문제 된다.

2. 연대보증계약의 자기거래 해당여부 및 효력

(1) 이사자기거래 해당여부

1) 관련 조문 - 이사 자기거래에 해당하는 경우 미리 이사회에서 해당 거래사실에 대한 중요사실을 밝히고 이사 3분의 2이상의 수로써 이사회 승인을 받아야 하고, 그 거래의 내용과 절차는 공정하여야 한다(제398조).

2) 판례 - 이사자기거래에는 이사와 회사사이에 직접 성립하는 이해상반행위뿐만 아니라 이사가 회사를 대표하여 자기를 위하여 자기개인채무의 채권자인 제3자와의 사이에 자기개인채무의 연대보증을 하는 이사개인에게 이익이 되고 회사에 불이익을 주는 행위도 포함하는바, 별개 두 회사의 대표이사를 겸하고 있는 자가 어느 일방 회사의 채무에 관하여 나머지 회사를 대표하여 연대보증을 한 경우에도 역시 상법 제398조의 규정이 적용된다.

3) 사안의 경우 - 제398조 제1호 이사의 개념에 이사가 대표이사로 있는 회사까지 포섭되고, A는 甲사와 乙사의 대표이사를 겸하고 있는 자로 甲사의 X사에 대한 납품계약불이행 위약금채무에 관해 乙사가 연대보증계약을 체결하여 대표 A에게 이익이 되고 乙사에게 불이익이 되는 행위에 해당하는바, 이사자기거래에 해당한다.

(2) 이사회승인 없는 자기거래 효력

1) 판례 - 이사회 결의가 필요함에도 없는 경우에는 그 상대방이 이사회 결의가 없거나 무효라는 사실을 알았거나 중과실로 알지 못한 경우가 아니면 그 거래는 유효하고, 이때 거래상대방의 이사회 결의가 없음에 대한 악의 또는 중과실은 회사가 이를 입증하여야 한다.

2) 사안의 경우 - 乙사가 이 사건 연대보증계약의 거래상대방인 X회사의 악의 또는 중과실을 입증하지 못하는 한 乙사의 연대보증계약은 유효하다.

(3) 소결

이 사건 연대보증계약은 이사자기거래에 해당하므로 이사회 승인을 요하고, 乙사는 X회사의 이사회 승인이 없다는 사실에 대한 악의 또는 중과실을 입증하지 못하는 한 위 계약은 유효하다.

3. 연대보증계약의 대표권 남용여부

(1) 의의 - 대표이사의 행위가 객관적으로 대표권 범위에서 이루어졌으나, 실질적으로 자신 또는 제3자의 이익을 위하여 이루어진 행위를 말한다.

(2) 판례 - 주식회사의 대표이사가 그 대표권의 범위 내에서 한 행위는 대표이사가 회사의 영리목적과 관계없이 자기 또는 제3자의 이익을 도모할 목적으로 그 권한을 남용한 것이라 할지라도 일단 회사의 행위로서 유효하고, 다만 그 행위의 상대방이 대표이사의 진의를 알았거나 알 수 있었을 때에는 회사에 대하여 무효가 된다.

(3) 사안의 경우 - 乙사의 대표이사 A가 甲사를 위하여 乙사 명의의 보증계약을 체결한 것은 대표권 남용에 해당하고, 乙사가 상대방 X회사의 악의 또는 과실을 입증하지 못하는 한 위 계약은 유효하다.

4. 결론

(1) 이 사건 연대보증계약은 이사자기거래에 해당하므로 이사회 승인을 요하고, 乙사는 X회사가 이사회승인이 없다는 사실에 대한 악의 또는 중과실을 입증하지 못하는 한 위 계약은 유효하다.

(2) 이 사건 연대보증계약은 대표권남용에 해당하므로 乙사는 X회사가 대표이사 A의 대표권 남용사실에 대하여 악의 또는 과실을 입증하지 못하는 한 위 계약은 유효하다.

[제3문] 문제 3. 해설

1. 문제

분할신설회사에 연대책임을 물을 수 있는지가 문제 된다.

2. 분할신설회사의 연대책임

(1) 관련 조문

1) 단순분할신설회사는 분할 전의 분할회사 채무에 관하여 연대하여 변제할 책임이 있다(상법 제530조의9 제1항).

2) 분할회사가 분할계획을 주주총회 특별승인결의로 분할에 의하여 회사를 설립하는 경우에는 단순분할신설회사는 분할회사의 채무 중에서 분할계획서에 승계하기로 정한 채무에 대한 책임만을

부담하는 것으로 정할 수 있고, 분할회사가 분할 후에 존속하는 경우에는 단순분할신설회사가 부담하지 아니하는 채무에 대한 책임만을 부담한다(상법 제530조의9 제2항).

3) 상법 제530조의9 제2항에 의한 경우에는 채권자보호절차를 거쳐야 한다(상법 제530조의9 제4항).

(2) 사안의 경우

1) 甲회사는 자동차부품 제조·판매업을 새로이 신설되는 '금강자동차부품 주식회사'로 분할하였으므로, 금강자동차부품 주식회사는 단순분할신설회사로 甲회사의 채무에 관하여 연대하여 변제할 책임이 있다.

2) 甲회사는 분할계획서에 "분할에 의하여 설립되는 회사는 분할회사의 채무 중에서 [첨부: 승계채무목록]에 기재된 채무만을 승계한다. 분할 후 존속하는 분할회사는 신설회사가 부담하지 아니하는 채무에 대한 책임만을 부담한다."라는 내용을 기재하고, 이 분할계획서는 주주총회에서 특별결의요건을 갖추어 승인되었으며 甲회사는 채권자보호절차를 이행하였는바, 금강자동차 부품 주식회사는 승계채무목록에 기재되지 않은 위 차세대 브레이크 납품계약불이행 위약금채무에 대하여는 책임을 지지 않는다.

3. 결론

X회사가 위 납품계약불이행 위약금채무가 자동차부품 제조·판매업과 직접 관련되는 채무라고 주장하면서 '금강자동차부품 주식회사'에 이를 이행하도록 청구하는 소를 제기하는 경우 기각된다.

[제3문] 문제 4. 해설

1. 문제
(1) 영업양도의 유효여부, (2) 상호속용양수인의 책임가부가 문제 된다.

2. 영업양도의 유효여부

(1) **의의** - 영업양도란 일정한 영업목적에 의하여 조직화된 총체 즉 인적, 물적 조직을 그 동일성을 유지하면서 일체로서 이전하는 것을 말한다.

(2) **판례** - 영업의 일부만의 양도도 가능하지만 이 경우에도 해당 영업부문의 인적, 물적 조직이 그 동일성을 유지한 채 일체로서 이전되어야 한다.

(3) **사안의 경우** - 금강자동차부품 주식회사가 대표이사 등 임원진을 제외한 모든 회사의 인적, 물적 자원을 丙 회사에 양도한 것인바, 이는 상법상 적법한 영업양도로 유효하다.

3. 상호속용양수인의 책임가부

(1) **관련 조문** - 영업양수인이 양도인의 상호를 계속 사용하는 경우에는 양도인의 영업으로 인한 제3자의 채권에 대하여 양수인도 변제할 책임이 있다(상법 제42조 제1항).

(2) **판례** - 상법 제42조 제1항의 '상호를 계속 사용하는 경우'에 해당하기 위해서는 영업양도인이 사용하던 상호와 양수인이 사용하는 상호가 동일할 것까지는 없고 다만 전후의 상호가 주요부분에 있어서 공통되기만 하면 상호를 계속 사용한다고 보아야 한다.

(3) **사안의 경우** - 영업양도인의 상호인 금강자동차부품주식회사와 영업양수인의 상호인 금강오토부품주식회사의 상호가 완전히 동일하지는 않지만 전후의 상호가 주요부분인 금강부품주식회사 부분이 공통되고 자동차와 오토는 통상적으로 유사명칭으로 사용되고 있는바, 丙 회사는 상호속용양수인에 해당한다.

4. 결론

Y는 '금강오토부품 주식회사'가 상법 제42조 제1항의 상호속용양수인에 해당함을 이유로 위 원자재 대금의 지급을 청구할 수 있다.

7. 2017년도 시행 제6회 변호사시험

제1문

〈제1문의 1〉

〈 기초적 사실관계 〉

甲은 경기도 가평군 소재 X토지의 소유권자인데, X토지는 「국토의 계획 및 이용에 관한 법률」에 따른 토지거래허가구역으로 지정되어 있다. 甲은 2010. 10. 10. 乙과 X토지에 관하여 매매대금을 1억 원으로 하는 부동산매매계약을 체결하고 계약 당일 계약금으로 1,000만 원을 받았으며, 나머지 잔금은 토지거래허가를 받은 날로부터 1개월 이내에 지급하기로 약정하였다. 그런데, 甲은 X토지의 급격한 지가상승이 예상되자 토지거래허가를 위한 협력의무를 이행하지 않았으며, 이에 따라 乙은 甲을 피고로 X토지에 관한 토지거래허가 협력의무의 이행을 구하는 소를 제기하여 1심에서 승소하였고, 위 판결에 대하여 甲이 항소하였다.

甲은 위 항소심 재판 도중에 「민법」 제565조 제1항에 따라 X토지에 관한 계약금 1,000만 원의 배액인 2,000만 원을 적법하게 공탁한 다음, 乙에게 위 매매계약을 해제한다는 내용증명우편을 보냈다. 이에 대하여 乙은 이미 X토지에 관하여 토지거래허가 협력의무의 이행을 구하는 소를 제기하여 1심에서 승소하였고, 이는 위 매매계약에 대한 이행의 착수가 있었다고 할 것이므로, 「민법」 제565조에 따른 해제는 할 수 없다고 주장하고 있다.

〈 문제 〉

1. 甲과 乙의 주장은 타당한가? (15점)

〈 변형된 사실관계 〉

甲은 2010. 10. 10. 乙과 토지거래허가구역으로 지정되어 있는 X토지에 관하여 매매대금을 1억 원으로 한 부동산매매계약을 체결하고 계약 당일 계약금으로 1,000만 원을 받았으며, 2011. 3. 15. 잔금 9,000만 원을 각 지급받았다. 한편, 乙은 위 토지에 대한 매매대금을 모두 지급하였으나, 토지거래허가를 받지 않은 상태에서 2012. 4. 8. 丙과 위 토지에 관하여 매매대금을 1억 2,000만 원으로 하는 매매계약을 체결하고, 당일 계약금으로 2,000만 원을, 같은 해 6. 20. 잔금 1억 원을 각 지급받았다. 甲, 乙, 丙은 위와 같이 X토지에 관하여 순차로 매매계약을 체결하면서, 최초 매도인 甲이 최종 매수인 丙에게 직접 토지거래허가 신청절차를 이행하고, 소유권이전등기를 마쳐주기로 3자 간 합의를 하였다. 甲은 위와 같은 3자 간 합의에 따라 관할관청으로부터 X토지의 매도인을 甲으로, 매수인을 丙으로 하는 토지거래허가를 받은 다음, X토지에 관하여 丙 명의의 소유권이전등기를 마쳐주었다.

〈 문제 〉
2. X토지에 대하여 최초 매도인 甲으로부터 최종 매수인 丙 명의로 경료된 소유권이전등기는 유효한가? (15점)

[제1문의 1] 문제 1. 해설

1. 문제
(1) 甲 계약금해제 주장, (2) 乙 이행착수로 해제가 불가하다는 주장의 당부가 문제 된다.

2. 甲 주장의 당부
(1) **관련 조문** - 매매의 당사자 일방이 계약당시에 금전을 계약금 목적으로 상대방에게 교부한 때에는 일방이 이행에 착수할 때까지 수령자는 그 배액을 상환하여 매매계약을 해제할 수 있다(민법 제565조 제1항).

(2) **판례** - 토지거래허가를 받지 않아 유동적 무효 상태인 매매계약에 있어서도 당사자 사이의 매매계약은 매도인이 계약금의 배액을 상환하고 계약을 해제함으로써 적법하게 해제된다.

(3) **사안의 경우** - 甲은 乙로부터 받은 계약금 1천의 배액인 2천을 적법하게 공탁하였으므로 이행의 착수가 없다면 계약금해제는 적법한바, 甲의 주장은 일응 타당하다.

3. 乙 주장의 당부
(1) **판례** - 토지거래허가협력의무 이행을 촉구하였거나 그 의무이행을 거절함에 대하여 의무이행을 구하는 소송을 제기하여 1심에서 승소판결을 받은 것만으로는 그 계약의 이행에 착수하였다고 할 수 없다.

(2) **사안의 경우** - 토지거래허가대상 토지매매에서 허가협력의무 이행소송은 주된 급부에 대한 것이 아니어서 이행의 착수에 해당하지 않는바, 乙의 주장은 부당하다.

4. 결론
甲의 계약금해제 주장이 타당하고, 乙의 주장은 부당하다.

[제1문의 1] 문제 2. 해설

1. 문제
토지거래허가 구역 내 토지매매계약의 중간생략등기가 유효한지 문제 된다.

2. 토지거래허가 구역 내 토지매매계약의 중간생략등기 유효 여부
(1) **의의** - 중간생략등기합의란 부동산이 전전 매도된 경우 각 매매계약이 유효하게 성립함을 전제로 그 이행의 편의상 최초 매도인으로부터 최종 매수인 앞으로 소유권이전등기를 경료하기로 한다는 당사자 사이의 합의를 말한다.

(2) **판례** - 중간생략등기합의가 최초의 매도인과 최종의 매수인 사이에 매매계약이 체결되었다는 것을 의미하는 것은 아니므로 최종 매수인이 최초 매도인을 매매 당사자로 하는 토지거래허가를 받아 자신 앞으로 소유권이전등기를 경료하였다고 하더라도 이는 적법한 토지거래허가 없이 경료된 등기로서 무효이다.

(3) **사안의 경우** - 甲, 乙, 丙이 X토지에 관하여 순차로 매매계약을 체결한 것만으로 甲과 丙 사이에 매매계약이 체결된 것이 아니므로 甲과 丙사이의 매매계약에 관한 토지거래허가를 받았다 하여도 이는 존재하지 않은 계약에 대한 허가인 바, 적법한 토지거래 허가로 볼 수 없다.

3. 결론

X토지에 관하여 甲으로부터 丙 명의로 경료된 소유권이전등기는 무효이다.

〈제1문의 2〉

〈 기초적 사실관계 〉

甲은 주택 신축 등을 목적으로 하는 사업을 하면서 乙 및 친척인 丙에게 각각 1억 원의 대여금 채무를 비롯하여 총 합계 3억 원 이상의 채무를 부담하게 되어 채무초과 상태에 이르게 되었다. 甲은 유일한 재산인 X토지를 소유하고 있었는데, 丙에 대한 甲의 대여금 채무를 위한 담보로 제공하는 저당권설정계약(이하 '이 사건 계약'이라 한다)을 丙과 체결하였다.

甲은 丙의 독촉에도 이 사건 계약에 의한 저당권설정등기를 미루고 있었는데, 이에 丙은 甲을 피고로 이 사건 계약을 원인으로 하여 저당권설정등기를 청구하는 소를 제기하였다. 丙의 위 소송에 대하여 甲은 제대로 응소하지 않고 있다.

위와 같은 소식을 들은 乙은 이 사건 계약의 체결 과정을 조사한 결과, 甲은 이 사건 계약으로 인하여 책임재산에 부족이 생기거나 이미 부족상태에 있는 책임재산이 한층 더 부족하게 됨으로써 乙의 채권을 완전하게 만족시킬 수 없다는 사실을 인식하였고, 丙도 그러한 점을 알고 있었다는 사실을 알게 되었다. 이에 乙은 원고 丙과 피고 甲 사이의 위 소송에 참가하려고 한다.

〈 문제 〉

1. 乙이 다음과 같은 취지로 독립당사자참가신청을 하는 것은 적법한가? (30점)

   (가). 丙을 상대로 사해행위를 원인으로 하여 "X토지에 관하여 甲과 丙이 체결한 이 사건 계약을 취소한다."는 취지의 독립당사자참가신청

   (나). 丙과 甲을 상대로 통정허위표시를 원인으로 하여 "X토지에 관하여 甲과 丙이 체결한 이 사건 계약이 무효임을 확인한다."는 취지의 독립당사자참가신청

〈 추가된 사실관계 〉

X토지에 대한 저당권설정등기를 경료받은 丙은 변제기가 도래하여도 甲이 피담보채무를 변제하지 않자, X토지를 목적물로 하는 부동산경매신청을 하였다. 이 경매절차에서 X토지의 감정평가액은 2억 원으로 평가되었고, 丙의 청구금액은 1억 원(이자 및 지연손해금은 무시한다)이었다. 그런데 丁은 자신이 X토지의 기반공사를 하였고 이에 따른 공사대금채권 9,000만 원을 피담보채권으로 하는 유치권이 있다고 주장하며 유치권 신고를 하였다.

이에 대해 丙은 丁을 피고로 하여 丁이 X토지에 관한 공사대금채권을 가지고 있지 않음에도 위와 같은 유치권 신고를 하였다면서, 丁의 유치권 부존재 확인을 구하는 소를 제기하였다. 이 소송을 심리한 법원은 丁이 주장하는 유치권의 피담보채권이 7,000만 원의 한도로 존재한다고 판단하였다.

〈 문제 〉

2. 법원은 丙의 청구에 대해 어떠한 판결을 하여야 하는가? (20점)

[제1문의 2] 문제 1. 해설

1. 문제
(가), (나)의 독립당사자 참가신청 적법성이 문제 된다.

2. 독립당사자 참가신청의 적법여부

(1) **관련 조문** - 소송목적의 전부나 일부가 자기의 권리라고 주장하거나, 소송결과에 따라 권리가 침해된다고 주장하는 제3자는 당사자의 양 쪽 또는 한 쪽을 상대방으로 하여 당사자로서 소송에 참가할 수 있다(민소법 제79조 제1항).

(2) **사해방지참가 해당여부**

  1) 관련 법리 - 사해방지참가는 원·피고가 소송을 통하여 제3자를 해칠 의사가 있다고 객관적으로 인정되고 그 소송의 결과 제3자의 권리 또는 법률상의 지위가 침해될 우려가 있다고 인정되는 경우에 허용된다.

  2) 사안의 경우 - (가), (나)에서 甲은 이 사건 계약으로 인하여 책임재산에 부족이 생기거나 이미 부족상태에 있는 책임재산이 한층 더 부족하게 됨으로써 乙의 채권을 완전히 만족시킬 수 없다는 사실을 인식하였고, 丙도 그러한 점을 알고 있었으므로 사해의사가 객관적으로 인정되고, 丙이 승소하면 乙의 채권자로서의 권리가 침해될 우려가 인정되는 바, 사해방지 참가에 해당한다.

(3) **사해방지참가 적법여부**

  1) (가)의 경우
    ① 판례 - 사해행위취소의 상대적 효력에 의하면, 원고의 피고에 대한 청구의 원인행위가 사해행위라는 이유로 원고에 대하여 사해행위취소를 청구하면서 독립당사자참가신청을 하는 경우, 독립당사자참가인의 청구가 그대로 받아들여지더라도 원고와 피고 사이의 법률관계에는 아무런 영향이 없어 사해방지참가의 목적을 달성할 수 없는바 부적법하다.
    ② 사안의 경우 - 乙이 丙을 상대로 X토지에 관한 저당권설정계약이 사해행위임을 이유로 취소하고 인용되더라도 그 효과는 乙과 丙사이에서만 발생하여 丙의 甲에 대한 청구는 인용되므로 사해방지참가의 목적을 달성할 수 없는바, 乙의 사해방지참가는 부적법하다.

  2) (나)의 경우
    ① 관련 조문 - 상대방과 통정한 허위의 의사표시는 무효이다(민법 제108조 제1항).
    ② 판례 - 확인의 소에 있어서 당사자 일방과 제3자 사이의 권리관계에 관하여도 다른 일방에 대한 관계에서 그 법률관계를 확정시키는 것이 당사자의 권리관계에 대한 불안이나 위험을 제거할 수 있는 유효적절한 수단이 되는 경우에는 당사자 일방과 제3자 사이의 권리관계에 관하여도 확인의 이익이 있다.
    ③ 사안의 경우 - 甲과 丙사이에 X토지에 관한 저당권설정계약이 통정허위표시에 해당하여 무효가 되는 경우 그 효과는 甲에게도 미치고, 丙은 甲을 피고로 이 사건 계약을 원인으로 하여 저당권설정등기를 청구하는 소에서 승소하여 저당권이 설정될 경우 丙의 우선변제권으로

乙은 일반채권자로서 변제를 받지 못하게 될 위험이 존재하는 바, 甲과 丙사이의 저당권설정 계약이 통정허위표시에 해당하여 무효의 확인을 구하는 소는 확인의 이익이 있어 乙의 사해방지참가는 적법하다.

3. 결론
(1) 乙의 (가)와 같은 취지의 독립당사자참가신청은 부적법하다.
(2) 乙의 (나)와 같은 취지의 독립당사자참가신청은 적법하다.

[제1문의 2] 문제 2. 해설

1. 문제
(1) 유치권부존재확인의 소에서 확인의 이익여부, (2) 이에 대한 법원의 판결이 문제 된다.

2. 유치권부존재확인의 소에서 확인의 이익여부
(1) **관련 조문** - 매수인은 유치권자에게 그 유치권으로 담보하는 채권을 변제할 책임이 있다(민사집행법 제91조 제5항, 제268조).

(2) **판례** - 근저당권자는 유치권 신고를 한 사람을 상대로 유치권 전부의 부존재뿐만 아니라 경매절차에서 유치권을 내세워 대항할 수 있는 범위를 초과하는 유치권의 부존재 확인을 구할 법률상 이익이 있다.

(3) **사안의 경우** - 유치권자 丁은 경락인에 대하여 피담보채권의 변제를 청구할 수는 없지만 자신의 피담보채권이 변제될 때까지 유치목적물인 X토지의 인도를 거절할 수 있어 경매를 신청한 저당권자 丙의 배당액이 줄어들어 丙의 법률상 지위를 불안정하게 하는 것이므로 위 불안을 제거하는 근저당권자의 이익을 단순한 사실상·경제상의 이익이라고 볼 수는 없는바, 확인의 이익이 인정된다.

3. 법원의 판결
(1) **관련 조문** - 법원은 당사자가 신청하지 아니한 사항에 대하여는 판결하지 못한다(민소법 제203조).

(2) **판례** - 유치권 신고를 한 사람이 유치권의 피담보채권으로 주장하는 금액의 일부만이 경매절차에서 유치권으로 대항할 수 있는 것으로 인정되는 경우에는 법원은 특별한 사정이 없는 한 그 유치권 부분에 대하여 일부패소의 판결을 하여야 한다.

(3) **사안의 경우** - 丙은 丁을 피고로 하여 丁이 X토지에 관한 공사대금채권을 가지고 있지 않음에도 위와 같은 유치권 신고를 하였다면서, 丁의 유치권 부존재 확인을 구하는 소를 제기하였는데, 법원의 심리결과 丁이 주장하는 유치권의 피담보채권이 7,000만 원의 한도로 존재한다고 판단하였는바, 법원은 7천만 원을 초과하여 존재하지 아니한다는 일부패소 판결을 한다.

4. 결론

법원은 丙의 청구에 대하여,

"1. 피고 丁의 유치권 피담보채권이 7천만 원을 초과하여 존재하지 아니함을 확인한다.

2. 원고 丙의 나머지 청구는 기각한다." 라는 일부인용판결을 선고한다.

〈제1문의 3〉

〈 기초적 사실관계 〉

甲은 자신의 소유인 X토지 지상에 Y건물을 신축하였으나 아직 자신의 명의로 등기를 마치지 않은 채 사용하고 있었다. 甲은 2010. 9. 21. X토지와 신축한 Y건물을 乙에게 매도하고 인도까지 하였으나, Y건물은 아직 소유권보존등기를 하지 못하여 X토지에 대해서만 소유권이전등기를 마쳐주었다. 乙은 2012. 9. 21. 丙 은행으로부터 1억 원을 차용하면서 X토지에 대하여 근저당권자 丙 은행, 채권최고액 1억 2,000만 원의 근저당권을 설정하였고, 이후 乙은 2012. 9. 24. 자신의 명의로 Y 건물에 대한 소유권보존등기를 마쳤다.

그 후 乙이 피담보채무를 변제하지 않자 丙 은행의 적법한 경매신청에 의하여 X토지에 대하여 개시된 경매절차에서 丁이 2014. 7. 26. 매각대금을 완납하고 그 소유권을 취득하였다.

〈 문제 〉

1. 丁은 乙을 상대로 Y건물의 철거 및 X토지의 인도를 구하는 소를 제기하였다. 이 청구는 인용될 수 있는가? (20점)

[제1문의 3] 해설

1. 문제
(1) 丁이 X토지의 적법한 소유권자, (2) 乙이 X토지의 적법한 점유권자 여부가 문제 된다.

2. 丁이 X토지의 적법한 소유권자
(1) **관련 조문** – 경매에 의한 부동산 물권취득은 등기를 요하지 아니하고(민법 제187조), 매수인은 매각대금을 완납한 때에 매각목적의 권리를 취득한다(민집법 제135조).

(2) **사안의 경우** – 丁은 2014. 7. 26. 매각대금을 완납한 때에 소유권을 취득하므로 X토지의 적법한 소유권자로 토지인도(민법 제213조) 및 건물철거(민법 제214조)를 구할 수 있다.

3. 乙이 X토지의 적법한 점유권자 여부
(1) **乙이 Y건물의 소유권자 여부** – 乙은 미등기건물 매수인으로 원시취득자 甲이 보존등기를 한 후 이전등기를 하는 것이 원칙이지만 乙 명의 보존등기는 실체관계에 부합하는 바, 보존등기를 경료한 2012. 9. 24. 乙은 Y건물의 적법한 소유권자가 된다.

(2) **甲의 관습법상 법정지상권을 乙이 승계하는지 여부**
   1) 관련 법리 – 처분당시 ① 토지상에 건물이 존재하고, ② 토지와 건물이 동일한 소유에 속하고, ③ 매매 기타 적법한 원인으로 소유자가 달라져야 한다.
   2) 판례 – 토지소유자가 건물의 처분권까지 함께 취득한 경우 관법지를 인정할 이유가 없다.
   3) 사안의 경우 – 甲이 乙에게 X토지와 Y건물을 모두 매도하였는바, 甲에게 Y건물을 위한 관법지는 성립하지 않는다.

(3) **乙의 법정지상권 취득 여부**
   1) 관련 조문 – 저당권설정당시 ① 토지상에 건물이 존재하고, ② 토지와 건물의 소유자가 동일하며, ③ 저당권실행으로 토지와 건물의 소유자가 달라진 경우, 토지소유자는 건물소유자를 위하여 지상권을 설정한 것으로 본다(민법 제366조).
   2) 사안의 경우 – 丙이 저당권을 설정한 2012. 9. 21 X토지 소유자는 乙, Y건물 소유자는 甲으로 ② 요건이 충족되지 않아 乙은 법정지상권을 취득하지 못한다.

(4) **소결** – 乙은 X토지를 점유할 권원이 없는 바, 적법한 점유권자가 아니다.

4. 결론
丁이 乙을 상대로 Y건물의 철거 및 X토지의 인도를 구하는 소는 인용된다.

〈제1문의 4〉

〈 기초적 사실관계 〉

甲은 2014. 2. 2. 乙로부터 1억 원을 변제기 2015. 2. 2., 이자 연 20%로 차용하기로 하는 소비대차계약을 체결하였고, 같은 날 丙은 자신 소유의 X토지에 대하여 乙에게 甲의 위 채무를 담보하기 위하여 근저당권자 乙, 채권최고액 1억 2,000만 원으로 하는 근저당권을 설정하여 주었다. 그런데 변제기가 지나도록 甲이 위 채무를 변제하지 않자, 乙은 위 근저당권을 실행하겠다는 뜻을 甲과 丙에게 통지하고 2016. 2. 2. X토지에 대하여 근저당권에 기한 경매를 신청하였다. 이에 丙이 甲의 채무를 대신 변제하겠다고 하였으나, 乙은 대여금 1억 원과 이에 대한 이자 및 지연손해금도 추가로 지급할 것을 요구하였다.

〈 문제 〉

1. 丙은 乙에게 위 채권최고액인 1억 2,000만 원을 변제하였다. 丙은 乙을 피고로 위 근저당권설정등기의 말소를 청구할 수 있는가? (10점)

〈 변형된 사실관계 〉

甲이 乙과의 사이에 위와 같은 소비대차계약을 체결하면서, 채무자 甲은 자신 소유의 Y토지에 대하여 근저당권자 乙, 채권최고액 1억 2,000만 원으로 하는 근저당권을 설정하였다. 변제기가 지나도록 甲이 위 채무를 변제하지 않자, 乙은 위 근저당권을 실행하겠다는 뜻을 甲에게 통지하고 2016. 2. 2. Y토지에 대하여 근저당권에 기한 경매를 신청하였다.

〈 문제 〉

2. 甲은 乙에게 위 채권최고액인 1억 2,000만 원을 변제하였다. 甲은 乙을 피고로 위 근저당권설정등기의 말소를 청구할 수 있는가? (10점)

[제1문의 4] 문제 1. 해설

1. 근저당권의 피담보채권 확정 및 범위

(1) 관련 조문 - 저당권은 원본, 이자, 위약금, 채무불이행으로 인한 손해배상 및 저당권의 실행비용을 담보한다(민법 제360조).

(2) 판례 - 근저당권자가 그 피담보채무의 불이행을 이유로 경매신청을 한 때에는 그 경매신청 시에 근저당권은 확정된다.

(3) 사안의 경우 - 乙의 경매신청일인 2016. 2. 2. 기준으로 원금 1억, 약정이자 2천, 지연이자 2천, 총 1억 4천이 피담보채권액으로 확정된다.

2. 丙의 말소청구 가부

(1) 판례 - 근저당권의 물상보증인은 근저당권설정계약에 정하여진 채권최고액을 한도로 하는 것만을 변제하면 근저당권설정등기의 말소청구를 할 수 있고 채권최고액을 초과하는 부분의 채권액까지 변제할 의무가 있는 것이 아니다.

(2) 사안의 경우 - 丙은 물상보증인의 지위에 있는 자로 채권최고액만을 변제할 의무가 있고 丙은 乙에게 채권최고액 1억 2천을 변제하였는바, 말소청구가 가능하다.

3. 결론

丙의 乙에 대한 근저당권설정등기 말소청구는 인용된다.

[제1문의 4] 문제 2. 해설

1. 근저당권의 피담보채권 확정 및 범위

乙의 경매신청일인 2016. 2. 2. 기준으로 총 1억 4천(=원금 1억, 약정이자 2천, 지연이자 2천)이 甲이 변제하여야 할 피담보채권액으로 확정된다.

2. 甲의 말소청구 가부

(1) 판례 - 채무액이 근저당 채권최고액을 초과하는 경우에 채무자가 그 채무의 일부인 채권최고액만을 변제하였다면 채권전액의 변제가 있을 때까지 근저당권의 효력은 잔존채무에 미치는 것이므로 위 채무일부의 변제로써 위 근저당권의 말소를 청구할 수 없다.

(2) 사안의 경우 - 甲이 채권최고액 1억 2천을 변제하였다고 하더라도 채권전액의 변제가 있을 때까지 근저당권의 효력은 잔존채무 2천에 미치는 것이므로 2천을 더 변제하지 않는 한 말소청구를 할 수 없다.

3. 결론

甲의 乙에 대한 근저당권설정등기 말소청구는 기각된다.

〈제1문의 5〉

〈 기초적 사실관계 〉

서울 강남구에 거주하고 있는 甲은 2004. 2. 15. 춘천시에 살고 있는 친구 乙에게 1억 원을 변제기 2005. 2. 15.로 정하여 대여하였다. 甲은 위 변제기가 지난 2005. 7. 10. 乙에게 위 대여금의 반환을 독촉하였으나, 乙은 아무런 응답이 없었다.

甲은 친구인 乙을 상대로 소를 제기하는 것을 망설이다가 2015. 7. 13.에 이르러서야 서울중앙지방법원에 乙을 상대로 1억 원의 지급을 구하는 대여금반환청구의 소를 제기하였다. 乙은 2015. 8. 13.에 열린 위 소송의 변론기일에 출석하여 甲이 최종적으로 위 대여금의 변제를 요구한 2005. 7. 10.을 기산일로 하여 10년의 위 대여금채무의 소멸시효가 완성되었다고 항변하였다.

※ 아래 문제들은 기초적 사실관계를 전제로 하는 독립된 문제이고, 주어진 사실관계 이외에 다른 사실관계는 상정하지 마시오.

※ 제시된 일자는 공휴일이 아닌 것으로 간주하시오.

〈 문제 〉

1. 법원은 위 사안을 심리한 후, 甲의 乙에 대한 위 대여금채권은 변제기인 2005. 2. 15.을 기산일로 하여 10년의 소멸시효가 완성되었으므로 결국 甲의 위 대여금채무는 소멸시효 완성으로 인하여 소멸되었다고 판단하면서, 甲의 청구를 기각하였다. 위와 같은 법원의 판단은 타당한가? (15점)

〈 변형된 사실관계 〉

甲은 2014. 8. 10. 乙에게 1억 원을 변제기 2015. 8. 10.로 정하여 대여하였는데 乙이 변제기가 지난 후에도 이를 변제하지 않고 있다고 주장하면서, 2015. 9. 18. 위 대여금의 지급을 구하는 대여금반환청구의 소를 제기하였다. 이에 乙은 甲과 체결한 물품공급계약에 따라 2015. 5. 10. 인도한 물품의 대금채권 1억 5,000만 원(위 물품대금채권의 변제기는 2015. 8. 10.이다) 중 1억 원을 반대채권으로 하여 상계의 항변을 하였고, 그와 동시에 나머지 물품대금 5,000만 원의 지급을 구하는 반소를 제기하였다(물품대금채권의 지연손해금은 고려하지 않음).

〈 문제 〉

2. 乙이 제기한 반소는 적법한가? (15점)

[제1문의 5] 문제 1. 해설

1. 문제
법원이 당사자가 주장한 소멸시효 기산점이 아닌 다른 시점을 기준으로 판단한 것이 적법한지 여부가 문제 된다.

2. 변론주의 위배여부
(1) **의의** - 변론주의란 민사소송법상 소송자료 즉, 사실과 증거의 수집, 제출책임은 당사자에게 있고, 당사자가 수집하여 변론에서 제출한 소송자료만으로 재판의 기초로 삼아야 한다.

(2) **판례**
　1) 소멸시효의 기산일은 채무의 소멸이라고 하는 법률효과 발생의 요건에 해당하는 소멸시효 기간 계산의 시발점으로서 소멸시효 항변의 법률요건을 구성하는 구체적인 사실에 해당하므로 이는 변론주의의 적용 대상이다.
　2) 본래의 소멸시효 기산일과 당사자가 주장하는 기산일이 서로 다른 경우에는 변론주의의 원칙상 법원은 당사자가 주장하는 기산일을 기준으로 소멸시효를 계산하여야 하는데, 이는 당사자가 본래의 기산일보다 뒤의 날짜를 기산일로 하여 주장하는 경우는 물론이고 특별한 사정이 없는 한 그 반대의 경우에 있어서도 마찬가지이다.

(3) **사안의 경우** - 소멸시효 기산점을 주요사실이므로 변론주의 적용대상으로 당사자의 주장에 구속되므로 법원이 乙이 주장한 기산일인 2005. 7. 10.이 아닌 2005. 2. 15.로 기산일을 판단한 것은 변론주의에 위배된다.

3. 결론
법원의 판단은 변론주의에 위배되어 적법하지 못하다.

[제1문의 5] 문제 2. 해설

1. 문제
乙이 제기한 반소의 적법 여부가 문제 된다.

2. 반소의 적법 요건 충족 여부
(1) **관련 조문** - 피고는 소송절차를 현저히 지연시키지 아니하는 경우에만 변론을 종결할 때까지 본소가 계속된 법원에 반소를 제기할 수 있다. 다만, 소송의 목적이 된 청구가 다른 법원의 관할에 전속되지 아니하고 본소의 청구 또는 방어의 방법과 서로 관련이 있어야 한다(민소법 제269조 제1항).

(2) 상호관련성 인정 여부

1) 관련 법리 및 요건 - 반소청구가 본소청구에 대한 항변사유와 대상·발생 원인에 있어서 법률상 또는 사실상 공통성이 있음을 의미한다. 방어방법이 ① 반소제기 당시 현실적으로 제출되어야 하고, ② 법률상 허용되어야 한다.

2) 사안의 경우 - 乙의 반소제기 당시 상계항변을 하였고, 상계항변도 자동채권의 변제기가 도래하였고 물품을 인도한 뒤에 물품대금채권을 구하는 것으로 자동채권에 동시이행항변권이 부착되어 있는 경우도 아니어서 법률상 허용되는 바, 甲의 대여금청구에 대하여 乙이 상계항변을 하면서 상계범위를 초과한 채권의 이행을 구하는 반소는 본소와 상호관련성이 인정된다.

(3) 반소이익 인정 여부

乙은 상계항변으로 소멸한 1억 부분을 초과하는 5천만 원의 채권을 구하는 것으로 별도의 소송물에 해당하여 중복제소가 문제되지 않는바, 반소이익도 인정된다.

(4) 소결 - 乙의 반소는 적법 요건을 충족한다.

3. 결론

乙의 반소는 적법하다.

제2문

〈제2문의 1〉

〈 기초적 사실관계 〉

甲은 2012. 1. 30. 乙에게 X주택을 임대차보증금 1억 원, 임대차기간 2012. 2. 1.부터 2014. 1. 31.까지, 월 차임 100만 원으로 정하여 임대하였다. 乙은 2012. 2. 1. 임대차보증금 1억 원을 지급함과 동시에 X주택을 인도받고 같은 날 전입신고를 마쳤다. 乙은 X주택에 계속하여 거주하고 있다.

〈 추가적 사실관계 〉

甲의 채권자 A는 2012. 1. 10. X주택에 관하여 제1순위로 근저당권설정등기를 마쳤고, 다른 채권자 B는 2012. 2. 2. 오후 제2순위로 근저당권설정등기를 마쳤다. A는 2015. 12. 1. 甲으로부터 채무를 모두 변제받았는데 그 명의의 근저당권설정등기는 말소되지 아니하였다. 한편, B는 甲이 채무를 변제하지 아니하자 2016. 1.경 근저당권 실행을 위한 경매신청을 하였고, 위 경매절차에서 丙은 2016. 5. 1. 매각대금을 완납하고 같은 날 소유권이전등기를 마쳤다.

〈 문제 〉

1. 丙은 2016. 6. 1. 乙을 상대로 X주택의 인도를 구하는 소를 제기하였고, 이에 대하여 피고(乙)는 ① 자신은 대항력이 있고, ② 현재 임대차관계가 존속하고 있다고 다투었으며, ③ 예비적으로 보증금반환채권과 동시이행의 항변을 하였다. 법원은 어떠한 판단을 하여야 하는지 1) 결론(소 각하/청구기각/청구인용/청구일부인용-일부인용의 경우에는 인용범위를 특정할 것)과 2) 논거를 기재하시오. (20점)

〈 추가적 사실관계 (위 '추가적 사실관계'와 별개임) 〉

乙은 2014. 10. 1. X주택의 화장실을 개량하는 데 400만 원을 지출하였고, 그 현존가치도 400만 원임이 인정된다. 甲과 乙이 위 임대차계약을 체결할 때 "임차인은 임대인의 승인 하에 개축 또는 변조할 수 있으나 부동산의 반환기일 전에 임차인의 부담으로 원상복구한다."라고 약정하였다. 乙은 2016. 2. 20. 甲에게 임대차계약을 해지하겠다는 통지를 하였고, 위 통지는 2016. 2. 25. 甲에게 도달하였다. 乙은 2016. 3. 1.부터 차임과 차임 상당의 부당이득금을 지급하지 않고 있다.

〈 문제 〉

2. 甲은 2016. 6. 1. 乙을 상대로 '피고는 원고에게 X주택을 인도하라'라는 소를 제기하였고, 이에 대하여 乙은 보증금과 화장실개량에 따른 유익비를 지급받을 때까지는 인도청구에 응할 수 없다고 동시이행의 항변을 하였다. 이에 대하여 甲은 연체차임과 부당이득금의 공제 및 유익비 포기특약의 주장을 하였다. 법원은 어떠한 판단을 하여야 하는지 1) 결론(소 각하/청구기각/청구인용/청구일부인용-일부인용의 경우에는 인용범위를 특정할 것)과 2) 논거를 기재하시오(변론종결일 2016. 11. 30.). (15점)

[제2문의 1] 문제 1. 해설

1. 문제
丙의 청구에 대한 乙의 ①, ②, ③ 항변의 당부가 문제 된다.

2. 乙의 ①항변 당부

(1) **관련 조문** - 임대차는 그 등기가 없는 경우에도 임차인이 주택의 인도와 주민등록을 마친 때에는 그 다음날부터 제3자에 대하여 효력이 있다(주임법 제3조 제1항). 저당권으로 담보된 채권이 소멸한 때에는 저당권도 소멸한다(민법 제369조). 등기된 임차권은 저당권에 대항할 수 없는 경우에 매각으로 소멸한다(민집법 제91조 제3항).

(2) **사안의 경우** - 乙은 2012. 2. 1. X주택을 인도 받고 같은 날 전입신고를 하여 2012. 2. 2. 0시에 대항력을 취득하고, X주택의 1번 A저당권의 피담보채권은 2015. 12. 모두 변제되어 부종성으로 인해 말소등기와 상관없이 소멸하고, 2번 B저당권은 2015. 2. 2. 오후 설정등기를 마쳐 乙의 임차권의 대항력 취득 시점이 B저당권보다 우선하는바, B저당권 실행으로 소유권을 취득한 丙에게 대항할 수 있다는 乙의 ① 항변은 타당하다.

3. 乙의 ②항변 당부

(1) **관련 조문** - 임대인이 임대차기간이 끝나기 전에 6개월 전부터 1개월 전까지의 기간에 임차인에게 갱신거절의 통지를 하지 아니한 경우 그 기간이 끝난 때에 전 임대차와 동일한 조건으로 다시 임대차 한 것으로 보고, 그 기간은 2년으로 본다(주임법 제6조 제1, 2항). 임대차 기간이 끝난 경우에도 임차인이 보증금을 반환받을 때까지 임대차관계가 존속한 것으로 본다(주임법 제4조 제2항).

(2) **사안의 경우** - 甲과 乙의 임대차 계약이 2014. 1. 31. 종료되기 전에 갱신거절의 통지가 없어 묵시의 갱신이 인정되어 2016. 1. 31. 기간이 만료되고, 만료 이후에도 乙이 임대차보증금을 받은 적이 없어 임대차 관계가 존속하는 바, 乙의 ② 항변은 타당하다.

4. 乙의 ③항변 당부

이는 예비적 항변으로 주위적 항변 ①, ② 항변이 모두 타당한바, 법원은 별도의 판단을 할 필요가 없다.

5. 결론

법원은 乙의 ①, ② 항변이 타당하므로 丙의 청구를 기각한다. ③ 항변에 대한 판단은 하지 않는다.

[제2문의 1] 문제 2. 해설

1. 문제
(1) 임대차계약의 종료 여부, (2) 乙 항변, (3) 甲 재항변의 당부가 문제 된다.

2. 임대차계약의 종료 여부
(1) **관련 조문** – 임대차계약이 묵시적으로 갱신된 경우에 임차임은 언제든지 임대인에게 계약해지를 통지할 수 있고, 이는 임대인이 그 통지를 받은 날부터 3개월이 지나면 그 효력이 발생 한다(주임법 제6조의 2 제1항, 제2항).

(2) **사안의 경우** – 甲과 乙의 X주택 임대차는 묵시적으로 갱신되어 2016. 1. 31. 기간이 만료하고, 그 후에도 아직 보증금이 반환되지 않아 임대차관계가 존속되는데, 임차인 乙의 임대차계약 해지 통고가 2016. 2. 25. 甲에게 도달하여 3개월이 지난 2016. 5. 25. 해지의 효력이 발생하여 임대차계약이 종료되는 바, 2016. 6. 1. 甲은 乙에게 X주택의 인도를 구할 수 있다.

3. 乙 항변의 당부
(1) **판례** – 건물의 임차인이 임대차관계 종료시에는 건물을 원상으로 복구하여 임대인에게 명도하기로 약정한 것은 건물에 지출한 비용상환청구권을 미리 포기하기로 한 취지의 특약이라고 볼 수 있다.

(2) **사안의 경우** – 甲과 乙은 임대차계약 체결당시 원상회복특약을 맺었으므로 이는 비용포기의사로 해석되는 바, 유익비 상환을 이유로 한 乙의 동시이행항변은 부당하고, 이를 주장하는 甲의 재항변 부분은 타당하다.

4. 甲 재항변 당부
(1) **판례** – 차임지급의무는 임대차관계에서 발생하는 임차인의 채무에 해당하므로 이를 반환할 임대차보증금에서 당연히 공제할 수 있고, 이는 임대차목적물반환의무와 동시이행관계에 있다.

(2) **사안의 경우** – 甲은 2016. 3. 1.부터 2016. 5. 25.까지의 연체차임과 2016. 5. 26.부터 임차목적물을 반환할 때까지의 차임 상당의 부당이득금을 임대차보증금 1억에서 당연히 공제하여 지급할 수 있고 이는 乙의 Y주택 인도의무와 동시이행관계에 있는 바, 甲의 재항변은 타당하다.

5. 결론
법원은 "乙(피고)은 甲(원고)로부터 1억 원에서 2016. 3. 1.부터 X주택을 인도하는 날까지 월 100만 원의 비율로 계산한 금액을 공제한 나머지 금원을 지급받음과 동시에 甲(원고)에게 X주택을 인도하라."는 청구일부인용 판결의 일종인 상환이행판결을 한다.

〈제2문의 2〉

〈 기초적 사실관계 〉

나대지인 X토지에 관하여 1990. 4. 1. A 명의로 소유권이전등기가 마쳐졌다.

〈 추가된 사실관계 〉

X토지에 관하여 2012. 2. 1. 甲 1/4 지분, 乙 1/2 지분, 丙 1/4 지분의 소유권이전등기가 마쳐졌다. 丙은 2013. 4. 1. 사망하였는데 丙의 상속인은 없다. 乙은 甲과 상의하지 아니하고 단독으로 2015. 9. 1. B에게 X토지 전체를 보증금 없이 월 차임 1,200만 원, 기간은 2015. 9. 1.부터 2018. 8. 31.까지 3년간으로 정하여 임대하였다. B는 2015. 9. 1. 乙로부터 X토지를 인도받아 이를 사용·수익하고 있고, 乙에게 차임을 모두 지급하였다. X토지에 관한 적정 차임은 2015. 9. 1.부터 현재까지 월 1,200만 원이다.

〈 문제 〉

1. 甲은 위와 같은 사실관계를 알게 되어 2016. 7. 1. 법원에 乙과 B를 상대로 '피고 乙, B는 공동하여 원고(甲)에게 ① X토지를 인도하고, ② 2015. 9. 1.부터 2016. 6. 30.까지 월 1,200만 원의 비율로 계산한 부당이득금 합계 1억 2,000만 원을 지급하라'는 소를 제기하였다. 법원은 어떤 판단을 하여야 하는지 1) 결론(소 각하/청구기각/청구인용/청구일부인용-일부인용의 경우 인용범위를 특정할 것) 및 2) 논거를 기재하시오. (15점)

〈 추가적 사실관계(위 '추가적 사실관계'와 별개임) 〉

甲은 1991. 2. 1. A의 무권대리인인 C로부터 X토지를 매수하고 같은 날 위 토지를 인도받아 현재까지 주차장 등으로 점유·사용하고 있다. 甲은 매수 당시에는 C가 A의 무권대리인이라는 사실을 몰랐으나 2000. 2. 1. 비로소 C가 무권대리인이었음을 알게 되었고, 위와 같은 사유로 소유권이전등기를 마치지 못하였다(위 매매계약은 표현대리에 해당하지 않았다). 한편, A는 외국에 거주하고 있던 관계로 甲의 점유사실을 모른 채 2012. 3. 10. 乙에게 X토지 중 1/3 지분을 매도하였다. 그런데 乙은 위와 같이 1/3 지분만을 매수하였음에도 2012. 3. 20. 관계서류를 위조하여 위 토지 중 2/3 지분에 관하여 소유권이전등기를 마쳤다.

〈 문제 〉

2. 2017. 1. 10. 기준으로 甲이 A와 乙에게 각각 청구할 수 있는 권리는 무엇인지 그 논거와 함께 서술하시오. (20점)

[제2문의 2] 문제 1. 해설

1. 문제
(1) 丙의 사망으로 인한 공유지분 귀속, (2) 乙의 임대차 적법여부, (3) 甲의 乙과 B에 대한 청구의 당부가 문제 된다.

2. 丙의 사망으로 인한 공유지분 귀속
(1) 관련 조문 - 공유자가 상속인 없이 사망한 때에는 그 지분은 다른 공유자에게 각 지분의 비율로 귀속된다 (민법 제267조).

(2) 사안의 경우 - 丙이 상속인 없이 사망하였으므로 1/4 지분은 甲과 乙에게 1/4, 1/2 비율로 귀속되어 X토지는 甲이 1/3, 乙은 2/3 지분권자가 된다.

3. 乙의 임대차 적법여부
(1) 관련 조문 - 공유물의 관리는 지분의 과반수로써 결정한다(민법 제265조 본문).

(2) 사안의 경우 - 공유물을 임대하는 행위는 공유물의 관리행위에 해당하여 과반수지분권자 乙이 단독으로 할 수 있는바, B에 대한 임대차계약은 적법 유효하다.

4. 甲의 乙과 B에 대한 청구
(1) 乙과 B에 대한 ① X토지 인도청구 - 소수지분권자인 甲은 과반수지분권자 乙과 乙로부터 적법한 계약에 의해 인도받은 B에게 X토지에 인도청구를 할 수 없다(민법 제213조 단서).

(2) 乙과 B에 대한 ② 부당이득반환청구 - 乙은 지분범위 내의 사용 수익부분 즉, 1억 2천만 원의 1/3인 4천만 원의 범위에 대한 부당이득반환청구는 가능하다(민법 제263조). B는 적법한 임대차계약에 의한 점유로 법률상 원인이 있어 대상이 될 수 없다(민법 제741조).

5. 결론
乙은 甲에게 4천만 원을 지급하여야 하고, 나머지 청구는 전부기각 하는 청구일부인용 판결을 한다.

[제2문의 2] 문제 2. 해설

1. 문제
(1) 甲의 점유취득시효 완성여부, (2) 甲의 乙에 대한 청구, (3) 甲의 A에 대한 청구가 문제 된다.

2. 甲의 점유취득시효 완성여부
(1) 관련 조문 - 20년간 소유의 의사로 평온, 공연하게 부동산을 점유한 자는 등기함으로써 소유권을 취득한다(민법 제245조 제1항).

(2) **판례** - 부동산을 매수하여 이를 점유한 자는 그 매매가 무효라는 사정을 알고 있었다는 등의 특별한 사유가 없는 한 그 점유의 시초에 소유의 의사로 점유한 것이라고 할 것이며, 후에 그 매도인에게 처분권이 없었다는 사실을 알게 되었다고 하더라도 위와 같은 점유의 성질은 변하지 아니한다.

(3) **사안의 경우** - 甲은 X토지를 1991. 2. 1.부터 현재까지 점유하고 있어 2011. 2. 1.에 20년의 기간이 도과하였고, 甲이 매수당시에는 C가 A의 무권대리인임을 몰랐으므로 그 후인 2000. 2. 1. 알게 되었다고 하여도 자주점유의 의사가 번복되지 않는 바, 甲은 2011. 2. 1. X토지에 대하여 A에게 점유취득시효 청구권을 취득한다.

3. 甲의 乙에 대한 청구

(1) **판례** - 취득시효완성에 의한 등기를 하기 전에 먼저 소유권이전등기를 경료하여 부동산 소유권을 취득한 제3자에 대하여는 그 제3자 명의의 등기가 무효가 아닌 한 시효취득을 주장할 수 없다.

(2) **사안의 경우** - 甲이 A에게 취득시효완성에 의한 등기를 하기 전인 2012. 3. 10. 1/3지분의 소유권을 취득한 乙에게 취득시효를 주장할 수 없다. 다만, 乙이 관계서류를 위조하여 취득한 1/3지분은 무효등기인 바, 甲의 A에 대한 X토지 취득시효 청구권을 피보전권리로 하여 A의 乙에 대한 말소등기청구권을 대위 행사할 수 있다.

4. 甲의 A에 대한 청구

(1) **X토지 2/3지분 이전등기청구** - 甲은 A에게 乙이 적법하게 취득한 1/3지분을 제외한 2/3지분의 이전을 청구할 수 있고, 이때 乙이 등기위조를 통해 취득한 1/3지분의 경우 A의 말소등기청구권을 대위 행사하여 말소 회복된 뒤 이전을 구한다.

(2) **X토지 1/3지분 이전등기청구** - A는 甲의 점유사실을 모르고 乙에게 매도하였으므로 취득시효 이전등기청구 불능에 따른 채무불이행책임 및 불법행위책임은 없고, A의 매도 이전에 甲이 취득시효 이전등기청구를 한 사실도 없어 대상청구도 불가하다.

5. 결론

(1) 甲을 乙에 대하여 A를 대위하여 X토지 1/3지분의 말소청구를 할 수 있고,

(2) 甲은 A에 대하여 X토지 2/3지분의 이전등기를 청구할 수 있다.

〈제2문의 3〉

〈 기초적 사실관계 〉

甲관광 주식회사(이하 '甲'이라 한다) 소속 버스 운전사 A는 편도 1차로의 도로를 야간주행하던 중 B가 도로의 절반 가량을 무단으로 점유한 채 이삿짐을 쌓아둔 것을 미처 발견하지 못하여 이를 피하려다가 근처 가로수를 충돌하였고, 그 충격으로 버스에 탑승하고 있던 승객 C로 하여금 골절상을 입게 하였다. 사고현장 도로의 제한속도는 60km/h였지만, 당시 A는 90km/h로 주행했던 것으로 드러났다.

〈 문제 〉

1. C는 누구를 상대로 손해배상을 청구할 수 있는지를 그 논거와 함께 서술하시오(단, 이 사건에서 보험 관계와 도로관리상의 하자는 고려하지 말 것). (15점)

〈 추가된 사실관계 〉

C가 위 사고로 입은 손해액은 총 1,000만 원이고, C가 입은 손해에 대해 A에게 70%, B에게 30%의 과실이 있음이 판명되었다.

C는 B의 딱한 사정을 고려하여, B에 대하여 손해배상채무를 전액 면제해 주었다.

〈 문제 〉

2. 甲이 C에게 위 손해액 1,000만 원 전액을 배상한 경우, 甲이 A와 B에 대하여 각각 행사할 수 있는 구상권에 대해 서술하시오. (15점)

[제2문의 3] 문제 1. 해설

1. 문제
(1) C의 A, B에 대한 손해배상청구, (2) C의 甲에 손해배상청구 가부가 문제 된다.

2. C의 A, B에 대한 손해배상청구 가부
(1) **관련 조문** - 고의 또는 과실로 인한 위법행위로 손해를 가한 자는 그 손해를 배상할 책임이 있다(민법 제750조). 수인이 공동의 불법행위로 손해를 가한 때에는 연대하여 손해를 배상할 책임이 있다(민법 제760조 제1항).

(2) **사안의 경우** - 운전사 A가 편도 1차로 도로 야간주행 중 제한속도를 30km/h로 초과하여 달린 과실과 B가 도로 절반가량을 무단으로 점유한 채 이삿짐을 쌓아둔 과실이 공동하여 버스에 탑승하고 있던 C로 하여금 상해를 입게 하였는바, C는 A와 B의 불법행위책임을 입증하고 공동불법행위자임을 이유로 연대하여 손해배상책임을 질 것을 청구할 수 있다.

3. C의 甲에 대한 손해배상청구 가부

(1) **채무불이행책임**

1) 관련 조문 - 채무자가 채무의 내용에 좇은 이행을 하지 아니한 때에는 채권자는 손해배상을 청구할 수 있다(민법 제390조 본문). 채무자가 타인을 사용하여 이행하는 경우에는 피용자의 고의나 과실은 채무자의 고의나 과실로 본다(민법 제391조).

2) 사안의 경우 - 甲과 C는 목적지까지 안전하게 운행할 계약을 맺은 자로, 운전사 A의 과실로 인해 상해의 피해를 입었는바, 이는 甲의 과실로 C에게 채무 내용에 좇은 이행을 하지 못한 것으로 C는 甲에게 운행계약 의무불이행에 따른 손해배상을 청구할 수 있다.

(2) **사용자책임**

1) 관련 조문 - 타인을 사용하여 어느 사무에 종사하게 한 자는 피용자가 그 사무집행에 관하여 제3자에게 가한 손해를 배상할 책임이 있다(민법 제756조 제1항).

2) 사안의 경우 - A는 甲회사 소속 버스 운전사로 피용자이고, 사무집행에 관한 운송업무 중에 과실로 인한 불법행위를 가하여 C에 손해를 발생시켰는바, 甲은 사용자책임을 진다. 따라서, C는 甲회사에 대하여 손해배상청구를 할 수 있다.

4. 결론
(1) C는 A, B에게 공동불법행위를 이유로 손해배상청구를 할 수 있고,

(2) C는 甲회사에게 채무불이행, 사용자책임을 이유로 손해배상청구를 할 수 있다.

[제2문의 3] 문제 2. 해설

1. 문제
甲의 A, B에 대한 구상관계 및 범위가 문제 된다.

2. 甲의 A, B에 대한 구상관계 및 범위

(1) **관련 조문** - 사용자는 피용자에 대하여 구상권을 행사할 수 있다(민법 제756조 제3항).

(2) **판례**

1) 피용자와 제3자가 공동불법행위로 손해배상채무를 부담하는 경우에 피용자와 제3자는 공동불법행위자로서 서로 부진정연대관계에 있고, 사용자의 손해배상책임은 피용자의 배상책임에 대한 대체적 책임이어서 사용자도 제3자와 부진정연대관계에 있다.

2) 사용자가 피용자와 제3자의 책임비율에 의하여 정해진 피용자의 부담부분을 초과하여 피해자에게 손해를 배상한 경우에는 사용자는 제3자에 대하여도 구상권을 행사할 수 있으며, 그 구상의 범위는 제3자의 부담부분에 국한된다.

3) 부진정연대채무 관계에서 변제, 대물변제, 공탁, 상계는 절대효가 있으나, 권리포기, 채무면제 등은 상대효 밖에 없다.

(3) **사안의 경우** - A, B, 甲의 C에 대한 손해배상채무는 부진정연대채무 관계에 있으므로, B의 C에 대한 채무면제는 상대효 밖에 없어 甲의 구상권 행사에 영향이 없는 바, 甲이 피용자 A의 부담부분인 7백만 원을 초과하는 손해 전액인 1천만 원을 배상한 경우 A에 대하여는 7백만 원, B에 대하여도 3백만 원의 범위에서 구상권을 행사할 수 있다.

3. 결론
甲은 A에 대해 700만원, B에 대하여는 300만원의 범위에서 구상권을 행사할 수 있다.

제3문

호텔업을 목적으로 설립된 비상장회사 甲주식회사(자본금 250억 원, 이하 '甲회사')는 2016. 3. 2. 건축 내장재를 제조판매하는 乙주식회사(이하 '乙회사')로부터 제주도 호텔신축에 필요한 전동 블라인드 470개를 구매하고 그 즉시 수령하였다. 甲회사는 전동 블라인드를 설치한 후 2016. 10. 12. 전동배터리가 고장 난 블라인드 120개를 발견하고(이 하자는 성질상 점유이전일로부터 6개월 내에 도저히 발견할 수 없었던 것임), 乙회사에게 "불량품이 인도되었으니 회수하여 가시기 바랍니다."라고 통지하였다.

甲회사 대표이사 A는 이사회를 소집하여 이사들의 논의를 거친 후 아래 의사록의 안건을 적법하게 결의하고, A와 B를 공동대표이사, D를 지배인으로 등기하였다.

이사회 의사록

甲주식회사는 2016. 1. 13. 서울 강남구 대치동 사옥 대회의실에서 이사회를 열고 아래의 안건을 결의하다.

안건 1 : A와 B를 공동대표이사로 선임한다.
[참석 이사가 전원 찬성함]
안건 2 : D를 甲주식회사 동수원사무소 영업소장으로 임명한다.
단, 5천만 원 이상의 구매행위는 이사회의 결의를 얻은 후에 할 수 있도록 한다.
[참석 이사가 전원 찬성함]

2016. 1. 13.

甲주식회사 대표이사 A
이　사 B
이　사 H
이　사 I
이　사 J
감　사 K

D는 이사회의 승인을 얻지 아니하고 甲회사의 영업소장 명의로 거래처 사장인 E로부터 동수원 모델하우스 주차장에 필요한 쇄석 등 건축자재를 9,000만 원에 구매하였다.

1. 甲회사는 乙회사에게 전동 블라인드의 하자로 인한 손해배상청구를 할 수 있는가? (15점)
2. 乙회사는 甲회사에게 약속어음금 5,000만 원을 청구할 수 있는가? (15점)
3. 丙회사는 甲회사에게 차용금의 변제를 청구할 수 있는가? (40점)
4. E는 甲회사에게 물품대금 9,000만 원을 청구할 수 있는가? (15점)
5. 甲회사가 F와 G의 회계장부열람청구를 거부한 것은 정당한가? (15점)

[제3문] 문제 1. 해설

1. 문제
甲회사가 乙회사에 상법 제69조 제1항의 하자담보책임을 물을 수 있는지가 문제 된다.

2. 상법 제69조 1항 책임 가부

(1) 관련 조문 – 상인간의 매매에 있어서 매수인이 목적물을 수령한 때에는 지체없이 이를 검사하여야 하며 하자 또는 수량의 부족을 발견한 경우에는 즉시 매도인에게 그 통지를 발송하지 아니하면 이로 인한 계약해제, 대금감액 또는 손해배상을 청구하지 못한다. 매매의 목적물에 즉시 발견할 수 없는 하자가 있는 경우에 매수인이 6월내에 이를 발견한 때에도 같고 이는 매도인이 악의인 경우에는 적용하지 아니한다(상법 제69조 제1항, 제2항).

(2) 판례 – 상법 제69조는 상거래의 신속한 처리와 매도인의 보호를 위한 규정인 점에 비추어 볼 때, 매매의 목적물에 상인에게 통상 요구되는 객관적인 주의의무를 다하여도 즉시 발견할 수 없는 하자가 있는 경우에도 매수인은 6월내에 그 하자를 발견하여 지체 없이 이를 통지하지 아니하면 매수인은 과실의 유무를 불문하고 매도인에게 하자담보책임을 물을 수 없다.

(3) 사안의 경우 – ① 甲과 乙 모두 회사로서 상인이므로 블라인드 매매계약은 상행위이고, ② 甲이 매도인 乙로부터 블라인드를 수령하였고, ③ 2016. 3. 2.부터 6개월 내에 도저히 발견할 수 없었던 하자를 발견하였지만, ④ 하자발견 시점이 이미 블라인드를 수령한 2016. 3. 2.부터 6개월이 초과된 2016. 10. 12.인바, 甲은 과실 유무를 불문하고 매도인 乙에게 상법 제69조 제1항의 하자담보책임을 물을 수 없다.

3. 결론
甲회사는 乙회사에게 전동 블라인드의 하자로 인한 손해배상청구를 할 수 없다.

[제3문] 문제 2. 해설

1. 문제
(1) 권한 포괄위임의 유효여부, (2) A의 어음행위 유효여부가 문제 된다.

2. 권한 포괄위임의 유효여부

(1) 관련 조문 – 회사는 이사회의 결의로 회사를 대표할 이사를 선정하여야 하고, 수인의 대표이사가 공동으로 회사를 대표할 것을 이사회에서 정할 수 있다(상법 제389조 제1항, 제2항).

(2) 판례 – 주식회사에 있어서의 공동대표제도는 대표권의 남용을 방지하여 회사의 이익을 도모하려는데 그 취지가 있으므로 공동대표이사의 1인이 그 대표권의 행사를 특정사항에 관하여 개별적

으로 다른 공동대표이사에게 위임함은 별론으로 하고, 일반적, 포괄적으로 위임함은 허용되지 않는다.

(3) **사안의 경우** - 공동대표이사 B가 회사 경영에 전혀 관여하지 아니한 채 그의 인감 및 명판을 A에게 보관시켜둔 상태에서 A에게 대표이사로서의 권한 일체를 위임한 것은 무효이다.

3. A의 어음행위 유효여부

(1) **의의** - 어음의 위조는 아무런 권한 없이 타인의 기명날인 또는 서명을 위작하여 그 타인이 어음행위를 한 것과 같은 외관을 어음상에 작출하는 것을 말하며, 이는 물적항변에 해당한다.

(2) **사안의 경우** - 甲사가 乙사로부터 블라인드의 대금독촉을 받자 A는 '발행인 甲회사 공동대표이사 A, B, 발행일 2016. 10. 5., 지급기일 2016. 12. 10., 액면금 5,000만 원'으로 된 약속어음을 작성한 후 乙회사에게 교부하였는데, 이는 A가 권한 없이 공동대표이사 B의 명의를 사용한 것 즉, 무권대행으로 어음행위 위조에 해당하는바, A의 어음행위는 무효이다.

4. 결론

乙사는 甲사에 5천만 원 어음금 청구를 할 수 있고, 甲사가 물적항변으로 어음위조사실을 주장하면 乙이 위조사실이 없음을 입증하지 못하는 한 乙사의 청구는 기각된다.

[제3문] 문제 3. 해설

1. 문제

(1) 표현대표이사책임성부, (2) 대표권 남용여부가 문제 된다.

2. 표현대표이사책임성부

(1) **관련 조문** - 사장, 부사장, 전무, 상무 기타 회사를 대표할 권한이 있는 것으로 인정될 만한 명칭을 사용한 이사의 행위에 대하여는 그 이사가 회사를 대표할 권한이 없는 경우에도 회사는 선의의 제삼자에 대하여 그 책임을 진다(상법 제395조).

(2) **요건충족여부**

1) 외관의 존재

① 표현적 명칭의 사용 - 대표이사가 아닌 자가 회사를 대표할 명칭을 사용하여야 한다.

② 이사자격의 요부 - 표현대표이사 성립에 이사의 자격을 요하지 않는다. 상대방의 신뢰는 표현적 명칭을 사용하는 자가 대표권을 가진다는 것에 있고, 그 자가 실제로 이사인지 여부는 이러한 신뢰형성에 아무런 영향이 없기 때문이다.

③ 대표이사의 권한 내의 행위 - 외관이 존재하기 위해서는 대표이사의 권한 내의 행위이여야 한다.

④ 사안의 경우 - C는 甲회사 대주주인 회장의 아들로 대표이사가 아님에도 스스로 甲회사 사장이라는 명칭을 사용하여 丙회사로부터 2억을 차용한 것은 사장 권한 내의 행위로 판단되는바, 외관의 존재는 인정된다.

2) 외관의 부여
① 허락 - 명시적 또는 묵시적으로 허락한 경우에 한하여 외관의 부여가 인정된다.
② 사안의 경우 - 甲회사는 회장의 명에 따라 C가 한 행위를 별다른 이의 없이 이행하여 왔으므로, C가 사장으로서의 직함을 사용하여 하는 행위를 묵시적으로 허락한 것에 해당하는바, 외관의 부여가 인정된다.

3) 외관의 신뢰
① 제3자의 선의 무중과실 - 거래행위 당시에 제3자가 대표권의 존재에 대해 신뢰하여야 하고, 회사 측이 제3자의 악의를 증명해야 하는바, 제3자는 선의 무중과실이어야 한다.
② 사안의 경우 - 甲회사 측이 C가 사장이 아니라는 사실에 대하여 丙이 알았거나 중과실을 몰랐음을 입증하지 못하는 한 丙의 신뢰가 인정된다.

(3) 표현대표이사와 상업등기와의 관계
1) 관련 조문 - 등기할 사항은 이를 등기하지 아니하면 선의의 제3자에게 대항하지 못하고, 등기한 후라도 제3자가 정당한 사유로 인하여 이를 알지 못한 때에도 제3자에게 대항하지 못한다(상법 제37조 제1항, 제2항).
2) 판례 - 상법 제395조와 상업등기와의 관계를 헤아려 보면, 본조는 상업등기와는 다른 차원에서 회사의 표현책임을 인정한 규정이므로 이 책임을 물음에 상업등기가 있는 여부는 고려의 대상이 아니다.
3) 사안의 경우 - 甲회사가 대표이사를 A, B로 등기하였다고 해도 법인등기부를 열람하지 않은 사실이 표현대표이사책임을 물음에 장애가 되는 사정이 아니므로, 등기여부와 상관없이 丙회사는 甲회사에게 표현대표이사 책임을 물을 수 있다.

(4) 소결
표현대표이사 성립요건을 충족하는바, 丙회사는 甲회사에게 2억 원의 차용금 변제를 청구할 수 있다.

3. 대표권 남용여부
(1) **의의** - 대표이사의 행위가 객관적으로 대표권 범위에서 이루어졌으나, 실질적으로 자신 또는 제3자의 이익을 위하여 이루어진 행위를 말한다.
(2) **판례** - 대표이사가 그 대표권의 범위 내에서 한 행위는 대표이사가 회사의 영리목적과 관계없이 자기 또는 제3자의 이익을 도모할 목적으로 그 권한을 남용한 것이라 할지라도 일단 회사의 행위로서 유효하고, 다만 그 행위의 상대방이 대표이사의 진의를 알았거나 알 수 있었을 때에는 회사에 대하여 무효가 된다.

(3) 사안의 경우 - 표현대표이사 C가 회사의 영리목적과 관계없이 2억 원을 차용하여 개인적으로 유용하였으므로 이는 대표권 남용에 해당하고, 甲사가 상대방 丙회사의 대표권 남용 사실에 대한 악의 또는 과실을 입증하지 못하는 한 위 계약은 유효한바, 丙회사는 甲회사에게 차용금 2억 원의 변제를 청구할 수 있다.

4. 결론

丙회사는 상법 제395조 표현대표이사책임을 근거로 甲회사에 차용금의 변제를 청구할 수 있고, 甲회사는 대표권 남용에 대한 丙회사의 악의 또는 과실을 입증하여 항변사유로 주장할 수 있다.

[제3문] 문제 4. 해설

1. 문제

지배인 권한 제한에도 불구하고 거래 상대방이 회사에게 책임을 물을 수 있는지가 문제 된다.

2. 지배인의 권한 제한과 회사의 책임

(1) **관련 조문** - 지배인은 영업주에 갈음하여 그 영업에 관한 재판상 또는 재판외의 모든 행위를 할 수 있고, 지배인의 대리권에 대한 제한은 선의의 제3자에게 대항하지 못한다(상법 제11조 제1항, 제3항).

(2) **판례** - 지배인의 어떤 행위가 그 객관적 성질에 비추어 영업주의 영업에 관한 행위로 판단되는 경우에 지배인이 영업주가 정한 대리권에 관한 제한 규정에 위반하여 한 행위에 대하여는 제3자가 위 대리권의 제한 사실을 알고 있었던 경우뿐만 아니라 알지 못한 데에 중과실이 있는 경우에도 영업주는 그러한 사유를 들어 상대방에게 대항할 수 있고, 이러한 제3자의 악의 또는 중과실에 대한 주장·입증책임은 영업주가 부담한다.

(3) **사안의 경우**

1) D가 甲회사의 영업소장 명의로 거래처 사장인 E로부터 동수원 모델하우스 주차장에 필요한 쇄석 등 건축자재를 구매한 것은 그 행위의 객관적 성질에 비추어 호텔업을 하는 甲 회사의 영업에 관한 행위로 판단된다.

2) 다만, 5천만 원 이상의 구매행위는 이사회의 결의를 얻은 후에 하여야 함에도 D가 이사회의 승인을 얻지 아니하고 9,000만 원에 구매한 것을 이유로 甲회사가 E의 책임 추궁을 면하기 위해서는 甲이 E가 D의 지배권 제한에 관한 사실을 알았거나 중과실로 알지 못하였다는 사실을 입증하지 못하는 한 甲은 E에 대하여 계약상 책임을 져야한다.

3. 결론

E는 甲회사에게 물품대금 9천만 원을 청구할 수 있다.

[제3문] 문제 5. 해설

1. 문제
(1) 주주 F와 G의 회계열람청구 가부, (2) 甲회사 거부의 정당성이 문제 된다.

2. 주주 F와 G의 회계열람청구 가부
(1) **관련 조문** – 발행주식의 총수의 100분의 3 이상에 해당하는 주식을 가진 주주는 이유를 붙인 서면으로 회계의 장부와 서류의 열람 또는 등사를 청구할 수 있다(상법 제466조 제1항).

(2) **사안의 경우** – 주주 F와 G는 각각 2%의 주식을 보유하였으므로 둘이 합산하여 3%이상이 되는 바, 주주 F와 G의 회계열람청구는 가능하다.

3. 甲회사 거부의 정당성
(1) **관련 조문** – 회사는 제466조 제1항의 청구가 부당함을 증명하지 아니하면 이를 거부하지 못한다 (상법 제466조 제2항).

(2) **판례** – 주주의 열람·등사 행사가 부당한지는 주주의 열람·등사권의 행사가 회사업무의 운영 또는 주주 공동의 이익을 해치거나 주주가 회사의 경쟁자로서 그 취득한 정보를 경업에 이용할 우려가 있거나, 또는 회사에 지나치게 불리한 시기를 택하여 행사하는 경우 등에는 정당한 목적을 결하여 부당한 것이다.

(3) **사안의 경우** – F와 G는 甲회사와 경쟁관계에 있는 丁회사를 운영하고 있는 자로서 甲회사의 고객과 구매 등에 관한 경영정보를 입수할 목적으로 甲회사에 회계장부의 열람을 청구한 것은 회계장부를 열람할 정당한 목적이 결여된 것으로 판단되는바, 甲회사의 거부는 정당하다.

4. 결론
甲회사가 F와 G의 회계장부열람청구를 거부한 것은 정당하다.

8. 2016년도 시행 제5회 변호사시험

제1문

〈제1문의 1〉

〈 기초적 사실관계 〉

甲은행은 2009. 12. 1. 乙에게 1억 원을 이자 월 1%(매월 말일 지급), 변제기 2010. 10. 31.로 정하여 대여하였고, 丙은 같은 날 乙의 甲은행에 대한 위 차용금 채무를 연대보증하였다.

甲은행은 2013. 5. 1. 乙에 대한 위 대여금 및 이에 대한 이자, 지연손해금(이하 '대여금 등'이라 한다) 채권을 丁에게 양도하였으나, 乙에게 위 채권양도 사실을 통지하지 않았다. 甲은행은 위 채권양도에도 불구하고, 2013. 12. 20. 乙을 상대로 위 대여금 등 채무의 이행을 구하는 소(이하 '전소'라 한다)를 제기하였는데, 전소에서 乙은 위 대여금 등 채권이 丁에게 양도되었으므로 甲은행의 청구는 기각되어야 한다고 주장하였고, 전소 법원은 이러한 주장을 받아들여 2015. 11. 30. 甲은행의 청구를 기각하였다.

한편, 丁은 2016. 1. 4. 乙을 상대로 '1억 원 및 이에 대한 2009. 12. 1.부터 다 갚는 날까지 월 1%의 비율로 계산한 이자와 지연손해금'의 지급을 구하는 양수금 청구의 소를 제기하였다(이하 '이 사건 소'라 한다).

乙은 위 채무의 원금 및 이에 대한 이자, 지연손해금을 전혀 변제하지 않고 있다.

〈 문제 〉

1. 甲은행의 청구에 대한 전소 법원의 판단 근거를 설명하시오. (10점)
2. 乙이 이 사건 소에서 소멸시효 항변을 하는 경우, 법원은 어떠한 판단을 하여야 하는지와 그 근거를 설명하시오. (15점)

〈 추가적 사실관계 〉

甲은행은 2010. 2. 1. 乙에게 8,000만 원을 변제기 2010. 10. 31.로 정하여 대여하였고, A는 같은 날 乙의 甲은행에 대한 위 차용금 채무를 연대보증하였다. 甲은행은 2013. 5. 1. 乙에 대한 위 대여금 채권을 B에게 양도하였다.

〈 문제 〉

3. 甲은행은 2013. 2. 1. 위 대여금 채권의 보전을 위하여 A가 C에 대하여 가지고 있는 1,000만 원의 공사대금 채권에 관하여 채권가압류신청을 하였고, 법원으로부터 가압류 결정을 받아 위 결정 정본이 2013. 2. 10. C에게 송달되었다. B가 乙을 상대로 2016. 1. 2. '8,000만 원을 지

급하라'는 양수금 청구의 소를 제기하였고, 乙의 소멸시효 주장에 대하여 B가 위 가압류 사실을 들어 시효 중단 주장을 하는 경우, 법원은 B의 주장에 대하여 어떠한 판단을 해야 하는지와 그 근거를 설명하시오. (10점)

4. 乙은 2015. 12. 1. B에 대하여 위 양수금의 변제를 약속하였다. A는 B에 대하여 위 연대보증 채무를 이행할 의무가 있는지와 그 근거를 설명하시오. (5점)

[제1문의 1] 문제 1. 해설

1. 이행의 소에서 당사자적격

(1) **판례** - 이행의 소에 있어서는 원고의 청구자체로서 당사자적격이 인정되고 그 판단은 청구의 당부의 판단에 흡수되는 것이므로 자기의 이행청구권을 주장하는 자가 정당한 원고이고 의무자로 주장된 자가 정당한 피고이다.

(2) **사안의 경우** - 甲이 丁에게 乙에 대한 채권을 양도하였으나 자신이 채권자라고 주장하며 소를 제기하였으므로 이행의 소에서의 원고적격은 인정된다.

2. 乙 항변의 당부

(1) **관련 조문** - 지명채권의 양도는 양도인이 채무자에게 통지하거나 채무자가 승낙하지 아니하면 채무자 기타 제3자에게 대항하지 못한다(제450조 1항).

(2) **사안의 경우** - 대여금 채권의 양도사실을 이유로 양도인 청구의 기각을 주장하는 것은 채무자가 채권양도 사실을 묵시적으로 승낙한 것으로 해석되는 바, 양수인이 아닌 양도인은 채권에 대한 이행청구권이 없으므로 청구기각 판결을 한 법원의 판단은 정당하다.

[제1문의 1] 문제 2. 해설

1. 문제
丁의 양수금 청구의 소에서 乙 소멸시효 항변의 타당성이 문제 된다.

2. 乙 소멸시효 항변의 당부

(1) **대여금 등 채권의 시효기간**

1) **관련 조문** - 영업으로 하는 금전거래로 발생하는 채권은 기본적 상행위로 5년의 소멸시효가 적용되고(상법 제46조 8호, 제64조), 이자 기타 1년 이내의 기간을 정한 채권은 3년의 소멸시효가 적용된다(제163조 1호).

2) **판례** - 은행이 영업행위로서 한 대출금에 대한 변제기 이후의 지연손해금은 그 원본채권과 마찬가지로 상행위로 인한 채권으로서 5년의 소멸시효를 규정한 상법 제64조가 적용된다.

3) **사안의 경우** - ① 대여금 채권은 변제일인 2010. 10. 31.부터 5년이 지난 2015. 10. 31 24:00 시효만료일이 되고, ② 약정이자는 3년의 시효기간이 적용되는바, 2013. 10. 31. 24:00 시효소멸 되고, ③ 지연손해금은 2010. 10. 31.부터 5년이 지난 2015. 10. 31. 24:00 시효만료일이 된다. 丁은 2016. 1. 4. 이 사건 소를 제기하였는바, 위 채권 모두 시효만료일 이후의 청구가 된다.

(2) 전소 청구기각 후 이 사건 소를 제기한 경우의 시효중단 여부
   1) 판례 – 양도인의 청구가 기각되어 시효중단의 효과가 소멸하더라도 양도인의 청구가 무권리자의 청구가 되는 것은 아니므로, 양수인이 그로부터 6월내에 채무자를 상대로 재판상 청구를 하였다면, 양도인의 최초의 재판상 청구로 시효가 중단된다.
   2) 사안의 경우 – 양수인 J이 전소가 기각된 2015. 11. 30.로부터 6월내인 2016. 1. 4. 이 사건 소를 제기하여 위 채권에 대한 소멸시효는 전소 제기일인 2013. 12. 20.에 중단되었는바, 약정 이자를 제외한 대여금 및 지연손해금 청구부분은 시효가 중단된다.

3. 결론
  대여금 및 지연손해금 부분에 대한 소멸시효 항변을 배척하고, 이자채권 부분은 받아들인다.

[제1문의 1] 문제 3. 해설

1. 문제
B의 양수금 청구의 소에서 乙의 소멸시효 항변에 대한 B의 재항변 당부가 문제 된다.

2. 乙의 소멸시효 항변
甲 은행이 乙에 대해 갖는 8천만 원의 채권은 2015. 10. 31. 24:00에 소멸하는바, 양수인 B가 2016. 1. 2. 소를 제기한 것에 대한 乙의 항변은 타당하다.

3. B의 재항변 당부
(1) 관련 조문 – 시효의 중단은 당사자 및 그 승계인간에만 효력이 있고(제169조), 가압류는 시효의 이익을 받은 자에 대하여 하지 아니한 때에는 그에게 통지한 후가 아니면 효력이 없다(제176조).

(2) 판례 – 주채무자에 대한 시효중단의 사유가 없는 이상 연대보증인 겸 물상보증인에 대한 시효중단의 사유가 있다 하여 주채무까지 시효중단 되었다고 할 수는 없다.

(3) 사안의 경우 – 양도인 甲의 연대보증인 A에 대한 채권의 소멸시효는 2013. 2. 1. 중단되었지만, 채무자 乙에게 위 가압류 사실이 통지되지 않아서 甲의 乙에 대한 채권의 소멸시효는 중단되지 않았는바, 양수인 B의 재항변은 부당하다.

4. 결론
따라서, B의 주장은 배척된다.

[제1문의 1] 문제 4. 해설

1. 문제
주채무자 乙의 시효이익 포기 효력이 보증인 A에게 미치는지 문제 된다.

2. 시효이익 포기의 효력
(1) **관련 조문** - 주채무자의 항변 포기는 보증인에게 효력이 없다(제433조 제2항).

(2) **사안의 경우** - 주채무자 乙이 소멸시효가 완성한 2015. 10. 31. 24:00 이후인 2015. 12. 1. 양수금 변제를 약속한 것은 시효이익을 포기한 것으로 해석되나, 이러한 포기는 보증인 A에게 미치지 않는다.

3. 결론
A는 B에 대하여 위 연대보증을 이행할 의무가 없다.

〈제1문의 2〉

〈 기초적 사실관계 〉

　X 토지, Y 토지, Z 토지는 서로 인접한 토지인데, 甲과 그 형제들인 乙, 丙은 1975. 2. 1. 甲이 X 토지, 乙이 Y 토지, 丙이 Z 토지에 관하여 각 소유권이전등기를 마치고 이를 소유하고 있다.

　A는 1985. 3. 1. 위 토지들에 대한 처분권한이 없음에도 그 권한이 있다고 주장하는 W의 말을 믿고, 그로부터 위 토지들을 매수하여 같은 날부터 점유·사용하기 시작하였다. A는 1995. 4. 1. 다시 위 토지들을 B에게 매도하였으며, B는 같은 날부터 위 토지들을 점유하였다. 그후 B는 2005. 7. 1. C에게 위 토지들을 매도하여 C가 같은 날부터 현재까지 위 토지들을 점유하고 있다.

　한편, 甲은 2004. 4. 1. X 토지를 丁에게 매도하고 그 소유권이전등기를 마쳐 주었다. 乙은 2004. 5. 1. 戊로부터 1,000만 원을 차용하면서 Y 토지에 관하여 戊 앞으로 채권최고액 1,500만 원으로 된 근저당권설정등기를 마쳐 주었다. 丙은 2005. 5. 1. Z 토지를 己에게 증여하고 같은 날 己 명의로 소유권이전등기를 마쳐 주었다.

〈 문제 〉

1. C는 점유취득시효의 완성을 이유로 X 토지, Y 토지, Z 토지에 관한 소유권이전등기를 마치고자 한다. 또한 Y 토지에 관한 戊 명의의 근저당권설정등기도 말소하고자 한다. C가 2015. 2. 15. 소를 제기할 경우, ① X 토지, ② Y 토지, ③ Z 토지에 관하여 1) C의 위 각 청구가 가능한지, 2) 만일 가능하다면 누구를 상대로 어떠한 소를 제기하여야 하는지와 각 근거를 설명하시오. (35점)

2. 丙이 취득시효완성 사실을 알고 Z 토지를 己에게 증여하였다면 C는 丙에 대하여 어떠한 청구를 할 수 있는지와 그 근거를 설명하시오. (5점)

[제1문의 2] 문제 1. 해설

1. 문제
C가 점유취득시효 완성을 이유로 (1) X토지, (2) Y토지, (3) Z토지에 대하여 누구를 상대로 청구할 수 있는지가 문제 된다.

2. C의 점유취득시효 완성여부

(1) **관련 조문** - 20년간 소유의 의사로 평온, 공연하게 부동산을 점유한 자는 등기함으로써 소유권을 취득하는데(민법 제245조 제1항), 점유자의 자주점유성 및 평온·공연성은 추정되고(민법 제197조 제1항), 점유승계인은 자기점유와 전점유자의 점유를 아울러 주장할 수 있으며 이때 하자도 승계한다(민법 제199조 제2항).

(2) **판례** - 부동산을 매수하여 이를 점유한 자는 악의의 무단점유가 아닌 한 그 점유의 시초에 소유의 의사로 점유한 것이라고 할 것이고, 시효기간 완성 전·후에 등기명의자의 변동이 있는 경우 당사자가 임의로 기산점을 정할 수 없다.

(3) **사안의 경우**
  1) 자주점유 - A가 토지 처분권한이 있다는 W의 말을 믿고 토지를 매수하였으므로, 자주점유가 인정된다.
  2) 20년간의 점유 - C는 2005. 7. 1.부터 점유를 개시하여 2015. 2. 15. 소제기 당시 자신의 점유기간만으로 취득시효완성을 주장할 수 없어 전점유자 B와 A의 점유를 승계하여야 하는데, X·Y·Z 토지의 소유권 변동여부에 차이가 있어 기산점 임의선택 여부가 달라져 취득시효의 완성여부 및 청구의 상대방에 차이가 발생한다.

3. X토지

(1) **판례** - 시효취득한 자로부터 부동산의 점유를 승계한 현 점유자로서는 시효완성 당시의 전 점유자가 소유명의자에 대하여 가지는 소유권이전등기청구권을 대위 행사할 수 있을 뿐 직접 자기에게 소유권이전등기를 청구할 권리는 없다.

(2) **사안의 경우** - X토지가 2004. 4. 1. 甲에서 丁으로 토지소유권 명의가 변경되어 C는 기산점을 임의로 선택할 수 없어 A와 B의 점유개시시점을 기산점으로 하여야 하고, A의 점유시점인 1985. 3. 1. 부터 20년의 기간이 도과한 2005. 3. 1. B가 丁에 시효취득을 주장할 수 있는 권리가 발생하는바, C는 B와의 2005. 7. 1. 매매계약에 기한 소유권이전등기청구권을 피보전권리로 B의 丁에 대한 취득시효 완성을 원인으로 한 소유권이전등기청구권을 대위 행사할 수 있다.

4. Y토지

(1) **소유권이전등기청구**
  1) 판례 - 취득시효기간 중 등기명의자가 동일한 경우, 전 점유자가 점유를 개시한 이후의 임의시점을 그 기산점으로 삼을 수 있다.

2) 사안의 경우 – C는 계속해서 소유자가 乙인 Y토지에 대하여 소 제기 시점인 2015. 2. 15 로부터 역산하여 20년이 넘는 시점을 임의로 선택하여 직접 乙에 대하여 Y토지 점유취득시효 완성에 따른 소유권이전등기청구권을 행사할 수 있다.

(2) 근저당권설정등기말소청구

1) 판례 – 점유취득시효로 인한 부동산 소유권 취득은 원시취득으로 원소유자의 소유권에 가하여진 제한에 의하여 영향을 받지 아니하는 완전한 내용의 소유권을 취득한다.

2) 사안의 경우 – C가 乙에게 점유취득시효로 인한 소유권이전등기청구를 하여 Y토지의 소유권을 취득하면 이는 원시취득으로, 시효완성 전에 설정된 戊의 근저당권 설정 역시 소멸하여 말소의 대상이 된다.

5. Z토지

(1) 판례 – 시효취득 완성자는 취득시효기간 만료 후에 새로이 토지의 소유권을 취득한 자에게 시효취득으로 대항할 수 없다.

(2) 사안의 경우 – 취득시효 완성 후인 2005. 5. 1. Z토지의 소유권을 취득한 己에게는 B가 점유취득시효를 주장할 수 없는바, C는 B를 대위하여 己에 대한 소유권이전등기를 청구할 수 없다.

6. 결론

(1) X토지에 대하여 B를 대위하여 丁을 상대로 소유권이전등기청구를 할 수 있고,

(2) Y토지에 대하여 乙을 상대로 직접 소유권이전등기청구, 戊를 상대로 말소등기청구를 할 수 있으며,

(3) Z토지에 대하여는 B를 대위하여 己을 상대로 소유권이전등기청구를 할 수 없다.

[제1문의 2] 문제 2. 해설

1. 채무불이행 또는 불법행위 손해배상 청구 가부

(1) 관련 조문 – 채무자가 채무의 내용에 좇은 이행을 하지 아니한 때에는 채권자는 손해배상을 청구할 수 있다(민법 제390조). 고의 또는 과실로 인한 위법행위로 타인에게 손해를 가한 자는 그 손해를 배상할 책임이 있다(민법 제750조).

(2) 판례 – 부동산 취득시효 완성자와 부동산 소유자 사이에 계약상의 채권·채무관계가 성립하는 것은 아니므로 그 부동산을 처분한 소유자에게 채무불이행책임을 물을 수는 없다. 다만, 소유명의자가 취득시효완성사실을 알면서도 제3자에게 소유명의를 넘겼다면 불법행위책임을 진다.

(3) 사안의 경우 – C는 丙에게 불법행위에 기한 손해배상책임을 물을 수 있다.

〈제1문의 3〉

甲 소유의 X 토지에 관하여 乙이 등기서류를 위조하여 乙 명의로 소유권이전등기를 마쳤다. 이에 甲은 乙을 상대로 甲의 소유권에 기한 방해배제청구로서 乙 명의의 소유권이전등기에 대한 말소등기절차의 이행을 구하는 소(이하 '이 사건 소'라 한다)를 제기하였다.

〈 문제 〉

1. 이 사건 소 제기 전에 乙이 이미 사망하였는데, 이를 알지 못한 甲은 乙을 상대로 소를 제기하였다.

   가. 이 사건 소 제기 후 甲은 피고를 乙의 상속인 H로 바꿀 수 있는지와 그 근거를 설명하시오. (10점)

   나. 법원은 乙이 이 사건 소 제기 전에 사망한 사실을 모르고 소송을 진행하였는데 乙이 재판에 출석하지 않자 자백간주로 원고 승소판결을 선고하였다. 이에 대하여 乙의 상속인 H가 항소를 제기한 경우 항소심 법원은 어떠한 판단을 하여야 하는지와 그 근거를 설명하시오. (5점)

2. 甲이 소송대리인을 선임하지 않은 채 이 사건 소송계속 중 사망하였다.

   가. 甲의 사망으로 발생하는 소송법적 효과와, 이에 대하여 甲의 상속인 O가 소송상 취할 수 있는 조치에 대하여 설명하시오. (10점)

   나. 법원은 甲이 이 사건 소송계속 중 사망한 사실을 모르고 소송을 진행하여 원고 패소판결을 선고하였다. 이에 대하여 甲의 상속인 O는 소송상 어떠한 조치를 취할 수 있는지와 그 근거를 설명하시오. (5점)

3. 甲의 乙에 대한 이 사건 소송계속 중, 乙은 丙에게 X 토지를 매도하고 丙 명의로 소유권이전등기를 마쳐주었다. 甲이 위 소송절차 내에서 丙을 당사자로 추가할 수 있는지와 그 근거를 설명하시오. (15점)

[제1문의 3] 문제 1-가. 해설

1. 당사자확정
   (1) **관련 법리** – 당사자는 소장에 나타난 당사자의 표시를 비롯하여 청구원인 그 밖의 기재 등의 전 취지를 기준으로 하여 객관적으로 당사자를 확정한다(실질적표시설).
   (2) **판례** – 원고가 사망 사실을 모르고 사망자를 피고로 표시하여 소를 제기한 경우에, 청구의 내용과 원인사실, 당해 소송을 통하여 분쟁을 실질적으로 해결하려는 원고의 소제기 목적 내지는 사망 사실을 안 이후의 여러 사정을 종합하여 볼 때 사망자의 상속인이 처음부터 실질적인 피고이다.
   (3) **사안의 경우** – 甲이 제기한 소송에서의 피고는 소장의 표시 乙에도 불구하고 乙의 상속인 H로 판단된다.

2. 당사자표시정정
   (1) **판례** – 사망자의 상속인이 처음부터 실질적인 피고이고 다만 그 표시를 잘못한 것으로 인정된다면, 사망자의 상속인으로 피고의 표시를 정정할 수 있다.
   (2) **사안의 경우** – 甲은 당사자표시정정신청을 통해 피고를 乙에서 H로 바꿀 수 있다.

[제1문의 3] 문제 1-나. 해설

1. 제소 전 사망을 간과한 판결의 효력
   (1) **관련 조문** – 부적법한 항소로서 흠을 보정할 수 없으면 변론 없이 판결로 항소를 각하할 수 있다(민소법 제413조).
   (2) **판례** – 제소 당시 사망한 자를 피고로 한 판결은 당연무효이고, 이미 사망한 자를 상대로 하여 제기된 상고는 부적법하고, 이에 대한 재심의 소도 허용하지 않는다.
   (3) **사안의 경우** – 당연 무효인 판결에 대하여 확정 전 상소나 확정 후 재심은 허용되지 않는바, 乙의 상속인 H의 항소에 대해 항소심 법원은 민소법 제413조를 근거로 각하한다.

[제1문의 3] 문제 2-가. 해설

1. 甲의 사망으로 발생하는 소송법적 효과

    (1) 당연승계

    1) 판례 - 소송도중 어느 일방의 당사자가 사망함으로 인해서 그 당사자로서의 자격을 상실하게 된 때에는 그 대립당사자 구조가 없어져 버린 것이 아니고, 그때부터 그 소송은 그의 지위를 당연히 이어 받게 되는 상속인들과의 관계에서 대립당사자 구조를 형성하여 존재한다.

    2) 사안의 경우 - 甲의 사망으로 상속인 O가 甲의 원고로서의 지위를 당연승계 한다.

    (2) 중단

    1) 관련 조문 - 당사자가 사망한 때에는 소송절차는 중단된다(민소법 제233조 제1항).

    2) 사안의 경우 - 甲의 사망으로 이 사건 소의 절차는 중단된다.

2. 甲의 상속인 O가 소송상 취할 수 있는 조치

    (1) 수계신청

    1) 관련 조문 - 상속인은 소송절차를 수계하여야 한다(민소법 제233조 제1항). 소송절차의 수계신청은 서면으로 하여야 하고, 신청서에는 중단사유와 수계할 사람의 자격을 소명하는 자료를 붙여야 한다(민소규칙 제60조 제1항, 제2항).

    2) 사안의 경우 - 甲의 상속인 O는 서면으로 甲의 상속인임을 입증하는 자료를 소명하여 수계신청을 하여야 한다.

[제1문의 3] 문제 2-나. 해설

1. 중단을 간과한 판결에 대한 상속인 O의 조치

    (1) 판례 - 소송계속 중 어느 일방 당사자의 사망에 의한 소송절차 중단을 간과하고 변론이 종결되어 판결이 선고된 경우에는 그 판결은 소송에 관여할 수 있는 적법한 수계인의 권한을 배제한 결과가 되는 절차상 위법은 있지만 그 판결이 당연무효라 할 수는 없다.

    (2) 사안의 경우 - 상속인 O는 그 판결이 확정 전이라면 대리인에 의하여 적법하게 대리되지 않았던 경우와 마찬가지로 보아 대리권흠결을 이유로 민소법 제424조 제1항 4호를 근거로 상소하거나, 확정 후라면 민소법 제451조 제1항 3호를 근거로 재심을 청구할 수 있다.

[제1문의 3] 문제 3. 해설

1. 문제

丙에 대한 추가적 인수승계 가부가 문제 된다.

2. 丙에 대한 추가적 인수승계 가부

(1) **관련 조문** - 소송이 법원에 계속되어 있는 동안에 제3자가 소송목적인 권리 또는 의무의 전부나 일부를 승계한 때에는 법원은 당사자의 신청에 따라 그 제3자로 하여금 소송을 인수하게 할 수 있다(민소법 제82조 제1항).

(2) **학설** - ① 적격승계설 : 추가적 인수승계를 인정하면 민소법 제82조 규정에 반하고, 심리의 복잡화를 초래하므로 이전적·교환적 승계만을 허용해야 한다. ② 분쟁주체지위승계설 : 소송경제 내지 분쟁의 1회적 해결을 위해 설정적·추가적 승계도 허용해야 한다.

(3) **판례** - 원고가 건물철거청구 중에 피고가 제3자 앞으로 그 건물에 대한 소유권이전등기를 넘길 경우 제3자 명의의 등기말소의무의 이행을 구하기 위한 소송인수신청은 부적법하다.

(4) **검토 및 사안의 적용** - 판례는 건물철거소송 중에 등기말소를 구한 것으로 전혀 별개의 소송물의 경우에 인수신청을 부정한 것으로 설정적·추가적 승계를 부정한 것으로 보기 어렵고, 사안처럼 종전 의무자에 대한 권리가 추가되는 의무자에 대한 권리와 동일한 경우에는 설정적·추가적 승계를 허용하여 분쟁의 1회적 해결을 도모하는 것이 타당하다.

3. 결론

甲이 위 소송절차에서 丙에 대한 인수신청을 통해 丙을 당사자로 추가할 수 있다.

〈제1문의 4〉

자동차 판매대리점을 하는 乙은 2014. 3. 10. 甲종중(대표자 A)으로부터 1억 원을, 丙으로부터 2억 원을 각각 이자 연 12%, 변제기 2015. 3. 9.로 정하여 차용하면서, 이를 담보하기 위해 乙 소유의 X 토지에 관하여 甲종중 및 丙과 1개의 매매예약을 체결하였고, 이에 따라 X 토지에 관하여 甲종중과 丙의 채권액에 비례하여 甲종중은 1/3 지분으로, 丙은 2/3 지분으로 각 특정하여 공동명의의 가등기를 마쳤다.

甲종중은 위 변제기가 지난 후 단독으로 「가등기담보 등에 관한 법률」이 정한 청산절차를 이행하고, 2015. 10. 14. 乙을 상대로 X 토지에 대한 1/3 지분에 관하여 가등기에 기한 본등기절차 이행을 구하는 소(이하 '이 사건 소'라 한다)를 제기하였다.

〈문제〉

1. 이 사건 소송계속 중 甲종중은 丙을 공동원고로 추가하는 신청을 하였다. 甲종중의 이 사건 소 제기 및 위 추가신청이 각 적법한지와 각 근거를 설명하시오. (15점)

2. 이 사건 소송계속 중 A는 甲종중의 대표자 지위를 상실하게 되었다. 그럼에도 A는 그 후 계속 소송을 수행하다가 이 사건 소를 취하하였다. A의 소 취하는 효력이 있는지와 그 근거를 설명하시오. (10점)

[제1문의 4] 문제 1. 해설

1. 이 사건 소 제기의 적법성

(1) **판례** - 수인의 채권자가 각기 채권을 담보하기 위하여 채무자와 채무자 소유의 부동산에 관하여 수인의 채권자를 공동매수인으로 하는 1개의 매매예약을 체결하고 그에 따라 수인의 채권자 공동명의로 그 부동산에 가등기를 마친 경우, 수인의 채권자가 공동으로 매매예약완결권을 가지는 관계인지 아니면 채권자 각자의 지분별로 별개의 독립적인 매매예약완결권을 가지는 관계인지는 매매예약의 내용에 따른다.

(2) **사안의 경우** - 甲종중과 丙은 각자 乙에게 금전을 대여하고, 이를 담보하기 위해 乙 소유의 X 토지에 관하여 甲종중 및 丙과 1개의 매매예약을 체결하였다. 그리고 X 토지에 관하여 甲종중과 丙의 채권액에 비례하여 甲종중은 1/3 지분으로, 丙은 2/3 지분으로 각 특정하여 공동명의의 가등기를 마쳐 각자 지분별로 별개의 예약완결권을 갖는다고 보이는바, 甲 종중이 자기 1/3지분에 관하여 단독으로 소를 제기한 것은 적법하다.

2. 丙을 공동원고로 추가하는 신청의 적법성

(1) **관련 방법** - 당사자 신청에 의하여 원고가 추가되는 경우 필수적 공동소송인의 추가(제68조), 소의 주관적 예비적·선택적 병합(제70조 제1항), 인수승계(제82조)의 방법이 있다.

(2) **사안의 경우**

1) 필수적 공동소송인 추가 - 甲종중과 丙이 공동원고로 되는 경우 지분을 합유하는 것이 아니라 자기 지분을 각자 행사하는 것이므로 통상공동소송에 해당하여 필수적 공동소송인 추가를 할 수 없다.

2) 소의 주관적 예비적·선택적 병합 - 이는 공동소송인들의 청구가 양립할 수 없는 경우에 해당하여야 하는데, 甲종중과 丙의 청구는 양립가능하므로 소의 주관적 예비적·선택적 병합으로 丙을 추가할 수 없다.

3) 인수승계 - 소송물 양도로 승계가 이루어지는 사안이 아니므로 인수승계제도도 활용할 수 없다.

4) 소결 - 丙을 공동원고로 추가하는 신청은 부적법하다.

[제1문의 4] 문제 2. 해설

1. 대표권을 상실한 A 소취하의 효력

(1) **관련 조문** - 법인이 아닌 사단은 대표자가 있는 경우에 그 사단의 이름으로 당사자가 될 수 있다(민소법 제52조). 여기에는 법정대리와 법정대리인에 관한 규정을 준용하고(제64조), 소송절차가 진행되는 중에 법정대리권이 소멸한 경우에는 본인 또는 대리인이 상대방에게 소멸된 사실을 통지하지 아니하면 소멸의 효력을 주장하지 못한다. 다만, 법원에 법정대리권의 소멸사실이 알려진 뒤에는 그 법정대리인은 소의 취하를 하지 못한다(제63조 제1항).

(2) **판례** - 대표권의 소멸통지가 없는 상태에서 구 대표자가 한 소 취하는 유효하고 상대방이 알았는지 여부는 불문한다.

(3) **사안의 경우** - A가 소송 계속 중에 대표자 지위를 상실하였음에도 甲종중이 상대방 乙에게 그러한 사실을 통지하였거나 법원에 이러한 사실이 알려진 사정이 없어 A 대표자 지위 소멸의 효력을 주장하지 못하는바, A의 소 취하는 유효하다.

제2문

〈제2문의 1〉

〈 기초적 사실관계 〉

A 주식회사(이하 'A 회사'라 한다)의 대표이사 甲은 경매가 진행 중인 B 소유의 X 부동산(이하 '이 사건 부동산'이라 한다)을 경매 절차에서 매수하려고 계획하고 있었는데, A 회사의 금융기관에 대한 수억 원의 채무를 연대보증하게 되었다. 甲은 자신의 명의로 재산을 취득하는 경우 강제집행을 당할 우려가 있어 2014. 5. 1. A 회사의 이사로 근무하는 乙과의 사이에 乙의 명의로 경매에 참가하여 이 사건 부동산을 취득한 뒤, 향후 乙은 甲이 요구하는 경우 언제든지 甲에게 소유권을 반환하기로 하는 약정을 하였다.

2014. 6. 20. 이 사건 부동산에 대한 경매절차에서 乙이 경매에 참가하여 그 명의로 매각허가결정을 받자, 위 약정에 따라 甲은 2014. 6. 21. 乙에게 매각대금 3억 원을 지급하였고, 乙은 2014. 6. 24. 甲으로부터 교부받은 매각대금 3억 원 전액을 경매법원에 납입한 후, 2014. 8. 1. 乙 명의로 서울중앙지방법원 2014. 8. 3. 접수 제12221호로 소유권이전등기를 마쳤다.

그런데 「부동산 실권리자명의 등기에 관한 법률」을 잘 알고 있는 乙은 A 회사의 자금사정이 악화되어 A 회사로부터 급여를 제대로 지급받지 못하자 2014. 10. 1. 이 사건 부동산의 명의신탁 사실을 잘 아는 丙에게 이 사건 부동산을 매각하고 그 앞으로 서울중앙지방법원 2014. 10. 5. 접수 제12378호로 매매를 원인으로 한 소유권이전등기를 마쳐 주었다. 甲은 乙과 丙으로부터 이 사건 부동산의 소유권을 넘겨받기를 원하나, 만약 부동산 소유권을 넘겨받을 수 없다면 금전적으로나마 손해를 보전받기를 원한다.

[아래의 각 문제는 독립적이며, 공휴일 여부는 고려하지 말 것]

〈 문제 〉

1. 甲이 丙을 상대로 소유권이전등기말소를 청구하는 소를 제기하는 경우 그 청구에 대한 결론[각하, 청구전부인용, 청구일부인용, 청구기각]을 그 논거와 함께 서술하시오. (15점)

2. 甲이 乙을 상대로 다음과 같은 내용의 부당이득의 반환을 청구하는 소를 제기하는 경우 그 청구에 대한 결론[각하, 청구전부인용, 청구일부인용(이 경우 구체적 인용범위를 기재할 것), 청구기각]을 그 논거와 함께 서술하시오. (25점)

단, 이 사건 부동산의 취득과 관련하여 발생한 취득세, 등록비용 기타 취득비용, 이자에 대한 지연손해금은 고려하지 말 것. 이 사건 소는 2015. 8. 1. 제기되었고, 제1심 변론종결일은 2015. 12. 28.이다.

> **청구취지**
> 1. 피고는 원고에게 금 3억 원 및 이에 대한 2014. 6. 22.부터 이 사건 소장 부본 송달일까지는 연 5%의, 그 다음 날부터 다 갚는 날까지는 연 20%의 각 비율로 계산한 돈을 지급하라. (이하 생략)

[참고 법령]

〈구 소송촉진등에관한특례법제3조제1항본문의법정이율에관한규정〉
전부개정 2003.05.29. [대통령령 제17981호, 시행 2003.06.01.]
소송촉진등에관한특례법 제3조 제1항 본문의 규정에 의한 법정이율은 연 2할로 한다.

〈소송촉진 등에 관한 특례법 제3조 제1항 본문의 법정이율에 관한 규정〉
전부개정 2015.09.25. [대통령령 제26553호, 시행 2015.10.01.]
소송촉진 등에 관한 특례법」제3조 제1항 본문에 따른 법정이율은 연 100분의 15로 한다.

부칙〈대통령령 제26553호, 2015. 9. 25.〉

제1조(시행일) 이 영은 2015년 10월 1일부터 시행한다.

제2조(경과조치) ① 이 영의 개정규정에도 불구하고 이 영 시행 당시 법원에 계속 중인 사건으로서 제1심의 변론이 종결된 사건에 대해서는 종전의 규정에 따른다.
② 이 영 시행 당시 법원에 계속 중인 사건으로서 제1심의 변론이 종결되지 아니한 사건에 대한 법정이율에 관하여는 2015년 9월 30일까지는 종전의 규정에 따른 이율에 의하고, 2015년 10월 1일부터는 이 영의 개정규정에 따른 이율에 의한다.

〈 변경된 사실관계 〉

이 사건 부동산에 대한 경매절차의 매각허가결정일은 1995. 6. 21.이고, 乙은 매각대금을 1995. 6. 24.에 완납하고, 같은 날 그 소유권이전등기를 마쳤다.

乙 앞으로 소유권이전등기가 마쳐진 이래 이 사건 소 제기일인 2015. 1. 5. 현재까지 소유권이전등기 명의는 변경된 적이 없고, 이 사건 부동산은 甲이 계속 점유해 오고 있다.

〈 문제 〉

3. 甲이 乙을 상대로 부당이득을 원인으로 하여 이 사건 부동산의 소유권이전등기를 청구하는 소를 제기하였다(금전적 청구는 하지 아니하였음). 이에 대하여 乙은 甲에게 이 사건 부동산에 대한 등기청구권이 있다고 하더라도, 이 등기청구권은 소멸시효가 완성되었다고 주장하였다. 甲은 다시 자신이 이 사건 부동산을 점유해온 이상 소멸시효가 진행되지 아니한다고 주장하였다. 甲의 청구에 대한 결론(각하, 청구전부인용, 청구일부인용, 청구기각)을 그 논거와 함께 서술하시오. (20점)

[제2문의 1] 문제 1. 해설

1. 문제
(1) 甲이 X부동산의 소유자인지 여부, (2) 丙 명의 등기가 무효인지 여부가 문제 된다.

2. 甲이 X부동산의 소유자인지 여부
(1) 관련 조문 - 명의신탁약정은 무효이고, 위 약정에 따라 이루어진 등기는 무효이다. 다만, 상대방 당사자가 명의신탁약정 사실을 모르고 수탁자와 계약을 맺은 경우의 부동산물권변동은 유효이다(부실법 제4조 제1, 2항).

(2) 판례 - 경매목적 부동산의 소유권은 매수대금을 실질적으로 부담한 사람이 누구인지와 상관없이 그 명의인이 취득한다.

(3) 사안의 경우 - 甲이 乙에게 매수자금을 지원하고 乙이 이 사건 부동산을 취득하기로 한 것은 명의신탁약정으로 무효이고, 경매를 통해서 명의인 乙이 유효하게 소유권을 취득하는 바, 甲은 X부동산의 소유자가 될 수 없다.

3. 丙 명의 등기의 무효여부
(1) 관련 조문 - 명의신탁약정의 무효를 가지고 제3자에게 대항하지 못한다(부실법 제4조 제3항).

(2) 판례 - 명의수탁자는 신탁재산을 유효하게 제3자에게 처분할 수 있고 제3자가 명의신탁사실을 알았다 하여도 그의 소유권취득에 영향이 없다.

(3) 사안의 경우 - 乙은 X부동산의 소유권을 완전히 취득하였고 乙로부터 소유권을 양도받은 丙이 명의신탁 사실을 알았다고 하더라도 소유권취득에 영향이 없는 바, 丙명의 등기는 유효하다.

4. 결론
甲의 丙에 대한 소유권이전등기 말소청구는 기각된다.

[제2문의 1] 문제 2. 해설

1. 문제
(1) 부당이득 반환청구의 대상, (2) 부당이득 반환범위가 문제 된다.

2. 부당이득 반환청구의 대상
(1) 판례
  1) 계약명의신탁약정이 부실법 시행 후인 경우, 명의신탁자는 애초부터 당해 부동산의 소유권을 취득할 수 없었으므로 명의신탁자가 입은 손해는 당해 부동산 자체가 아니라 명의수탁자에게

제공한 매수자금이 부당이득의 대상이 된다.

2) 부동산경매절차에서 매수대금의 부담자와 명의인 간에 매수대금 부담자의 지시에 따라 부동산의 소유 명의를 이전하기로 약정하였더라도, 이는 부실법에 의하여 무효인 명의신탁약정을 전제로 명의신탁 부동산 자체의 반환을 구하는 것으로 무효이다.

(2) 사안의 경우

1) 甲과 乙은 부실법 시행 후인 2014. 5. 1. 명의신탁약정을 체결하였는바, 처음부터 X부동산의 소유권을 취득할 수 없어 3억 원 상당의 매수자금이 부당이득의 대상이 된다.

2) 그리고 향후 乙은 甲이 요구하는 경우 언제든지 甲에게 X부동산의 소유권을 반환하기로 한 약정은 부실법에 의하여 무효인 명의신탁약정을 전제로 하는 것으로 무효이다.

3. 부당이득 반환범위

(1) **관련 조문** - 선의 수익자는 그 받은 이익이 현존하는 한도에서 반환하고, 악의 수익자는 받은 이익에 이자를 붙여 반환하고 손해가 있으면 이를 배상한다(민법 제748조). 지연이자는 개정된 소촉법에 따라 2015. 9. 30.까지는 연20%, 2015. 10. 1.부터 연15%가 적용된다.

(2) **판례** - 금전채무의 지연손해금 채무는 이행기의 정함이 없는 채무로서 채권자로부터 이행청구를 받은 때로부터 비로소 이행지체 책임을 진다.

(3) **사안의 경우** - 乙은 부실법을 잘 알고 있는 자로 매각대금을 수령한 때부터 악의의 수익자이므로, 甲의 청구에 따라 3억 원 및 이에 대하여 2014. 6. 22. 부터 이 사건 소장 부본 송달일 까지는 연 5%, 그 다음날부터 2015. 9. 30.까지는 연 20%, 2015. 10. 1.부터 다 갚는 날까지는 연 15%의 각 비율로 계산한 금원을 지급하여야 한다.

4. 결론

법원은 청구일부인용 판결을 한다.

[제2문의 1] 문제 3. 해설

1. 문제

(1) X부동산이 부당이득반환의 대상인지 여부, (2) 乙의 소멸시효 항변, (3) 甲의 재항변의 당부가 문제 된다.

2. X부동산이 부당이득반환의 대상인지 여부

(1) **관련 조문** - 부실법 시행 전에 명의신탁약정에 따라 수탁자 명의로 등기한 신탁자는 시행일부터 1년의 기간 이내에 실명등기를 하여야 하고(부실법 제11조 제1항), 위 기간 내에 실명등기를 하지 아니한 경우 명의신탁약정의 효력은 무효로 한다(부실법 제12조).

(2) **판례** – 유예기간이 경과하기 전까지 신탁자는 언제라도 명의신탁약정을 해지하고 당해 부동산에 관한 소유권을 취득할 수 있었던 것이므로, 수탁자는 부실법 시행에 따라 유예기간이 경과함으로써 당해 부동산 자체를 부당이득 하였다.

(3) **사안의 경우** – 신탁자 甲은 수탁자 乙과의 명의신탁약정을 부실법 시행(1995. 7. 1.)전에 체결하였고 乙이 1995. 6. 24. X부동산의 소유권을 취득하였는바, 甲은 위 약정을 해지하고 X부동산을 취득할 수 있었으므로 이에 대한 반환청구를 구할 수 있다.

3. 乙의 소멸시효 항변

(1) **관련 조문** – 채권은 10년간 행사하지 아니하면 소멸시효가 완성된다(민법 제162조 제1항).

(2) **사안의 경우** – 甲의 乙에 대한 X부동산 소유권이전등기청구권은 '채권적 청구권'으로 10년의 소멸시효에 걸리고, 甲의 부당이득반환청구권은 유예기간 도과시점인 1996. 7. 1. 발생하여 10년이 경과한 2006. 6. 30. 24:00 소멸하였는바, 이 사건 소제기일인 2015. 1. 5. 乙의 소멸시효 항변은 타당하다.

4. 甲의 재항변

(1) **판례** – 명의신탁자가 신탁부동산을 계속 점유·사용한 것은 부당이득반환청구권 자체의 실질적 권리행사가 있다고 볼 수 없어 소멸시효는 진행한다.

(2) **사안의 경우** – 甲의 재항변은 부당하다.

5. 결론

甲의 청구는 기각된다.

〈제2문의 2〉

〈 기초적 사실관계 〉

甲은 2015. 1. 20. 乙에게 甲 소유의 Y 토지(이하 '이 사건 토지'라 한다)를 매도하기로 하는 매매계약(이하 '이 사건 계약'이라 한다)을 체결하였다. 이 사건 계약의 내용은 다음과 같다.

"매매대금을 5억 원으로 하되, 계약금 5,000만 원은 계약 당일 지급하고, 중도금 2억 원은 2015. 4. 15.에 지급하고, 잔금 2억 5,000만 원은 2015. 8. 10. 소유권이전등기서류를 교부받음과 동시에 지급하기로 한다."

[아래의 각 문제는 독립적이며, 공휴일 여부는 고려하지 말 것]

〈 추가된 사실관계 〉

乙은 이 사건 계약에 따라 계약 당일 甲에게 계약금 전부를 지급하였고, 2015. 4. 15. 중도금 전부를 지급하였다.

그 무렵 이 사건 토지를 포함한 주변 일대가 「도시개발법」에 따라 도시개발계획이 결정되어 도시개발구역 지정 고시가 이루어졌고, 이로 인하여 이 사건 토지의 가격상승이 기대되자 甲은 乙과 매매계약을 체결한 것을 후회하였다. 평소 丙은 이 사건 토지에 건물을 신축하여 식당을 운영할 계획을 가지고 있었는데, 우연히 甲이 이 사건 토지에 대한 매매를 후회한다는 사실을 알게 되었다. 이에 丙은 이 사건 토지에 대한 매매계약이 있음을 알면서도 甲과 교섭하여 2015. 7. 5. 이 사건 토지에 대하여 대금을 7억 원으로 하는 매매계약을 체결하고, 2015. 8. 4. 매매대금 전액을 지급하고 소유권이전등기를 넘겨받았다.

〈 문제 〉

1. 乙은 이 사건 토지에 대한 소유권이전등기를 넘겨받거나, 자신의 손해를 보전 또는 최소화하기 위한 법적조치를 취하려 한다.

   가. 乙이 甲을 상대로 이 사건 토지에 대한 매매를 원인으로 한 소유권이전등기청구를 하는 경우 인용가능 여부 및 그 논거를 서술하시오(단, 소송에서 예상 가능한 항변은 모두 주장된 것으로 한다). (10점)

   나. 乙이 甲을 상대로 금전지급을 구하는 청구를 하려고 하는 경우 가능한 권리구제 수단 및 그 논거를 서술하시오. (20점)

〈 변경된 사실관계. 다만 제2문의2 문제 1에서 추가된 사실관계와는 별개임 〉

乙은 계약금 마련에 곤란을 겪다 계약체결 당일 계약금 중 2,000만 원만을 지급하고 나머지 계약금을 지급하지 못하고 있었다. 이런 상태에서 甲이 丙의 매수 제안을 받게 되자 甲은 2015. 4. 15. 乙에게 2,000만 원의 배액인 4,000만 원을 제공하면서 내용증명우편을 통해 계약해제의 의사표시를 하였고, 위 내용증명우편은 2015. 4. 17. 乙에게 도달하였다.

이에 대하여 乙은 자신이 계약금의 일부를 지급하지 못한 것은 잘못이나, 그렇다고 하더라도 甲이 계약해제를 위해 지급할 금원은 4,000만 원이 아닌 계약금의 배액인 1억 원이므로 계약은 여전히 유효하다고 주장한다.

〈 문제 〉
2. 이 경우 甲의 계약해제는 적법한 것인지에 대한 결론과 그 논거를 서술하시오. (10점)

[제2문의 2] 문제 1-가. 해설

1. 문제
(1) 부동산 이중매매의 유효성, (2) 제1매수인 乙의 소유권이전등기청구 인용여부가 문제 된다.

2. 부동산 이중매매의 유효성
(1) **관련 조문** – 계약자유의 원칙상 이중매매계약은 유효하다(민법 제563조).

(2) **판례** – 제2매수인이 매도사실을 알고도 매도를 요청하거나 유도하여 배임행위를 유인, 교사하거나 이에 협력하는 등 적극 가담하는 정도가 되면 부동산 이중매매행위는 민법 제103조에 위반한 반사회적 법률행위로서 무효가 된다.

(3) **사안의 경우** – 甲과 乙은 2015. 1. 20. Y토지에 관한 매매계약을 체결하였고, 甲과 丙은 2015. 7. 5. Y토지에 관한 매매계약을 체결하였는데, 丙이 계약체결 당시 甲이 乙과의 매매계약 사실을 알았으나 이중매매계약에 丙이 적극 가담하였다는 사실이 없는바, 甲과 丙의 이중매매계약은 유효하다.

3. 제1매수인 乙의 소유권이전등기청구
甲의 丙에 대한 소유권이전등기는 유효한 매매계약을 원인으로 경료되었으므로 유효하고, 甲의 乙에 대한 소유권이전등기청구는 이행불능이 된다.

4. 결론
乙의 甲에 대한 Y토지에 대한 소유권이전등기청구는 기각된다.

[제2문의 2] 문제 1-나. 해설

1. 문제
(1) 계약해제 및 원상회복, (2) 전보배상, (3) 대상청구, (4) 불법행위 손해배상청구가 문제 된다.

2. 계약해제 및 원상회복
(1) **관련 조문** – 채무자의 책임 있는 사유로 이행이 불능하게 된 때에는 채권자는 계약을 해제할 수 있고(민법 제546조), 각 당사자는 그 상대방에 대하여 원상회복의무가 있으며 그 반환범위는 받은 날로부터 이자를 가산한다(민법 제548조 제1, 2항).

(2) **사안의 경우** – 乙은 甲에게 이 사건 토지에 대한 소유권이전등기 이행불능을 이유로 해제할 수 있고, 원상회복으로 甲은 乙에게서 받은 계약금 5천만 원은 2015. 1. 20.부터, 중도금 2억 원은 2015. 4. 15.부터 다 갚는 날까지 연 5%의 민사 법정이율을 붙여서 반환하여야 한다.

3. 전보배상

(1) **관련 조문 및 법리** - 전보배상이란 채무의 내용인 본래급부에 갈음하는 손해배상으로 계약의 해제는 손해배상 청구에 영향을 미치지 않는바(민법 제551조), 계약의 해제 여부와 상관없이 손해배상을 청구할 수 있다.

(2) **판례** - 매매계약의 이행불능으로 인한 전보배상 책임범위는 "이행불능당시의 매매목적물 시가"를 기준으로 한다.

(3) **사안의 경우** - ① 乙은 해제하지 않고 丙에게 소유권이전등기를 경료한 2015. 8. 4. 당시의 시가 7억 원을 전보배상으로 청구하여 이미 지급한 2.5억 원과 지급할 2.5억 원을 공제한 2억 원을 손해배상금으로 청구할 수 있고, ② 乙은 해제하고 원상회복 청구와 함께 丙에게 소유권이전등기가 경료된 당시의 시가 7억 원과 매매대금 5억 원의 차액 2억 원을 손해배상으로 청구할 수 있다.

4. 대상청구

(1) **관련법리** - 민법에 명문의 규정이 없으나, 판례는 이행불능의 효과로서 해석상 대상청구권을 부정할 이유가 없다고 한다. ① '채무의 후발적 이행불능', ② '이행불능으로 말미암아 채무자가 원래의 급부에 갈음하는 이익(代償)을 얻은 사실', ③ 양자간의 동일성 및 상당인과관계를 요건으로 한다.

(2) **사안의 경우** - 甲의 乙에 대한 소유권이전등기의무가 甲의 丙에 대한 소유권이전등기로 인해 후발적으로 불능이 되었고, 甲은 이로 인해 매매대금 7억 원을 취득했는바, 乙이 잔금 2억 5천만 원을 甲에게 지급한다면, 대상청구권을 행사하여 7억 원의 반환청구를 할 수 있다.

5. 불법행위 손해배상청구

(1) **관련 조문** - 고의 또는 과실로 인한 위법행위로 타인에게 손해를 가한 자는 그 손해를 배상할 책임이 있다(민법 제750조).

(2) **판례** - 불법행위로 인한 재산상 손해 산정방법 및 기준시점은 불법행위시이다.

(3) **사안의 경우** - 乙은 매도인 甲이 고의로 丙과 매매계약을 체결하여 자신에게 소유권이전등기의무를 이행하지 못한 사실을 입증하여 불법행위 손해배상을 청구할 수 있고, 그 시점은 불법행위시인 2015. 8. 4.로 이 사건 토지 시가 7억 원에서 5억 원을 공제한 2억 원을 통상손해로 청구할 수 있다.

[제2문의 2] 문제 2. 해설

1. 계약금 계약의 성립 여부

(1) **관련 조문** - 매매의 당사자 일방이 계약당시에 금전을 계약금 목적으로 상대방에게 교부한 때에는 일방이 이행에 착수할 때까지 수령자는 그 배액을 상환하여 매매계약을 해제할 수 있다(민법 제565조 제1항).

(2) **판례** - 계약금계약은 금전 기타 유가물의 교부를 요건으로 하므로 단지 계약금을 지급하기로 약정만 한 단계에서는 계약 해제를 할 수 있는 권리는 발생하지 않는다.

(3) **사안의 경우** - 甲과 乙 사이에서 약정된 계약금 5천 전액이 지급되지 않았으므로 계약금계약은 성립되지 않았는바, 계약금 계약에 근거하여 매매계약을 해제할 수 없다.

2. 계약금이 일부 지급된 경우의 해제 가부

(1) **판례**

1) 계약금 일부만 지급되어 수령자가 매매계약을 해제할 경우, 해약금 기준이 되는 금원은 '실제 교부받은 계약금'이 아니라 '약정 계약금'이므로, 매도인이 계약금의 일부로서 지급받은 금원의 배액을 상환하는 것으로는 매매계약을 해제할 수 없다.

2) 근거로, ① 당사자가 일정 금액을 계약금으로 정한 의사에 반하고, ② 교부받은 금원이 소액일 경우 사실상 계약을 자유로이 해제할 수 있어 계약의 구속력이 약화된다.

(2) **사안의 경우** - 甲은 약정 계약금 5천의 배액을 乙에게 지급함으로써 매매계약을 해제할 수 있는데 계약금 일부인 2천의 배액인 4천을 상환하면서 해제를 통지하였는바, 매매계약을 해제할 수 없다.

제3문

⟨ 기초적 사실관계 ⟩

냉방기기 제조 및 판매업을 영위하는 비상장회사인 A주식회사(이하 'A회사'라 한다)는 2005. 1. 전동자전거 제조 및 판매업을 영위하는 비상장회사인 B주식회사(이하 'B회사'라 한다)를 설립하여 그 주식 100%를 보유하고 있다.

B회사는 설립 후 신제품 개발 및 마케팅에 성공하여 비약적인 성장을 거듭하고 있던 중 2012. 9. 주요 고객 중 하나인 중국 수입선의 부도로 자금조달에 일시적으로 어려움을 겪게 되었다. 이를 해소하기 위하여 2012. 10. 주주배정방식으로 총 발행가액 500억 원 규모(보통주 500만 주)의 유상증자(이하 '이 사건 유상증자'라 한다)를 실시하기로 하였다. A회사의 이사는 甲, 乙, 丙 3인인데, 이사회는 특별한 검토 없이 이 사건 유상증자 직전 B회사의 단기적 유동성 부족 문제만을 이유로 자신에게 배정된 신주를 전부 인수하지 아니하기로 전원일치로 결의하였다.

이에 B회사 이사회는 실권주 처리를 위하여 A회사 최대주주 겸 대표이사인 甲의 배우자인 丁에게 실권한 500만 주 전부를 배정하기로 결의하였다. 丁이 배정주식 전부를 인수한 결과 丁은 B회사의 주식 80%를 보유하게 되었고, 그 결과 A회사가 보유한 B회사 지분은 20%로 감소하였다.

그 후 B회사가 개발한 전동자전거가 중국시장에서 선풍적인 인기를 얻게 되면서 B회사는 유동성 위기에서 벗어남은 물론 매출 및 당기순이익은 이 사건 유상증자 시기에 비하여 수백 배로 수직 상승하였다.

한편 이 사건 유상증자 직후 A회사는 B회사와의 사이에 B회사가 요구하는 특정 기계부품 전량을 10년간 염가에 공급하는 내용의 장기물품공급계약(이하 '이 사건 물품공급계약'이라 한다)을 체결하여 지속적으로 거래를 하여왔다. B회사가 이와 같이 급속하게 성장하게 된 배경에는 이 사건 물품공급계약을 통하여 A회사로부터 핵심부품을 안정적으로 조달받게 된 것이 결정적인 영향을 미쳤다.

⟨ 문제 ⟩

1. X는 이 사건 유상증자 이후에 처음으로 A회사 주식을 매수하여 3개월째 A회사 주식의 3%를 계속 보유하는 주주인데, 이 사건 유상증자와 관련한 이사 甲, 乙, 丙의 행위로 인하여 A회사가 큰 손해를 보았다고 믿고 이들을 상대로 책임을 묻고자 한다.

   가. 이사들이 「상법」상 선량한 관리자의 주의의무 및 충실의무를 위반하였는지 여부를 그 논거와 함께 서술하시오. (10점)

   나. 만약 이사들의 행위로 인하여 손해를 입었음에도 불구하고 A회사가 이사들을 상대로 아무런 책임을 묻지 아니하였다면, X가 A회사를 위하여 이사들을 상대로 그 책임을 물을 수 있는가? (20점)

   다. 위 나.의 경우에 만약 A회사가 상장회사라면, X는 A회사를 위하여 이사들을 상대로 그 책임을 물을 수 있는가? (10점)

2. 만약 이 사건 물품공급계약과 관련하여 A회사와 B회사 모두 별도의 이사회 결의나 주주총회 결의를 거치지 아니하였다면, 위 계약의 효력은? (20점)

〈추가적 사실관계〉

丁은 사채업자로부터 빌린 자금으로 B회사의 실권분 신주인수대금을 납입하였고, B회사의 대표이사와 공모하여 증자등기 완료 후 즉시 위 납입금 전액을 인출하여 차입금을 변제하였다.

〈 문제 〉

3. 이 경우 丁에 대한 신주배정이 적법하다고 전제할 때, 丁의 납입은 유효한가? (10점)

〈추가적 사실관계〉

A회사는 최근 투자 실패로 인하여 거액의 손실을 보아 배당가능이익이 없음에도 불구하고, 대표이사 甲은 이를 감추고 사옥매각대금으로 확보한 2억 원을 재원으로 하여 주주들에게 현금배당하기로 하는 내용의 배당안을 작성하였다. A회사 이사회는 전원찬성 결의로 이 배당안을 승인하였고, A회사는 주주총회의 승인을 거쳐 배당을 실시하였다. 이로 인하여 A회사의 채권자 Y는 5천만 원의 채권을 변제기에 변제받지 못하였다.

〈 문제 〉

4. Y는 위 배당금 지급과 관련하여 A회사 주주들 및 이사에 대하여 「상법」상 어떠한 권리를 갖는가? (30점)

[제3문] 문제 1-가. 해설

1. 이사들의 선관주의의무 및 충실의무 위반여부

    (1) **관련 조문** - 회사와 이사의 관계는 민법의 위임에 관한 규정을 준용하므로 이사는 회사에 대하여 선관주의의무를 진다(상법 제382조 제2항). 이사는 법령과 정관의 규정에 따라 회사를 위하여 그 직무를 충실하게 수행하여야 한다(상법 제382조의3).

    (2) **경영판단법칙**

    1) 의의 - 사후적으로 경영판단이 잘못되었다고 드러나더라도 의사결정 당시에 합리적이었다면 이사에게 책임을 물을 수 없다.

    2) 판례 - 법령에 위반한 행위에 대하여는 이사가 임무를 수행함에 있어서 선관주의의무를 위반하여 임무해태로 인한 손해배상책임이 문제되는 경우에 고려될 수 있는 경영판단의 원칙은 적용할 수 없다.

    3) 사안의 경우 - A회사의 이사들이 신주인수권을 포기한 것이 법령에 위반되지 않지만, 이사는 甲, 乙, 丙 3인의 이사회는 특별한 검토 없이 이 사건 유상증자 직전 B회사의 단기적 유동성 부족 문제만을 이유로 자신에게 배정된 신주를 전부 인수하지 아니하기로 전원일치로 결의한 것은 회사에 대하여 선관주의 의무 및 충실의무 위반사실이 인정되므로 의사결정당시에 합리적이었다고 보기 어려워 경영판단원칙이 적용되기 어렵다.

    (3) **소결** - 이사들의 선관주의의무 및 충실의무 위반이 인정되어 A회사에 대하여 이에 대한 책임을 진다.

[제3문] 문제 1-나. 해설

1. 문제

    주주대표소송제기 가부가 문제 된다.

2. 주주대표소송제기 가부

    (1) **관련 조문** - 발행주식의 총수의 100분의 1 이상에 해당하는 주식을 가진 주주는 회사에 대하여 이사의 책임을 추궁할 소의 제기를 그 이유를 기재한 서면으로 청구할 수 있고, 회사가 그 청구를 받은 날로부터 30일내에 소를 제기하지 아니한 때에는 주주는 즉시 회사를 위하여 소를 제기할 수 있다. 그 기간의 경과로 인하여 회사에 회복할 수 없는 손해가 생길 염려가 있는 경우에는 주주는 즉시 소를 제기할 수 있다(상법 제403조).

    (2) **사안의 경우**

    1) 원고적격 - X는 이 사건 유상증자 이후에 처음으로 A회사 주식을 매수하여 3개월째 A회사

주식의 3%를 계속 보유하는 주주이므로 제소당시에 100분의 1이상의 주식을 갖고 있는 자에 해당하는바, 원고적격이 인정된다.

2) 이사의 회사에 대한 책임 - 이사 甲, 乙, 丙의 선관주의의무 및 충실의무 위반이 인정되어 상법 제399조 제1항에 의해 A회사에 대하여 책임을 진다.

3) 회사의 소제기 해태 - 주주 X는 회사에 대하여 이사 甲, 乙, 丙에 대하여 책임을 추궁할 소제기를 청구함에도 30일 내에 소를 제기하지 않는 경우, 즉시 회사를 위하여 직접 소를 제기할 수 있다.

3. 결론

이사들의 행위로 인하여 손해를 입었음에도 불구하고 A회사가 이사들을 상대로 아무런 책임을 묻지 아니하였다면, X가 A회사를 위하여 이사들을 상대로 상법 제403조의 주주대표소송을 제기하여 그 책임을 물을 수 있다.

[제3문] 문제 1-다. 해설

1. 상장회사의 특례에 따른 대표소송 제기 가부

(1) **관련 조문** - 6개월 전부터 계속하여 상장회사 발행주식 총수의 1만분의 1 이상에 해당하는 주식을 보유한 자는 제403조에 따른 주주의 권리를 행사할 수 있다(상법 제542조의6 제6항). 제1항부터 제7항까지는 제542조의2제2항에도 불구하고 이 장의 다른 절에 따른 소수주주권의 행사에 영향을 미치지 아니한다(상법 제542조의6 제10항).

(2) **판례** - 상장회사 특례규정이 상법규정의 적용을 배제하는 특별법에 해당한다고 볼 수 없고, 6월의 보유기간요건을 갖추지 못한 경우라 할지라도 상법규정의 요건을 갖추고 있으면 그에 기하여 주주총회소집청구권을 행사할 수 있다.

(3) **사안의 경우** - 상법 제542조의6 제10항에 의해 동조 제2항의 규정이 상법 제403조에 따른 대표소송 제기에 영향을 미치지 아니하여, 주주 X는 A회사 주식을 3개월째 보유 중이므로 특례요건을 충족하지 못하였으나 A회사 주식 3%를 보유하고 있어, 상법 제403조에 따라 대표소송을 제기할 수 있는바, A회사가 상장회사라도 X는 A회사를 위하여 이사들을 상대로 그 책임을 물을 수 있다.

[제3문] 문제 2. 해설

1. 문제

(1) 자기거래 해당여부, (2) 이사회 및 주주총회 승인 없는 자기거래 효력이 문제 된다.

2. 자기거래 해당여부

(1) **관련 조문** - 발행주식총수의 100분의 10이상의 주식을 소유하고 있는 주요주주 또는 그 주요주주의 배우자가 100분의 50이상을 가진 회사와 자기 또는 제3자의 계산으로 회사와 거래를 하기 위하여는 미리 이사회에서 해당 거래에 관한 중요사실을 밝히고 이사회의 승인을 받아야 한다. 이 경우 이사회의 승인은 이사 3분의 2 이상의 수로써 하여야 하고, 그 거래의 내용과 절차는 공정하여야 한다(상법 제398조 제1호, 제4호, 제542조의8 제2항 제6호).

(2) **사안의 경우**
 1) A회사 - 甲은 A회사의 최대주주이자 대표이사로 거래상대방인 B회사는 甲의 배우자 丁이 50% 이상인 80%를 보유하는 회사이므로, A회사 입장에서 B회사와의 거래는 상법 제398조 4호에 해당하는 자기거래이다.
 2) B회사 - A회사는 B회사 주식의 20%를 보유한 주요주주이고, 그 거래상대방은 주요주주인 A회사이므로 B회사 입장에서 A회사와의 거래는 상법 제398조 제1호에 해당하는 자기거래이다.

3. 이사회 승인 없는 자기거래 효력

(1) **판례** - 이사회 결의가 필요함에도 없는 경우에는 그 상대방이 이사회 결의가 없거나 무효라는 사실을 알았거나 중과실로 알지 못한 경우가 아니면 그 거래는 유효하고, 이때 거래상대방의 이사회 결의가 없음에 대한 악의 또는 중과실은 회사가 이를 입증하여야 한다.

(2) **사안의 경우** - 이 사건 물품공급계약과 관련하여 A회사와 B회사 모두 별도의 이사회 결의나 주주총회 결의를 거치지 아니하였다면 이 사건 물품공급계약은 무효이다.

4. 결론
이 사건 물품공급계약의 효력은 없다.

[제3문] 문제 3. 해설

1. 신주인수인 丁의 신주인수납입의 효력

(1) **관련 조문** - 신주의 인수인은 납입을 이행한 때에는 납입기일의 다음날부터 신주의 권리의무가 있다(상법 제423조 제1항).

(2) **판례** - 견금(見金) 형태의 가장납입의 경우에도 금원의 이동에 따른 현실의 불입이 있는 것으로, 실제로는 주금납입의 가장 수단으로 이용된 것이라도 이는 발기인 또는 이사들의 주관적 의도의 문제에 불과하므로, 내심적 사정에 의하여 회사의 설립과 같은 집단적 절차의 일환을 이루는 주금납입의 효력이 좌우될 수 없다.

(3) **사안의 경우** - 丁의 납입행위는 견금(見金)형태의 가장납입으로 유효하다.

[제3문] 문제 4. 해설

1. 문제

(1) 이익배당의 적법여부, (2) 채권자 Y의 주주들에 대한 상법상 권리, (3) 채권자 Y의 이사들에 대한 권리가 문제 된다.

2. 이익배당의 적법여부

(1) **관련 조문** - 이익배당은 배당가능이익이 있는 경우에 재무제표 승인권이 있는 주주총회 보통결의로 실시 여부를 정한다(상법 제462조 제1항, 제2항).

(2) **사안의 경우** - A회사 이사회는 전원찬성 결의로 이 배당안을 승인하였고, A회사는 주주총회의 승인을 거쳐 배당을 실시한 것에 절차상 하자는 없으나 배당가능 이익이 없음에도 배당을 실시한 내용상 하자가 존재하는바, 이는 상법 제462조 제1항에 위배되는 위법한 배당에 해당한다.

3. 채권자 Y의 주주들에 대한 상법상 권리

(1) **관련 조문** - 제462조 제1항을 위반하여 이익을 배당한 경우에 회사채권자는 배당한 이익을 회사에 반환할 것을 청구할 수 있다(상법 제462조 제3항). 이 소는 본점소재지의 지방법원에 전속한다(동조 제4항).

(2) **사안의 경우** - A회사가 배당가능이익이 없음에도 이익배당을 하였으므로 회사채권자 Y는 주주들에게 배당받은 이익을 회사에 반환할 것을 청구할 수 있다.

4. 채권자 Y의 이사들에 대한 권리

(1) **관련 조문 및 법적 성질** - 이사가 고의 또는 중과실로 그 임무를 게을리한 때에는 그 이사는 제3자에 대하여 연대하여 손해를 배상할 책임이 있다(상법 제401조 제1항). 회사에 대한 이사의 책임이 이사회의 결의에 의한 것인 때에는 그 결의에 찬성한 이사도 연대하여 책임을 진다(상법 제399조 제2항). 상법 제401조에 기한 이사의 제3자에 대한 손해배상책임이 제3자를 보호하기 위하여 상법이 인정하는 특수한 책임이다.

(2) **사안의 경우** - 대표이사 甲은 배당가능이익이 없는 사실을 감추고 사옥매각대금으로 확보한 2억원을 재원으로 하여 주주들에게 현금배당하기로 하는 내용의 배당안을 작성하고, 이사 乙, 丙의 찬성으로 배당안이 승인되어 A회사의 채권자 Y는 5천만 원의 채권을 변제기에 변제받지 못하는 손해가 발생하였는바, 이사 甲, 乙, 丙은 상법 제401조 제1항에 의한 손해배상책임을 부담하고 이들은 부진정연대채무관계에 있다.

5. 결론

(1) 채권자 Y는 상법 제462조 제3항을 근거로 주주에 대하여 배당한 이익을 회사에 반환할 것을 청구할 수 있다.

(2) 채권자 Y는 이사 甲, 乙, 丙에게 상법 제401조 제1항에 따른 손해배상을 청구할 수 있다.

9. 2015년도 시행 제4회 변호사시험

제1문

〈제1문의 1〉

〈 기초적 사실관계 〉

B는 2002. 1. 1. 주택을 신축할 목적으로 C로부터 X토지를 매매대금 10억 원에 매수하면서, 소유권이전등기는 추후 B가 요구하는 때에 마쳐주기로 하였다. B는 2002. 4. 5. 매매대금 전액을 지급하고 C로부터 X토지를 인도받았다.

B는 그 무렵 이후 C에게 X토지에 관한 소유권이전등기절차의 이행을 요구하였는데, C는 X토지를 매도할 당시보다 시가가 2배 이상 상승하였다고 주장하면서 매매대금으로 10억 원을 더 주지 않으면 B에게 소유권이전등기를 마쳐줄 수 없다고 하였다.

B는 C에게 수차례 소유권이전등기절차의 이행을 구하다가 2009. 12. 4. A에게 X토지를 25억 원에 매도하였다.

〈 추가적 사실관계 〉

A는 2011. 5. 8. 법원에 C를 상대로 B에 대한 X토지에 관한 소유권이전등기청구권을 보전하기 위하여 B를 대위하여 2002. 1. 1.자 매매를 원인으로 한 소유권이전등기절차 이행을 구하는 소를 제기하였다.

〈 문제 〉

1. 재판과정에서, A가 2010. 9. 10. B를 상대로 X토지에 관하여 2009. 12. 4.자 매매를 원인으로 한 소유권이전등기청구의 소를 제기하였다가 그 매매계약이 적법하게 해제되었다는 이유로 패소판결을 선고받아 그 판결이 2010. 12. 30. 확정된 사실이 밝혀졌다. 이 경우 법원은 어떠한 판단을 하여야 하며, 그 이유는 무엇인가? (10점)

〈 추가적 사실관계 〉

A는 2011. 6. 18. 법원에 B와 C를 공동피고로 하여, B에 대하여는 X토지에 관한 2009. 12. 4.자 매매를 원인으로 한 소유권이전등기절차 이행을 구하고, C에 대하여는 A의 B에 대한 X토지에 관한 소유권이전등기청구권을 보전하기 위하여 B를 대위하여 2002. 1. 1.자 매매를 원인으로 한 소유권이전등기절차 이행을 구하는 소를 제기하였다.

재판과정에서, B는 자신은 X토지에 대한 매매계약과는 무관하고 X토지를 평소 관리하던 자신의 동생인 D가 아무런 권한 없이 B의 대리인을 자처하면서 A에게 X토지를 매도한 것이라고 주장하였다.

〈 문제 〉

2. B의 주장이 받아들여질 경우에 대비하여, 위 소송절차에서 A는 D에 대하여 손해배상을 구하는 예비적 청구를 추가하고자 한다.

   (1) 이 경우 예비적으로 D를 피고로 추가하는 것이 가능한지 여부와 그 이유를 서술하시오. (10점)

   (2) D가 피고로 추가되고 B의 주장이 모두 사실로 밝혀졌을 경우, 법원은 B와 D에 대하여 각각 어떠한 판단을 하여야 하며, 그 이유는 무엇인가? (10점)

〈 추가적 사실관계 〉

한편 X토지 바로 옆에 있는 Y토지에서 중고차매매업을 하던 E는, 위와 같이 C가 B에게 X토지를 매도하였다는 사실을 잘 알면서도 C의 배임적 처분행위에 적극 가담하여 2012. 3. 5. C와 X토지를 매수하는 계약을 체결하고, 그 매매계약서를 근거로 2012. 7. 28. C를 상대로 법원에 X토지에 관하여 2012. 3. 5.자 매매를 원인으로 한 소유권이전등기절차 이행을 구하는 소를 제기하여 2012. 9. 1. 무변론 승소판결을 선고받고 위 판결이 확정되자, 위 판결에 기하여 2012. 11. 25. X토지에 관하여 E 명의로 소유권이전등기를 마쳤다.

그 후 E는 2013. 9. 8. X토지 위에 컨테이너를 설치하여 이를 사무실로 사용하는 한편, X토지 전부를 위 컨테이너 부지 및 주차장 용도로 사용하고 있다.

A는 2014. 7. 10. X토지에 관한 소유권이전등기청구권을 보전하기 위하여 법원에 E를 상대로 B와 C를 대위하여, ① E 앞으로 마쳐진 2012. 11. 25.자 소유권이전등기가 반사회적인 법률행위에 기한 원인 무효의 등기라는 이유로 말소를 구하는 한편, ② E가 무단으로 X토지 위에 설치한 컨테이너의 철거와 X토지의 인도를 구하는 소를 제기하였다.

재판과정에서, E는 확정판결에 따라 적법하게 X토지에 관한 소유권이전등기를 마쳤으므로 A의 청구는 모두 부당하다고 주장하였다.

〈 문제 〉

3. 이 경우 법원은 어떠한 판단을 하여야 하며, 그 이유는 무엇인가? (30점)

[제1문의 1] 문제 1. 해설

1. A 채권자대위소송의 적법성
   (1) 요건 – ① 피보전채권의 존재 및 이행기 도래, ② 보전의 필요성, ③ 채무자의 권리불행사, ④ 피대위권리의 존재를 요한다(민법 제404조).

   (2) 판례
      1) 채권자가 채무자를 상대로 소유권이전등기절차이행의 소를 제기하였으나 패소확정판결을 받았다면 위 판결의 기판력으로 말미암아 채권자로서는 더 이상 소유권이전등기청구를 할 수 없다.
      2) 채권자가 채권자대위소송에서 승소하여도 전소의 기판력으로 인해 채권자가 채무자에 대하여 다시 소유권이전등기절차의 이행을 구할 수 있는 것도 아니므로 채권자는 채권자대위권을 행사하여 위 소유권이전등기청구권을 보전할 필요가 없다.

   (3) 사안의 경우 – A는 2010. 9. 10. B를 상대로 한 X토지 소유권이전등기청구 소송에서 패소하여, 기판력으로 인해 더이상 소유권이전등기를 청구할 수 없으므로 채권자대위소송을 제기할 보전의 필요성이 없어 부적법하다.

2. 결론
   소 각하 판결을 한다.

[제1문의 1] 문제 2-(1). 해설

1. D의 예비적 피고 추가 가부
   (1) 관련 조문 – 공동소송인 가운데 일부에 대한 청구가 다른 공동소송인에 대한 청구와 법률상 양립할 수 없는 경우에는 법원은 제1심의 변론을 종결할 때까지 원고의 신청에 따라 결정으로 피고를 추가하도록 허가할 수 있다(민소법 제70조 제1항).

   (2) 판례 – 민소법 제70조 제1항에 '법률상 양립할 수 없다'는 것은, 동일한 사실관계에 대한 법률적인 평가를 달리하여 두 청구 중 어느 한 쪽에 대한 법률효과가 인정되면 다른 쪽에 대한 법률효과가 부정됨으로써 두 청구가 모두 인용될 수는 없는 관계에 있는 경우를 말한다.

   (3) 사안의 경우 – A의 B에 대한 청구에서 A의 주장대로 유권대리가 인정되면 B에 대한 청구는 인용되고 D에 대한 청구가 기각될 것이고, B의 주장대로 무권대리가 인정되면 B에 대한 청구는 기각되고 D에 대한 청구는 인용되므로, A의 B에 대한 청구와 D에 대한 청구는 두 청구가 모두 인용될 수 없어 법률상 양립이 불가능한바, A는 위 소송절차에서 D에 대하여 손해배상을 구하는 예비적 청구를 추가할 수 있다.

[제1문의 1] 문제 2-(2). 해설

1. B와 D에 대한 법원의 판단

(1) **관련 조문** – 주관적·예비적 공동소송에서는 모든 공동소송인에 관한 청구에 대하여 판결을 하여야 한다(민소법 제70조 제2항).

(2) **판례** – 주관적·예비적 공동소송은 동일한 법률관계에 관하여 모든 공동소송인이 서로간의 다툼을 하나의 소송절차로 한꺼번에 모순 없이 해결하는 소송형태로서 모든 공동소송인에 관한 청구에 관하여 판결을 하여야 하고, 그 중 일부 공동소송인에 대하여만 판결을 하거나, 남겨진 자를 위한 추가판결을 하는 것은 허용되지 않는다.

(3) **사안의 경우** – B는 자신은 X토지에 대한 매매계약과는 무관하고 X토지를 평소 관리하던 자신의 동생인 D가 아무런 권한 없이 B의 대리인을 자처하면서 A에게 X토지를 매도한 것이라고 주장이 사실로 인정되었다면, B는 A에 대하여 이행책임이 없고 A는 D에게 민법 제135조 제1항에 따라 손해배상책임을 물을 수 있는바, 법원은 A의 B에 대한 청구는 기각하고 D에 대한 청구는 인용하는 판결을 하여야 한다.

[제1문의 1] 문제 3. 해설

1. 문제

(1) X토지의 소유권자, (2) A의 청구에 대한 법원의 판단이 문제 된다.

2. X토지의 소유권자

(1) **판례**

1) 부동산의 소유자에 대하여 소유권이전등기를 청구할 지위에 있는 자가 소유권이전등기를 경료하지 않은 상태에서, 제3자가 부동산의 소유자를 상대로 그 부동산에 관한 소유권이전등기절차 이행의 확정판결을 받아 소유권이전등기를 경료한 경우,

2) 그 확정판결이 당연무효이거나 재심의 소에 의하여 취소되지 않는 한, 종전의 소유권이전등기 청구권을 가지는 자가 부동산의 소유자에 대한 소유권이전등기청구권을 보전하기 위하여 부동산의 소유자를 대위하여 제3자 명의의 소유권이전등기가 원인무효임을 내세워 그 등기의 말소를 구하는 것은 확정판결의 기판력에 저촉되므로 허용될 수 없다.

(2) **사안의 경우**

1) E는 C와 B사이의 X토지에 대한 매매계약이 있음을 알면서도 C의 배임행위에 적극 가담하여 2012. 3. 5. C와 매매계약을 체결하였는바, 이는 민법 제103조에 위반하는 반사회적 법률행위로서 무효이다.

2) 다만, E는 2012. 7. 28. C를 상대로 X토지에 대한 매매를 원인으로 한 소유권이전등기절차 이행의 소를 제기하여 2012. 9. 1. 무변론원고승소판결을 선고 받고, 확정된 판결을 기초로 하여 2012. 11. 25. X토지에 관하여 E 명의로 소유권이전등기를 마쳤는바, 유효하게 소유권을 취득하였다.

3. A의 청구에 대한 법원의 판단

(1) **관련 조문** - ① 피보전채권의 존재 및 이행기 도래, ② 보전의 필요성, ③ 채무자의 권리불행사, ④ 피대위권리의 존재를 요한다(민법 제404조).

(2) **본안전 요건 충족 여부** - ① A는 B에게 2009. 12. 4. X토지 매매계약을 원인으로 한 소유권이전등기청구권이 존재하며 이행기도 도래하였고, ② 전 매도인 C가 B에게 이전등기를 넘겨주지 않아 보전의 필요성이 인정되고, ③ C가 E의 청구에도 무변론을 하여 권리를 행사하고 있지 않으므로, 본안 전 요건은 충족되었다.

(3) **본안판단**

1) ① 청구 (소유권이전등기말소청구)

① 기판력의 객관적 범위

ㄱ) 관련 조문 - 확정판결은 주문에 포함된 것에 한하여 기판력을 가진다(민소법 제216조 제1항). 전소의 소송물에 대한 판단이 후소의 선결관계 내지 모순관계에 있을 때에는 후소에서 전소와 다른 판단을 하는 경우에도 기판력이 미친다.

ㄴ) 사안의 경우 - C와 E사이에 2012. 3. 5. 매매를 원인으로 한 이전등기청구에 관해 확정판결이 있었으므로 C가 E에 대하여 말소등기청구권을 구하는 것은 전소와 모순되는 주장인바, ①청구는 전소의 기판력이 미치는 객관적 범위에 포함된다.

② 기판력의 주관적 범위

ㄱ) 판례 - 채권자가 소외 채무자를 대위하여 제3채무자에 대하여 제기한 후소와, 이미 확정된 채무자의 제3채무자 전소는 비록 그 당사자는 다르지만 실질상 동일 소송이므로 전소 판결의 효력이 후소에 미친다.

ㄴ) 사안의 경우 - C의 E에 확정판결의 효력이 미치는 주관적 범위에 A도 포함된다.

③ 기판력의 시적범위

ㄱ) 판례 - 전소 확정판결의 기판력은 전소 변론종결 전에 주장할 수 있었던 모든 공격방어방법에 미친다.

ㄴ) 사안의 경우 - E 앞으로 마쳐진 2012. 11. 25. 소유권이전등기가 반사회질서 법률행위로 무효라는 것은 전소의 사실심변론종결전에 주장할 수 있었던 것이므로 기판력의 시적 차단효가 미치는바, 후소에서 이를 주장할 수 없다.

2) ② 청구 (토지인도 및 건물철거청구)

① 기판력 저촉여부

전소의 소송물은 매매계약에 의한 소유권이전등기청구권이고, ②청구는 C가 X토지의 소유자임을 전제로 소유물인도청구 및 방해배제청구를 구하는 것으로 소송물이 다르고, 서로 선결·모순관계에 있지 않아 기판력 저촉여부가 문제되지 않는다.

② 피대위권리의 존재여부

토지인도 및 건물철거 청구는 C가 X토지 소유자임을 전제로 인용될 수 있는데, 상술한 바와 같이 C와 E의 매매계약에 의한 소유권이전등기청구를 다툴 수 있는 방법이 존재하지 않고, 등기의 추정력 및 반사적 소유권귀속설에 의해 E가 유효하게 X토지의 소유권을 취득하는바, 피대위권리가 존재하지 않는다.

(4) 소결

법원은 A의 E에 대한 X토지 소유권이전등기말소청구는 전소의 기판력에 저촉됨을 근거로, 컨테이너 철거 및 X토지인도청구는 피대위권리의 부존재를 이유로 양 청구 모두 청구기각판결을 하여야 한다.

4. 결론

법원은 두 청구 모두 기각한다.

〈제1문의 2〉

A는 2010. 3. 10. B에게 A 소유의 X건물에 대하여 전세금 1억 원, 존속기간 2010. 3. 10.부터 2012. 3. 9.까지로 하여 전세권을 설정하여 주었고, B는 2010. 3. 10. A로부터 X건물을 인도받아 점유·사용하고 있다. 그런데 B는 사업상 자금이 필요하여 2010. 5. 20. C로부터 6,000만 원을 차용하면서, C 명의로 채권액 6,000만 원의 전세권저당권을 설정하여 주었고, 2012. 3. 9. 위 전세권의 존속기간이 만료되었다.

이 경우 C는 전세권저당권자로서 어떠한 방법을 통해 자신의 채권만족을 얻을 수 있는가? (25점)

[제1문의 2] 해설

1. 문제
(1) 전세권 존속기간 만료 후 전세권저당권의 효력, (2) 전세권저당권자로서의 채권집행 방법이 문제된다.

2. 전세권 존속기간 만료 후 전세권저당권의 효력
(1) **판례** - 저당권의 목적물인 전세권이 소멸하면 저당권도 당연히 소멸하므로 전세권설정자는 전세금반환채권에 대한 제3자의 압류 등이 없는 한 전세권자에 대하여만 전세금반환의무를 부담한다.

(2) **사안의 경우** - C는 2012. 3. 9. 이후 전세권이 소멸되면 부종성으로 저당권도 소멸되어 A에게 전세권저당권을 주장할 수 없는바, A는 B에게만 전세금반환의무를 진다.

3. 전세권저당권자로서의 채권집행 방법
(1) 압류 및 추심명령 또는 전부명령

1) 관련 조문 - 저당권은 저당물의 멸실, 훼손 또는 공용징수로 인하여 저당권설정자가 받을 금전 기타 물건에 대하여도 이를 행사할 수 있고, 그 지급 또는 인도전에 압류하여야 한다(민법 제370조, 제342조). 압류한 금전채권에 대하여 압류채권자는 추심명령이나 전부명령을 신청할 수 있다(민집법 제229조 제1항).

2) 사안의 경우 - 저당권의 목적물인 전세권에 갈음하여 존속하는 것으로 볼 수 있는 전세금반환채권에 대하여 압류 및 추심명령 또는 전부명령을 받아 우선변제를 받을 수 있다.

(2) 제3자가 전세금반환채권에 대하여 실시한 강제집행절차에서 배당요구

1) 관련 조문 - 우선변제권이 있거나 집행력 있는 정본을 가진 채권자는 배당요구를 할 수 있다(민집법 제247조 제1항).

2) 사안의 경우 - C는 제3자가 전세금반환채권에 대하여 실시한 강제집행절차에서 배당요구를 하여 우선변제를 받을 수 있다.

4. 결론
전세권저당권자 C로서는 스스로 물상대위권의 목적채권인 전세금반환채권을 압류하여 추심명령 또는 전부명령을 받거나, 제3자의 전세금반환채권 강제집행절차에서 법원에 배당요구를 하여 우선배당을 받아 자신의 채권만족을 얻을 수 있다.

⟨제1문의 3⟩

　A는 자신의 소유인 X건물이 낡아 2012. 5. 20. 평소 친분이 있던 D에게 X건물에 대한 리모델링 공사를 맡겨 2012. 8. 20. 공사가 완료되었는데, 총 공사비는 5,000만 원이 소요되었다. 그런데 A는 공사대금 지급기일인 2012. 8. 30.에 D에게 위 공사대금을 지급하지 않았다.

　D는 2012. 9. 10. E에게 위 공사대금 채권 일체를 양도하였고, 내용증명우편으로 A에게 위 채권 양도사실을 통지하여 위 내용증명우편이 2012. 9. 11. A에게 도달하였다.

　한편, A는 2012. 3. 1. D에게 3,000만 원을 변제기 2012. 11. 1.로 하여 대여하였다.

　E는 2012. 9. 20. A를 상대로 법원에 5,000만 원의 양수금 청구의 소를 제기하였고, 위 소송에서 A는 D에 대한 위 대여금 채권을 자동채권으로 하여 상계항변을 하였으며, 2012. 12. 30. 변론이 종결되었다.

　이 경우 A의 상계항변은 받아들여질 수 있는가(각 채권의 지연손해금은 고려하지 말 것)? (10점)

[제1문의 3] 해설

1. A 상계항변의 당부

(1) **관련 조문** - 채권양도인이 양도통지만을 한 때에는 채무자는 그 통지를 받은 때까지 양도인에 대하여 생긴 사유로써 양수인에게 대항할 수 있다(제451조 제2항). 쌍방이 서로 같은 종류를 목적으로 한 채무를 부담하는 경우에 그 쌍방의 채무의 이행기가 도래한 때에는 각 채무자는 대등액에 관하여 상계할 수 있다(제492조 제1항).

(2) **판례** - 채무자가 채권양도에 대하여 이의의 보류 없이 승낙하였다 하더라도 양수인에게 악의 또는 중과실이 있는 경우, 승낙 당시 이미 상계를 할 수 있는 원인이 있었고 그 후 상계적상이 생기면 채무자는 양수인에 대하여 상계로 대항할 수 있다.

(3) **사안의 경우** - A가 채권양도에 대하여 이의 유보 없는 승낙을 한 사정은 없으므로, 채권양도 통지가 A에게 도달한 2012. 9. 11.까지 A가 D에게 생긴 사유로 E에게 대항할 수 있고, 자동채권인 A의 D에 대한 대여금 3천은 양도통지 이전인 2012. 3. 1.에 있었던 것으로 E의 A에 대한 양수금 청구 소송 중 변제기인 2012. 11. 1.이 도과하였는바, 양수인 E에 대하여 상계로 대항할 수 있다.

2. 결론

A의 상계항변은 받아들여진다.

<제1문의 4>

A는 2013. 4. 10. 등산용품점을 운영하고자 하는 F에게 자기 소유의 상가인 X건물을 임대차보증금 1억 원, 기간 2013. 4. 10.부터 2014. 4. 9.까지로 하여 임대하였다. X건물을 인도받은 F는 X건물에서 등산용품점을 운영하던 중 2013. 5. 30. X건물에 3,000만 원의 유익비를 지출하였다. 한편, F는 위 등산용품점의 영업과 관련하여 사업자등록을 신청한 사실은 없다.

A는 경제적 형편이 곤란해지자, 2013. 10. 5. G에게 X건물을 매도하고, 2013. 11. 5. X건물에 관하여 G 앞으로 소유권이전등기를 마쳐주었다.

위 임대차가 2014. 4. 9. 기간만료로 종료된 후, F는 G를 상대로 법원에 3,000만 원 상당의 유익비상환 또는 부당이득반환을 구하는 소를 제기하였다. 위 임대차 종료 당시 X건물은 F가 지출한 비용만큼 가치가 증가하여 현존하고 있었다.

이 경우 법원은 어떠한 판단을 하여야 하며, 그 이유는 무엇인가? (15점)

[제1문의 4] 해설

1. 문제
(1) F의 상가건물임대차 대항력, (2) F의 G에 대한 유익비상환청구 가부, (3) F의 G에 대한 부당이득반환청구 가부가 문제 된다.

2. F의 상가건물임대차 대항력
(1) **관련 조문** - 상가임대차는 임차인이 건물의 인도와 사업자등록을 신고하면 그 다음 날부터 제3자에 대하여 효력이 생기고, 건물의 양수인은 임대인의 지위를 승계한 것으로 본다(상임법 제3조 제1, 2항).

(2) **사안의 경우** - F는 사업자등록을 신청한 적이 없어, 대항력이 발생하지 않아 제3자에게 상가건물임대차의 효력을 주장할 수 없다.

3. F의 G에 대한 유익비상환청구 가부
(1) **관련 조문** - 점유자가 점유물에 유익비를 지출한 경우 증가가 현존한 때에 회복자에게 상환을 청구할 수 있다(민법 제203조 제2항). 임차인이 유익비를 지출한 경우에는 임대인은 임대차 종료시에 그 증가가 현존한 때에 한하여 상환을 청구할 수 있다(민법 제626조 제2항).

(2) **판례** - 점유자가 유익비를 지출할 당시 계약관계 등 적법한 점유권원을 가진 경우 계약관계 등의 상대방이 아닌 점유회복 당시의 상대방에 대하여 민법 제203조 제2항에 따른 지출비용의 상환을 구할 수 없다.

(3) **사안의 경우** - F가 X건물에 대하여 유익비를 지출한 2013. 5. 30. A와 임대차계약 관계를 통한 적법한 점유권원을 가진 경우이므로 A가 아닌 G에게 민법 제203조 제2항에 따른 유익비 상환청구를 할 수 없고, F의 임대차가 대항력이 있어 G에게 승계되는 것도 아닌 바, A가 아닌 G에게 민법 제626조 제2항에 의한 유익비상환청구를 할 수 없다.

4. F의 G에 대한 부당이득반환청구 가부
(1) **판례** - 계약상의 급부를 한 계약당사자는 이익의 귀속 주체인 제3자에 대하여 직접 부당이득 반환을 청구할 수는 없다. ① 자기 책임 하에 체결된 계약에 따른 위험부담을 제3자에게 전가, ② 채권자인 계약당사자가 채무자인 계약 상대방의 일반채권자에 비하여 우대받는 결과, ③ 수익자인 제3자가 계약 상대방에 대하여 가지는 항변권 등을 침해하기 때문이다.

(2) **사안의 경우** - F가 G에게 부당이득반환청구를 할 수 없다.

5. 결론
법원은 F의 G에 대한 유익비상환 및 부당이득반환청구 모두 기각한다.

〈제1문의 5〉

〈 기초적 사실관계 〉

B는 A로부터 2005. 2. 17.부터 2008. 6. 30.까지 사이에 합계 4억 3,000만 원을 차용하였다.

B는 2008. 7. 28. D와 매매대금 2억 원에 D 소유의 X부동산에 대한 매매계약을 체결하고, 자신의 아들인 C와 합의 아래 C에게 위 매매를 원인으로 한 소유권이전등기를 마쳤다.

C 명의로 위 소유권이전등기가 마쳐질 무렵, B의 채무는 A에 대한 4억 3,000만 원과 그 외 금융기관에 대한 1억 원의 대출금 채무가 있었던 반면, B의 재산으로는 시가 1억 원 상당의 주택 외에, 현금 2억 원이 있었는데 그 돈은 X부동산의 매수대금으로 사용되었다.

A는 2009. 5. 10. C를 상대로 하여 B와 C 사이의 명의신탁이 채권자를 해하는 행위라는 이유로 채권자취소소송을 제기하였다.

〈 추가적 사실관계 〉

B가 D와 사이에 X부동산에 관한 매매계약을 체결할 때 매매계약서상의 매수인 명의를 B와 D의 합의로 B의 아들인 C로 하였다.

B는 X부동산을 매수하는 계약을 체결한 후, 이를 계속 점유·사용하였다.

매도인 D는 매매계약서에 당사자로 표시된 C를 한 번도 만난 적이 없고, 매매계약과 관련된 협상과 거래는 모두 B를 상대로 하였다고 증언하였다.

C는 당시 대학생(25세)으로서 X부동산을 직접 매수할 만한 자력이 있었다는 자료도 없다.

〈 문제 〉

1. 위 채권자취소소송에서 C는 자신이 X부동산 매매계약의 당사자이므로 명의신탁이 아니라고 주장하였다. 매매계약의 당사자 확정에 관한 원칙에 대하여 설명하고, 이를 이 사안에 구체적으로 적용한 결과를 서술하시오. (10점)

2. C는 자신의 명의로 경료된 등기가 명의신탁으로 인한 것이어서 무효라 하더라도 그와 같은 명의신탁은 사해행위에 해당하지 않는다고 주장하였다. C의 주장에 대한 타당성과 그 이유를 설명하시오. (15점)

〈 추가적 사실관계 〉

C는 2008. 8. 1. E에게 X부동산에 관하여 소유권이전등기청구권 보전을 위하여 가등기를 설정하여 주었는데, E는 2008. 9. 1. 위 가등기를 F에게 이전하여 주고 가등기이전의 부기등기를 마쳤다.

A는 2009. 6. 10. E와 F를 공동피고로 하여 ① E와 F에 대하여는 B와 C 사이의 사해행위의 취소를, ② E에 대하여는 X부동산에 대한 E 명의 가등기의 말소를, ③ F에 대하여는 E 명의의 가등기와 F 명의의 가등기이전 부기등기의 말소를 각 구하였다.

재판과정에서 E와 F는 X부동산에 관하여 C 명의의 등기가 경료된 경위를 전혀 알지 못하였다고 주장하였으나, 그에 관한 구체적인 증명은 없었다.

〈 문제 〉

3. B와 C 사이의 명의신탁이 사해행위로 취소된다는 전제 아래, 법원의 E와 F에 대한 원상회복에 관한 판단과 그 이유를 설명하시오. (15점)

[제1문의 5] 문제 1. 해설

1. 당사자 확정에 관한 원칙

 (1) 판례

  1) 행위자 또는 명의인 가운데 누구를 당사자로 할 것인지에 관하여 행위자와 상대방의 의사가 일치한 경우에는 그 일치하는 의사대로 당사자가 확정된다(자연적 해석).

  2) 일치하는 의사를 확정할 수 없을 경우에는 계약의 성질, 내용, 체결 경위 및 계약체결을 전후한 구체적인 제반 사정을 토대로 상대방이 합리적인 인간이라면 행위자와 명의자 중 누구를 계약당사자로 이해할 것인가에 의하여 당사자를 결정한다(규범적 해석).

 (2) 사안의 경우

  1) B와 D사이에 누구를 당사자로 할 것인지에 관하여 일치한 의사가 없다.

  2) 그렇다면, 규범적 해석에 따라 ① D는 매매계약상 매수인 C를 한 번도 만난 적이 없고, ② 매매계약과 관련된 협상과 거래는 모두 B를 상대로 하였으며, ③ 계약당시 25세에 불과한 C가 2억 원의 X부동산을 매수할 자력이 있었다는 자료도 없는 바, 상대방인 매도인 D는 매매계약상 명의자 C가 아닌 B를 매수인으로 이해하고 계약을 체결하였을 것으로 판단된다.

2. 결론

매매계약의 당사자는 B이다.

[제1문의 5] 문제 2. 해설

1. 문제

 (1) 중간생략등기명의신탁의 효력, (2) 사해행위 여부가 문제 된다.

2. 중간생략등기명의신탁의 효력

 (1) 관련 조문 - 명의신탁약정은 무효이고, 위 약정에 따라 이루어진 등기는 무효이다(부실법 제4조 제1, 2항).

 (2) 사안의 경우 - X부동산의 매매계약의 당사자는 D(매도인)와 B(매수인)이고, 매수인 B가 제3자 C와 합의하여 C에게 소유권이전등기를 경료 한 것은 중간생략등기 명의신탁으로 약정 및 등기는 무효인바, 소유권은 여전히 D에게 있다.

3. 사해행위 여부

 (1) 의의 - 사해행위는 채무자의 재산처분 행위로 공동담보에 부족이 생기어 채무초과상태에 이르거나, 이미 초래한 채무초과상태를 더 심화시키는 것을 의미한다.

(2) 판례 - 채무자가 채무초과상태에서 매수한 부동산의 등기명의를 아들에게 신탁하고 이에 따라 소유권이전등기를 마친 경우, 위 명의신탁약정은 사해행위에 해당하고 채권자가 수익자 및 전득자를 상대로 소유권이전등기의 말소를 구하고 매도인을 상대로 채무자를 대위하여 소유권이전등기절차의 이행을 구할 수 있다.

(3) 사안의 경우 - B는 C에게 명의신탁을 할 당시에 5억 3천의 채무와 시가 1억의 주택, 2억의 현금보유 상태 즉, 채무초과상태에서 매수한 X 부동산을 아들 C에게 명의신탁하여 공동담보인 금전을 출연하여 그 대가인 X부동산을 매수하고도 그의 공동담보재산으로 편입시키지 않아 이미 초래한 채무초과상태를 더 심화시킬 위험이 발생하였는바, 사해행위에 해당한다.

4. 결론
사해행위가 아니라는 C의 주장은 타당하지 않다.

[제1문의 5] 문제 3. 해설

1. 문제
(1) E와 F에 대한 사해행위 취소가부, (2) E에 대한 가등기말소청구, (3) F에 대한 E명의 가등기 및 F명의 부기등기 말소청구 당부가 문제 된다.

2. E와 F에 대한 사해행위취소가부
(1) 판례 - 사해행위취소소송에 있어서 채무자의 악의는 취소를 주장하는 채권자에게 입증책임이 있으나 수익자 또는 전득자의 악의는 추정되어 자신이 선의라는 사실을 입증할 책임이 있다.

(2) 사안의 경우 - 재판과정에서 E와 F는 사해행위 사실에 대하여 선의임을 주장하였으나 입증하지 못하여서 결국 악의로 추정되는 바, A의 사해행위 취소는 인용되어 원상회복방법이 논의되어야 한다.

3. E에 대한 가등기말소청구
(1) 판례 - 가등기의 이전에 의한 부기등기는 그 등기에 의하여 새로운 권리가 생기는 것이 아니어서 가등기의 말소등기청구는 양수인만을 상대로 하면 족하고, 양도인은 그 말소등기청구에 있어서의 피고적격이 없다.

(2) 사안의 경우 - A의 E에 대한 가등기말소청구는 피고적격의 불비로 각하된다.

4. F에 대한 E명의 가등기 및 F명의 부기등기 말소청구
(1) 판례 - 부기등기는 기존의 주등기인 가등기에 종속되어 주등기와 일체를 이루는 것이어서 피담보채무가 소멸된 경우에는 주등기인 가등기의 말소만 구하면 되고 그 부기등기는 별도로 말소를 구하지 않더라도 주등기의 말소에 따라 직권으로 말소된다.

(2) 사안의 경우 - E명의 가등기 말소청구는 인용되고, F 명의 부기등기 말소청구는 소의 이익이 없어 각하된다.

제2문

〈제2문의 1〉

건강기능식품 판매점을 운영하는 甲은 친환경 농법으로 재배된 수삼을 원료로 하여 만든 홍삼 진액을 구입하려고 한다. 그런데 甲의 경쟁업자인 乙은 자신이 홍삼 도매상 丙을 통하여 친환경 인증을 받은 홍삼 진액을 구입하였는데 아주 좋은 제품이라고 甲에게 소개하면서 丙으로부터 홍삼 진액을 구입하라고 적극적으로 권유하였다. 그러나, 乙은 丙으로부터 홍삼 제품을 구입한 사실도 없을 뿐만 아니라 丙이 판매하는 홍삼 진액이 친환경 인증을 받은 바도 없었음에도 불구하고, 乙이 거짓말을 한 것이다.

하지만 甲은 위와 같은 乙의 말을 그대로 믿고 2014. 12. 1. 丙과 G-200 홍삼 진액 30상자를 상자당 50만 원씩 구입하되 같은 해 12. 10. 오전 10시에 甲의 점포에 배달하는 것을 내용으로 하는 매매계약을 체결하였다.

이에 따라 丙은 2014. 12. 10. 오전 10시 자신의 배달차량에 홍삼 진액 30상자를 싣고 甲의 점포에 도착하였으나, 문이 잠겨 있어서 위 제품을 인도하지 못하였다. 당시 甲은 丙과의 약속을 깜박 잊고서 점포 문을 닫고 외출한 상태였다.

한편, 丙은 甲의 점포 앞에서 1시간여 동안 甲을 기다리다가 甲이 끝내 나타나지 않고 전화도 받지 않자 홍삼 진액 30상자를 배달차량에 그대로 싣고 되돌아와 자기가 관리하는 창고 앞에 위 차량을 주차해 놓았다. 그런데 2014. 12. 11. 아침에 丙이 고용한 직원 丁의 경미한 실수로 창고에 화재가 발생하였고, 그 불이 창고 앞에 주차되어 있던 배달차량에 옮겨 붙어 차량이 전소함으로써 그 홍삼 진액 30상자는 모두 소실되었다.

丙은 甲과의 계약내용에 따라 2014. 12. 10. 오전 10시에 홍삼 진액 30상자를 甲의 점포로 가지고 가서 계약내용에 따른 이행의 제공을 하였는데 甲이 외출하는 바람에 인도하지 못한 것일 뿐이라고 주장하면서 甲을 상대로 홍삼 진액 30상자에 대한 1,500만 원의 지급을 구하는 물품대금 지급청구소송을 제기하였다.

이에 대하여 甲은 다음과 같은 주장을 하면서 위 물품대금의 지급을 거절하는 답변서를 제출하였다.

甲이 제기한 각 주장에 대하여 가능한 논거를 설명하고 그 각 주장에 관한 결론을 도출하시오.

1. 이 사건 계약은 착오 내지 사기를 원인으로 하여 체결된 것이므로 구매에 관한 의사표시를 취소한다. 따라서 위 물품대금을 지급할 의무가 없다. (15점)
2. 丙이 새로운 홍삼 진액 30상자를 인도한다면 그와 동시에 물품대금을 지급하겠다. (15점)
3. 또는, 丙이 홍삼 진액 30상자를 인도하지 않음으로써 발생한 손해배상금을 지급한다면 그와 동시에 물품대금을 지급하겠다. (15점)
4. 丙의 홍삼 진액 30상자에 대한 인도의무는 이행이 불가능하게 되었으므로 물품대금을 지급할 의무가 없다. (20점)

[제2문의 1] 문제 1. 해설

1. 문제
(1) 동기의 착오 취소 가부, (2) 제3자 사기 취소 가부가 문제 된다.

2. 동기의 착오 취소 가부
(1) **관련 조문** - 의사표시는 법률행위 내용의 중요부분에 착오가 있는 경우에 취소할 수 있으나, 착오가 표의자의 중대한 과실로 인한 때에는 취소하지 못한다(제109조 제1항).

(2) **판례** - 동기의 착오를 이유로 취소하려면 그 동기를 당해 의사표시의 내용으로 삼을 것을 상대방에게 표시하고 의사표시의 해석상 법률행위의 내용으로 되어 있다고 인정되어야 한다. 다만 상대방에 의해 유발된 착오의 경우는 달리 취급한다.

(3) **사안의 경우** - 甲이 친환경 농법으로 재배된 수삼을 원료로 하여 만든 홍삼진액을 구입하려 한다는 동기가 丙에게 표시된 바 없고, 계약내용에도 이러한 동기가 있다고 인정된다고 보기 어렵다. 그리고 甲의 동기의 착오는 계약상대방인 丙이 아닌 乙에 의해 유발된 것인바, 甲은 동기의 착오를 이유로 취소를 할 수 없다.

3. 제3자 사기 취소 가부
(1) **관련 조문** - 상대방 있는 의사표시에 관하여 제3자가 사기를 행한 경우, 상대방이 그 사실을 알았거나 알 수 있었을 경우에 한하여 그 의사표시를 취소할 수 있다(제110조 제2항).

(2) **판례** - 상대방의 대리인 등 상대방과 동일시 할 수 있는 자는 제3자에 해당하지 않고, 상대방의 단순한 피용자는 제3자에 해당한다.

(3) **사안의 경우** - 乙은 사기를 당한 표의자의 상대방인 丙과 동일시 할 수 있는 사정이 없으므로 제3자에 해당하고, 丙이 甲의 의사표시가 乙의 사기에 의한 것임을 알았거나 알 수 있었을 경우라고 보이는 사정이 없는 바, 甲은 사기를 이유로 취소할 수 없다.

4. 결론
甲의 착오 및 사기 취소 주장은 부당한바, 물품대금을 지급할 의무가 없다는 항변은 배척된다.

[제2문의 1] 문제 2. 해설

1. 문제
(1) 종류채권의 특정여부, (2) 甲 항변의 당부가 문제 된다.

2. 종류채권의 특정여부

(1) **관련 조문** - 종류채권의 경우에 채무자가 이행에 필요한 행위를 완료한 때에는 그 때부터 그 물건을 채권의 목적물로 한다(민법 제375조 제2항). 변제는 채무내용에 좇은 현실제공으로 이를 하여야 한다(민법 제460조 본문).

(2) **사안의 경우** - 甲과 丙은 홍삼 30상자를 甲의 점포에 배달하기로 합의하여 丙이 그 이행기인 2014. 12. 10. 오전 10시에 甲의 점포에서 홍삼 30상자를 현실로 제공하였는바, 이 때 종류채권은 특정되었다.

3. 甲 항변의 당부 - 조달의무의 소멸

종류채권이 특정되어 특정물채권으로 변경되어 채무자가 다른 종류물로 다시 이행해야 하는 조달의무가 종료되는바, 丙이 새로운 홍삼 30상자를 인도해야할 의무는 없다.

4. 결론

따라서, 새로운 홍삼 진액 30상자를 인도하면 물품대금을 지급하겠다는 甲의 항변은 부당하다.

[제2문의 1] 문제 3. 해설

1. 문제

(1) 丙의 손해배상책임 여부, (2) 甲 항변의 당부가 문제 된다.

2. 丙의 손해배상책임 여부

(1) **관련 조문** - 채무자가 타인을 사용하여 이행하는 경우에 피용자의 고의나 과실은 채무자의 고의나 과실로 본다(민법 제391조).

(2) **사안의 경우** - 丙이 자신이 고용한 직원 丁의 경미한 과실은 丙의 경과실이 되는바, 과실에 따른 손해배상책임이 있다는 甲의 주장은 일응 타당하다.

3. 甲 항변의 당부

(1) **관련 조문** - 채권자가 이행을 받을 수 없거나 받지 아니한 때에는 이행의 제공 있는 때로부터 지체책임이 있고, 채권자지체 중에는 채무자는 고의 또는 중대한 과실이 없으면 불이행으로 인한 모든 책임이 없다(민법 제400조, 제401조).

(2) **사안의 경우** - 채무자 丙이 채권자 甲과의 계약내용에 따라 약속된 시간에 홍삼 30상자를 제공하였으나 甲의 외출로 받을 수 없는 경우이므로 채권자지체가 발생한다. 이 때 丙은 고의 또는 중대한 과실이 없으면 불이행으로 인한 모든 책임이 없고 丙은 경과실에 불과한 바, 홍삼 30상자 멸실로 인한 손해배상책임이 없다.

4. 결론

손해배상금을 지급하면 그와 동시에 물품대금을 지급한다는 甲의 주장은 부당하다.

[제2문의 1] 문제 4. 해설

1. 문제

채권자위험부담주의의 적용여부가 문제 된다.

2. 채권자위험부담주의 적용

(1) 채권자 귀책사유 급부불능 여부

1) 관련 조문 - 쌍무계약의 당사자 일방의 채무가 채권자의 책임 있는 사유로 이행할 수 없게 된 때에는 채무자는 상대방의 이행을 청구할 수 있다(제538조 제1항 1문).

2) 판례 - 채권자의 책임 있는 사유란 채권자의 어떤 작위 또는 부작위가 채무자의 이행의 실현을 방해하고 그 작위나 부작위는 채권자가 이를 피할 수 있었다는 점에서 신의칙상 비난받을 수 있는 경우를 말한다.

3) 사안의 경우 - 홍삼은 丙의 직원인 丁의 경과실로 발생한 화재로 멸실되었으므로 채권자 甲의 귀책사유로 인한 급부불능이 아니어서 제538조 제1항 1문이 적용될 수 없다.

(2) 채권자 수령지체 중 쌍방의 책임 없는 사유 여부

1) 관련 조문 - 채권자의 수령지체 중에 당사자 쌍방의 책임 없는 사유로 이행할 수 없게 된 때에는 채무자는 상대방의 이행을 청구할 수 있다(제538조 제1항 2문). 채권자 지체 중에는 채무자는 고의 또는 중대한 과실이 없으면 불이행으로 인한 모든 책임이 없다(제401조).

2) 학설 - ① 긍정설 : 제401조의 규정상 채무자의 경과실은 제538조 1항 2문의 책임 없는 사유에 해당한다. ② 부정설 : 제401조는 채무불이행책임, 제538조는 위험부담을 다루고 있어 서로 관련이 없는 바, 채무자의 경과실은 제538조 1항 2문의 책임 없는 사유에 해당하지 않는다.

3) 검토 및 사안의 경우 - ① 검토 : 귀책성 유무에 대한 평가는 동일하여야 하므로 긍정설이 타당하다. ② 사안의 경우 : 丙은 경과실에 불과하여 제401조의 해석상 불이행에 대한 책임이 없어 제538조 1항 2문의 "책임 없는 사유"에 해당하는바, 丙은 甲에게 채무이행을 청구할 수 있다.

3. 결론

따라서, 丙에게 물품대금을 지급할 의무가 없다는 甲의 주장은 부당하다.

〈제2문의 2〉

甲은 乙 명의로 소유권이전등기가 되어 있는 X토지를 1993. 3. 1.경부터 소유의 의사로 평온, 공연하게 점유하여 왔다. 위 X토지에 대한 점유취득시효는 2013. 3. 1.경 완성되었으나, 甲이 乙에게 취득시효 완성을 원인으로 한 소유권이전등기를 청구하지는 않았다. 한편, 점유취득시효가 완성되었다는 사실을 모르는 乙은 2013. 5. 1. A은행으로부터 8,000만 원을 대출받으면서 X토지에 채권최고액을 1억 원으로 하는 근저당권을 설정하였다.

〈 문제 〉

1. 甲이 위 토지상에 설정되어 있는 근저당권을 말소하기 위하여 乙이 대출받은 8,000만 원을 A은행에 변제하였다. 이 경우 甲은 乙에게 8,000만 원 상당의 부당이득반환을 청구할 수 있는지 여부를 판단하시오. (15점)
2. 甲이 2013. 10. 1. 乙에게 소유권이전등기청구소송을 제기하여 그 소장부본이 같은 해 10. 7. 乙에게 송달되었는데, 그후 乙이 위 토지를 丙에게 매도하고 소유권이전등기를 경료하였다. 이 경우 甲은 乙에게 불법행위로 인한 손해배상을 청구할 수 있는지 여부를 판단하시오. (20점)

[제2문의 2] 문제 1. 해설

1. 문제
(1) 乙의 근저당권설정등기 효력, (2) 甲의 부당이득반환청구권 인정여부가 문제 된다.

2. 乙의 근저당권설정등기 효력
(1) **판례** - 점유취득시효 완성 후 점유자가 이를 원인으로 소유권이전등기청구 등의 권리행사를 하거나 원소유자가 취득시효완성 사실을 알고 점유자의 권리취득을 방해하는 등의 사정이 없는 경우, 원소유자가 점유자의 취득시효 등기 전까지 적법한 권리를 행사할 수 있다.

(2) **사안의 경우** - 甲이 乙에게 취득시효 완성을 원인으로 한 소유권이전등기 청구를 하지 않았고 乙은 점유취득시효 사실을 모르고 A에게 근저당권을 설정하였는바, 위 근저당권설정등기는 乙의 적법한 권리행사로서 유효하다.

3. 甲의 부당이득반환청구권 인정여부

(1) **甲 변제의 유효여부**

1) 관련 조문 - 이해관계 있는 제3자는 채무자의 의사에 반하여 채무를 변제할 수 있다(민법 제469조).

2) 사안의 경우 - 甲은 A의 근저당권이 실행되면 시효취득으로 인한 X토지 소유권을 취득할 수 있는 지위가 상실될 위험이 있는 이해관계 있는 제3자에 해당하는 바, 甲의 채무변제는 유효하다.

(2) **甲의 乙에 대한 부당이득반환청구 가부**

1) 판례 - 시효취득자가 원소유자에 의해 설정된 근저당권의 피담보채무를 변제하는 것은 완전한 소유권을 확보하기 위하여 자신의 이익을 위한 것으로 그 변제액 상당에 대하여 원소유자에게 구상권을 행사하거나 부당이득반환청구권을 행사할 수 없다.

2) 사안의 경우 - 甲의 변제는 X토지의 완전한 소유권 취득 즉, 자신의 이익을 위한 것으로 乙에게 부당이득반환청구를 할 수 없다.

4. 결론
甲은 乙에게 8천만 원 상당의 부당이득반환청구를 할 수 없다.

[제2문의 2] 문제 2. 해설

1. 문제
甲의 乙에 대한 불법행위 손해배상청구 가부가 문제 된다.

2. 불법행위 손해배상 청구 가부
(1) **관련 조문** - 고의 또는 과실로 인한 위법행위로 타인에게 손해를 가한 자는 그 손해를 배상할 책임이 있다(민법 제750조).

(2) **고의로 인한 위법행위인지 여부**
  1) 판례 - 부동산의 시효취득자가 취득시효완성을 주장하고 이전등기청구소송을 제기하였다면 종전 소유자로서는 시효완성을 주장하는 권리자와 그 경위를 알고 있는바, 그 부동산을 제3자에게 등기를 해주는 것은 시효취득자에 대한 이전등기의무를 면탈하기 위한 것으로서 위법하다.
  2) 사안의 경우 - 甲이 乙에게 소유권이전등기 청구 소송을 제기하여 소장부본이 송달된 2013. 10. 7. 이후 乙이 丙에게 X토지를 경료하여 주었는바, 乙에게 고의와 위법성이 인정된다.

(3) **손해발생 여부**
  1) 판례 - 시효완성 후 제3자가 등기를 갖춘 경우 이중양도의 법리에 따라 제3자가 악의라고 하더라도 소유권이전등기가 반사회질서행위에 의한 것으로 당연무효가 아닌 한 유효하게 소유권을 취득하고, 취득시효 완성자는 제3자에 시효취득을 주장할 수 없다.
  2) 사안의 경우 - 乙이 X토지를 丙에게 매도하고 소유권이전등기를 경료하였다면 유효하게 소유권을 취득하고 甲은 丙에게 취득시효 사실을 주장할 수 없는바, 甲은 乙에 대한 X토지 소유권이전등기청구권 이행불능으로 인한 손해를 입는다.

3. 결론
甲은 乙에게 불법행위로 인한 손해배상청구를 할 수 있다.

제3문

2010. 1. 설립된 甲 주식회사(이하 '甲회사')는 정관상 인쇄업을 주된 영업으로 하는 비상장회사로서, 3인의 이사(대표이사 A, 이사 B와 C)가 있고, 주주는 A(지분율 2%), D(지분율 13%), E(지분율 85%)로 구성되어 있으며, 2014. 8. 1. 기준 자본금 총액 59억 원, 자산 총계 91억 원인 회사이다.

乙 주식회사(이하 '乙회사')는 2014년에 이르러 구조적, 재무적 위기에 봉착하였는데 당장의 현안으로 2014. 8. 18.까지 丙은행으로부터 차입한 단기대여금 7억 원을 상환하여야 할 입장에 놓여 있다.

乙회사는 丙은행에게 위 단기대여금 상환기간 연장을 신청하였다. 그러나 丙은행은 상환기간 연장의 조건으로 대표이사의 개인 보증, 물적 담보의 제공 및 제3자 발행의 약속어음(액면금액은 은행 대여금과 동일)이 필요하다고 하였고, 이에 乙회사 대표이사 X는 A에게 개인 보증과 물적 담보는 준비되어 있으니 甲회사가 담보 목적으로 약속어음만 발행해 주면 乙회사가 부도위기를 모면할 수 있다면서 도움을 호소하였다. A는 예전에 X로부터 받은 개인적 도움을 갚아야 한다는 생각에 이사회 결의 없이 甲회사 명의의 액면금액 7억 원인 약속어음을 수취인 丙은행으로 하여 2014. 8. 18. 담보 목적으로 발행해 주었고, 이로써 乙회사는 무사히 단기대여금의 상환기간을 연장할 수 있었다.

한편, 2014. 9. 1. 甲회사는 A가 의결권 있는 발행주식 총수의 53%, D가 16%, F가 31%를 보유하고 있는 丁 주식회사(이하 '丁회사')와 대량의 인쇄물 발주계약을 체결하기로 하였는데, 그 납기인 2014. 9. 30. 내에 계약을 이행하기 위해서는 추가 자금을 확보하여 신속하게 새로운 인쇄기계를 구입해야 하였다. A는 이를 위해 유상증자가 필요하다는 사실과 신속히 이사회가 개최되어야 한다는 사실을 알게 되었다.

그리하여 A는 긴급히 甲회사의 이사회를 소집하게 되었는데, 시간이 촉박하여 2014. 9. 1. 각 이사와 감사에게 전화를 걸어 이사회의 의안이 무엇인지 설명도 하지 않고 단지 신속한 의사결정이 필요하여 이사회를 소집하겠다고 통보하였고, 이러한 긴급 이사회 소집에 이사들과 감사는 모두 동의하여 2014. 9. 2. 이사회가 개최되었다. 동 이사회에서는 A, C가 참석하여 丁회사와의 인쇄물 발주계약의 체결 및 20억 원 규모의 주주배정방식의 신주발행이 참석 이사 전원 찬성으로 결의되었고, 주주배정 기준일을 2014. 9. 18.로, 납입기일은 2014. 9. 25.로 정하였다.

〈 문제 〉

1. 甲회사가 약속어음의 만기일에 丙은행의 어음금 청구에 대하여 지급을 거절하려고 할 때 어떤 주장이 가능한가? (40점)

2. 2014. 9. 2. 丁회사와의 인쇄물 발주계약에 관한 이사회 결의는 유효한가? (30점)

3. D가 자신이 배정받은 신주에 대하여 인수가액을 납입하지 않은 경우 甲회사가 상법상 어떠한 조치를 취할 수 있는가? (15점)

4. 甲회사의 이사회가 신주발행시 신주인수권 양도에 관한 사항을 결정하지 않은 경우 신주인수권증서의 발행 없이 한 신주인수권 양도의 효력은? (15점)

[변시 제3문] 문제 1. 해설

1. 문제
甲의 丙의 어음금 청구에 주장할 수 있는 항변이 문제 된다.

2. 이사회 결의의 흠결에 대한 항변
(1) **관련 조문** – 중요한 자산의 처분 및 양도, 대규모 재산의 차입 등 회사의 업무집행은 이사회의 결의로 한다(상법 제393조 제1항).

(2) **판례** – 이사회 결의가 필요함에도 없는 경우에는 그 상대방이 이사회 결의가 없거나 무효라는 사실을 알았거나 중과실로 알지 못한 경우가 아니면 그 거래는 유효하고, 이때 거래상대방의 이사회 결의가 없음에 대한 악의 또는 중과실은 회사가 이를 입증하여야 한다.

(3) **사안의 경우**
 1) 대규모 재산의 차입 – 甲회사는 자본금 총액이 59억, 자산이 91억으로 7억 원의 약속어음을 발행주는 것은 甲회사의 규모와 재산상황을 고려할 때 대규모 재산의 차입에 해당하는바, 상법 제393조 제1항에 의해 이사회의 결의를 요한다.
 2) 상대적 무효 – 이사회 결의 흠결을 이유로 甲사가 丙은행에 대항하기 위해서는 丙은행이 甲사의 어음발행당시에 이사회결의가 없음을 알았거나 알 수 있었던 사정을 입증하여야 이사회결의 흠결에 대한 항변으로 丙의 어음금청구에 대항할 수 있다.

3. 융통어음 항변
(1) **의의** – 융통어음이란 타인으로 하여금 어음에 의하여 제3자로부터 금융을 얻게 할 목적으로 수수되는 어음을 말한다.

(2) **판례** – 융통어음의 발행자는 피융통자로부터 그 어음을 양수한 제3자에 대하여는 선의이거나 악의이거나, 또한 그 취득이 기한 후 배서에 의한 것이라 하더라도 대가 없이 발행된 융통어음이라는 항변으로 대항할 수 없다.

(3) **사안의 경우** – 甲사는 丙에게 발행한 어음이 융통어음이라는 이유로 丙의 어음금 청구에 대항할 수 없다.

4. 대표권 남용 항변
(1) **의의** – 대표이사의 행위가 객관적으로 대표권 범위에서 이루어졌으나, 실질적으로 자신 또는 제3자의 이익을 위하여 이루어진 행위를 말한다.

(2) **판례** – 대표이사가 그 대표권의 범위 내에서 한 행위는 대표이사가 회사의 영리목적과 관계없이 자기 또는 제3자의 이익을 도모할 목적으로 그 권한을 남용한 것이라 할지라도 일단 회사의 행위로서 유효하고, 다만 그 행위의 상대방이 대표이사의 진의를 알았거나 알 수 있었을 때에는 회사에 대하여 무효가 된다.

(3) 사안의 경우 - 甲은 丙은행이 대표이사 A가 제3자 乙회사의 이익을 위하여 대표권을 남용한 사실을 알았거나 알 수 있었다는 사정을 입증하여야 丙의 어음금 청구에 대해 대항할 수 있다.

5. 결론

甲회사가 약속어음의 만기일에 丙은행의 어음금 청구에 대하여 지급을 거절하려고 할 때 이사회 결의 흠결, 융통어음, 대표권 남용에 대한 항변을 주장할 수 있다.

[제3문] 문제 2. 해설

1. 문제

(1) 이사회소집 절차상의 하자, (2) 자기거래 해당여부, (3) 이사회 승인요건 충족여부가 문제 된다.

2. 이사회소집 절차상의 하자

(1) 소집절차하자

1) 관련 조문 - 이사회를 소집함에는 회일을 정하고 그 1주간 전에 각 이사 및 감사에 대하여 통지를 발송하여야 하나 그 기간은 정관으로 단축할 수 있고, 이사회는 이사 및 감사 전원의 동의가 있는 때에는 그러한 절차 없이 언제든지 회의할 수 있다(상법 제390조 제3항, 제4항).

2) 사안의 경우 - 대표이사 A가 이사회 개최일 1일 전에 이사회 소집을 구두로 통지한 하자가 존재하지만, 이사 및 감사 전원이 이에 동의하였는바, 소집절차의 하자는 치유된다.

(2) 목적사항 통지하지 않은 하자

1) 판례 - 이사회 소집통지를 할 때에는 특별한 사정이 없는 한 주주총회 소집통지의 경우와 달리 회의의 목적사항을 함께 통지할 필요는 없다.

2) 사안의 경우 - 대표이사 A가 이사회 소집통지 당시 이사회의 의안이 무엇인지 설명도 하지 않았으나 이사회 소집통지의 경우 목적사항을 함께 통지할 필요가 없는바, 하자가 없다.

(3) 소결 - 이사회 소집에 절차상 하자가 존재하지 않는다.

3. 자기거래 해당여부

(1) 관련 조문 - 이사가 발행주식 총수의 100분의 50이상을 가진 회사와 자기 또는 제3자의 계산으로 회사와 거래를 하기 위하여는 미리 이사회에서 해당 거래에 관한 중요사실을 밝히고 이사회의 승인을 받아야 한다. (상법 제398조 제4호).

(2) 사안의 경우 - 丁회사는 甲회사의 대표이사 A가 의결권 있는 발행주식 총수의 53%를 보유한 회사로서 甲회사가 丁회사와 이 사건 발주계약을 체결하는 것은 상법 제398조 제4호의 자기거래에 해당하는바, 이사회 승인을 요한다.

4. 이사회 승인요건 충족여부

(1) **관련 조문** – 자기거래에 관한 이사회의 승인은 이사 3분의 2 이상의 수로써 하여야 한다(상법 제398조). 승인에 있어서 특별이해관계인은 의결정족수를 계산하는데 산입하지 않는다(상법 제391조 제3항, 제368조 제3항).

(2) **판례** – 개인적으로 이해관계를 가지는 경우로서 그 결의에 관한 특별이해관계인에 해당한다.

(3) **사안의 경우** – 이 사건 발주계약의 체결은 개인적인 이해관계이므로 A는 특별이해관계인에 해당되어 의결정족수에 산입되지 않고, 이사 B, C의 찬성을 요하는데 C만 찬성하였는바, 이사회 승인요건을 충족하지 못하였다.

5. 결론

이 사건 발주계약은 상법 제398조 제4호의 자기거래에 해당하고, 이사회 소집절차상의 하자는 존재하지 않으나 이사회결의정족수 요건이 충족되지 않아 상법 제398조에 위배되는바, 2014. 9. 2. 丁회사와의 인쇄물 발주계약에 관한 이사회 결의는 유효하지 않다.

[제3문] 문제 3. 해설

1. 문제

신주인수인 D의 납입해태에 甲회사가 손해배상책임을 물을 수 있는지가 문제 된다.

2. 신주인수인의 납입해태에 따른 손해배상책임

(1) **관련 조문** – 이사는 신주의 인수인으로 하여금 그 배정한 주수에 따라 납입기일에 그 인수한 주식에 대한 인수가액의 전액을 납입시켜야 한다(상법 제421조 제1항). 신주의 인수인이 납입기일에 납입의 이행을 하지 아니한 때에는 그 권리를 잃는다(상법 제423조 제2항). 제2항의 규정은 회사의 신주의 인수인에 대한 손해배상의 청구에 영향을 미치지 아니한다(상법 제423조 제3항).

(2) **사안의 경우** – 신주인수인 D가 인수가액을 납입하지 않은 경우 신주인수인으로서의 권리를 잃게 되고, 인수인 D의 납입해태로 인해 甲회사에 손해가 발생한 경우 D에게 손해배상을 청구할 수 있다.

3. 결론

甲회사는 D에게 상법 제423조 제3항을 근거로 신주인수 납입해태에 따른 손해배상을 청구할 수 있다.

[제3문] 문제 4. 해설

1. 문제
이사회 정함 없는 신주인수권 양도의 효력이 문제 된다.

2. 이사회 정함 없는 신주인수권 양도의 효력

(1) **관련 조문** - 회사가 성립 후에 주식을 발행하는 경우 주주가 가지는 신주인수권을 양도할 수 있는 것에 관한 사항으로서 정관에 규정이 없는 것은 이사회가 결정한다(상법 제416조 제5호). 신주인수권의 양도는 신주인수권증서의 교부에 의하여서만 이를 행한다(상법 제420조의3 제1항).

(2) **판례** - 회사가 정관이나 이사회의 결의로 신주인수권 양도에 관한 사항을 결정하지 아니하였더라도 신주인수권의 양도가 허용되고, 회사가 그와 같은 양도를 승낙한 경우에는 회사에 대하여도 그 효력이 있고, 신주인수권증서가 발행되지 아니한 신주인수권의 양도 또한 주권발행 전의 주식 양도에 준하여 지명채권 양도의 일반원칙에 따른다.

(3) **사안의 경우** - 甲회사의 이사회가 신주발행시 신주인수권 양도에 관한 사항을 결정하지 않은 경우에도 신주인수권증서 발행 없이 지명채권양도의 방식으로 신주인수권을 양도할 수 있다.

3. 결론
甲회사의 이사회가 신주발행시 신주인수권 양도에 관한 사항을 결정하지 않은 경우 신주인수권증서의 발행 없이 한 신주인수권 양도는 지명채권 양도의 일반원칙에 따라 당사자 사이에서는 유효하게 효과가 발생하고 회사에 대하여는 확정일자 있는 통지나 승낙 여부에 따라 대항할 수 있다.

10. 2014년도 시행 제3회 변호사시험

제1문

〈제1문의 1〉

〈 공통된 사실관계 〉

甲은 乙에게서 P시에 소재하는 1필의 X 토지 중 일부를 위치와 면적을 특정하여 매수했으나 필요가 생기면 추후 분할하기로 하고 분할등기를 하지 않은 채 X 토지 전체 면적에 대한 甲의 매수 부분의 면적 비율에 상응하는 지분소유권이전등기를 甲 명의로 경료하고 甲과 乙은 각자 소유하게 될 토지의 경계선을 확정하였다.

〈 문제 1 〉

X 토지 옆에서 공장을 운영하던 丙은 X 토지가 상당 기간 방치되어 있는 것을 보고 甲과 乙의 동의를 받지 아니한 채 甲이 소유하는 토지 부분에는 천막시설을, 乙이 소유하는 토지 부분에는 컨테이너로 만든 임시사무실을 丙의 비용으로 신축, 설치하여 사용하고 있었다. 이를 알게 된 甲은 천막시설과 컨테이너를 철거하여 X 토지 전체를 인도하라고 요구하였고, 丙이 이에 불응하자 甲은 甲 자신만이 원고가 되어 丙을 상대로 X 토지 전체의 인도를 구하는 소송을 제기하였다(천막 및 컨테이너의 각 철거를 구하는 청구는 위 소송의 청구취지에 포함되어 있지 않다). 위 소송에서 丙은 'X 토지 전체가 甲과 乙의 공유인데 乙은 현재 X 토지의 인도를 요구하지 않고 있다.'는 취지의 주장을 하고 있다. 甲의 丙에 대한 청구가 인용될 수 있는지와 그 근거를 서술하시오. (20점)

〈 추가된 사실관계 〉

○ 甲과 乙은 각자 소유하는 토지 부분 위에 독자적으로 건축허가를 받아 각자의 건물을 각자의 비용으로 신축하기로 하였다. 각 건물의 1층 바닥의 기초공사를 마치고 건물의 벽과 지붕을 건축하던 중 자금이 부족하게 되자 甲과 乙은 공동으로 丁에게서 건축 자금 1억 원을 빌리면서 X 토지 전체에 저당권을 설정해 주었다. 이후 건물은 완성되었으나 준공검사를 받지 못하여 소유권보존등기를 하지 못하고 있던 차에 자금 사정이 더욱 나빠진 甲과 乙은 원리금을 연체하게 되어 결국 저당권이 실행되었고 경매를 통하여 戊에게 X토지 전체에 대한 소유권이전등기가 경료되었다. 戊는 甲과 乙에게 법률상 근거 없이 X토지를 점유하고 있다는 이유로 각 건물의 철거 및 X토지 전체의 인도를 청구하고 있다. 甲과 乙은 위 소송 과정에서 자신들이 승소하기 위하여 법률상 필요하고 유효적절한 항변을 모두 하였다.

〈 문제 2 〉
1. 戊의 甲, 乙에 대한 소의 주관적 병합의 형태와 그 근거를 서술하시오. (10점)
2. 戊의 甲, 乙에 대한 청구가 각 인용될 수 있는지와 그 근거를 서술하시오. (20점)

〈 소송의 경과 〉
○ 戊는 위 甲, 乙을 상대로 한 각 건물의 철거 및 X토지 전체 인도소송(이하에서는 '위 소송'이라고만 한다)의 소장에서 "甲과 乙이 각 건물을 신축할 당시 甲과 乙이 X토지를 각 구분하여 특정부분을 소유한 바는 없다."라고 주장(이하에서는 '戊의 소송상 주장'이라고만 한다)하였고, 甲은 위 소송의 제1회 변론기일에서 戊의 소송상 주장을 인정하는 취지의 진술(위 진술은 甲에게 불리한 진술로 간주한다)을 하였고, 반면 乙은 戊의 소송상 주장에 대하여 '甲과 乙은 각 건물이 위치한 부분을 중심으로 하여 토지 중 각자의 지분에 해당하는 토지를 특정하여 구분소유하고 있었다.'는 취지로 위 제1회 변론기일에 진술한 이래, 甲과 乙은 각 본인의 위 각 진술을 변론종결시까지 그대로 유지하였다. 그러나 법원은 관련 증거를 종합하여 볼 때 乙의 위 주장이 객관적 진실에 부합한다고 판단하고 있다.

〈 문제 3 〉
법원은 甲과 乙의 위 각 진술이 甲과 乙에 대한 각 관계에서 미치는 영향 및 戊의 청구에 대하여 어떻게 판단하여야 하는지와 그 근거를 서술하시오. (18점)

〈 변형된 소송의 경과 〉
○ 甲이 변론종결시까지 그 주장을 그대로 유지하지 않고, 위 소송의 제4회 변론기일에서 위 제1회 변론기일에서 한 자신의 종전 진술과 달리 "甲과 乙은 각 건물이 위치한 부분을 중심으로 하여 토지 중 각자의 지분에 해당하는 토지를 특정하여 구분소유하고 있었다."라고 진술을 번복하면서 이를 증명하기 위하여 증인을 신청하였으며, 증인은 "甲과 乙이 각자 건물을 짓기 위해 분필하려 했으나 분필 절차가 번거롭고 까다로워 각 건물이 위치한 부분을 중심으로 하여 토지 중 각자의 지분에 해당하는 토지를 특정하여 소유하고 있었다."라고 증언하였고 법원은 위 증언이 객관적 진실에 부합하는 것으로 판단하였다. 그런데 위 제1회 변론기일에서 한 甲의 진술이 착오에 기한 것인지에 대하여 甲은 변론종결시까지 아무런 주장, 증명을 하지 않았다. 한편, 戊는 甲이 "甲과 乙은 각 건물이 위치한 부분을 중심으로 하여 토지 중 각자의 지분에 해당하는 토지를 특정하여 구분소유하고 있었다."라고 진술을 번복한 부분과 관련하여 그 진술의 번복에 대하여 이의를 제기하지는 않았다.

〈 문제 4 〉
법원은 甲의 위 진술 번복이 甲과 乙에 대한 각 관계에서 미치는 영향 및 戊의 청구에 대하여 어떻게 판단하여야 하는지와 그 근거를 서술하시오. (12점)

〈 소송의 경과 〉

○ 戊가 위 소송 도중에 사망하였으나, 변호사 A가 戊를 소송대리하고 있었기 때문에 소송이 중단되지는 않았다. 그런데 戊의 유일한 상속인인 B가 미처 소송수계를 신청하지 않은 상태에서 변론이 종결되고 제1심 판결이 선고되었다.

〈 문제 5 〉

위 판결선고 이후 B가 소송수계신청을 하지 않은 상태에서 변호사 A에게 판결정본이 송달된 경우 위 판결이 확정되는지 여부 및 그 근거를 각 경우의 수로 나누어 서술하시오. (10점)

[제1문의 1] 문제 1. 해설

1. 문제

(1) 甲의 X토지 인도청구 적법여부, (2) 甲과 乙이 구분소유적 공유관계에 있는지 여부, (3) 甲이 단독으로 X토지 전체의 인도를 구할 수 있는지가 문제 된다.

2. 甲의 X토지 인도청구 적법여부

(1) **판례** - 판결절차는 분쟁의 관념적 해결절차로 사실적인 해결방법인 강제집행 절차와는 별도로 독자적인 존재의의를 가지고, 집행권원의 보유는 피고에게 심리적 압박이 된다는 점에서 소의 이익을 인정한다.

(2) **사안의 경우** - 甲이 丙을 상대로 X토지인도청구에서 승소한다고 하여도 천막시설 및 컨테이너 철거가 되지 않은 이상 집행단계에서 실현되지 못할 수 있으나, 이는 지상물의 철거를 구하는 별소를 제기하여 해결할 수 있는 바, 甲의 X토지 인도청구 자체는 적법하다.

3. 甲과 乙이 구분소유적 공유관계에 있는지 여부

(1) **의의** - 1필지의 토지 중 일부를 특정하여 매수하고 다만 그 소유권이전등기는 그 필지 전체에 관하여 공유지분권이전등기를 한 경우로 그 특정부분 이외의 부분에 관한 등기는 상호 명의신탁을 하고 있는 것을 말한다.

(2) **사안의 경우** - 甲과 乙은 1필의 X토지 중 일부를 특정하여 매수하고 추후분할을 전제로 분할등기 없이 지분소유권이전등기를 경료하였는바, 구분소유적 공유관계이다.

4. 甲이 단독으로 X토지 전체의 인도를 구할 수 있는지 여부

(1) **관련 조문** - 공유물의 보존행위는 각자가 할 수 있다(민법 제265조 단서).

(2) **판례** - 내부관계에서는 특정부분의 소유권자로 이를 배타적으로 사용 수익하고, 외부관계는 1필지 전체에 관하여 공유관계가 성립되어 제3자의 방해 행위가 있는 경우에는 전체토지에 대하여 공유물의 보존행위로서 그 배제를 구할 수 있다.

(3) **사안의 경우** - 甲은 공유물의 보존행위로서 단독으로 X토지의 인도를 구할 수 있는 바, 丙의 항변은 타당하지 않다.

5. 결론

甲의 丙에 대한 청구는 인용된다.

[제1문의 1] 문제 2-1. 해설

1. 戊의 甲, 乙에 대한 소의 주관적 병합의 형태
   (1) 의의 - 필수적 공동소송은 소송목적이 공동소송인 모두에게 합일확정의 필요가 있는 경우의 공동소송 제기 방식이고, 통상공동소송은 합일확정의 필요가 없는 경우에 주관적 병합의 형태이다.
   (2) 판례 - 공동점유물의 인도를 청구하는 경우 상반된 판결이 있는 때에는 사실상 인도청구의 목적을 달성할 수 없을 때가 있을 수 있으나 그와 같은 사실상 필요가 있다는 것만으로 그것을 필수적 공동소송이라고는 할 수 없다.
   (3) 사안의 경우 - 甲과 乙은 각 소유건물의 대지부분만큼 단독 점유하고 있을 뿐이지 실체법상관리처분권이 공동귀속 되는 경우도 아니고 각자에 대한 판결의 효력이 상호간에 영향을 미치는 경우도 아닌바, 필수적 공동소송이 아닌 통상공동소송에 해당한다.

2. 결론
   戊의 甲, 乙에 대한 소는 통상공동소송이다.

[제1문의 1] 문제 2-2. 해설

1. 문제
   (1) 戊 청구의 법적근거, (2) 甲과 乙의 법정지상권 항변 당부가 문제 된다.

2. 戊 청구의 법적근거
   戊는 丁의 저당권실행경매를 통해 X토지 소유권을 취득하였고, 甲과 乙은 각자 건물을 원시취득 하여 보존등기 없이도 소유권자(민법 제187조)로서 X토지를 점유하고 있는바, 적법한 점유권원(민법 제213조 단서)이 없다면 각 건물의 철거 및 토지인도청구의 대상이 된다.

3. 甲과 乙의 법정지상권 항변 당부
   (1) 관련 조문 - 저당권설정당시 ① 토지상에 건물이 존재하고, ② 토지와 건물의 소유자가 동일하며, ③ 저당권실행으로 토지와 건물의 소유자가 달라진 경우, 토지소유자는 건물소유자를 위하여 지상권을 설정한 것으로 본다(민법 제366조).
   (2) 토지상의 건물 존재 여부
      1) 판례 - 토지에 관하여 저당권이 설정될 당시 토지 소유자에 의하여 그 지상에 건물을 건축 중인 경우, 그 후 경매절차에서 매수인이 매각대금을 다 낸 때까지 최소한의 기둥과 지붕 그리고

주벽이 이루어지는 등 독립된 부동산으로서 건물의 요건을 갖추면 법정지상권이 성립하고 그 건물이 미등기라 하더라도 동일하다.

2) 사안의 경우 - 甲과 乙은 丁에게 저당권을 설정할 당시 이미 바닥 기초공사를 마치고 건물의 벽과 지붕을 건축하고 있었으므로 독립된 부동산으로 요건을 갖추었고, 위 건물에 대하여 보존등기를 하지 못한 사실은 지상권 성립에 영향이 없다.

(3) 토지와 건물이 동일인 소유

1) 판례 - 구분소유적 공유관계에 있는 토지의 공유자들이 그 토지 위에 각자 독자적으로 별개의 건물을 소유하면서 그 토지 전체에 대하여 저당권을 설정하였다가 그 저당권의 실행으로 토지와 건물의 소유자가 달라진 경우, 저당권설정당시에는 토지와 건물이 동일소유로 법정지상권이 인정된다.

2) 사안의 경우 - 甲과 乙은 구분소유적 공유관계로 각자 자신이 소유하고 있는 특정부분에 자신의 건물을 신축하고, 토지 전체에 대하여 저당권 설정 후 그 실행으로 戊가 소유권을 취득하여 X토지와 각 건물의 소유자가 달라졌는바, 甲과 乙 모두 법정지상권을 취득한다.

4. 결론

戊의 甲과 乙에 대한 각 건물 철거 및 X토지 인도 청구는 기각된다.

[제1문의 1] 문제 3. 해설

1. 甲과 乙의 진술이 甲과 乙에 대한 관계에 미치는 영향

(1) **관련 조문** - 공동소송인 가운데 한 사람의 소송행위 또는 이에 대한 상대방의 소송행위와 공동소송인 가운데 한 사람에 관한 사항은 다른 공동소송인에게 영향을 미치지 아니한다(민소법 제66조).

(2) **판례** - 통상공동소송인 중 1인의 자백은 다른 공동소송인에게는 효력이 생기지 않는다.

(3) **사안의 경우** - 甲과 乙이 각자 행한 진술은 상호간에 영향을 주지 않는다.

2. 戊의 청구에 대하여 법원의 판단

(1) 甲에 대한 건물철거 및 토지인도청구

1) 관련 조문 - 법원에서 당사자가 자백한 사실은 증명을 필요로 하지 아니한다(민소법 제288조).

2) 판례 - 구분소유적 공유관계가 없는 단순한 공유토지 위에 공유자 각자가 건물을 신축하여 점유하던 중 위 토지의 경매로 인하여 토지와 건물의 소유자가 다르게 된 때에도 토지에 관하여 건물의 소유를 위한 법정지상권이 성립된다면 이는 마치 토지공유자의 1인으로 하여금 다른 공유자의 지분에 대하여서까지 지상권 설정의 처분행위를 허용하는 셈이 되어 부당하므로 토지에 관하여 건물의 소유를 위한 법정지상권이 성립될 수 없다.

3) 사안의 경우
① 甲은 위 소송의 제1회 변론기일에서 戊의 소송상 주장을 인정하는 취지의 진술을 하였고, 법원은 甲의 자백에 구속된다.
② 甲과 乙이 X토지를 단순 공유하는 관계에서 X토지에 대한 저당권이 실행되어 토지와 건물의 소유자가 달라졌으므로, X토지에 관하여 甲 소유의 건물을 위한 법정지상권이 성립될 수 없는 바, 甲은 X토지에 대한 점유권원이 없는 자이다.
③ 戊의 甲에 대한 건물철거 및 토지인도청구는 인용된다.

(2) 乙에 대한 건물철거 및 토지인도청구
1) 판례 - 구분소유적 공유관계에 있는 토지의 공유자들이 그 토지 위에 각자 독자적으로 별개의 건물을 소유하면서 그 토지 전체에 대하여 저당권을 설정하였다가 그 저당권의 실행으로 토지와 건물의 소유자가 달라지게 된 경우에는 건물 소유자는 그 건물의 소유를 위한 법정지상권을 취득한다.
2) 사안의 경우
① 戊의 토지 소유권에 기한 민법 제213조에 근거한 건물철거 및 토지인도 청구에 대하여 乙은 적법한 점유권원으로 법정지상권의 성립을 입증하기 위하여 항변사유로 구분소유 공유관계를 주장하는 것이고, 법원의 심리결과 乙의 주장이 진실로 판명되었는바, 乙은 자기 소유 건물을 위한 법정지상권을 주장할 수 있다.
② 戊의 乙에 대한 건물철거 및 토지인도청구는 기각된다.

[제1문의 1] 문제 4. 해설

1. 甲의 진술 번복이 甲과 乙에 대한 관계에서 미치는 영향
   (1) 관련 조문 - 공동소송인 가운데 한 사람의 소송행위 또는 이에 대한 상대방의 소송행위와 공동소송인 가운데 한 사람에 관한 사항은 다른 공동소송인에게 영향을 미치지 아니한다(민소법 제66조).
   (2) 사안의 경우 - 甲의 진술 번복은 乙에게 영향을 주지 않는다.

2. 戊의 청구에 대한 법원의 판단
   (1) 戊의 甲에 대한 건물철거 및 토지인도청구
   1) 자백의 철회 여부
   ① 관련 조문 - 재판상 자백은 임의로 철회할 수 없고, 예외적으로 ㄱ) 상대방의 동의, ㄴ) 제3자의 형사상 처벌행위에 의한 자백(제451조 제1항 제5호), ㄷ) 자백이 진실에 반하고 착오에 의한 것임을 증명(제288조 단서), ㄹ) 소송대리인의 자백을 본인이 경정 한때에 가능하다.

② 판례 - 재판상 자백 취소의 경우, 진실에 반한다는 사실에 대한 증명을 자백사실이 진실에 반함을 추인할 수 있는 간접사실의 증명에 의하여도 가능하고, 자백이 착오로 인한 것임을 변론 전체의 취지에 의하여 인정할 수 있다.
③ 사안의 경우 - 甲이 진술을 번복하여 증인을 신청하고, 증인의 증언에 비추어 자백이 진실에 반한다는 사실이 입증되었으므로 비록 착오사실에 대하여는 주장 증명이 없었다 하더라도 변론 전체의 취지에 의하여 자백의 철회가 인정되는바, 甲은 자신소유 건물을 위한 법정지상권 성립이 인정된다.

2) 소결
戊의 甲에 대한 건물철거 및 토지인도청구는 기각된다.

(2) 戊의 乙에 대한 건물철거 및 토지인도청구
甲의 진술 번복은 乙에게 영향을 주지 않는바, 乙에 대한 청구는 기각된다.

[제1문의 1] 문제 5. 해설

1. 변호사 A에게 상소제기에 관한 특별수권이 없는 경우
   (1) **판례** - 변호사의 소송대리권은 특별한 사정이 없는 한 당해 심급에 한정되고, 소송대리인인의 소송대리권은 당해 심급의 판결을 송달받은 때까지 존속한다.
   (2) **사안의 경우** - 변호사 A에게 상소제기에 관한 특별수권이 없는 경우에는 1심 판결이 송달됨으로써 A의 소송대리권은 소멸하고 소송절차도 중단되는바, 항소기간이 진행하지 않아 판결은 확정되지 않는다.

2. 변호사 A에게 상소제기에 관한 특별수권이 있는 경우
   (1) **판례** - 변호사에게 상소제기 권한에 관한 특별수권이 있는 경우에는 상소제기가 있으면 상소제기일에, 상소제기 없이 상소기간이 도과한 때에는 그때 소송대리권이 소멸한다.
   (2) **사안의 경우** - 변호사 A에게 상소제기에 관한 특별수권이 있는 경우에는 항소기간 내에 항소를 제기하면 판결은 확정되지 않고, 항소를 제기하지 않으면 항소기간 도과 시에 판결은 확정된다.

〈제1문의 2〉

〈 사실관계 〉

C는 A에 대하여 3천만 원의 대여금 채권이 있고, A는 B에 대하여 1천만 원의 대여금 채권이 있다. C는 위 3천만 원의 대여금 채권에 대하여 이미 승소확정판결을 받았고 이를 집행권원으로 하여 A를 채무자, B를 제3채무자로 한 채권압류 및 추심명령을 신청하여 법원으로부터 채권압류 및 추심명령을 받았는데 그 후 A가 B를 상대로 대여금반환청구의 소를 제기하였다.

〈 문제 〉

위 사실관계 기재 소송의 제1심 변론종결 전에 C가 위 채권압류 및 추심명령 신청을 취하하고 추심권을 포기한 경우(그 관련 서류가 증거로 법원에 제출되었다) 법원은 어떤 판결 주문(소송비용 부담과 가집행 관련 주문은 제외한다)으로 선고하여야 하는지와 그 근거를 서술하시오. (15점)

[제1문의 2] 해설

1. 문제
(1) 추심명령과 원고적격 상실여부, (2) 추심명령 신청취하와 원고적격 회복여부가 문제 된다.

2. 추심명령과 원고적격 상실여부
(1) **판례** - 채권에 대한 압류 및 추심명령이 있으면 제3채무자에 대한 이행의 소는 추심채권자만이 제기할 수 있고 채무자는 피압류채권에 대한 이행소송을 제기할 당사자적격을 상실하고, 이는 법원의 직권조사사항이다.

(2) **사안의 경우** - A의 채권자인 C가 제3채무자 B에 대한 대여금채권에 관하여 압류 및 추심명령을 받아 채권압류 및 추심명령이 B에게 송달되었으므로 A의 채무자 B에 대한 이행의 소는 추심채권자인 C만이 제기할 수 있는바, 채무자인 A는 피압류채권에 대한 이행소송을 제기할 당사자적격을 상실한다.

3. 추심명령 신청취하와 원고적격 회복여부
(1) **판례** - 채무자의 이행소송 계속 중에 추심채권자가 압류 및 추심명령 신청의 취하 등에 따라 추심권능을 상실하게 되면 채무자는 당사자적격을 회복하고, 이는 직권조사사항으로 사실심 변론종결 이후에 당사자적격 등 소송요건이 흠결되거나 그 흠결이 치유된 경우 상고심에서도 이를 참작하여야 한다.

(2) **사안의 경우** - 채무자 A의 제3채무자 B를 상대로 한 이행소송 계속 중에 추심채권자인 C가 압류 및 추심명령에 대한 신청취하 및 추심포기서를 법원에 제출하였는바, 채무자 A는 당사자적격을 회복한다.

4. 결론
A의 B에 대한 대여금 반환청구는 "피고 B는 원고 A에게 1천만 원을 지급하라."는 전부인용판결을 선고하여야 한다.

⟨제1문의 3⟩

⟨ 사실관계 ⟩

A가 B에 대하여 가지는 1억 원의 대여금 채권을 A가 C에게 2012. 2. 9.에 채권양도하고 A가 2012. 4. 9. B에게 내용증명 우편으로 채권양도통지를 하여 2012. 4. 11.에 위 내용증명 우편이 B에게 송달되었다. 위 대여금 채권에 대하여 A의 채권자인 D가 제주지방법원에 채권가압류신청을 하여 위 법원이 2012. 3. 15. 채권자 D, 채무자 A, 제3채무자 B, 청구금액 5천만 원으로 된 채권가압류 결정을 발한 다음 위 결정이 2012. 3. 17.에 B에게 송달되었다. C는 위 양수금 채권 1억 원(지연손해금은 청구하지 아니한다)의 지급을 구하는 소송을 B를 상대로 2013. 1. 3.에 제기하였다. C가 위 양수금 청구 소송을 제기하기 전인 2012. 4. 2. 제주지방법원에서 채권자 D는 청구채권 원금 5천만 원과 이자 및 지연손해금 800만 원 등 합계 5,800만 원으로 하여 위 채권가압류결정에 기하여 본압류로 전이하는 채권압류 및 전부명령을 발령받아 그 결정은 2012. 4. 4.에 D, A, B에게 각 동시에 송달되었고, 위 채권압류 및 전부명령이 2012. 4. 12.에 확정되었다.

⟨ 문제 ⟩

위 양수금 소송에서,

1. 피고 B는 위 압류 및 전부명령으로 인하여 C는 원고 적격이 없다고 주장하는데 이에 대하여 법원은 어떤 판단을 하여야 하는지와 그 근거를 서술하시오. (10점)

2. 위 양수금 소송은 2013. 6. 10.에 변론종결되었고, D가 법원으로부터 받은 위 압류 및 전부명령은 유효하다. 위 양수금 소송에서 법원은 어떤 판결 주문(소송비용부담과 가집행 관련 주문은 제외한다)으로 선고하여야 하는지와 그 근거를 서술하시오. (15점)

[제1문의 3] 문제 1. 해설

1. 전부명령과 원고적격 상실여부
   (1) **관련 법리** – 이행의 소에 있어서 당사자 적격의 유무는 주장자체에 의하여 형식적으로 결정되므로 자기에게 이행청구권이 있음을 주장하는 자에게 원고적격이 인정되고, 그로 이행의무자로 주장되는 자에게 피고적격이 인정된다.

   (2) **사안의 경우**
   1) 전부명령의 경우 추심명령과는 달리 채권 자체가 전부채권자에게 이전되는 효과가 발생되므로 전부채권자는 추심채권과는 달리 제3자 소송담당이 아니라 자신의 채권을 행사한 경우로, 전부채권자의 제3채무자에 대한 청구 또한 이행의 소에 해당된다.
   2) D의 압류 및 전부명령이 유효하더라도 C의 원고적격이 부정되는 것은 아니므로 이를 주장하는 B의 주장은 부당한바, 본안판단을 하여야 한다.
   3) 본안심리 결과 D의 압류 및 전부명령이 유효하다면 C의 B에 대한 1억 원의 양수금 청구는 전부명령으로 D에게 전부된 5,800만 원을 공제한 4,200만 원 범위에서 일부 인용 판결을 받게 된다.

[제1문의 3] 문제 2. 해설

1. 채권양도의 제3자에 대한 대항요건
   (1) **관련 조문** – 채권양도의 통지나 승낙은 확정일자 있는 증서에 의하지 아니하면 채무자 이외의 제3자에게 대항하지 못한다(민법 제450조 제1항).

   (2) **사안의 경우** – 가압류권자인 D와 채권양수인 C는 서로 법률상 양립할 수 없는 지위를 취득한 제3자이고, 내용증명우편과 채권가압류결정 정본은 모두 확정일자 있는 증서에 해당하므로 양자 사이의 우열기준이 논의된다.

2. 채권양수인과 가압류권자 사이의 우열판단
   (1) **판례** – 채권양수인과 동일 채권에 대하여 가압류명령을 집행한 자 사이의 우열을 결정하는 경우, 확정일자 있는 채권양도 통지와 가압류결정 정본의 제3채무자(채권양도의 경우는 채무자)에 대한 도달의 선후에 의하여 그 우열을 결정한다.

   (2) **사안의 경우** – 양도인 A의 C에 대한 채권양도 통지는 채무자 B에게 2012. 4. 11. 도달하였고, D가 보낸 A의 B에 대한 채권가압류 결정은 2012. 3. 17. 도달하였는바, B가 받은 채권가압류결정이 A의 C에 대한 채권양도 통지 보다 우선한다.

3. 전부명령의 효력

(1) **관련 조문** - 전부명령이 확정된 경우에는 전부명령이 제3채무자에게 송달된 때에 채무자가 채무를 변제한 것으로 본다(민집법 제231조).

(2) **판례** - 전부명령이 확정되면 피압류채권은 제3채무자에게 송달된 때에 소급하여 집행채권의 범위 안에서 당연히 전부채권자에게 이전하고 동시에 집행채권 소멸의 효력이 발생한다.

(3) **사안의 경우** - 2012. 3. 17. A의 B에 대한 채권 1억 중에서 5천 8백은 D에게 이전되고, C는 1억에서 5천 8백을 공제한 4천 2백을 B에게 청구할 수 있다.

4. 결론

법원은 "1. 피고는 원고에게 4천 2백만 원을 지급하라. 2. 원고의 나머지 청구는 기각한다." 라는 일부인용판결을 한다.

〈제1문의 4〉

〈 기초적 사실관계 〉

甲은 2005. 1. 4. A에게 1억 5천만 원을 이자 월 2%, 변제기 2005. 3. 4.로 정하여 대여하였다. 2007. 11. 26. A의 유일한 재산인 X건물에 관하여 2007. 4. 10.자 매매를 원인으로 하여 A의 여동생 B 명의의 소유권이전등기가 경료 되었고, 2007. 12. 11. 乙을 권리자로 하여 2007. 12. 10. 자 매매예약을 원인으로 한 소유권이전청구권 가등기가 경료 되었다. 甲은 2008. 6. 2. B를 상대로, A와 B 사이에 체결된 2007. 4. 10. 자 매매계약이 사해행위임을 이유로 위 매매계약의 취소 및 X 건물에 관하여 B 명의로 경료된 소유권이전등기의 말소 소송을 제기하여, 2008. 12. 30.에 원고전부승소판결이 선고되었으며 제1심 판결이 2009. 1. 20. 확정되었다. 위 2007. 4. 10. 자 매매는 A가 사해의사를 가지고 한 사해행위임이 명백하고, B와 乙도 위 2007. 4. 10. 자 매매가 사해행위임을 알고 있었다. 이러한 사실들을 甲은 2008. 5. 25.에야 비로소 알게 되었다.

〈 문제 〉

甲이 원상회복의 차원에서 2009. 10. 30.에 乙을 상대로 소유권이전청구권가등기 말소청구소송을 제기한 경우 법원은 어떤 판단을 하여야 하는지와 그 근거를 서술하시오. (20점)

[제1문의 4] 해설

1. 문제
(1) 甲의 B에 대한 판결확정의 효력 범위, (2) 사해행위 취소 없는 원상회복청구 가부, (3) 채권자 취소소송의 제척기간 준수 여부가 문제 된다.

2. 甲의 B에 대한 확정판결의 효력범위
(1) **판례** – 채권자가 수익자를 상대로 사해행위의 취소를 구하는 소를 제기하여 채무자와 수익자 사이의 법률행위를 취소하는 내용의 판결을 선고받아 확정되었더라도 그 판결의 효력은 그 소송의 피고가 아닌 전득자에게는 미칠 수 없다.

(2) **사안의 경우** – 甲의 수익자 B에 대한 승소판결이 확정되었더라도 판결의 효력이 전득자 乙에게는 미치지 않는바, 채권자 甲이 전득자 乙에게 A와 B사이의 2007. 4. 10. 매매계약이 사해행위임을 이유로 취소하는 청구를 할 수 있다.

3. 사해행위 취소 없는 원상회복청구 가부
(1) **판례** – 채권자가 사해행위취소와 원상회복을 청구하는 경우 사해행위 취소만을 먼저 청구한 다음 원상회복을 나중에 청구할 수 있으나, 원상회복의 전제가 되는 사해행위취소가 없는 이상 원상회복청구권은 인정되지 않으므로 사해행위취소를 청구함이 없이 원상회복만을 청구할 수는 없다.

(2) **사안의 경우** – 甲이 乙에 대한 사해행위 취소 없이 원상회복을 청구할 수 없는 바, 이는 기각의 대상이 된다.

4. 채권자 취소소송의 제척기간 준수여부
(1) **관련 조문** – 채권자 취소소송은 채권자가 취소원인을 안 날로부터 1년, 법률행위가 있은 날로부터 5년 내에 제기하여야 한다(민법 제406조 제2항).

(2) **사안의 경우** – 甲은 乙의 사해의사를 2008. 5. 25. 알았음에도 2009. 10. 30. 원상회복청구를 하여 제척기간을 도과하였는바, 각하된다.

5. 결론
소송요건 선순위성에 따라 甲의 乙에 대한 소유권이전청구권가등기 말소청구소송은 각하된다.

제2문

〈제2문의 1〉

〈 공통된 사실관계 〉

의류도매업자 甲은 2007. 1. 5. 乙에게 의류 1,000벌을 1억 원에 매도하였다. 乙은 2007. 3. 5.까지 의류대금을 지급하기로 약속하고, 甲에게서 의류 1,000벌을 인수하였다. 당시 甲이 乙의 대금지급능력에 대하여 의문을 표시하자, 乙의 친구 丙은 2007. 3. 7. 乙의 甲에 대한 의류대금 채무를 연대보증하였고, 乙의 다른 친구 丁은 2007. 3. 10. 자기 소유 X 주택에 채권최고액을 1억 2,000만 원으로 하는 근저당권을 甲에게 설정해 주었다. 그 주택에는 戊가 거주하고 있었는데, 戊는 丁과 임차보증금 8,000만 원으로 하는 임대차계약을 체결하고 2007. 3. 10. 전입신고를 하고, 같은 날 임대차계약서에 확정일자를 받았다(이하 각 설문은 서로 독립적이다).

〈 추가된 사실관계 〉

2008. 3. 10. 丁은 X 주택을 A에게 2억 5,000만 원에 매도하고 소유권이전등기를 경료하여 주었다. 이때 丁은 A와의 사이에 戊의 보증금은 2009. 3. 9. 丁이 책임지고 반환하고, 甲 명의의 근저당권등기도 책임지고 말소하기로 약정하였다. 乙이 채무를 이행하지 못하자 甲은 X 주택에 설정된 근저당권을 실행하였고, X 주택은 1억 5,000만 원에 B에게 매각되었다. 戊는 배당요구의 종기까지 배당을 요구하지 않았다. 매각대금 중 1억 원은 2008. 10. 1. 甲에게 배당되었고, 잔액 5,000만 원은 A에게 배당되었다.

〈 문제 〉

1. A는 2009. 4. 10. 丙을 상대로 구상금청구소송을 제기하여 대위변제금 1억 원과 면책일인 2008. 10. 1. 이후부터 다 갚는 날까지 위 1억 원에 대한 연 5%의 이자(민법 제425조 제2항의 법정이자)의 지급을 구하였다.
   이 소송에서 丙은 ① 물상보증을 선 자는 A가 아니라 丁이며 A는 제3취득자에 불과하므로 보증인인 자신에게 구상할 수 없으며 ② 가사 A에게 구상권이 있더라도 보증인인 자신이 전액 구상의무를 부담할 이유가 없을 뿐 아니라 면책일 이후의 법정이자도 지급할 이유가 없다고 다투었다.
   이 사건 소의 결론[각하, 청구기각, 청구일부인용(일부인용의 경우 그 구체적인 금액과 내용을 기재할 것), 청구전부인용]을 그 논거와 함께 설명하시오. (20점)

2. 戊는 A와 丁을 피고로 해서 각각 8,000만 원의 X 주택에 관한 임대차보증금반환청구소송을 제기하였다. A는 ① 丁이 보증금을 반환하기로 약정하였기 때문에 丁에게서 반환받든지, ② 배당절차에서 배당을 요구하지 않았으니 B에게 보증금의 반환을 청구하여야지 자신에게 그 지급을 청구해서는 안 된다고 다투었고, 丁은 ① 보증금은 A 또는 B가 지급할 문제이지 자신이 지급할 것은 아니라고 다투었다. 戊의 위 각 소의 결론[각하, 청구기각, 청구일부인용(일부인용의 경우 그 구체적인 금액과 내용을 기재할 것), 청구전부인용]을 그 논거와 함께 설명하시오. (20점)

[제2문의 1] 문제 1. 해설

1. 문제
(1) 제3취득자 A의 보증인 丙에 대한 구상권 가부, (2) 구상권 범위가 문제 된다.

2. 제3취득자 A의 보증인 丙에 대한 구상권 가부
(1) **관련 조문** – 물상보증인이 저당권 실행으로 소유권을 잃은 때에는 보증채무에 관한 규정에 의하여 채무자에 대한 구상권이 있다(제370조, 제341조). 변제할 정당한 이익 있는 자는 변제로 당연히 채권자를 대위하여 자기의 권리를 구상할 수 있다(제481조).

(2) **판례** – 물상보증인으로부터 소유권을 양수한 제3취득자는 채권자에 의하여 저당권이 실행되면 소유권을 상실하게 된다는 점에서 물상보증인과 유사한 지위에 있으므로, 제370조 및 제341조를 유추적용하여 보증채무에 관한 규정에 의하여 채무자에 대한 구상권이 있다.

(3) **사안의 경우** – A는 물상보증인 丁으로부터 소유권을 양수한 제3취득자로 채권자 甲에 의한 근저당권 실행으로 소유권을 상실하였으므로, 민법 제370조 및 제341조를 유추적용 채무자 乙에 대한 구상권이 있고, 변제자 대위에 의하여 甲의 丙에 대한 연대보증채권을 행사할 수 있는바, 보증인 자신에게 구상할 수 없다는 丙의 주장은 부당하다.

3. 구상권의 범위
(1) **관련 조문** – 물상보증인과 보증인간에는 인원수에 비례하여 채권자를 대위한다(제482조 제2항 제5호). 주채무자의 부탁없이 보증인이 된 자가 변제 기타 자기의 출재로 주채무를 소멸하게 한 때에는 주채무자는 그 당시에 이익을 받은 한도에서 배상하여야 한다(제444조 제1항).

(2) **사안의 경우**
  1) 대위변제금 – 물상보증인의 지위를 갖는 제3취득자 A는 丙에게 대위변제금 1억의 1/2인 5천을 구상할 수 있다.
  2) 법정이자 – A는 채무자 乙의 부탁으로 보증인이 된 것이 아니어서 제425조 제2항이 아닌 제444조 제1항이 적용되어야 하는바, 법정이자 부분에 대하여는 구상권을 행사할 수 없다.

4. 결론
법원은 "丙은 A에게 5천만 원을 지급하라."는 청구일부인용판결을 한다.

[제2문의 1] 문제 2. 해설

1. 문제
(1) A의 임대인 지위 승계여부, (2) A의 ①항변, (3) A의 ②항변, (4) 丁의 ①항변의 당부가 문제 된다.

2. A의 임대인 지위 승계여부

(1) **관련 조문** - 임대차는 그 등기가 없는 경우에도 임차인이 주택의 인도와 주민등록을 마친 때에는 그 다음날부터 제3자에 대하여 효력이 있고, 임차주택의 양수인은 임대인의 지위를 승계한다(주임법 제3조 제1, 4항).

(2) **사안의 경우** - 戊는 X주택 거주자로 丁과 임대차계약을 체결하고 2007. 3. 10. 전입신고를 하여 2007. 3. 11. 0시부터 대항력을 취득하고, 2008. 3. 10. 丁은 X주택을 A에게 매도하고 이전등기를 하여 A는 임대인 丁의 지위를 승계하는바, 戊는 A에게 차임지급의무가 있고 A는 戊에게 보증금반환의무가 있다.

3. A의 ① 항변

(1) **관련 조문** - 주임법에 위반된 약정으로 임차인에게 불리한 것은 그 효력이 없다(주임법 제10조).

(2) **사안의 경우** - 丁과 A의 약정은 주임법 제10조에 의해 효력이 없어 戊의 A에 대한 보증금반환청구 행사를 저지하는 사유가 될 수 없는바, A의 ①항변은 부당하다.

4. A의 ② 항변

(1) **관련 조문** - 등기된 임차권은 저당권에 대항할 수 없는 경우에 매각으로 소멸한다(민집법 제91조 제3항).

(2) **사안의 경우** - X주택의 甲근저당권은 2007. 3. 10. 설정되었고, 戊는 2007. 3. 11. 대항력을 취득하여 甲이 우선하므로 甲저당권 실행으로 戊임대차는 소멸하고 B는 주임법 제3조 제4항의 임차주택 양수인에 해당하지 않는바, B에게 보증금반환을 청구하라는 A의 ② 항변은 부당하다.

5. 丁의 ① 항변

상술한 바와 같이 임대인 丁의 지위를 A가 승계하므로 보증금반환은 A가 하여야 한다는 丁의 ① 항변은 타당하다.

6. 결론

戊의 A에 대한 보증금 반환청구는 인용되고, 丁에 대한 보증금 반환청구는 기각 된다.

〈제2문의 2〉

〈 기초적 사실관계 〉

의류도매업자 甲은 2007. 1. 5. 乙에게 의류 1,000벌을 1억 원에 매도하였다. 乙은 2007. 3. 5. 까지 의류대금을 지급하기로 약속하고, 甲에게서 의류 1,000벌을 인수하였다. 당시 甲이 乙의 대금지급능력에 대하여 의문을 표시하자, 乙의 친구 丙은 2007. 3. 7. 乙의 甲에 대한 의류대금채무를 연대보증하였다(이하 각 설문은 서로 독립적이다).

〈 추가된 사실관계 〉

乙은 2007. 1. 5. 甲에게 위 의류대금의 지급을 위하여 액면금 1억 원, 지급기일 2007. 3. 5. 발행지 및 지급지 서울, 지급장소 주식회사 대안은행 서초동 지점, 발행일 2007. 1. 5. 수취인 백지로 된 약속어음 1장을 발행하였다. 甲은 2010. 1. 5. 위 약속어음금채권을 피보전채권으로 하여 乙 소유의 Y 토지에 관하여 청구금액 1억 원으로 한 가압류를 신청하여 2010. 1. 7. 그 가압류등기가 마쳐졌다. 한편, 乙은 2013. 1. 11. 위 가압류에 대한 이의신청을 제기하여 법원은 2013. 3. 30. 甲의 가압류신청을 기각하고, 위 가압류를 취소하는 결정을 하였고, 위 결정은 2013. 4. 10. 확정되었다. 甲은 2013. 10. 5. 丙을 상대로 하여 위 연대보증금 1억 원 및 이에 대한 2007. 3. 6. 부터 다 갚는 날까지 연 5%의 비율에 의한 지연손해금의 지급을 구하는 소를 제기하였다.

〈 소송의 경과 〉

소송에서 丙은 "乙의 의류대금채무는 3년의 소멸시효기간이 지났으므로 소멸하였고, 그에 따라 丙의 보증채무도 역시 소멸하였다."라고 주장하였고, 이에 대하여 甲은 "의류대금채무는 甲이 2010. 1. 5. 乙 소유의 Y 토지에 가압류를 신청하여 2010. 1. 7. 집행됨으로써 그 시효가 중단되었다."라고 주장하였다.

丙은 이에 대하여 "甲의 가압류는 이 사건 의류대금채권의 집행을 보전하기 위한 것이 아니라, 그 지급을 위하여 발행된 어음채권의 집행을 보전하기 위한 것이므로 이 사건 의류대금채권의 시효를 중단시키는 효력이 없고, 가사 그 효력이 있다고 하더라도 甲은 수취인란을 보충하지 않은 상태에서 가압류를 신청하였으므로 역시 그 가압류는 시효중단의 효력이 없다. 또한 위 가압류는 乙의 이의신청에 의하여 취소되었으므로 시효중단의 효력이 소급적으로 소멸하였다." 라고 주장하였다.

이에 대하여 甲은 "이 사건 소송을 제기한 직후 丙으로부터 '지금은 사정이 어려우니 조금만 기다려 주면 조금씩이라도 변제하도록 하겠으니, 소를 취하해 달라.'라는 취지의 부탁을 들은 적이 있는데, 이와 같은 丙의 태도는 소멸시효의 중단사유인 승인에 해당하거나, 시효이익을 포기하는 것에 해당하므로, 丙의 소멸시효항변은 받아들일 수 없다."라고 주장하였는데, 丙이 甲에게 같은 취지의 말을 하였다는 사실은 증명되었다.

〈 문제 〉

이 소송에서 법원은 어떠한 판결을 선고하여야 하는가에 관한 결론[각하, 청구기각, 청구일부인용(일부인용의 경우 그 구체적인 금액과 내용을 기재할 것), 청구전부인용] 및 각 당사자의 주장의 당부에 관한 판단이 포함된 근거를 쓰시오. (20점)

[제2문의 2] 해설

1. 문제
(1) 甲 청구에 대한 丙의 항변, (2) 甲의 재항변, (3) 丙의 재재항변, (4) 甲의 재재재항변의 타당성이 문제 된다.

2. 甲 청구에 대한 丙의 항변
(1) **관련 조문** - 상인이 판매한 상품의 대가는 3년 간 행사하지 아니하면 소멸시효가 완성한다(163조 6호).

(2) **사안의 경우** - 의류도매업자 甲의 의류대금채권은 지급일인 2007. 3. 5.부터 3년 후인 2010. 3. 5. 24:00 소멸시효가 완성되는 바, 2013. 10. 5. 甲이 丙을 상대로 한 연대보증금 청구에 대하여 주채무 시효소멸을 지적하는 丙의 항변은 일응 타당하다.

3. 甲의 재항변
(1) **관련 조문** - 소멸시효는 가압류로 인하여 중단된다(제168조 2호).

(2) **사안의 경우** - 甲은 의류대금 '지급을 위하여' 발행된 약속어음채권을 피보전채권으로 하여 가압류를 신청하여 등기가 경료되었는바, 약속어음채권에는 시효중단의 효과가 생긴다.

4. 丙의 재재항변
(1) **어음채권을 피보전채권으로 한 가압류와 원인채권의 소멸시효 중단 여부**
  1) 판례 - 원인채무의 지급을 위하여 어음이 발행된 경우, 어음채권의 행사는 원인채권을 실현하기 위한 것으로 어음채권을 피보전권리로 하여 채무자의 재산을 가압류 하면 원인채권의 소멸시효는 중단된다.
  2) 사안의 경우 - 甲이 乙 소유의 Y토지에 대한 가압류 신청일인 2010. 1. 5. 주채무의 소멸시효가 중단되는바, 의류대금채권의 시효중단의 효력이 없다는 丙의 주장은 부당하다.

(2) **백지어음을 보충하지 않고 한 가압류 신청과 소멸시효 중단 여부**
  1) 판례 - 백지어음 소지인이 백지부분을 보충하지 않고 어음금을 청구한 경우, 어음상의 청구권에 대하여 잠자는 자가 아님을 표시한 것이므로 소멸시효가 중단된다.
  2) 사안의 경우 - 甲이 수취인란을 보충하지 않은 상태에서 가압류를 신청하였기 때문에 시효중단의 효력이 없다는 丙의 주장은 부당하다.

(3) **가압류 취소와 시효중단효력 소멸여부**
  1) 관련 조문 - 가압류가 권리자의 청구에 의하여 취소된 때에는 소멸시효 중단의 효력이 없고(제175조), 가압류 집행의 취소로 소멸시효 중단의 효과는 소급하여 소멸한다.
  2) 사안의 경우 - 가압류는 乙의 이의신청으로 취소되었으므로 시효중단의 효력이 소급적으로 소멸한다는 丙의 주장은 타당하다.

5. 甲의 재재재항변

(1) 기한유예의 해석

1) 판례 - 채권의 소멸시효가 완성된 후에 기한유예를 요청한 것은 시효이익 포기에 해당한다.

2) 사안의 경우 - 주채무인 의류대금채무는 소멸시효가 완성되어 부종성으로 인해 보증채무도 소멸되었는데도, 丙이 甲에 기한 유예를 요청한 것은 시효이익 포기이다.

(2) 보증채무에 대한 시효이익 포기와 주채무의 시효소멸과의 관계

1) 판례 - 주채무에 대한 소멸시효 완성 이후 보증채무를 이행하거나 승인하였다 하여도, 보증인은 여전히 주채무의 시효소멸을 이유로 보증채무의 소멸을 주장할 수 있다.

2) 사안의 경우 - 丙은 보증채무 시효이익 포기 이후에도 주채무인 의류대금채권의 시효소멸을 이유로 부종성에 의한 보증채무의 소멸을 주장할 수 있는바, 甲의 주장은 부당하다.

6. 결론

甲의 청구는 기각된다.

〈제2문의 3〉

〈 기초적 사실관계 〉

乙은 甲에게 (1) 2006. 5. 6. 8,000만 원을 이자 월 1%(매월 5. 지급), 변제기 2006. 8. 5.로 정하여 대여하고, (2) 2007. 1. 6. 다시 5,000만 원을 이자 월 2%(매월 5. 지급), 변제기 2007. 2. 5.로 정하여 대여하였는데, 甲이 위 각 대여금에 대한 원금 및 이자 등을 전혀 변제하지 않자, 2007. 7. 10. 소를 제기하여 위 대여금 합계 1억 3,000만 원 및 그중 8,000만 원에 대하여는 2006. 5. 6.부터 다 갚는 날까지 월 1%, 5,000만 원에 대하여는 2007. 1. 6.부터 다 갚는 날까지 월 2%의 각 비율에 의한 이자 및 지연손해금의 지급을 구하였다.

이에 대하여 甲은 2007. 8. 6. 乙이 출석한 변론기일에서 乙에 대한 의류대금 1억 원 및 이에 대한 그 변제기 다음 날인 2007. 3. 6.부터 다 갚는 날까지 연 5%의 비율에 의한 지연손해금 채권을 자동채권으로 하여 乙의 위 각 채권과 상계한다고 항변하였다.

〈 문제 〉

1. 乙의 청구에 대한 결론[각하, 청구기각, 청구일부인용(일부인용의 경우 그 구체적인 금액과 내용을 기재할 것), 청구전부인용]을 그 논거와 함께 서술하라. (20점)

〈 공통된 사실관계 〉

乙은 2009. 2. 1. F가 야기한 교통사고로 사망하였는데, 사망 당시 상속인으로는 배우자인 C와 망인의 父 D, 母 E가 있었고, 상속재산으로는 甲에 대한 위 1억 원의 의류대금채무 및 Z 부동산(가액은 2억 원), W 동산(1,000만 원 상당)과 F에 대한 5,000만 원의 손해배상채권이 있었으며 C, D, E는 이러한 상속재산의 현황을 잘 알고 있었다. (이하 문항은 상호 관련되지 않은 별개임)

〈 문제 〉

2-1. 乙의 사망 당시 C는 태아(乙의 친자라고 가정한다)를 포태 중이었는데, 남편의 사망으로 정신적 충격으로 고민 끝에 2009. 3. 낙태하였다.
한편, D는 F로부터 위 교통사고로 인한 망인의 손해배상금을 추심하여 변제받아 이를 소비하지 않은 채 E의 예금계좌로 송금한 후, 상속을 포기하기로 마음먹고 2009. 4. 1. 가정법원에 가서 적법요건을 갖춘 상속포기신고를 마쳤다.
甲이 2009. 7. 1. 1억 원의 의류대금청구소송을 제기할 때 누구를 상대로 얼마의 금원을 청구하면 전부승소를 받을 수 있는지(혹은 C, D, E 누구에게도 청구할 수 없다면 그 점을) 그 논거와 함께 서술하라(이자, 비용은 고려하지 않는다). (10점)

2-2. D, E는 2009. 6. 1. C에게 'C가 망인의 채무를 포함한 재산 전부를 상속하는 것에 대해 이의를 제기하지 않겠다'는 취지의 각서를 작성해 주었다.
이러한 사실을 알게 된 甲은 2009. 7. 1. C를 상대로 의류대금 1억 원 전액의 지급을 구하는 소를 제기하였다. 위 소에 대한 결론[각하, 청구기각, 청구일부인용(일부인용의 경우 그 구체적인 금액과 내용을 기재할 것), 청구전부인용]을 그 논거와 함께 서술하라(이자, 비용은 고려하지 않는다). (10점)

[제2문의 3] 문제 1. 해설

1. 문제
(1) 상계항변 적법여부, (2) 상계충당이 문제 된다.

2. 상계항변 적법여부
(1) 관련 조문 - 쌍방이 서로 같은 종류를 목적으로 한 채무를 부담하는 경우에 그 쌍방의 채무의 이행기가 도래한 때에는 각 채무자는 대등액에 관하여 상계할 수 있다(민법 제492조 제1항).

(2) 사안의 경우 - 乙의 甲에 대한 대여금 채권과 甲의 乙에 대한 의류대금채권 모두 금전채권으로 동종의 채권이고, 양 채권의 변제기가 도래하였으므로 甲의 상계는 적법하다.

3. 상계충당
(1) 상계적상일

양 채권의 변제기가 모두 도래한 후인 2007. 8. 6. 상계의 의사표시를 하였으므로, 상계적상 시점은 늦게 변제기가 도래한 자동채권 변제기 2007. 3. 5.이 된다.

(2) 상계충당액 산정

1) 자동채권 - 1억

2) 수동채권
① 8천 채권 - 원금 8천, 약정이자 240만(=80×3), 지연이자 560만(=80×7)원이 된다.
② 5천 채권 - 원금 5천, 약정이자 100만, 지연이자 100만원이 된다.

(3) 상계충당방법

1) 관련 조문 - 변제자가 채무 전부를 소멸하게 하지 못한 급여를 한 경우 비용, 이자, 원본의 순서대로 충당한다(민법 제479조 제1항). 그리고 채무 전부의 이행기가 도래한 경우에는 채무전부의 변제이익이 많은 채무의 변제에 충당한다(민법 제477조 제2호).

2) 사안의 경우 - ① 자동채권 1억 중에서 수동채권의 이자 1,000만원에 우선 충당된다. ② 8천 채권과 5천 채권 모두 변제기가 도래하였으므로 변제이익 즉, 이율이 높은 5천 채권에 먼저 충당되면 4천이 남는다. 그리고 이를 8천 채권에 충당하면 4천이 남게 된다.

4. 결론
법원은 "甲은 乙에게 4천만 원 및 이에 대한 2007. 3. 6.부터 다 갚는 날까지 월 1%의 비율에 의한 금원을 지급하라"는 일부인용판결을 한다.

[제2문의 3] 문제 2-1. 해설

1. 상속인의 확정

(1) C(乙의 배우자)

1) 관련 조문 – 고의로 상속의 동순위에 있는 자를 살해하거나 살해하려 한 자는 상속인이 되지 못한다(민법 제1004조 제1호).

2) 판례 – 태아가 재산상속의 동순위에 있는 경우에 그를 낙태하면 민법 제1004조 제1호 소정의 상속결격사유에 해당한다.

3) 사안의 경우 – 乙의 배우자 C는 태어날 경우 자신과 상속의 동순위에 있는 태아를 낙태하여 상속결격자에 해당하는바, C는 상속인에서 제외된다.

(2) D(乙의 부친)

1) 관련 조문 – 상속인이 상속재산에 대하여 처분행위를 한 때에는 단순 승인한 것으로 본다(민법 제1026조 제1호).

2) 판례 – 상속인이 피상속인의 손해배상채권을 추심하여 변제받은 행위는 상속재산의 처분행위에 해당하여 단순승인으로 간주되므로, 그 이후에 한 상속포기는 효력이 없다.

3) 사안의 경우 – D는 乙의 손해배상채권을 추심하여 변제받았으므로 단순승인한 자로 간주되어 2009. 4. 1. 상속포기는 효력이 없는바, D는 상속인이 된다.

(3) E(乙의 모친)

1) 관련 조문 – 상속인이 상속개시 있음을 안 날로부터 3월내에 한정승인 또는 포기를 하지 아니한 때에는 단순승인 한 것으로 본다(민법 제1026조 제2호).

2) 사안의 경우 – E는 乙이 사망한 2009. 2. 1.부터 3월내에 한정승인 또는 포기를 하지 아니하여 단순승인 한 자인바, E는 상속인이 된다.

2. 상속채무의 귀속

(1) **관련 조문** – 동순위 상속인이 수인인 때에는 그 상속분은 균분한다(민법 제1009조 제1항).

(2) **판례** – 금전채무와 같이 급부의 내용이 가분인 채무가 공동 상속된 경우, 이는 상속 개시와 동시에 당연히 법정상속분에 따라 공동상속인에게 분할되어 귀속된다.

(3) **사안의 경우** – 乙의 甲에 대한 1억 채무는 공동상속인 D와 E에게 5천씩 분할되어 귀속되는바, 乙은 D와 E를 상대로 각 5천을 청구하면 전부승소 받을 수 있다.

[제2문의 3] 문제 2-2. 해설

1. D, E가 작성한 2009. 6. 1.자 각서의 법률적 의미

   (1) **관련 조문** - 상속인이 상속을 포기할 때에는 상속개시 있음을 안 날로부터 3월내에 가정법원에 포기신고를 하여야 한다(민법 제1041조).

   (2) **판례** - 법정기간을 경과한 상속포기 신고를 상속재산의 협의분할로 보고, 금전채무의 경우 상속개시와 동시에 당연히 법정상속분에 따라 공동상속인에게 분할되어 귀속되어 상속재산 분할의 대상이 될 여지가 없다.

   (3) **사안의 경우** - D, E는 상속이 개시된 2009. 2. 1.로부터 3월이 경과한 2009. 6. 1. 상속포기를 하였으므로 이는 상속재산 협의분할의 의사로 해석된다. 그런데 상속채무는 상속재산분할의 대상이 될 수 없어 상속채무에 관하여 D, E사이에 C가 단독상속하기로 한 것은 면책적 채무인수의 성질을 갖는다.

2. 면책적 채무인수

   (1) **관련 조문** - 제3자가 채무자와의 계약으로 채무를 인수한 경우에는 채권자의 승낙에 의하여 효력이 생긴다(민법 제454조 제1항).

   (2) **판례** - 채무자와 인수인 사이의 계약에 의한 채무인수에 대하여 채권자는 명시적인 방법뿐만 아니라 묵시적인 방법으로도 승낙을 할 수 있는데, 채권자가 직접 채무인수인에 대하여 인수채무금의 지급을 청구하였다면 그 지급청구로써 묵시적으로 채무인수를 승낙한 것이다.

   (3) **사안의 경우** - 채권자 甲이 채무인수인 C에게 2009. 7. 1. 의류대금 1억 전부에 대한 이행청구를 하였다면, 이는 그 청구로써 묵시적으로 채무인수를 승낙한 것인 바, 甲의 C에 대한 1억 지급청구는 전부인용된다.

제3문

동양주식회사(이하, '동양'이라 함)는 자본금 20억 원인 비상장회사이다. 동양의 발행주식총수는 10만주이며, 甲이 4만주, 乙이 3만주, 丙이 2만주, 丁이 1만주를 각각 보유하고 있다. 동양의 이사는 甲, 乙, 丙 3인이고 그중 甲이 대표이사로서 사실상 전권을 행사하고 있다.

동양은 기계부문과 섬유부문의 2개 사업부문으로 구성되어 있는데, 기계부문에서는 의료기계를, 섬유부문에서는 섬유원단을 생산·판매하고 있다. 동양의 연매출액은 100억 원이며, 매출액의 구성은 기계부문이 95억 원, 섬유부문이 5억 원이다. 동양은 각 사업부문별로 '동양기계', '동양섬유'라는 영업표지를 사용하면서 독자적인 영업활동을 하여 왔다. 동양은 기존의 의료기계 생산·판매 이외에도 수입·판매처와 계약을 체결하는 등 의료기계의 수입·판매 분야에도 사업 확장을 준비하고 있다.

A주식회사는 동양의 섬유 사업부문에 섬유원사를 공급하여 그 대금으로 5억 원의 채권을 가지고 있다. 그 후 동양은 甲, 乙, 丙 3인의 이사가 모두 참석한 이사회에서 이사 전원의 찬성으로 회사 전체 영업의 일부로서, 실적이 부진한 섬유부문을 B주식회사에 양도하였다. 동양의 섬유부문의 가치는 회사 전체의 영업 가치에서 차지하는 비중이 크지 않고 섬유부문의 영업양도 이후에도 동양의 영업은 크게 축소되거나 변동되지 않았다. B회사는 섬유부문의 영업을 양수한 후 '동양섬유'라는 영업표지를 계속하여 사용하면서 동양의 종전 거래처를 상대로 동일하게 영업을 하고 있다.

그 후 甲은 이사회 승인 없이 동양이 생산하는 동종의 의료기계를 수입·판매하는 C의료기계 주식회사를 설립하여 그 대표이사에 취임하였다. 甲은 C회사의 운영자금으로 20억 원이 필요하였고 D은행은 C회사에 대한 대출에 연대보증을 요구하였다. 이를 위하여 甲은 동양의 이사회를 소집하였고, 甲과 乙만이 출석한 이사회에서는 출석이사 전원의 찬성으로 동양의 연대보증을 결의하였다. 乙은 위 이사회에서 甲이 이사회의 승인 없이 C회사를 설립하여 운영하고 있다는 사정을 잘 알고 있었음에도 별다른 이의를 제기하지 아니하였다. D은행은 동양의 이사회 회의록 및 기타 대출 관련 서류를 확인한 후에 동양과 연대보증계약을 체결하고서 C회사에 대하여 20억 원을 대출해 주었다. D은행은 위와 같은 동양의 내부 사정은 전혀 알지 못하였다.

C회사의 사업이 본격화되면서 그 매출액이 급증하자 이로 인하여 동양의 매출액은 현저히 감소하였고, 동양의 주가는 50% 하락하였다.

〈 문제 〉

1. 동양이 B회사에 대하여 섬유부문을 양도한 행위가 유효한지를 설명하고, A회사는 동양 및 B회사를 상대로 섬유원사 공급대금 5억 원의 지급을 청구할 수 있는지를 설명하시오. (30점)
2. D은행은 동양을 상대로 대여금 20억 원의 지급을 청구할 수 있는가? (30점)
3. 상법상, 甲과 乙은 어떠한 의무를 위반하였으며, 어떠한 책임을 부담하는가? (40점)

[제3문] 문제 1. 해설

1. 문제
(1) 영업양도의 유효여부, (2) 상호속용양수인의 책임가부가 문제 된다.

2. 영업양도의 유효여부

(1) 의의 – 영업양도란 일정한 영업목적에 의하여 조직화된 총체 즉 인적, 물적 조직을 그 동일성을 유지하면서 일체로서 이전하는 것을 말한다.

(2) 관련 조문 – 회사가 영업의 전부 또는 중요한 일부의 양도행위는 주주총회의 특별결의를 거쳐야 한다(상법 제374조 제1항 제1호).

(3) 판례 – 주식회사가 사업목적으로 삼는 영업 중 일부를 양도하는 경우 상법 제374조 제1항 제1호 소정의 '영업의 중요한 일부의 양도'에 해당하는지는 양도대상 영업의 자산, 매출액, 수익 등이 전체 영업에서 차지하는 비중, 일부 영업의 양도가 장차 회사의 영업규모, 수익성 등에 미치는 영향 등을 종합적으로 고려하여 판단하여야 한다.

(4) 사안의 경우
1) 동양섬유라는 영업표지를 사용하며 독자적인 영업활동을 하고 있는 섬유부문을 회사 전체 영업의 일부로서 B주식회사에 양도하였으므로, 일정한 영업목적에 의하여 조직화된 총체 즉 인적, 물적 조직을 그 동일성을 유지하면서 일체로서 이전한 것인바, 영업양도에 해당한다.
2) 동양의 연매출액은 100억 원이며, 매출액의 구성은 기계부문이 95억 원, 섬유부문이 5억 원이고, 동양의 섬유부문의 가치는 회사 전체의 영업 가치에서 차지하는 비중이 크지 않고 섬유부문의 영업양도 이후에도 동양의 영업은 크게 축소되거나 변동되지 않았으므로, 영업의 중요한 일부의 양도에 해당하지 않는바, 주주총회의 특별결의를 요하지 않는다.
3) 따라서, 동양은 甲, 乙, 丙 3인의 이사가 모두 참석한 이사회에서 이사 전원의 찬성으로 회사 전체 영업의 일부로서, 실적이 부진한 섬유부문을 B주식회사에 양도한 것은 유효하다.

3. 상호속용양수인의 책임가부

(1) 관련 조문 – 영업양수인이 양도인의 상호를 계속 사용하는 경우에는 양도인의 영업으로 인한 제3자의 채권에 대하여 양수인도 변제할 책임이 있다(상법 제42조 제1항). 영업양도인의 제3자에 대한 채무는 영업양도 후 2년이 경과하면 소멸한다(상법 제45조).

(2) 판례 – 상법 제42조 제1항의 '상호를 계속 사용하는 경우'에 해당하기 위해서는 영업양도인이 사용하던 상호와 양수인이 사용하는 상호가 동일할 것까지는 없고 다만 전후의 상호가 주요부분에 있어서 공통되기만 하면 상호를 계속 사용한다고 보아야 한다.

(3) 사안의 경우 – B회사는 섬유부문의 영업을 양수한 후 '동양섬유'라는 영업표지를 계속하여 사용하면서 동양의 종전 거래처를 상대로 동일하게 영업을 하고 있으므로 상호속용양수인에 해당하는바, A회사는 동양과 B회사 양자에 대하여 책임을 물을 수 있고 이는 부진정연대채무로 판단된다.

4. 결론

(1) 동양이 B회사에 대하여 섬유부문을 양도한 행위는 상법 제374조 제1항 제1호의 주주총회 특별결의를 요하는 사안에 해당하지 않고, 이사 전원을 승인을 받아 이루어졌는바 적법유효하다.

(2) A회사는 동양 및 B회사를 상대로 상법 제42조 1항을 근거로 섬유원사 공급대금 5억 원의 지급을 청구할 수 있다. 다만, 동양에 대한 청구는 영업양도 이후 2년이 경과하면 할 수 없다.

[제3문] 문제 2. 해설

1. 문제

(1) 이사자기거래 해당여부 및 그 위반효과, (2) 대표권 남용 여부가 문제 된다.

2. 이사자기거래 해당여부 및 그 위반효과

(1) 이사자기거래 해당여부

1) 관련 조문 - 이사 자기거래에 해당하는 경우 미리 이사회에서 해당 거래사실에 대한 중요사실을 밝히고 이사 3분의 2이상의 수로써 이사회 승인을 받아야 하고, 그 거래의 내용과 절차는 공정하여야 한다(제398조).

2) 판례 - 이사자기거래에는 이사와 회사사이에 직접 성립하는 이해상반행위뿐만 아니라 이사가 회사를 대표하여 자기를 위하여 자기개인채무의 채권자인 제3자와의 사이에 자기개인채무의 연대보증을 하는 이사개인에게 이익이 되고 회사에 불이익을 주는 행위도 포함하는바, 별개 두 회사의 대표이사를 겸하고 있는 자가 어느 일방 회사의 채무에 관하여 나머지 회사를 대표하여 연대보증을 한 경우에도 역시 상법 제398조의 규정이 적용된다.

3) 사안의 경우 - 제398조 제1호 이사의 개념에 이사가 대표이사로 있는 회사까지 포섭되고, 甲은 동양과 C사의 대표이사를 겸하고 있는 자로 C사의 D은행에 대한 20억 원 대출채무에 대해 동양이 연대보증계약을 체결하여 대표 甲에게 이익이 되고 동양에게 불이익이 되는 행위에 해당하는바, 상법 제398조 제1호의 이사자기거래에 해당한다.

(2) 이사회승인 요건 충족여부

1) 관련 조문 - 자기거래에 관한 이사회의 승인은 이사 3분의 2 이상의 수로써 하여야 한다(상법 제398조). 승인에 있어서 특별이해관계인은 의결정족수를 계산하는데 산입하지 않는다(상법 제391조 제3항, 제368조 제3항).

2) 판례 - 개인적으로 이해관계를 가지는 경우로서 그 결의에 관한 특별이해관계인에 해당한다.

3) 사안의 경우 - 이 사건 연대보증계약의 체결은 개인적인 이해관계이므로 甲은 특별이해관계인에 해당되어 의결정족수에 산입되지 않고, 이사 乙, 丙의 찬성을 요하는데 乙만 찬성하였는바, 이사회 승인요건을 충족하지 못하였다.

(3) 이사회승인 없는 자기거래 효력

1) 판례 - 이사회 결의가 필요함에도 없는 경우에는 그 상대방이 이사회 결의가 없거나 무효라는 사실을 알았거나 중과실로 알지 못한 경우가 아니면 그 거래는 유효하고, 이때 거래상대방의 이사회 결의가 없음에 대한 악의 또는 중과실은 회사가 이를 입증하여야 한다.

2) 사안의 경우 - 동양이 D은행이 이 사건 연대보증계약 체결당시에 이사회 승인이 없었다는 사실에 대한 악의를 입증하지 못하는 한 동양의 연대보증계약은 유효한데, D은행은 위와 같은 동양의 내부 사정은 전혀 알지 못하였는바, 위 연대보증계약은 유효하다.

(4) 소결

이 사건 연대보증계약은 이사자기거래에 해당하므로 이사회 승인을 요하는데, D은행이 동양의 내부사정을 전혀 몰라 이사회승인이 유효하지 않다는 사실에 대한 악의 또는 중과실이 없어 위 계약은 유효한바, D은행은 동양을 상대로 대여금 20억 원의 지급을 청구할 수 있다.

3. 대표권 남용 여부

(1) 의의 - 대표이사의 행위가 객관적으로 대표권 범위에서 이루어졌으나, 실질적으로 자신 또는 제3자의 이익을 위하여 이루어진 행위를 말한다.

(2) 판례 - 대표이사가 그 대표권의 범위 내에서 한 행위는 대표이사가 회사의 영리목적과 관계없이 자기 또는 제3자의 이익을 도모할 목적으로 그 권한을 남용한 것이라 할지라도 일단 회사의 행위로서 유효하고, 다만 그 행위의 상대방이 대표이사의 진의를 알았거나 알 수 있었을 때에는 회사에 대하여 무효가 된다.

(3) 사안의 경우 - D은행이 대표이사 甲이 제3자 C회사의 이익을 위하여 대표권을 남용한 사실을 알았거나 알 수 있었다는 사정을 입증하여야 D은행의 연대보증청구에 대해 대항할 수 있는데, D은행이 이에 대한 선의인바, 대표권 남용이 인정되기 어렵다.

4. 결론

D은행은 동양을 상대로 대여금 20억 원의 지급을 청구할 수 있다.

[제3문] 문제 3. 해설

1. 문제
(1) 甲과 乙의 의무위반, (2) 甲과 乙의 책임이 문제 된다.

2. 甲과 乙의 의무위반

(1) 甲의 자기거래금지의무 위반

문제 2에서 본바와 같이 甲은 상법 제398조의 자기거래 금지의무를 위반하였다.

(2) 甲의 경업금지의무 위반

1) 관련 조문 - 이사는 이사회의 승인이 없으면 자기 또는 제삼자의 계산으로 회사의 영업부류에 속한 거래를 하거나 동종영업을 목적으로 하는 다른 회사의 이사가 되지 못한다(상법 제397조 제1항).

2) 사안의 경우 - 동양은 기존의 의료기계 생산·판매 이외에도 수입·판매처와 계약을 체결하는 등 의료기계의 수입·판매 분야에도 사업 확장을 준비하고 있었다는 점에서 이 업종도 동양 회사의 영업부류에 속한 거래에 해당하는데 그 후 甲은 이사회 승인 없이 동양이 생산하는 동종의 의료기계를 수입·판매하는 C의료기계주식회사를 설립하여 그 대표이사에 취임하였는바, 상법 제397조 제1항의 경업금지의무를 위반하였다.

(3) 乙의 감시의무 위반

1) 관련 조문 - 회사에 대한 이사의 책임이 이사회의 결의에 의한 것인 때에는 그 결의에 찬성한 이사도 연대하여 책임을 진다(상법 제399조 제2항).

2) 판례 - 주식회사의 업무집행을 담당하지 아니한 평이사는 대표이사를 비롯한 업무담당이사의 전반적인 업무집행을 감시할 수 있는 것이므로, 업무담당 이사의 업무집행이 위법하다고 의심할만한 사유가 있음에도 불구하고 평이사가 감시의무를 위반하여 이를 방치한 때에는 이로 말미암아 회사가 입은 손해에 대하여 배상책임을 면할 수 없다.

3) 사안의 경우 - 평이사 乙이 甲이 이사회의 승인 없이 C회사를 설립하여 운영하고 있다는 사정을 잘 알고 있었음에도 별다른 이의를 제기하지 아니하였는바, 이는 감시의무를 위반한 것에 해당한다.

3. 甲과 乙의 책임

(1) 회사에 대한 책임

1) 관련 조문 - 이사가 고의 또는 과실로 법령 또는 정관에 위반한 행위를 하거나 그 임무를 게을리한 경우에는 그 이사는 회사에 대하여 연대하여 손해를 배상할 책임이 있다(상법 제399조 제1항).

2) 사안의 경우 - 대표이사 甲은 경업금지의무와 자기거래금지의무를 위반하였고, 乙은 감시의무를 위반하여 C의료기계 주식회사는 매출액이 급증한 반면에 동양의 매출액은 감소하고 주가도

50%하락하였다는 점에서 동양의 손해가 인정되는바, 甲과 乙은 회사에 대하여 상법 제399조에 따른 손해배상책임을 진다.

(2) 제3자에 대한 책임

1) 관련 조문 및 법적 성질 - 이사가 고의 또는 중과실로 그 임무를 게을리한 때에는 그 이사는 제3자에 대하여 연대하여 손해를 배상할 책임이 있다(상법 제401조 제1항). 상법 제401조에 기한 이사의 제3자에 대한 손해배상책임이 제3자를 보호하기 위하여 상법이 인정하는 특수한 책임이다.

2) 주주의 간접손해 포함 여부

① 판례 - 이사가 회사의 재산을 횡령하여 회사의 재산이 감소함으로써 회사가 손해를 입고 결과적으로 주주의 경제적 이익이 침해되는 손해와 같은 간접손해는 상법 제401조 제1항에서 말하는 손해의 개념에 포함되지 않는다.

② 사안의 경우 - 동양의 주주는 주가하락에 따른 손해를 이유로 이사 甲과 乙에게 손해배상을 청구할 수 없다.

3) 소결 - 甲과 乙의 임무위반행위는 고의 또는 중과실에 의한 임무해태에 해당하므로 제3자의 손해를 배상할 책임이 있다. 다만, 주가하락에 따른 주주의 손해는 포함되지 않는다.

4. 결론

(1) 甲은 경업금지의무 및 자기거래금지의무를 위반하였고, 乙은 감시의무를 위반하였다.

(2) 甲과 乙은 회사 및 제3자에 대한 손해배상 책임을 진다. 다만 주가하락에 따른 손해는 책임이 없다.

11. 2013년도 시행 제2회 변호사시험

제1문

〈제1문의 1〉

〈 공통된 기초사실 〉

A 주식회사(대표이사 B)는 2009. 1. 3. 乙의 대리인임을 자처하는 甲으로부터 乙 소유의 X 부동산을 대금 7억 원에 매수하면서, 계약금 1억 원은 계약 당일 지급하고, 중도금 3억 원은 2009. 3. 15. 乙의 거래은행 계좌로 송금하는 방법으로 지급하며, 잔금 3억 원은 2009. 3. 31. 乙로부터 X 부동산에 관한 소유권이전등기 소요서류를 교부받음과 동시에 지급하되, 잔대금 지급기일까지 그 대금을 지급하지 못하면 위 매매계약이 자동적으로 해제된다고 약정한 후(이하 '이 사건 매매계약'이라 함), 같은 날 甲에게 계약금 1억 원을 지급하였다.

〈 추가된 사실관계 〉

甲은 乙의 사촌 동생으로서 乙의 주거지에 자주 내왕하는 사이였는데, 乙의 건강이 악화되어 관리가 소홀한 틈을 타 평소 乙의 거실 서랍장에 보관되어 있던 乙의 인장을 임의로 꺼내어 위임장을 위조한 후 그 인감증명서를 발급받는 한편 평소 위치를 보아 둔 X 부동산의 등기권리증을 들고 나와 A 주식회사 대표이사 B에게 제시하면서 乙의 승낙 없이 이 사건 매매계약을 체결한 것이었다.

乙은 2009. 3. 15. A 주식회사로부터 자신의 거래 계좌로 3억 원을 송금받자 이를 이상히 여기고 평소 의심스러운 행동을 보이던 甲을 추궁한 끝에, 甲이 乙의 승낙 없이 A 주식회사에게 X 부동산을 매도하고 계약금 1억 원을 착복하였으며 그 중도금으로 3억 원이 위와 같이 입금되었다는 사정을 알게 되었다. 그러나 乙은 평소 甲에 대하여 1억 원 가량의 채무를 부담하고 있었던 터라 甲과 사이에서 이 사건 매매계약을 그대로 유지하고 甲에게는 더 이상의 책임을 추궁하지 않기로 합의하였으며, 그 무렵 甲은 이를 B에게 통지하여 주었다.

乙은 2008. 11.경 丙으로부터 1억 5,000만 원을 차용하면서 그 담보로 丙에게 X 부동산에 관하여 저당권(이하 '이 사건 저당권'이라 함)을 설정하고 그 등기를 마쳐준 바 있는데, 丙은 2008. 12.경 丁에게 위 대여금 채권을 양도하고 이를 乙에게 통지하는 한편 이 사건 저당권을 양도하고 같은 날 丁에게 이 사건 저당권 이전의 부기등기를 마쳐 주었다.

〈 소송의 경과 〉

A 주식회사는 2012. 10.경 乙·丁을 상대로 이 사건 소송을 제기하여, ① 乙에 대하여는 甲이 乙을 적법하게 대리하여 이 사건 매매계약을 체결한 것이라고 주장하면서 X 부동산에 관하여

이 사건 매매계약을 원인으로 한 소유권이전등기를 구하고, ② 丁에 대하여는 乙이 丁에게 이 사건 저당권에 의한 피담보채무를 전액 변제하였다고 주장하면서 이 사건 매매계약에 기한 소유권이전등기청구권 보전을 위하여 乙을 대위하여 소유권에 기한 방해배제로서 X 부동산에 관하여 마쳐진 이 사건 저당권 설정등기 및 이 사건 저당권 이전 부기등기의 각 말소등기를 구하였다.

　　제1회 변론기일에서 A 주식회사는 이 사건 매매계약서를 증거로 제출하였는데, 乙은 이 사건 매매계약서 중 매도인란에 기재된 乙 이름 옆에 날인된 인영이 자신의 인장에 의한 것임은 맞으나 자신은 이를 날인한 사실이 없다고 다투었고, A 주식회사는 乙의 사촌동생인 甲이 乙을 대신하여 날인한 것이라고 주장하였으며, 乙은 甲이 이를 날인하였다는 A 주식회사의 주장을 이익으로 원용하였다.

〈 문제 〉

1. 乙에 대한 소유권이전등기청구 관련,
   가. 이 사건 매매계약서의 형식적 증거력이 인정될 수 있는지 여부를 그 논거와 함께 서술하시오. (10점)
   나. 양쪽 당사자의 주장·입증이 위 〈소송의 경과〉와 같다면, 법원은 표현대리의 성립 여부에 대하여도 판단하여야 하는지 여부를 그 논거와 함께 서술하시오. (10점)
   다. A 주식회사가 이 사건 매매계약의 효력이 乙에게 미친다고 주장하는 근거로서, 주위적으로 표현대리(민법 제126조)를, 예비적으로 추인을 내세우는 경우, 위 각 주장이 받아들여질 수 있는지 여부를 그 논거와 함께 서술하시오. (20점)
   라. 乙이 설령 이 사건 매매계약의 효력이 자신에게 미친다고 하더라도 A 주식회사가 잔금을 지급하지 아니한 채 잔금지급기일이 지났으므로 이 사건 매매계약은 해제 의사표시가 담긴 이 사건 준비서면의 송달로써 자동으로 해제되었다고도 항변하였다면, 乙의 이 부분 주장이 받아들여질 수 있는지 여부를 그 논거와 함께 서술하시오. (10점)

2. 丁에 대한 각 말소등기청구 관련(아래 각 문항에서 대위의 요건은 모두 갖추어진 것으로 가정한다),
   가. 만일 丁이 소재불명으로 판명되어 소장 기타 소송서류 일체가 공시송달의 방법으로 송달되고 변론기일에도 불출석하였으며, A 주식회사가 이 사건 저당권의 피담보채무 변제에 관하여는 별다른 입증자료를 제출하지 아니하였을 경우, 위 각 청구에 대한 결론[각하, 청구전부인용, 청구일부인용(일부 인용되는 경우 그 구체적인 금액 또는 내용을 기재할 것), 청구기각]을 그 논거와 함께 서술하시오. (20점)
   나. 만일 丁이 제1회 변론기일에 출석하여 저당권의 피담보채권 중 2,000만 원이 변제되지 아니한 채 남아 있다고 주장하였고, 심리 결과 그것이 사실로 인정된 경우, 위 각 청구에 대한 결론[각하, 청구전부인용, 청구일부인용(일부 인용되는 경우 그 구체적인 금액 또는 내용을 기재할 것), 청구기각]을 그 논거와 함께 서술하시오. (20점)

[제1문의 1] 문제 1-가. 해설

1. 문제
사문서의 형식적 증거력 인정여부가 문제 된다.

2. 사문서의 형식적 증거력 인정여부
(1) **관련 조문** - 사문서는 본인 또는 대리인의 서명이나 날인 또는 무인이 있는 때에는 진정한 것으로 추정한다(민소법 제358조).

(2) **판례**
   1) 문서에 날인된 작성명의인의 인영이 그의 인장에 의하여 현출된 것이라면 특별한 사정이 없는 한 그 인영의 진정성립, 즉 날인행위가 작성명의인의 의사에 기한 것임이 사실상 추정되고, 일단 인영의 진정성립이 추정되면 민사소송법 제358조에 의하여 그 문서전체의 진정성립이 추정된다.
   2) 위와 같은 사실상 추정은 날인행위가 작성명의인 이외의 자에 의하여 이루어진 것임이 밝혀진 경우에는 깨어지는 것이므로, 문서제출자는 그 날인행위가 작성명의인으로부터 위임받은 정당한 권원에 의한 것이라는 사실까지 입증할 책임이 있다.

(3) **사안의 경우** - 제1회 변론기일에서 A 회사는 이 사건 매매계약서를 증거로 제출하였는데, 乙은 이 사건 매매계약서 중 매도인에 기재된 乙 이름 옆에 날인된 인영이 자신의 인장에 의한 것임은 맞으나 자신은 이를 날인한 사실이 없다고 다투었고, A 회사는 乙의 사촌동생인 甲이 乙을 대신하여 날인한 것이라고 주장하였으며, 乙은 甲이 이를 날인하였다는 A 회사의 주장을 이익으로 원용하였는바, A회사가 甲이 乙의 인장을 날인할 권한이 있었음을 증명하여야 매매계약서의 형식적 증거력이 인정될 수 있다.

3. 결론
이 사건 매매계약서의 형식적 증거력은 A회사가 甲이 乙의 인장을 날인할 권한이 있었음을 증명하지 못하는 한, 형식적 증거력이 인정될 수 없다.

[제1문의 1] 문제 1-나. 해설

1. 문제
유권대리의 주장 속에 표현대리 주장이 포함되는지가 문제 된다.

2. 유권대리의 주장 속에 표현대리 주장이 포함여부
(1) **관련 법리** - 민소법상 변론주의에 따라 소송자료 즉, 사실과 증거의 수집, 제출책임은 당사자에게 있고, 당사자가 수집하여 변론에서 제출한 소송자료만으로 재판의 기초로 삼아야 한다.

(2) 판례

1) 유권대리에 있어서는 본인이 대리인에게 수여한 대리권의 효력에 의하여 법률효과가 발생하는 반면 표현대리에 있어서는 대리권이 없음에도 불구하고 법률이 특히 거래상대방 보호와 거래안전유지를 위하여 본래 무효인 무권대리 행위의 효과를 본인에게 미치게 한 것으로서 표현대리가 성립된다고 하여 무권대리의 성질이 유권대리로 전환되는 것은 아니다.

2) 양자의 구성요건 해당사실 즉 주요사실은 다르므로 유권대리에 관한 주장 속에 무권대리에 속하는 표현대리의 주장이 포함되어 있다고 볼 수 없다.

(3) 사안의 경우 - A 회사는 소송에서 이 사건 매매계약이 유권대리에 의한 것이라는 주장을 하였는데 그 주장 속에 표현대리의 주장은 포함되지 않는다.

3. 결론

법원은 표현대리의 성립 여부에 대하여도 판단할 필요가 없으며 판단하는 경우에는 변론주의에 위배되어 위법한 판결이 된다.

[제1문의 1] 문제 1-다. 해설

1. 문제

(1) 주위적 주장으로 표현대리(제126조)성부, (2) 예비적 주장으로 무권대리 추인(제130조) 여부가 문제된다.

2. 주위적 주장으로 표현대리 성부

(1) 요건 - 제126조 표현대리가 성립하기 위해서는 ① 기본대리권의 존재, ② 기본대리권의 범위를 넘은 법률행위, ③ 상대방의 정당한 이유(선의, 무과실)를 요한다.

(2) 사안의 경우 - 甲이 乙의 인장을 임의로 꺼내어 위임장을 위조한 후 그 인감증명서를 발급받아 X부동산 매매계약을 체결한 행위에서 甲이 乙로부터 어떠한 기본대리권을 수여받은 것으로 볼 수 없는 바, 민법 제126조의 표현대리가 성립할 수 없다.

3. 예비적 주장으로 무권대리 추인여부

(1) 관련 조문 - 무권대리 행위는 본인이 이를 추인하여 소급하여 유효하게 할 수 있고(제130조, 제133조), 이 때 추인은 상대방에게도 할 수 있지만 무권대리인에게도 가능하다. 다만, 상대방이 그 사실을 알지 못하면 상대방에게 추인의 효과를 주장하지 못한다(제132조).

(2) 판례

1) 추인의 의사표시는 본인이 무권대리 행위가 있음을 알고 추인해야 하고 명시적 또는 묵시적으로 가능하다.

2) 제132조는 본인이 무권대리인에게 무권대리 행위를 추인한 경우에 상대방이 이를 알지 못하는 동안에는 본인은 상대방에게 추인의 효과를 주장하지 못한다는 취지이므로 상대방은 그때까지 철회를 할 수 있고, 무권대리인에의 추인이 있었음을 주장할 수도 있다.

(3) 사안의 경우
1) 묵시적 추인 - 乙은 甲이 자신의 승낙 없이 A에게 자신의 X부동산을 매도한 사실을 알게 되었음에도 甲과 매매계약을 그대로 유지하고 甲에게 더 이상 책임을 추궁하지 아니하기로 합의한 것은 甲의 무권대리 행위의 묵시적 추인에 해당한다.
2) 무권대리인의 상대방에 대한 통지 - 무권대리인 甲이 추인사실을 상대방 A의 대표이사 B에게 통지하여 상대방 A는 본인이 무권대리인에게 추인한 사실을 알았으므로 추인을 주장하는 것이 가능하다.

4. 결론
(1) 주위적 주장인 표현대리는 받아들여질 수 없고, (2) 예비적 주장인 무권대리 추인은 받아들여질 수 있다.

[제1문의 1] 문제 1-라. 해설

1. 실권약정에 따른 자동해제 가부
(1) **관련 조문** - 당사자 일방이 그 채무를 이행하지 아니한 때에는 상대방은 상당한 기간을 정하여 그 이행을 최고하고 그 기간 내에 이행하지 아니한 때에는 계약을 해제할 수 있다(민법 제544조).

(2) **판례** - 부동산 매매계약에 있어서 매수인이 잔대금 지급기일까지 그 대금을 지급하지 못하면 그 계약이 자동적으로 해제된다는 취지의 약정이 있더라도 매도인이 이행의 제공을 하여 매수인을 이행지체에 빠뜨리지 않는 한 그 약정기일의 도과 사실만으로는 매매계약이 자동 해제된 것으로 볼 수 없다.

(3) **사안의 경우** - 매도인 乙이 잔대금 지급기일에 매수인 A회사에 소유권이전등기의무이행에 필요한 서류를 제공한 사실이 없어 이행지체에 빠지지 않았는바, 乙과 A의 매매계약이 자동해제된 것으로 볼 수 없다.

2. 결론
乙의 해제 항변은 받아들여질 수 없다.

[제1문의 1] 문제 2-가. 해설

1. 문제
(1) A의 丁에 대한 저당권설정등기 말소청구, (2) A의 丁에 대한 저당권이전부기등기 말소청구에 대한 법원의 판단이 문제 된다.

2. A의 丁에 대한 저당권설정등기 말소청구

(1) 적법여부

1) 판례 - 근저당권 이전의 부기등기가 이루어진 경우 근저당권설정등기의 말소등기청구는 양수인만을 상대로 하면 되고, 양도인은 피고적격이 없다.

2) 사안의 경우 - A가 乙을 대위하여 저당권의 양수인 丁을 상대로 한 저당권설정등기말소청구는 적법하다.

(2) 인용여부

1) 관련 조문 - 당사자가 변론기일에 출석하지 아니한 때에는 상대방이 주장하는 사실을 자백한 것으로 본다. 다만 공시송달의 방법으로 기일통지서를 송달받은 당사자가 출석하지 아니한 경우에는 자백간주의 효과가 발생하지 않는다(민소법 제150조 제1항, 제3항).

2) 사안의 경우 - 丁이 소재불명으로 판명되어 소장 기타 소송서류 일체가 공시송달의 방법으로 송달되고 변론기일에도 불출석하였으므로 저당권의 피담보채권의 변제사실에 대하여는 자백간주의 효과가 발생하지 아니하고, A 주식회사가 이 사건 저당권의 피담보채무 변제에 관하여는 별다른 입증자료를 제출하지 아니하였다면, 아직 피담보채권의 변제사실이 입증되지 않았는바, A의 丁에 대한 저당권설정등기 말소청구는 기각된다.

3. A의 丁에 대한 저당권이전부기등기 말소청구

(1) 판례 - 근저당권 이전의 부기등기는 기존의 주등기인 근저당권설정등기에 종속되어 주등기와 일체를 이루는 것이어서, 피담보채무가 소멸된 경우 주등기인 근저당권설정등기의 말소만 구하면 되고 그 부기등기는 별도로 말소를 구하지 않더라도 주등기의 말소에 따라 직권으로 말소된다.

(2) 사안의 경우 - A의 丁에 대한 저당권이전부기등기 말소청구는 소의 이익이 없어 부적법 각하된다.

4. 결론
(1) A의 丁에 대한 저당권설정등기 말소청구는 기각된다.

(2) A의 丁에 대한 저당권이전부기등기 말소청구는 각하된다.

[제1문의 1] 문제 2-나. 해설

1. 문제
(1) A의 丁에 대한 저당권설정등기 말소청구, (2) A의 丁에 대한 저당권이전부기등기 말소청구에 대한 법원의 판단이 문제 된다.

2. A의 丁에 대한 저당권설정등기 말소청구

(1) 현재이행의 소에 대한 장래이행판결 가부

1) 관련 조문 – 법원은 당사자가 신청하지 아니한 사항에 대하여는 판결하지 못한다(민소법 제203조).

2) 판례 – 채무자가 피담보채무 전액을 변제하였다고 주장하면서 근저당권설정등기에 대한 말소등기절차의 이행을 청구하였으나 변제액이 채무 전액을 소멸시키는데 미치지 못하고 잔존채무가 있는 것으로 밝혀진 경우, 원고의 청구에는 확정된 잔존채무를 변제하고 그 다음에 위 등기의 말소를 구한다는 취지도 포함되고, 이는 장래 이행의 소로서 미리 청구할 이익도 인정된다.

3) 사안의 경우
① 법원은 일부인용판결을 하는 것이 원고의 의사에 부합되고 피고의 이익보호나 소송경제상 합리적인 경우에는 청구취지의 변경 없이도 일부인용판결을 할 수 있다.
② A가 피담보채무전액을 변제하였음을 이유로 저당권설정등기의 말소를 구하고, 이에 丁이 제1회 변론기일에 출석하여 저당권의 피담보채권 중 2천만 원이 변제되지 아니한 채 남아 있다고 주장하여 심리 결과 그것이 사실로 인정된 경우, A의 청구에는 잔존채무를 변제하고 저당권설정등기의 말소를 구하는 취지까지 포함되어 있다.
③ 장래이행의 소로서 미리 청구할 필요도 인정되는바, 법원은 A의 丁에 대한 저당권설정등기 말소청구에 대하여 장래이행판결을 할 수 있다.

(2) 소결

이에, 법원은 "피고 丁은 乙에게서 2천만 원을 지급받은 다음 乙에게 저당권설정등기 말소절차를 이행하라."는 일부인용판결을 할 수 있다.

3. A의 丁에 대한 저당권이전부기등기 말소청구

(1) 판례 – 근저당권 이전의 부기등기는 기존의 주등기인 근저당권설정등기에 종속되어 주등기와 일체를 이루는 것이어서, 피담보채무가 소멸된 경우 주등기인 근저당권설정등기의 말소만 구하면 되고 그 부기등기는 별도로 말소를 구하지 않더라도 주등기의 말소에 따라 직권으로 말소된다.

(2) 사안의 경우 – A의 丁에 대한 저당권이전부기등기 말소청구는 소의 이익이 없어 부적법 각하된다.

4. 결론
(1) A의 丁에 대한 저당권설정등기 말소청구는 "피고 丁은 乙에게서 2천만 원을 지급받은 다음 乙에게 저당권설정등기 말소절차를 이행하라."는 일부인용판결을 받는다.

(2) A의 丁에 대한 저당권이전부기등기 말소청구는 각하된다.

〈제1문의 2〉

〈 공통된 기초사실 〉

　A 주식회사(대표이사 B)는 2009. 1. 3. 乙의 대리인임을 자처하는 甲으로부터 乙 소유의 X 부동산을 대금 7억 원에 매수하면서, 계약금 1억 원은 계약 당일 지급하고, 중도금 3억 원은 2009. 3. 15. 乙의 거래은행 계좌로 송금하는 방법으로 지급하며, 잔금 3억 원은 2009. 3. 31. 乙로부터 X 부동산에 관한 소유권이전등기 소요서류를 교부받음과 동시에 지급하되, 잔대금 지급기일까지 그 대금을 지급하지 못하면 위 매매계약이 자동적으로 해제된다고 약정한 후(이하 '이 사건 매매계약'이라 함), 같은 날 甲에게 계약금 1억 원을 지급하였다.

〈 추가된 사실관계 〉

　한편, A 주식회사 대표이사 B는 이 사건 매매계약의 중도금을 지급하기 위하여 C에게 돈을 빌려줄 것을 부탁하였고, 이에 C는 연대보증인 2인을 구해 오면 1억 원을 빌려주겠다고 하였다.

　B는 우선 당시 A 주식회사의 이사로 있던 D에게 위와 같은 사정을 설명하고 연대보증을 허락받았고, 다른 한 명의 연대보증인은 연대보증의 의미나 효과에 대해서 전혀 알지 못하는 등록된 지적장애인 자신의 조카 E(남, 38세)에게 부탁하였다. C는 B, D, E를 직접 만나서 2009. 3. 1.경 D와 E의 연대보증 아래 A 주식회사에게 1억 원을 변제기 2010. 3. 1. 이율 월 2%로 정하여 대여하였고, 계약 체결 당시 B는 E가 조카여서 연대보증을 해 주는 것이라 설명하여, C는 E의 지적장애 상태를 알지 못한 채 위 계약을 체결하였다.

　A 주식회사 대표이사 B는 위 차용금 채무의 변제기가 다가오자 C를 찾아가 몇 개월만 더 변제기를 연장해 달라고 부탁하여, 2010. 2. 1. C와 사이에서 위 채무의 변제기를 2010. 10. 1.까지 연장하기로 합의하였다.

　한편, D는 2010. 1. 10. A 주식회사의 이사직을 사임한 후 퇴직하였고, 그 직후인 2010. 1. 12. C에게 A 주식회사 이사직을 사임하였으므로 위 연대보증계약을 해지한다고 내용증명우편으로 통보하여, 위 통보가 2010. 1. 18. C에게 도달되었다.

〈 소송의 경과 〉

　C는 A 주식회사 측에 위 대여금의 지급을 촉구하였으나 지급받지 못하자 C1 변호사에게 소송을 의뢰하였고, C1은 C의 소송대리인이 되어 2012. 8. 1. D 및 E를 상대로 연대보증채무의 이행을 구하는 소송을 제기하였다.

　D는 C의 소장을 송달받은 후 변호사 D1을 소송대리인으로 선임하면서 ① 일체의 소송행위, ② 반소의 제기 및 응소, 상소의 제기 및 취하, ③ 소의 취하, 화해, 청구의 포기 및 인낙 등의 권한을 위임하였다.

　E는 2012. 11. 3. 금치산선고를 받았는데, 아버지 E1이 후견인으로 선임된 후 친족회 동의를 얻어 E의 법정대리인으로서 C의 본소에 대하여 답변하는 한편, 반소로서 위 연대보증채무

(C가 E에게 청구한 본소청구 금액 전부)가 존재하지 아니한다는 내용의 채무부존재확인의 소를 제기하였다.

〈 문제 〉

1. D의 소송대리인 D1은 'D는 회사의 이사 지위에서 부득이하게 연대보증을 선 것이어서 이사 사임 직후 위 연대보증계약을 해지한 이상 연대보증채무를 부담하는 것은 부당하며, 나아가 연대보증인의 동의 없이 주채무의 기한을 연장한 이상 그 후에 확정된 대출금 채무를 연대보증인에게 청구하는 것은 부당하다'는 취지로 주장하였다. 위 각 주장이 받아들여질 수 있는지 여부를 논거와 함께 서술하시오(보증인 보호를 위한 특별법은 고려하지 말 것). (10점)

2. 만약 위 소송에서 피고 D가 소송계속 중 상속인으로 처와 아들 1명을 남기고 사망하였으나, 법원이 이를 알지 못한 채 피고를 D로 표시한 판결을 선고하였고, 그 판결문이 소송대리인 D1에게 송달되었다면 위 판결의 효력이 상속인들에게 미치는지 여부와 상소기간이 진행되는지 여부를 각 논거와 함께 서술하시오. (20점)

3. E 측은 본소에 대한 항변 및 반소청구원인으로 C와 E 사이의 연대보증계약은 주위적으로 폭리행위여서 무효라고 주장하고, 예비적으로 의사무능력자의 행위여서 무효라고 주장하였다. E 측의 위 각 주장이 받아들여질 수 있는지 여부를 논거와 함께 서술하고, C의 본소와 E의 반소의 각 결론[각하, 청구전부인용, 청구일부인용(일부 인용되는 경우 그 구체적인 금액 또는 내용을 기재할 것), 청구기각]을 그 논거와 함께 서술하시오. (30점)

[제1문의 2] 문제 1. 해설

1. 사정변경을 이유로 한 보증계약 해지에 따른 책임제한
   (1) **판례** - 회사에 재직 중인 관계로 회사의 채무를 보증한 자의 책임이 제한되기 위해서는 불확정적 채무에 대하여 보증한 경우에 한하고, 확정채무에 대하여는 보증을 한 후 그 직책을 사임하였다 하더라도 그 책임이 제한되는 것이 아니다.
   (2) **사안의 경우** - D가 회사의 이사지위에서 회사채무 1억을 보증한 것은 확정채무를 보증한 것으로 그 후 직책을 사임하더라도 책임이 제한되는 것은 아닌 바, 사임 직후 해지를 한 것만으로 보증책임이 없다는 D의 주장은 부당하다.

2. 주채무의 이행기 연장의 효력
   (1) **판례** - 채권자가 주채무자에 대하여 변제를 연장하여 준 경우, 보증인의 책임을 가중하는 것이라고는 할 수 없어 보증채무에 대하여도 그 효력이 미치므로 확정채무에 대한 보증인으로서는 그 보증채무를 부담한다.
   (2) **사안의 경우** - 채권자 C가 주채무자 A회사에 대하여 변제기를 2010. 10. 1. 연장하여 주었다고 하여 확정채무를 보증한 D의 책임을 가중하는 것이라고 할 수 없어 그 효력이 미치는 바, 기한 연장 이후에 확정된 대출금 채무를 부담하지 않는다는 D의 주장은 부당하다.

[제1문의 2] 문제 2. 해설

1. 문제
   (1) 판결의 효력이 상속인에게 미치는지 여부, (2) 상소기간 진행여부가 문제 된다.

2. 판결의 효력이 상속인에게 미치는지 여부
   (1) 당사자의 사망으로 인한 당연승계 여부
      1) 판례 - 소송도중 어느 일방의 당사자가 사망함으로 인해서 그 당사자로서의 자격을 상실하게 된 때에는 그 대립당사자 구조가 없어져 버린 것이 아니고, 그때부터 그 소송은 그의 지위를 당연히 이어 받게 되는 상속인들과의 관계에서 대립당사자 구조를 형성하여 존재한다.
      2) 사안의 경우 - D의 사망으로 상속인들 D의 처와 아들이 D의 원고로서의 지위를 당연승계 한다.
   (2) 소송중단여부 및 1심판결의 효력
      1) 관련 조문- 당사자가 사망한 때에는 소송절차는 중단된다(민소법 제233조 제1항). 소송대리인이 있는 경우에는 소송절차는 중단되지 않는다(민소법 제238조).

2) 사안의 경우 – D가 사망하였지만 소송대리인 변호사 D1이 있으므로 소송절차는 중단되지 않고, 변호사 D1는 상속인들의 소송대리인이 되어 소송을 수행하였는바, 1심 판결의 효력은 상속인들 D의 처와 아들에게 미친다.

3. 상소기간 진행여부

(1) **판례** – 변호사의 소송대리권은 당해 심급에 제한되고 판결정본이 송달된 때 소멸하지만, 변호사에게 상소제기 권한이 있는 경우에 상소기간이 판결정본이 송달된 때부터 진행되어 상소제기 없이 상소기간이 도과한 때에는 상소기간 도과 시에 판결이 확정되고, 상소를 제기한 경우에는 그때 소송절차가 중단된다.

(2) **사안의 경우** – D가 소송대리인 변호사 D1에게 상소제기권한을 수여하였으므로 D1에게 판결정본이 송달되더라도 소송절차는 중단되지 않고, 상소기간은 계속 진행된다.

4. 결론

(1) 판결의 효력은 D의 상속인들인 D의 처와 아들에게 미친다.

(2) 상소기간은 판결문이 D1에게 송달된 때부터 진행된다.

[제1문의 2] 문제 3. 해설

1. 문제

(1) E의 본소청구 항변에 대한 법원의 판단, (2) E의 반소청구에 대한 법원의 판단이 문제 된다.

2. E의 본소청구 항변에 대한 법원의 판단

(1) 주위적 주장 당부 – 연대보증계약의 폭리행위

1) 관련 조문 – 당사자의 궁박, 경솔 또는 무경험으로 인하여 현저하게 공정을 잃은 법률행위는 무효로 한다(민법 제104조).

2) 판례 – 민법 제104조가 규정하는 현저히 공정을 잃은 법률행위는 자기의 급부에 비하여 현저하게 균형을 잃은 반대급부를 하여 부당한 재산적 이익을 얻는 행위를 의미하는 것으로, 증여계약과 같이 아무런 대가관계 없이 당사자 일방이 상대방에게 일방적인 급부를 하는 법률행위는 그 공정성 여부를 논의할 수 있는 성질의 법률행위가 아니다.

3) 사안의 경우 – 보증계약은 채권자 C에 대한 관계에서 무상계약으로 민법 제104조의 폭리행위에 해당하는지 여부가 논의될 수 없는바, 폭리행위여서 무효라는 E의 주위적 주장은 부당하다.

(2) 예비적 주장 당부 – 의사무능력 행위로서 무효

1) 판례 – 의사능력의 유무는 구체적인 법률행위와 관련하여 개별적으로 판단되어야 하므로, 특히 어떤 법률행위가 그 일상적인 의미만을 이해하여서는 알기 어려운 특별한 법률적인 의미나

효과가 부여되어 있는 경우 의사능력이 인정되기 위하여는 그 행위의 일상적인 의미뿐만 아니라 법률적인 의미나 효과에 대하여도 이해할 수 있을 것을 요한다.

2) 사안의 경우 – E는 연대보증의 의미나 효과에 대해서 전혀 알지 못하는 등록된 지적장애인이므로 연대보증계약을 체결할 의사능력이 인정된다고 보기 어려운 바, E와 C사이의 연대보증계약 체결이 의사무능력자의 행위여서 무효라는 E의 예비적 주장은 타당하다.

(3) 소결

C의 본소청구는 기각된다.

3. E의 반소청구에 대한 법원의 판단

(1) 관련 조문 – 피고는 소송절차를 현저히 지연시키지 아니하는 경우에만 변론을 종결할 때까지 본소가 계속된 법원에 반소를 제기할 수 있다. 다만, 소송의 목적이 된 청구가 다른 법원의 관할에 전속되지 아니하고 본소의 청구 또는 방어의 방법과 서로 관련이 있어야 한다(민소법 제269조 제1항).

(2) 반소이익 여부

1) 판례 – 반소청구에 본소청구의 기각을 구하는 것 이상의 적극적 내용이 포함되어 있지 않다면 반소청구로서의 이익이 없고, 어떤 채권에 기한 이행의 소에 대하여 동일 채권에 관한 채무부존재확인의 반소를 제기하는 것은 그 청구의 내용이 실질적으로 본소청구의 기각을 구하는 데 그치는 것이므로 부적법하다.

2) 사안의 경우 – C의 E에 대한 보증채무 이행청구의 소를 제기한 상황에서, E가 C를 상대로 보증채무부존재확인의 반소를 제기하는 것은 본소청구기각을 구하는 데 그치는 것으로 반소이익이 없다.

(3) 소결

E의 반소청구는 각하된다.

4. 결론

C의 본소청구는 기각되고, E의 반소청구는 각하된다.

제2문

〈제2문의 1〉

〈 공통된 사실관계 〉

○ 甲과 甲의 동생인 A는 2010. 9.경 甲이 제공한 매수자금으로 A를 매수인, B를 매도인으로 하여 B 소유의 X 부동산에 대한 매매계약을 체결하고 A 명의로 소유권이전등기를 경료하기로 하는 명의신탁약정을 체결하였다.

○ A와 B는 2010. 10. 12. X 부동산에 관한 매매계약을 체결하고 A 명의로 소유권이전등기를 마쳤다. B는 甲과 A 사이의 명의신탁약정에 대하여는 전혀 알지 못하였다.

○ 甲은 A가 X 부동산을 매수한 이래 현재까지 X 부동산을 무상으로 사무실로 사용하고 있으며, 2010. 12.경 X 부동산을 개량하기 위하여 5,000만 원 상당의 유익비를 지출하였다.

○ 한편, A는 2011. 6. 3. C로부터 금 2억 원을 변제기 2012. 6. 3.로 정하여 차용하면서 甲이 모르게 X 부동산에 C 명의로 근저당권(채권최고액 2억 5,000만 원)을 설정해 주었다.

〈 사실관계 및 소송의 경과 〉

○ A가 변제기에 C에게 채무를 변제하지 못하자 C는 근저당권을 실행하였고, 乙은 경매절차에서 2012. 7. 14. 매각대금을 완납하고 2012. 8. 1. 그 소유권이전등기를 경료하였다.

○ 그 후 乙은 X 부동산의 소유자로서 甲을 상대로 '피고는 원고에게 X 부동산을 인도하고, 부당이득반환 또는 불법점유로 인한 손해배상으로 2010. 10. 12.부터 X 부동산의 인도완료일까지 월 200만 원의 비율에 의한 금원을 지급하라'는 내용의 소를 제기하였고, 이 소장부본은 2012. 8. 14. 甲에게 도달하였다.

○ 乙의 청구에 대해서 甲은 다음과 같은 주장을 하였다.

① X 부동산의 실제 소유자는 甲 자신이므로 A가 甲의 동의 없이 C에게 설정해 준 근저당권은 실체법상 무효이고, 무효인 근저당권의 실행을 통한 경매절차에서 매각대금을 완납한 乙은 X 부동산의 소유자가 아니다.

② 설령 乙이 X 부동산의 소유자라도, 甲은 A에 대하여 X 부동산의 매수자금 상당의 부당이득반환청구권이 있고, X 부동산을 개량하기 위하여 유익비 5,000만 원을 지출하였으므로 민법 제611조 제2항에 따라 유익비상환청구권을 가지기 때문에 A로부터 매수자금과 유익비를 반환받을 때까지 X 부동산을 인도할 수 없다.

③ 또한 甲은 乙의 금원지급청구와 관련하여, 甲 자신이 X 부동산의 소유자로서 X 부동산을 적법하게 점유하여 사용·수익하고 있으므로 부당이득반환청구 또는 불법점유를 원인으로 한 손해배상청구에 응할 수 없다.

④ 설령 乙이 X 부동산의 소유자라도, 甲은 유치권자로서 X 부동산을 사무실로 사용하고 있으며 이는 유치물의 보존에 필요한 사용이므로 부당이득반환 또는 불법점유를 원인으로 한 손해배상청구에 응할 수 없다.

○ 乙은 甲의 항변에 대해서, 甲과 A 사이의 명의신탁약정은 무효이고, X 부동산의 매수자금 상당의 부당이득반환청구권에 기하여 유치권이 성립하지 않으며, 유익비는 A에게 반환을 청구할 수 있을 뿐이므로 유익비상환청구권에 기하여도 유치권이 성립하지 않는다고 주장한다.

○ 법원의 심리 결과, 甲의 유익비 지출로 인하여 X 부동산의 가치가 5,000만 원 정도 증대되어 현존하고 있는 사실과 2010. 10. 12.부터 현재까지 X 부동산의 임료가 월 100만 원임이 인정되었다

〈 문제 〉

甲에 대한 乙의 청구에 대한 결론[각하, 청구전부인용, 청구일부인용(일부 인용되는 경우 그 구체적인 금액 또는 내용을 기재할 것), 청구기각]을 그 논거와 함께 서술하시오. (40점)

[제2문의 1] 해설

1. 문제
乙의 甲에 대한 (1) X 부동산 인도청구, (2) 금원 지급 청구의 당부가 문제 된다.

2. X 부동산인도청구

(1) 乙이 X부동산의 소유자인지 여부

1) 관련 조문 – 명의신탁약정은 무효이고, 위 약정에 따라 이루어진 등기는 무효이다. 다만, 상대방 당사자가 명의신탁약정 사실을 모르고 수탁자와 계약을 맺은 경우의 부동산물권변동은 유효이다 (부실법 제4조 1, 2항). 경매에 의한 부동산 물권취득은 등기를 요하지 아니하고(민법 제187조), 매수인은 매각대금을 완납한 때에 매각목적의 권리를 취득한다(민집법 제135조).

2) 사안의 경우 – 甲과 A사이의 명의신탁약정은 무효이지만, 매도인 B가 선의이므로 A명의 등기는 유효하다. C의 근저당권은 유효한 소유권자 A로부터 설정한 것인바, 위 근저당권의 실행을 통한 경매절차에서 매각대금을 완납한 乙은 2012. 7. 14. X부동산의 완전한 소유권을 취득한다.

(2) 甲의 점유권으로 유치권성부

1) 관련 조문 – 타인의 물건을 적법하게 점유한 자는 그 물건에 관하여 생긴 채권이 변제기에 있는 경우 변제를 받을 때까지 그 물건을 유치할 권리가 있다(제320조 1항, 2항).

2) 물건에 관하여 생긴 채권(견련관계)
  ① 판례 – 명의신탁자의 매수자금에 대한 부당이득반환청구권은 부동산 자체로부터 발생한 채권이 아닐 뿐만 아니라 소유권 등에 기한 부동산의 반환청구권과 동일한 법률관계나 사실관계로부터 발생한 채권이라고 보기도 어렵다.
  ② 사안의 경우 – 목적물과 채권 사이의 견련관계를 인정할 수 없는바, 매수자금을 이유로 유치권을 주장하는 甲의 항변 부분은 부당하다.

3) 유익비상환청구권
  ① 관련 조문 – 무상차주가 목적물에 대하여 비용을 지출한 때에는 유익비에 관하여 그 가액의 증가가 현존한 경우에 한하여 대여자에게 상환을 청구할 수 있다(제611조 2항, 제594조 2항, 제203조 2항).
  ② 사안의 경우 – 甲이 X 부동산을 점유·사용하면서 지출한 유익비 5,000만 원의 가액 증가가 현존하므로 A에게 상환청구권을 행사할 수 있고, 乙의 인도청구로서 甲과 A와의 사용대차 관계는 종료되어 유익비 채권의 변제기가 도래하지만, 그 시점이 C가 근저당권을 실행하여 경매개시 결정(압류등기가) 이루어진 시점보다 이후이므로, 매수인 乙에게 유치권으로 대항할 수 없다.

(3) 소결

甲의 乙에 대한 유치권항변이 타당하지 않으므로 법원은 "甲은 乙에게 X부동산을 인도하라."는 청구인용 판결을 한다.

3. 금원지급청구

   (1) **관련 조문** - 선의의 수익자가 패소한 때에는 그 소를 제기한 때부터 악의의 수익자로 본다. (민법 제749조 제2항).

   (2) **판례** - '소가 제기된 때'란 소송이 계속된 때, 즉 소장 부본이 피고에게 송달된 때를 말한다.

   (3) **사안의 경우** - 甲의 유치권항변이 타당하지 않으므로, 이 사건 소장부본 송달된 때부터 악의의 수익자에 해당하므로 그날부터 인도완료일까지의 차임상당액에 대한 반환의무가 있다.

4. 결론

   (1) 乙의 甲에 대한 X 부동산 인도청구는 "甲은 乙에게 X부동산을 인도하라." 라는 청구인용 판결을 하고,

   (2) 乙의 甲에 대한 금전지급청구는 "1. 甲은 乙에게 이 사건 소장부본송달일로부터 X 부동산의 인도완료일까지 월 100만원의 비율에 의한 금원을 지급하라. 2. 원고의 나머지 청구는 기각 한다." 라는 청구일부인용판결을 한다.

〈제2문의 2〉

〈 공통된 사실관계 〉

○ 甲과 甲의 동생인 A는 2010. 9.경 甲이 제공한 매수자금으로 A를 매수인, B를 매도인으로 하여 B 소유의 X 부동산에 대한 매매계약을 체결하고 A 명의로 소유권이전등기를 경료하기로 하는 명의신탁약정을 체결하였다.

○ A와 B는 2010. 10. 12. X 부동산에 관한 매매계약을 체결하고 A 명의로 소유권이전등기를 마쳤다. B는 甲과 A 사이의 명의신탁약정에 대하여는 전혀 알지 못하였다.

○ 甲은 A가 X 부동산을 매수한 이래 현재까지 X 부동산을 무상으로 사무실로 사용하고 있으며, 2010. 12.경 X 부동산을 개량하기 위하여 5,000만 원 상당의 유익비를 지출하였다.

○ 한편, A는 2011. 6. 3. C로부터 금 2억 원을 변제기 2012. 6. 3.로 정하여 차용하면서 甲이 모르게 X 부동산에 C 명의로 근저당권(채권최고액 2억 5,000만 원)을 설정해 주었다.

〈 변형된 사실관계 〉

○ A는 2011. 8. 1. 자신의 사업 자금을 조달하기 위하여, 丁으로부터 2억 원을 빌렸다.

○ 그러나, A의 사업은 경기침체로 인하여 더 어려워졌고, 결국, 평소 A의 재무 상황을 잘 파악하고 있는 丙에게 "내가 급히 사업자금이 필요하여 나의 유일한 재산인 X 부동산을 급하게 매각해야 하니까, 매수해달라."라고 요청하여, 이를 승낙한 丙에게 2011. 9. 1. X 부동산을 당시 시가인 5억 원에 매도하고, 같은 날 丙은 자기 명의로 소유권이전등기까지 마쳤다.

○ 2012. 6. 3. 丙은 X 부동산에 이미 설정되어 있던 근저당권의 피담보채무 전액 2억 원을 C에게 변제하고 근저당권을 말소하였다.

○ 그 이후, 丙은 2012. 7. 1. A가 D 은행으로부터 1억 원을 대출받을 때 X 부동산을 담보로 제공하고 D 은행 명의로 채권최고액 1억 5,000만 원의 근저당권설정등기를 경료했다.

○ 丁은 A가 X 부동산을 丙에게 매도한 사실을 2012. 9. 15.에 비로소 알게 되었고, 2012. 10. 1. 丙을 상대로 '1. 피고와 소외 A 사이에 X 부동산에 관하여 2011. 9. 1.에 체결된 매매계약을 2억 원의 범위 내에서 취소한다. 2. 피고는 원고에게 2억 원 및 이에 대하여 판결 확정 다음날부터 다 갚는 날까지 연 5%의 비율에 의한 돈을 지급하라.'라는 소를 제기하였다.

○ 丁의 청구에 대해서 丙은 ① 丙이 X 부동산의 소유권을 취득한 날부터 1년이 경과한 후 丁이 소를 제기하였으므로 丁의 청구는 부적법하고, ② X 부동산을 시가 5억 원에 매매하였기 때문에 A의 책임재산에 변동이 없으므로 사해행위가 성립할 수 없으며, ③ 丙이 아직 등기부상 소유자이므로 원물반환을 청구할 수 있을 뿐이며 가액반환을 청구할 수는 없고, ④ 설사 백보를 양보하여 사해행위가 성립하더라도, C에게 이미 설정된 근저당권의 채권최고액 2억 5,000만 원 및 丙이 D 은행에 대하여 물상보증인으로서 설정한 근저당권의 채권최고액 1억 5,000만 원을 모두 공제한 후 가액배상을 해야 한다고 항변한다.

○ 법원의 심리 결과, A는 2011. 9. 1.부터 변론종결 시까지 채무초과상태였다. 또한, 2012년 부동산경기 침체 때문에 변론종결 당시 X 부동산의 시가는 3억 5,000만 원이며, C의 피담보채권액은 2억 원으로 근저당권 설정 당시부터 丙이 변제할 때까지 변동이 없다고 밝혀졌다.

〈 문제 〉

丙에 대한 丁의 청구에 대한 결론[각하, 청구전부인용, 청구일부인용(일부 인용되는 경우 그 구체적인 금액 또는 내용을 기재할 것), 청구기각]을 그 논거와 함께 서술하시오. (30점)

[제2문의 2] 해설

1. 문제

(1) 채권자취소소송의 적법여부, (2) 채권자취소소송의 인용여부, (3) 취소의 범위 및 원상회복 방법이 문제 된다.

2. 채권자취소소송의 적법여부

(1) **관련 조문** – 채권자취소소송은 채권자가 취소원인을 안 날로부터 1년, 법률행위가 있은 날로부터 5년 내에 제기하여야 한다(민법 제406조 제2항).

(2) **사안의 경우** – 채권자 丁은 X부동산을 수익자 丙에게 매도한 사실을 2012. 9. 15. 알게 되었고, 그 날로부터 1년 내인 2012. 10. 1.에 채권자취소소송을 제기하였는바, 적법하다. 따라서, 소유권을 취득한 시점부터 1년이 경과하여 부적법하다는 丙의 ①항변은 부당하다.

3. 채권자취소소송의 인용여부

(1) **요건** – ① 피보전채권의 존재, ② 채무자의 사해행위, ③ 채무자의 사해의사(민법 제406조).

(2) **피보전채권의 존재**

피보전채권은 사해행위 이전에 존재하여야 하는데 丁의 A에 대한 2011. 8. 1. 2억 채권은 2011. 9. 1. 사해행위 이전에 발생하였는바, 피보전채권이 존재한다.

(3) **채무자의 사해행위 및 사해의사**

1) 판례 – 채무자가 자기의 유일재산인 부동산을 매각하여 소비하기 쉬운 금전으로 바꾸거나 타인에게 무상으로 이전하여 주는 행위는 채권자에 대하여 사해행위가 된다고 볼 것이므로 채무자의 사해의사는 추정되고, 이를 매수하거나 이전받은 자가 악의가 없었다는 입증책임은 수익자에게 있다.

2) 사안의 경우 – A가 자신의 유일재산인 X부동산을 매각하여 소비하기 쉬운 금전으로 바꾼 행위는 채권자 丁에 대한 사해행위가 되고 丙은 이러한 사정을 알고 있었는바, 책임재산에 변동이 없어 사해행위가 성립하지 않는다는 丙의 ②항변은 부당하다.

(4) **소결** – 채권자취소에 필요한 요건을 충족하여 丁의 채권자취소소송은 인용된다.

4. 원상회복방법 및 취소의 범위

(1) **원상회복방법**

1) 판례

① 사해행위 후 변제에 의하여 저당권설정등기가 말소된 경우, 사해행위를 취소하여 그 부동산 자체를 회복하는 것은 채권자들의 공동담보가 아닌 부분까지 회복하는 것이 되어 공평에 반하므로 허용되지 않고 가액배상을 하여야 한다.

② 사해행위 후 그 목적물에 관하여 선의의 제3자가 저당권을 취득하였음을 이유로 가액배상을 명하는 경우에는 사해행위 당시 일반 채권자들의 공동담보로 되어 있었던 부동산 가액 전부의 배상을 명하여야 할 것이고, 그 가액에서 제3자가 취득한 저당권의 피담보채권액을 공제할 것은 아니다.

2) 사안의 경우
① A의 사해행위 이후 수익자 丙이 C에게 이미 설정되어 있던 근저당권을 말소하였으므로 원물반환을 할 경우 원래 담보가 아닌 부분까지 회복하게 되므로 가액배상을 하여야 하는바, 원물반환을 청구하여야 한다는 丙의 ③번 항변은 부당하다.
② 사해행위 이후 제3자가 저당권을 취득한 경우 이 부분을 공제할 경우 책임재산의 부당한 감소를 초래하므로 공제의 대상이 아닌 바, A의 D에 대한 근저당권 실제 피담보채권액 1억을 공제해야 한다는 丙의 ④번 항변 또한 부당하다.

(2) 취소의 범위
1) 판례 - 저당권이 설정되어 있는 부동산에 관하여 사해행위가 이루어진 경우에 그 사해행위는 부동산의 가액에서 저당권의 피담보채권액을 공제한 잔액의 범위 내에서만 성립하고, 그 가액 산정은 사실심 변론종결시를 기준으로 한다.
2) 사안의 경우 - 채권자취소소송의 사실심변론종결 당시의 X부동산 시가 3억 5천에서 2억을 공제한 1억 5천의 범위에서 사해행위가 성립한다.

5. 결론

법원은 "1. 피고와 소외 A사이에 X부동산에 관한 2011. 9. 1.자 매매계약을 1억 5천만 원의 범위 내에서 취소한다. 2. 피고는 원고에게 1억 5천만 원 및 이에 대한 판결 확정일 다음날부터 다 갚는 날까지 연 5%의 비율에 의한 금원을 지급하라."는 청구일부인용판결을 한다. 사해행위취소판결은 형성판결로 가집행 선고의 대상이 아니다.

〈제2문의 3〉

〈 기초적 사실관계 〉

○ 甲과 甲의 동생인 A는 2010. 9.경 甲이 제공한 매수자금으로 A를 매수인, B를 매도인으로 하여 B 소유의 X 부동산에 대한 매매계약을 체결하고 A 명의로 소유권이전등기를 경료하기로 하는 명의신탁약정을 체결하였다.

○ A와 B는 2010. 10. 12. X 부동산에 관한 매매계약을 체결하고 A 명의로 소유권이전등기를 마쳤다. B는 甲과 A 사이의 명의신탁약정에 대하여는 전혀 알지 못하였다.

〈 변형된 사실관계 〉

○ A는 X 부동산을 戊에게 매도하고 인도하였으며, 戊는 X 부동산을 다시 己에게 매도하고 인도하였다. A, 戊, 己 전원은 X 부동산의 소유권이전등기를 A의 명의에서 바로 己의 명의로 하기로 합의하였다. 그 후 A와 戊는 둘 사이의 매매대금을 인상하기로 약정하였다.

〈 문제 〉

1. 己가 戊의 A에 대한 소유권이전등기청구권을 대위행사하였다. 이 경우에 戊의 A에 대한 소유권이전등기청구권은 A, 戊, 己 3인의 합의에 의하여 이미 소멸하였다는 이유로 A가 己의 청구를 거절할 수 있는가? (15점)

2. 己가 A에게 소유권이전등기의 이행을 청구할 당시 戊가 A에게 인상된 매매대금을 아직 지급하지 않았다면 A는 이를 이유로 己의 청구를 거절할 수 있는가? (15점)

[제2문의 3] 문제 1. 해설

1. 문제
(1) 중간생략등기합의 존부, (2) 戊의 A에 대한 소유권이전등기청구권 소멸이 문제 된다.

2. 중간생략등기합의 존부
(1) 의의 - 중간생략등기합의란 부동산이 전전 매도된 경우 각 매매계약이 유효하게 성립함을 전제로 그 이행의 편의상 최초 매도인으로부터 최종 매수인 앞으로 소유권이전등기를 경료하기로 한다는 당사자 사이의 합의를 말한다.

(2) 사안의 경우 - A, 戊, 己 3인이 X부동산의 소유권이전등기를 A 명의에서 바로 己 명의로 하기로 합의하였는바, 중간생략등기합의가 존재한다.

3. 戊의 A에 대한 소유권이전등기청구권 소멸
(1) 판례 - 중간생략등기합의는 중간등기를 생략하여도 당사자 사이에 이의가 없고 등기의 효력에 영향을 미치지 않을 것이라는 의미이지 중간매수인의 소유권이전등기청구권이 소멸된다거나 최초 매도인의 중간매수인에 대한 소유권이전등기의무가 소멸하는 것은 아니다.

(2) 사안의 경우 - A, 戊, 己 3인의 중간생략등기합의가 있었다고 하더라도 戊의 A에 대한 소유권이전등기청구권은 소멸하지 않는다.

4. 결론
己는 戊와의 매매계약에 따른 소유권이전등기청구권을 피보전권리로 하여 戊의 A에 대한 소유권이전등기청구권을 대위 행사할 수 있는 바, A는 피대위권리의 소멸을 이유로 거절할 수 없다.

[제2문의 3] 문제 2. 해설

1. 문제
중간생략등기합의로 (1) 최초매도인의 중간매수인에 대한 매매대금청구 제한 여부, (2) 중간생략등기합의 후 매매대금인상약정의 효력이 문제 된다.

2. 최초매도인의 중간매수인에 대한 매매대금청구 제한여부
(1) 판례 - 중간생략등기의 합의가 있다고 하여 최초 매도인이 자신이 당사자가 된 매매계약상의 매수인인 중간자에 대하여 갖고 있는 매매대금청구권의 행사가 제한되는 것은 아니다.

(2) 사안의 경우 - A, 戊, 己 3인의 중간생략등기합의가 있었다고 하더라도 A의 戊에 대한 매매대금청구권 행사가 제한되지 않는다.

3. 중간생략등기합의 후 매매대금인상약정의 효력

(1) **판례** - 중간생략등기합의 후 최초매도인과 중간매수인 간에 매매대금 인상약정이 체결된 경우, 최초매도인은 중간매수인에게 소유권이전등기를 경료해 줄 의무와 동시에 인상된 매매대금의 지급을 구하는 동시이행의 항변권을 보유하고 있는 바, 이를 이유로 소유권이전등기의무이행을 거절할 수 있다.

(2) **사안의 경우** - A, 戊, 己 3인의 중간생략등기합의가 있더라도 A-戊 사이의 매매계약의 효력에는 영향이 없고, 이후 양자 간의 매매대금인상약정 또한 유효하므로 A는 동시이행항변권을 행사할 수 있다.

4. 결론

A는 戊가 인상된 매매대금을 미지급하였으므로 동시이행항변권을 행사하여 己의 청구를 거절할 수 있다.

제3문

　스마트폰 부품의 제조와 판매를 업으로 하는 비상장회사인 X주식회사는 자본금이 2억 5천만 원이며 주주명부에는 동 회사의 발행주식총수 중 A가 50%, B가 30%, C가 10%, D가 10%를 각각 보유하는 것으로 기재되어 있다. 다만, D는 X주식회사의 주주명부에 주주로 기재되어 있지만 실제로는 E가 D의 승낙을 얻어 D의 명의를 차용한 것이다. A의 추천으로 甲과 乙이 이사로 선임되었으며, 그중 甲이 대표이사를 맡고 있다. 나머지 1명의 이사는 B가 추천한 사람이다.

　X주식회사는 신기술 도입에 필요한 자금을 조달하기 위하여 신주를 발행하기로 하고, 이사회 결의로 기존 주주들의 지분율에 비례하여 신주를 배정하고 기존 주주 전원이 신주인수대금을 전액 납입함에 따라 자본금을 3억 원으로 변경하는 등기를 마쳤다(이하 '제1차 신주발행'이라고 함). 그런데, 제1차 신주발행 당시 A는 대표이사 甲과 공모하여 丙으로부터 금전을 차용하여 납입하고 자본금 변경등기 후 곧바로 이를 인출하여 丙에게 변제하였으며, 이러한 사실이 전혀 알려지지 않은 상태에서 제1차 신주발행 직후에 개최된 주주총회에서 A와 B, 그리고 C의 의결권 행사를 대리하는 C의 배우자 F가 출석하고 출석주주 전원이 甲의 대표이사 재선임 결의에 찬성함으로써 甲이 대표이사직을 계속 유지하게 되었다.

　그 후 X주식회사가 스마트폰 부품 제조분야에서 선도적인 지위를 차지함에 따라 X주식회사에 투자하기를 희망하거나 X주식회사의 경영권을 탐내는 기업이 많이 생겨났다. 이에 대표이사 甲은 이사 및 감사 전원에게 이사회 소집을 통지하고, 이에 따라 개최된 이사회에서 신주를 발행하여 甲에게 우호적인 Y주식회사에 그 전부를 배정하기로 결의하였다. Y주식회사는 신주인수대금 중 일부는 현금으로 납입하고 나머지는 시가 3천만 원 상당의 공장부지를 X주식회사에 양도하되 검사인의 검사절차는 거치지 않았으며, X주식회사는 자본금을 3억 5천만 원으로 변경하는 등기를 마쳤다(이하 '제2차 신주발행'이라고 함). X주식회사는 제2차 신주발행 당시 공장의 증축과 노후된 시설의 교체를 위하여 자금이 필요하였으나 금융기관으로부터의 차입 등을 통한 자금조달이 불가능한 상태는 아니었다.

　X주식회사의 정관에서 관련 규정을 발췌하면 아래와 같다.

정관

제8조(주식의 종류) 이 회사가 발행할 주식은 기명식 보통주식으로 한다.

제10조(신주인수권) ① 이 회사의 주주는 신주발행에 있어서 그가 소유한 주식수에 비례하여 신주의 배정을 받을 권리를 가진다.

② 제1항의 규정에 불구하고 긴급한 자금의 조달을 위하여 국내외 금융기관이나 투자자에게 신주를 발행하거나 기술도입의 필요상 제휴회사에게 신주를 발행하는 경우에는 주주 이외의 자에게 이사회의 결의로 신주를 배정할 수 있다.

제26조(의결권의 대리행사) ① 주주는 대리인으로 하여금 그 의결권을 행사하게 할 수 있다.

② 제1항의 대리인은 이 회사의 주주에 한하며, 주주총회 개시 전에 그 대리권을 증명하는 서면(위임장)을 제출하여야 한다.

제33조(대표이사의 선임) 이 회사의 대표이사는 주주총회의 결의에 의하여 선임한다.

〈 문제 〉

1. X주식회사는 E의 명의차용 사실을 알고 있음에도 불구하고 제1차 신주발행에서 D에게 신주를 배정한 경우, 그러한 신주배정은 적법한가? (20점)

2. B가 제1차 신주발행에서 X주식회사의 수락 하에 자신의 신주인수대금 중 일부를 X주식회사에 대한 어음금채권 1천만 원으로 납입하고 나머지는 현금으로 납입한 경우, 그러한 납입은 유효한가? (10점)

3. 제1차 신주발행 직후에 개최된 주주총회에서 甲을 대표이사로 재선임한 결의는 유효한가? (35점)

4. A가 제2차 신주발행의 효력을 다투고자 한다면 그 방법과 이유는 무엇인가? (35점)

[제3문] 문제 1. 해설

1. 문제

명의주주에게 주주로서의 지위를 인정할 수 있는지가 문제 된다.

2. 명의주주에 대한 주주권 귀속여부

(1) 형식주주와 실질주주

1) 의의 - ① 형식주주란 주주명부에는 주주로 기재되어 있지만 실질적인 주식의 소유자가 아닌 자이고, ② 실질주주란 주주명부에 기재되어 있지는 않지만 주식을 소유하고 있는 자로서 그 주식에 직접적인 이해관계를 가지는 자이다.

2) 사안의 경우 - D는 E가 자신의 명의를 사용하여 주식을 인수하는 것을 허락한 자로 명의대여자로서 형식주주이고, E는 명의차용자로서 실질주주로서의 지위를 갖는다.

(2) 판례의 태도 (회사에 대한 관계에서 실질설에서 형식설로 변경)

1) 최근 전합판례를 통해 종래 회사에 대한 관계에서도 주주사이에 대한 관계에서와 같이 실질설로 보던 입장을 형식설로 변경하였다.

2) 왜냐하면 ① 상법상 주주명부의 취지가 다수의 이해관계를 형식적이고 획일적 기준으로 처리하고자 함이므로, ② 주주명부에 기재되어 있는 자는 특별한 사정이 없는 한 회사에 대한 관계에서 주식에 관한 의결권을 적법하게 행사할 수 있고, ③ 이는 회사 역시 주주명부상 주주 외에 실제 주식을 인수 내지 양수하였던 자가 따로 존재한다는 사실을 알았던 몰랐던 간에 차이가 없기 때문이다.

(3) 사안의 적용

D는 명의대여자로서 형식주주이고, 최근 변경된 판례에 따르면 A회사에 대한 관계에서 주주로서의 지위를 갖는 자이므로 주주로서의 권리가 인정된다.

3. 결론

X주식회사는 E의 명의차용 사실을 알고 있음에도 불구하고 제1차 신주발행에서 D에게 신주를 배정한 경우, 그러한 신주배정은 적법하다.

[제3문] 문제 2. 해설

1. 신주발행시 상계에 의한 주금납입의 허용여부

(1) 관련 조문 - 이사는 신주의 인수인으로 하여금 그 배정한 주수에 따라 납입기일에 그 인수한 주식에 대한 인수가액의 전액을 납입시켜야 한다(상법 제421조 제1항). 신주의 인수인은 회사의 동의 없이 제1항의 납입채무와 주식회사에 대한 채권을 상계할 수 없다(상법 제421조 제2항).

(2) **사안의 경우** - 신주의 인수인이 주금납입채무와 회사에 대한 채권을 상계하기 위해서는 회사의 동의가 있어야 하는데, B가 제1차 신주발행에서 X주식회사의 "수락" 하에 자신의 신주인수대금 중 일부를 X주식회사에 대한 어음금 채권 1천만 원으로 납입하였는바, 이는 유효하다.

[제3문] 문제 3. 해설

1. 문제

(1) 주주총회 결의에 의한 대표이사 선임 가부, (2) A의 의결권 행사의 적법 여부, (3) 대리인 F 의결권 행사의 적법 여부가 문제 된다.

2. 주주총회 결의에 의한 대표이사 선임가부

(1) **관련 조문** - 회사는 이사회의 결의로 회사를 대표할 이사를 선정하여야 한다. 그러나 정관으로 주주총회에서 이를 선정할 것을 정할 수 있다(상법 제389조 제1항).

(2) **사안의 경우** - X회사의 정관 제33조에서 이 회사의 대표이사는 주주총회의 결의에 의하여 한다고 규정하고 있는바, 주주총회에서 甲을 대표이사로 선임하는 것은 가능하다.

3. A의 의결권 행사의 적법여부

(1) **관련 조문** - 신주의 인수인은 납입을 이행한 때에는 납입기일의 다음날부터 신주의 권리의무가 있다(상법 제423조 제1항).

(2) **판례** - 견금(見金) 형태의 가장납입의 경우에도 금원의 이동에 따른 현실의 불입이 있는 것으로, 실제로는 주금납입의 가장 수단으로 이용된 것이라도 이는 발기인 또는 이사들의 주관적 의도의 문제에 불과하므로, 내심적 사정에 의하여 회사의 설립과 같은 집단적 절차의 일환을 이루는 주금납입의 효력이 좌우될 수 없다.

(3) **사안의 경우** - A의 행위는 견금형태의 가장납입으로 유효하므로 납입기일 다음날부터 주주로서의 지위를 취득하는바, A의 의결권 행사는 적법하다.

4. 대리인 F 의결권 행사의 적법여부

(1) **관련 조문** - 주주는 대리인으로 하여금 그 의결권을 행사하게 할 수 있고, 그 대리인은 대리권을 증명하는 서면을 총회에 제출하여야 한다(상법 제368조 제2항).

(2) 정관 제26조 제2항의 유효성
   1) 판례 - 대리인의 자격을 주주로 한정하는 취지의 주식회사의 정관 규정은 주주총회가 주주 이외의 제3자에 의하여 교란되는 것을 방지하여 회사 이익을 보호하는 취지에서 마련된 것으로서 합리적인 이유에 의한 상당한 정도의 제한이라고 볼 수 있으므로 이를 무효라고 볼 수는 없다.

2) 사안의 경우 - 정관 제26조 제2항에서 주주의 대리인이 이 회사의 주주에 한한다는 규정 자체를 무효라고 볼 수 없다.

(3) 의결권 행사의 적법여부

1) 판례 - 주주에 한해서 대리행사를 가능하게 하는 정관규정이 있더라도 주주인 주식회사가 그 소속의 피용자에게 의결권을 대리행사 하도록 한 때에는 그들의 의결권 행사에 주주 내부의 의사 결정에 따른 의사가 그대로 반영되고, 주주총회가 교란되어 회사 이익이 침해되는 위험은 없는 바, 이를 정관 규정에 위반한 무효의 의결권 대리행사라고 할 수 없다.

2) 사안의 경우 - C의 의결권 행사를 대리하는 C의 배우자 F가 출석하여 의결권을 행사한 것은 C의 의사에 따른 것이고 주주총회가 교란되어 회사 이익의 침해되는 위험이 없는바, 대리인 F의 의결권 행사는 적법하다.

5. 결론

제1차 신주발행 직후에 개최된 주주총회에서 甲을 대표이사로 재선임한 결의는 하자가 없는 바, 유효하다.

[제3문] 문제 4. 해설

1. 문제

(1) 신주발행의 효력을 다투는 방법, (2) 신주발행무효의 이유가 문제 된다.

2. 신주발행의 효력을 다투는 방법

(1) 이사회결의의 하자

1) 판례 - 주식회사의 신주발행은 주식회사의 업무집행에 준하는 것으로서 대표이사가 그 권한에 기하여 신주를 발행한 이상 신주발행은 유효하고, 설령 신주발행에 관한 이사회의 결의가 없거나 이사회의 결의에 하자가 있더라도 이사회의 결의는 회사의 내부적 의사결정에 불과하므로 신주발행의 효력에는 영향이 없다.

2) 사안의 경우 - 대표 甲은 이사회의 신주발행결의를 거쳐 甲에게 우호적인 Y회사에 그 전부를 배정하기로 결의하였는데, 이사회 결의는 내부적 의사결정에 불과하여 신주발행효력에 영향이 없으므로 주주 A는 이사회의 결의가 주주의 신주인수권을 침해하는 하자 있는 결의임을 이유로 신주발행의 효력을 다툴 수 없다.

(2) 신주발행무효의 소

1) 관련 조문 및 법적 성질 - 신주발행의 무효는 주주·이사 또는 감사에 한하여 신주를 발행한 날로부터 6월내에 소만으로 이를 주장할 수 있다(상법 제429조). 이는 형성의 소의 성질을 가지며 대세적 효력이 있으나 소급효는 없고 재량기각의 대상이 된다.

2) 판례 - 주식회사의 본질이나 회사법의 기본원칙에 반하거나 기존 주주들의 이익과 회사의 경영권에 중대한 영향을 미치는 경우로서 거래의 안전을 고려하더라도 도저히 묵과할 수 없을 정도에 이르러야 무효를 인정할 수 있다.

3) 사안의 경우 - 대표이사 甲이 경영권 방어 목적으로 기존 주주인 A의 신주인수권을 무시하고 자신에게 우호적인 Y회사에 신주를 발행한 것은 X사 주주들의 이익에 중대한 영향을 미치는 경우로서 거래의 안전을 고려하더라도 묵과할 수 없는 경우에 해당하는바, 신주발행무효의 소의 원인이 된다.

(3) **소결** - 신주발행을 위한 이사회 결의에 하자가 있는 경우에도 그러한 하자는 신주발행의 소에 흡수되어 별개로 결의하자소송을 제기할 것 없이 신주발행무효의 소만을 제기하면 된다.

3. 신주발행무효의 이유

(1) **제3자 신주발행의 유효여부**

1) 관련 조문 - 회사는 정관에 정하는 바에 따라 주주 외의 자에게 신주를 배정할 수 있다. 다만, 이 경우에는 신기술의 도입, 재무구조의 개선 등 회사의 경영상 목적을 달성하기 위하여 필요한 경우에 한한다(상법 제418조 제2항).

2) 판례 - 주식회사가 신주를 발행함에 있어 정관이 정한 사유가 없는데도 회사의 경영권 분쟁이 현실화된 상황에서 경영진의 경영권이나 지배권 방어라는 목적을 달성하기 위하여 제3자에게 신주를 배정하는 것은 상법 제418조 제2항을 위반하여 주주의 신주인수권을 침해하는 것이다.

3) 사안의 경우

① 정관규정 - X회사의 정관에 "긴급한 자금의 조달을 위하여 국내외 금융기관이나 투자자에게 신주를 발행하거나 기술도입의 필요상 제휴회사에게 신주를 발행하는 경우에는 주주 이외의 자에게 이사회의 결의로 신주를 배정할 수 있다." 라고 규정되어 있는데, 당시 X회사는 제2차 신주발행 당시 공장의 증축과 노후된 시설의 교체를 위하여 자금이 필요하였으나 금융기관으로부터의 차입 등을 통한 자금조달이 불가능한 상태는 아니었는바, 정관에 정하는 바에 따른 제3자 신주배정으로 보기 어렵다.

② 경영상목적 - X회사의 대표이사 甲이 경영권방어 목적으로 제3자 Y회사에게 신주를 배정하는 것은 경영상 목적에 해당하지 않는다.

③ 소결 - X회사의 Y회사에 대한 신주발행의 효력은 상법 제418조 제2항에 위반하여 주주의 신주인수권을 침해하는 것으로 무효이다.

(2) **현물출자 유효여부**

1) 관련 조문 - 현물출자를 하는 자가 있는 경우에는 이사는 현물출자를 하는 자의 성명과 그 목적인 재산의 종류, 수량, 가격과 이에 대하여 부여할 주식의 종류와 수를 조사하기 위하여 검사인의 선임을 법원에 청구하여야 한다(상법 제422조 제1항). 현물출자의 목적인 재산의 가액이 자본금의 5분의 1을 초과하지 아니하고 5천만 원을 초과하지 아니하는 경우에는 제1항을 적용하지 아니한다(상법 제422조 제2항 제1호).

2) 사안의 경우 – Y주식회사는 신주인수 대금 중 일부를 시가 3천만 원 상당의 공장 부지를 X주식회사에 양도하되 검사인의 검사절차는 거치지 않았는데, X사의 자본금 2억 5천의 5분의 1과 5천만 원을 초과하지 않아 검사인에 의한 검사가 면제되어 현물출자는 유효한바, 이 부분은 신주발행무효의 이유가 되지 않는다.

4. 결론

(1) 주주 A는 상법 제429조의 신주발행무효의 소를 제기하여 제2차 신주발행의 효력을 다툴 수 있다.

(2) 이유는 Y회사에 대한 제3자 배정방식의 제2차 신주발행은 정관규정도 준수하지 못하였고, 甲의 경영권 방어를 위한 것으로 경영상 목적에도 해당하지 않아, 상법 제418조 제2항 위배되어 주주 A의 신주인수권을 침해하기 때문이다.

12. 2012년도 시행 제1회 변호사시험

제1문

甲(주소지: 서울 성동구)은 2009. 3. 1. 乙(주소지: 서울 강남구)로부터 서울 강남구 소재 대한빌딩 중 1, 2층을 임대보증금 1억 원, 월 차임 400만 원, 임대차기간 2년으로 약정하여 임차하였다. 그리고 위 임대차계약서 말미에 "본 임대차와 관련하여 甲과 乙 사이에 소송할 필요가 생길 때에는 서울중앙지방법원을 관할법원으로 한다."라는 특약을 하였다. 甲은 乙에게 위 임대보증금 1억 원을 지급한 후 위 건물에서 '육고기뷔페'라는 상호로 음식점을 경영하고 있다. 甲은 도축업자인 丙(주소지: 서울 노원구)에게서 돼지고기를 구입하여 왔는데, '육고기뷔페'의 경영 악화로 적자가 계속되어 丙에게 돼지고기 구입대금을 제때에 지급하지 못하여 2010. 12.경에는 丙에 대한 외상대금이 1억 원을 넘게 되었다. 이에 丙이 甲에게 위 외상대금을 갚을 것을 여러 차례 독촉하자 甲은 부득이 乙에 대한 위 임대보증금반환채권을 丙에게 2011. 1. 17. 양도하게 되었고, 甲은 2011. 1. 20. 乙에게 내용증명 우편으로 위 채권양도 사실을 통지하여 다음날 乙이 위 내용증명 우편을 직접 수령하였다. 한편, 甲에 대하여 3,000만 원의 대여금채권을 가지고 있는 A는 위 채권을 보전하기 위하여 甲의 乙에 대한 위 임대보증금반환채권에 대하여 채권자를 A로, 채무자를 甲으로, 제3채무자를 乙로 하여 법원에 채권가압류신청을 하였고 위 신청에 대한 가압류결정이 고지되어 가압류결정 정본이 2011. 1. 22. 제3채무자인 乙에게 송달되었다. 甲과 乙은 2011. 2. 28. 위 임대차기간을 2년 연장하기로 합의(묵시의 갱신은 문제되지 아니하는 것을 전제로 함.)하였다. 임대차기간이 연장된 것을 전혀 모르는 丙이 乙에게 임대보증금의 지급을 요구하자 乙은 위 임대차기간이 연장되었음을 이유로 丙에게 임대보증금의 반환을 거절하였다.

※ 각급 법원의 설치와 관할구역에 관한 법률은 〈제1문〉에 첨부된 [참조조문]을 기준으로 판단할 것.

〈문제〉

1. 乙이 甲과의 위 임대차기간 연장 합의를 이유로 丙에게 임대보증금의 지급을 거절한 것에 관하여 丙은 乙에 대하여 어떠한 법률상 주장을 할 수 있는가? (10점)
2. 丙은 변호사 丁을 찾아가서 임대보증금의 반환을 받는 방법에 대해 자문하였다. 현재 乙은 甲에게서 임대목적물을 인도받지 않았기 때문에 임대보증금을 반환할 수 없다는 입장이고, 甲 역시 자신이 점유 중인 임대목적물을 임의로 乙에게 인도할 생각이 전혀 없다. 변호사 丁으로서는 丙이 실질적으로 위 임대보증금을 반환받을 수 있도록 하려면 누구를 상대로 어떤 소송을 제기해야 한다고 답변하는 것이 적절한가? (이 경우 공동소송의 요건은 충족된 것으로 봄.)(30점)
3. 甲과 乙이 한 위 관할 합의에 관한 특약은 丙에게 효력이 미치는가? (20점)

4. 丙은 변호사 丁이 위 2.에서 답변한 내용에 따라 소송을 제기하기로 하여 그에 따른 소장을 작성한 후, 2011. 6. 10. 위 소장을 서울중앙지방법원에 접수하였고, 그 소장 부본은 2011. 6. 24. 소장에 기재된 피고측에 송달되었다. 한편, 乙은 甲을 상대로 2011. 6. 9. 서울동부지방법원에 甲의 3기 이상 월 차임 연체를 이유로 한 임대차계약의 해지를 청구원인으로 하여 위 건물 1, 2층의 인도를 구하는 소송을 제기하였고, 그 소장 부본은 2011. 6. 28. 甲에게 송달되었다. 丙이 제기한 소와 乙이 제기한 소는 각각 적법한가? (40점)

5. 위 임대보증금반환청구권과 관련하여 A가 받은 채권가압류결정과 丙이 받은 채권양도 중 어느 것이 우선하는가? (10점)

6. 위 임대보증금반환채권을 가압류한 A는 丙이 제기한 위 4.의 소송에서 피고 乙을 보조참가하는 신청을 하였고 이에 대하여 丙은 아무런 이의를 제기하지 아니하여 보조참가는 유효하게 되었다. 丙이 제기한 위 4.의 소송에서 원고 청구에 대한 전부 인용 판결이 선고되었다고 가정하고, 2011. 12. 12. 그 판결 정본이 피고 乙에게, 2011. 12. 14. 피고 보조참가인 A에게 각각 송달되었고, 피고 乙은 기한 내에 항소를 하지 아니하였으며, 피고 보조참가인 A는 2011. 12. 28. 제1심 법원에 항소장을 제출하였다면 위 항소는 효력이 있는가? (10점)

7. 乙은 위 4.의 소송에서 연체차임이 임대보증금에서 공제되어야 한다는 항변을 전혀 하지 아니한 채 소송이 종료된 후, 乙은 甲이 연체한 차임이 5,000만 원이라고 주장하면서 승소가능성을 고려하여 일단 3,000만 원만을 청구하는 것임을 소장 청구원인에서 명시적으로 밝히고 그 지급을 구하는 별도의 소를 甲을 상대로 제기하였다. 이 소송 제1심에서 원고 청구가 전부 기각되어 그 제1심 판결이 그대로 확정된 후 乙이 나머지 2,000만 원 부분에 대하여 甲을 상대로 소를 다시 제기하는 경우, 이 소는 적법한가? (30점)

[참조조문] 각급 법원의 설치와 관할구역에 관한 법률

제1조(목적) 이 법은 「법원조직법」 제3조 제3항에 따라 각급 법원의 설치와 관할구역을 정함을 목적으로 한다.

제2조(설치) ① 고등법원, 특허법원, 지방법원, 가정법원, 행정법원과 지방법원의 지원(支院) 및 가정법원의 지원을 별표 1과 같이 설치한다.
　② 시법원 또는 군법원(이하 "시·군법원"이라 한다)을 별표 2와 같이 설치한다.

제3조(합의부지원) 지방법원의 지원 및 가정법원의 지원에 합의부를 둔다. 다만, 대법원규칙으로 정하는 지원에는 두지 아니한다.

제4조(관할구역) 각급 법원의 관할구역은 다음 각 호의 구분에 따라 정한다. 다만, 지방법원 또는 그 지원의 관할구역에 시·군법원을 둔 경우 「법원조직법」 제34조 제1항 제1호 및 제2호의 사건에 관하여는 지방법원 또는 그 지원의 관할구역에서 해당 시·군법원의 관할구역을 제외한다.
　1. 각 고등법원·지방법원과 그 지원의 관할구역: 별표 3
　2. 특허법원의 관할구역: 별표 4
　3. 각 가정법원과 그 지원의 관할구역: 별표 5

4. 행정법원의 관할구역: 별표 6
5. 각 시·군법원의 관할구역: 별표 7
6. 항소사건(抗訴事件) 또는 항고사건(抗告事件)을 심판하는 지방법원 본원 합의부 및 지방법원 지원 합의부의 관할구역: 별표 8
7. 행정사건을 심판하는 춘천지방법원 및 춘천지방법원 강릉지원의 관할구역: 별표 9

제5조(행정구역 등의 변경과 관할구역) ① 법원의 관할구역의 기준이 되는 행정구역이 변경된 경우에는 이 법에 따라 법원의 관할구역이 정하여질 때까지 정부와 협의하여 그 변경으로 인한 관할구역을 대법원규칙으로 정할 수 있다.

② 인구 및 사건 수 등의 변동으로 인하여 시·군법원의 관할구역을 조정할 필요가 있다고 인정되는 경우에는 이 법에 따라 관할구역이 정하여질 때까지 그 관할구역의 변경을 대법원규칙으로 정할 수 있다.

[별표 3] 고등법원·지방법원과 그 지원의 관할구역 중 일부

고등법원	지방법원	지원	관할구역
서울	서울중앙		서울특별시 종로구·중구·성북구·강남구·서초구·관악구·동작구
	서울동부		서울특별시 성동구·광진구·강동구·송파구
	서울남부		서울특별시 영등포구·강서구·양천구·구로구·금천구
	서울북부		서울특별시 동대문구·중랑구·도봉구·강북구·노원구
	서울서부		서울특별시 서대문구·마포구·은평구·용산구

[제1문] 문제 1. 해설

1. 양도통지 이후 발생한 사유로 양수인에 대항가부

(1) **관련 조문** - 양도인이 양도통지를 한 때에는 채무자는 그 통지를 받은 때까지 양도인에 대하여 생긴 사유로써 양수인에게 대항할 수 있다(민법 제451조 제2항).

(2) **판례** - 임대인이 임대차보증금반환청구채권의 양도통지를 받은 후에는 임대인과 임차인 사이에 임대차계약의 갱신이나 계약기간 연장에 관하여 명시적 또는 묵시적 합의가 있더라도 그 합의의 효과는 보증금반환채권의 양수인에 대하여는 미칠 수 없다.

(3) **사안의 경우** - 임대인 乙이 임대차보증금반환채권의 양도통지를 받은 것은 2011. 1. 21.인데 그 이후 임차인 甲과 2011. 2. 28. 임대차 계약기간 연장합의를 하였더라도 그 효과를 丙에게 주장할 수 없다.

2. 결론

乙이 甲과의 임대차기간 연장 합의를 이유로 丙에게 임대보증금의 지급을 거절한 것은 부당하다.

[제1문] 문제 2. 해설

1. 문제

(1) 丙의 乙에 대한 양수금 청구, (2) 丙의 甲에 대한 채권자대위청구 가부가 문제 된다.

2. 丙의 乙에 대한 양수금 청구

(1) **적법여부**

1) 요건 - ① 양도채권존재, ② 채권양도사실, ③ 채무자에 대한 대항요건.

2) 사안의 경우 - ① 임차인 甲의 乙에 대한 임대차보증금반환채권이 존재, ② 2011. 1. 17. 甲이 丙에게 위 채권을 양도하였고, ③ 甲이 채무자 乙에게 내용증명 우편으로 채권양도를 통지하여 2011. 1. 21. 수령하여 채권양도의 대항요건을 갖추었는바, 丙은 乙에게 양수금 청구를 할 수 있다.

(2) **乙의 동시이행항변 당부**

1) 판례

① 임대인의 보증금 반환의무는 임대차관계가 종료되는 경우에 그 보증금에서 목적물을 반환받을 때까지 생긴 연체차임 등 임차인의 모든 채무를 공제한 나머지 금액에 관하여서만 비로소 이행기에 도달하여 임차인의 목적물반환의무와 서로 동시이행의 관계에 있다.

② 임차인의 임차보증금반환청구채권이 양도된 경우에도 채권의 동일성은 그대로 유지되는 것이어서 동시이행관계도 당연히 그대로 존속한다.

2) 사안의 경우 - 乙은 甲이 임차목적물을 반환할 때까지 丙의 임차보증금반환의무의 이행을 거절할 수 있고, 채권양도는 채권의 동일성을 유지한 채 귀속주체만 변경시키는 것으로 동시이행관계는 그대로 유지되는바, 乙의 동시이행항변은 타당하다.

(3) 소결

법원은 "乙은 甲으로부터 임차목적물을 인도 받음과 동시에 丙에게 1억 원을 지급하라."는 상환이행판결을 한다.

3. 丙의 甲에 대한 채권자대위청구

(1) **관련 조문** - ① 피보전채권의 존재 및 이행기 도래, ② 보전의 필요성, ③ 채무자의 권리불행사, ④ 피대위권리의 존재를 요한다(민법 제404조).

(2) **판례** - 임대차보증금반환채권을 양수한 채권자가 그 이행을 청구하기 위하여 임차인의 가옥명도가 선 이행되어야 할 필요가 있어서 그 명도를 구하는 경우, 그 채권의 보전과 채무자인 임대인의 자력유무는 관계가 없어 무자력을 요건으로 하지 않는다.

(3) **사안의 경우** - ① 丙은 乙에게 임대차보증금 반환채권이 존재하고, 甲과 乙사이의 임대차기간 연장 합의는 丙에게 미치지 않아 임대차기간이 만료한 2011. 2. 28. 임대차보증금반환채권의 이행기는 도래하였고, ② 丙이 乙에게 임대차보증금 반환청구를 위해 임차목적물의 인도를 구하는 경우 乙의 무자력은 요하지 않고, ③④ 채무자 乙이 甲에게 목적물 인도를 구할 수 있음에도 그 권리를 행사하고 있지 않는바, 丙의 甲에 대한 채권자대위청구는 가능하다.

4. 결론

(1) 丙은 乙을 대위하여 甲은 乙에게 임차목적물은 인도하고,

(2) 乙은 甲으로부터 임차목적물은 인도받음과 동시에 丙에게 1억을 지급하라는 청구를 할 수 있다.

[제1문] 문제 3. 해설

1. 문제

(1) 관할 합의의 유효여부, (2) 전속적 합의인지 부가적 합의인지, (3) 관할 합의의 승계 여부가 문제된다.

2. 관할 합의의 유효여부

(1) **관련 조문** - 당사자는 합의로 제1심 관할법원을 정할 수 있고, 이러한 합의는 일정한 법률관계로 말미암은 소에 관하여 서면으로 하여야 한다(민소법 제29조 제1항, 제2항).

(2) 사안의 경우 - 甲과 乙의 관할합의는 임의관할인 제1심 관할법원의 서울중앙지방법원으로 합의 이며, 합의의 대상이 임대차와 관련된 소송으로 특정되고, 임대차계약말미에 서면화 되어 있는바, 유효하다.

3. 전속적 합의인지 부가적 합의인지

(1) 판례 - 경합하는 법정관할 중에 어느 하나를 특정하거나 어느 하나를 배제하는 경우에는 전속적 합의로 본다.

(2) 사안의 경우 - 원래 가능한 토지관할은 민소법 제2조에 따라 임대차보증금채권의 반환의무를 갖는 乙의 보통재판적인 서울중앙지방법원, 민소법 제8조에 따라 임대차보증금반환채권을 갖는 甲의 특별재판적인 서울동부지방법원 중에 하나인 서울중앙지방법원을 합의관할로 정했는바, 전속적 합의관할로 판단된다.

4. 관할합의의 승계여부

(1) 판례 - 관할의 합의는 소송법상의 행위로서 합의 당사자 및 그 일반승계인을 제외한 제3자에게 그 효력이 미치지 않는 것이 원칙이지만, 지명채권과 같이 그 권리관계의 내용을 당사자가 자유롭게 정할 수 있는 경우에는, 당해 권리관계의 특정승계인은 그와 같이 변경된 권리관계를 승계한 것이라고 할 것이어서, 관할합의의 효력은 특정승계인에게도 미친다.

(2) 사안의 경우 - 임대차보증금반환채권은 그 권리관계의 내용을 당사자가 자유롭게 정할 수 있는 지명채권에 속하고, 관할합의로 관할이 변경된다는 것은 권리행사의 조건으로 위 채권에 불가분 적으로 부착된 실체적 이해관계가 변경된 것을 의미하는바, 그 채권을 양수한 丙은 변경된 권리관계를 승계하였다.

5. 결론

甲과 乙이 한 위 관할 합의에 관한 특약은 丙에게 효력이 미친다.

[제1문] 문제 4. 해설

1. 문제

(1) 丙의 乙에 대한 양수금청구소송의 적법성, (2) 丙의 甲에 대한 채권자대위소송의 적법성, (3) 乙의 甲에 대한 임차목적물 인도청구소송의 적법성이 문제 된다.

2. 丙의 乙에 대한 양수금청구소송의 적법성

(1) 관련 조문 - 장래에 이행할 것을 청구하는 소는 미리 청구할 필요가 있어야 제기할 수 있다(민소법 제251조).

(2) 판례 - 장래이행의 소가 적법하기 위해서는 청구권의 기초가 되는 법률상·사실상 관계가 성립되고, 채무자가 미리부터 채무의 존재를 다투기 때문에 이행기가 도래되거나 조건이 성취되었을 때에 임의의 이행을 기대할 수 없는 경우이어야 한다.

(3) 사안의 경우 - 丙이 甲으로부터 임대차보증금채권을 양도받고 채권양도 통지까지 완료한 상태이므로 청구권의 기초가 되는 법률상 관계가 성립되어 있고, 乙은 임대차계약기간 연장을 이유로 임대보증금의 반환을 거절하고 있어 미리 청구할 필요도 인정되는바, 丙의 乙에 대한 양수금 청구소송은 적법하다.

3. 丙의 甲에 대한 채권자대위소송의 적법성

(1) 관련 조문 및 요건 - ① 피보전채권의 존재 및 이행기 도래, ② 보전의 필요성, ③ 채무자의 권리 불행사, ④ 피대위권리의 존재를 요한다(민법 제404조).

(2) 사안의 경우 - 丙의 양수금 청구에 대한 乙의 동시이행항변권 행사에 대비하여 乙의 甲에 대한 임대차목적물인도청구권을 대위하여 행사할 필요가 있는데, 丙이 대위소송을 제기한 2011. 6. 10. 이전인 2011. 6. 9. 乙은 甲을 상대로 서울동부지방법원에 甲의 3기 이상 월 차임 연체를 이유로 한 임대차계약의 해지를 청구원인으로 하여 위 건물 1, 2층의 인도를 구하는 소송을 제기하였으므로, 채무자의 권리 불행사 요건을 충족하지 못하였는바, 丙의 甲에 대한 채권자대위소송은 부적법하다.

4. 乙의 甲에 대한 임차목적물 인도청구소송의 적법성

(1) 관할위반여부

1) 관련 조문 - 법원의 관할은 소를 제기한 때를 표준으로 정한다(민소법 제33조). 법원은 소송에 대하여 관할권이 없다고 인정하는 경우에는 결정으로 이를 관할법원에 이송한다(민소법 제34조 제1항). 피고가 제1심 법원에서 관할위반이라고 항변하지 아니하고 본안에 대하여 변론하거나 변론준비 기일에서 진술하면 그 법원은 관할권을 가진다(민소법 제30조).

2) 사안의 경우 - 乙이 전속적 관할합의가 있는 서울중앙지방법원이 아닌 서울동부지방법원에 소를 제기한 것은 관할위반의 소제기로 이송의 대상이 되지만, 전속적 합의관할도 임의관할에 해당하므로 피고 甲이 본안에 대하여 변론하거나 변론준비 기일에서 진술하면 변론관할이 성립하여 관할의 하자가 치유된다.

(2) 중복제소 해당여부

1) 관련 조문 및 요건 - 법원에 계속되어 있는 사건에 대하여 당사자는 다시 소를 제기하지 못한다(민소법 제259조). ① 당사자동일, ② 소송물동일, ③ 전소 계속 중 후소 제기를 요한다.

2) 판례 - 전소와 후소의 판단기준은 소장부본송달일이고, 중복제소금지는 소송계속으로 인하여 발생하는 소송요건의 하나로서 이미 동일한 사건에 관하여 전소가 제기되었다면 전소가 소송요건을 흠결하여 부적법 할지라도 후소의 변론종결시까지 취하·각하 등에 의하여 소송계속이 소멸되지 아니하는 한 후소는 중복제소금지에 위배하여 각하되어야 한다.

3) 사안의 경우 - 乙이 소를 제기한 시점은 2011. 6. 9.로서 丙이 채권자대위소송을 제기한 2011. 6. 10. 보다 앞서지만, 丙의 소장 부본이 甲에게 송달된 날짜는 2011. 6. 24. 乙의 소장 부본이 甲에 송달된 날짜는 2011. 6. 28.로 乙의 甲에 대한 소는 결국 후소로써 전소 계속 중에 제기된 것에 해당하는바, 중복제소에 해당한다. 설령 전소인 丙의 甲에 대한 채권자대위소송이 부적법하다 하더라도, 각하되지 않는 한 乙의 甲에 대한 후소는 여전히 중복제소에 해당하여 부적법하다.

(3) 소결

乙의 甲에 대한 임차목적물 인도청구소송은 중복제소에 해당되어 부적법 하다.

5. 결론

(1) 丙의 乙에 대한 양수금청구소송은 적법하다.

(2) 丙의 甲에 대한 채권자대위소송은 부적법 하다.

(3) 乙의 甲에 대한 임차목적물 인도청구소송은 부적법 하다.

[제1문] 문제 5. 해설

1. 채권양도의 제3자에 대한 대항요건

(1) **관련 조문** - 채권양도의 통지나 승낙은 확정일자 있는 증서에 의하지 아니하면 채무자 이외의 제3자에게 대항하지 못한다(민법 제450조 제1항).

(2) **사안의 경우** - 가압류권자인 A와 채권양수인 丙은 서로 법률상 양립할 수 없는 지위를 취득한 제3자이고, 내용증명우편과 채권가압류결정 정본은 모두 확정일자 있는 증서에 해당하므로 양자 사이의 우열기준이 논의된다.

2. 채권양수인과 가압류권자 사이의 우열판단

(1) **판례** - 채권양수인과 동일 채권에 대하여 가압류명령을 집행한 자 사이의 우열을 결정하는 경우, 확정일자 있는 채권양도 통지와 가압류결정 정본의 제3채무자(채권양도의 경우는 채무자)에 대한 도달의 선후에 의하여 그 우열을 결정한다.

(2) **사안의 경우** - 양도인 甲의 丙에 대한 채권양도 통지는 채무자 乙에게 2011. 1. 21. 도달하였고, A가 보낸 甲의 乙에 대한 채권가압류 결정은 2011. 1. 22. 도달하였는바, 丙이 받은 채권양도가 A가 받은 채권가압류 결정보다 우선한다.

[제1문] 문제 6. 해설

1. 보조참가인 A항소의 효력

(1) **관련 조문** - 참가인은 소송에 관하여 상소의 소송행위를 할 수 있으나, 피참가인의 소송행위에 어긋나는 경우에는 그 참가인의 소송행위는 효력을 가지지 않는다(민소법 제76조 제1항, 제2항). 항소는 판결서가 송달된 날부터 2주 이내에 하여야 한다(민소법 제396조 제1항).

(2) **판례** - 피고 보조참가인이 상고장을 제출한 경우에 피고 보조참가인에 대하여 판결정본이 송달된 때로부터 기산한다면 상고기간 내의 상고라 하더라도 이미 피참가인인 피고에 대한 관계에 있어서 상고기간이 경과한 것이라면 피고 보조참가인의 상고 역시 상고기간 경과 후의 것이 되어 피고 보조참가인의 상고는 부적법하다.

(3) **사안의 경우** - 피고 乙에게 판결정본이 송달된 일자는 2011. 12. 12.이므로 항소는 2011. 12. 26. 까지 제기되어야 하는데, 피고 보조참가인 A는 2011. 12. 28. 제1심 법원에 항소장을 제출하였다면 항소기간 경과 후의 항소에 해당하는바, 위 항소는 효력이 없다.

[제1문] 문제 7. 해설

1. 문제

(1) 연체차임채권청구의 기판력 저촉여부, (2) 일부청구의 소송물과 기판력이 문제 된다.

2. 연체차임채권청구의 기판력 저촉여부

(1) **관련 조문** - 확정판결은 주문에 포함된 것에 한하여 기판력을 가진다(민소법 제216조 1항).

(2) **판례** - 임대차보증금의 지급을 명하는 판결이 확정되면 변론종결 전의 사유를 들어 당사자 사이에 수수된 임대차보증금의 수액 자체를 다투는 것은 허용되지 아니한다 하더라도, 임대차보증금반환청구권 행사의 전제가 되는 연체차임 등 피담보채무의 부존재에 대하여 기판력이 작용하는 것은 아니다.

(3) **사안의 경우** - 丙의 임대차보증금반환청구의 소에서 乙이 연체차임 공제항변을 하지 않았다 하더라도 전소의 소송물은 임대차보증금반환채권이고 후소의 소송물은 연체차임채권으로 소송물이 동일하지도 않고 선결관계 또는 모순관계에 있지도 않아 기판력이 미치지 않는바, 乙은 별소로 丙을 상대로 연체차임 청구를 할 수 있다.

3. 일부청구의 소송물과 기판력

(1) **판례** - 가분채권의 일부에 대한 이행청구의 소를 제기하면서 나머지를 유보하고 일부만을 청구한다는 취지를 명시하지 아니한 이상 그 확정판결의 기판력은 청구하고 남은 잔부청구에까지 미치는 것이므로 그 나머지 부분을 별도로 다시 청구할 수 없다.

(2) 사안의 경우 - 乙이 연체차임 5천만 원 중에서 3,000만 원만을 청구하는 것임을 소장 청구원인에서 명시적으로 밝히고 그 지급을 구하는 별도의 소를 甲을 상대로 제기하였으므로 이는 명시적 일부청구에 해당하는바, 전소의 소송물은 3천만 원이고 후소의 소송물은 2천 만 원으로 전소 확정판결의 기판력이 후소에 미치지 않는바, 乙이 나머지 2,000만 원 부분에 대하여 甲을 상대로 소를 다시 제기하는 것은 기판력에 저촉되지 않는다.

4. 결론

乙이 나머지 2,000만 원 부분에 대하여 甲을 상대로 소를 다시 제기하는 경우, 이 소는 적법하다.

제2문

〈제2문의 1〉

〈 공통된 기초사실 〉

甲과 乙은 2010. 3. 1. 甲이 乙에게 나대지인 X 토지를 매매대금 3억 원에 매도하되, 계약금 3,000만 원은 계약 당일 지급받고, 중도금 1억 원은 2010. 3. 31.까지 지급받되 미지급 시 그 다음날부터 월 1%의 비율에 의한 지연손해금을 가산하여 지급받으며, 잔대금 1억 7,000만 원은 2010. 9. 30. 소유권이전등기에 필요한 서류의 교부와 동시에 지급받기로 하는 내용의 매매계약(이하 '이 사건 매매계약'이라 한다.)을 체결하고, 그에 따라 같은 날 乙로부터 계약금 3,000만 원을 지급받았다.

〈 추가된 사실관계 〉

○ 甲은 2010. 3. 10. 丙에게 이 사건 매매계약의 내용을 설명하면서 위 중도금 1억 원 및 그에 대한 지연손해금 채권을 양도하였고, 乙은 같은 날 위 채권양도에 대하여 이의를 유보하지 아니한 채 승낙을 하였다.

○ 한편 乙은 丁에 대한 서울고등법원 2009나22967호 약정금 청구사건의 집행력 있는 조정조서 정본에 기초하여 2010. 4. 20. 서울중앙지방법원 2010타채5036호로 丁의 甲에 대한 1억 5,000만 원의 대여금 채권(변제기는 2010. 2. 28.임)에 대하여 채권압류 및 전부명령을 받았고, 그 명령은 2010. 5. 20. 甲에게 송달되어 그 무렵 확정되었다.

○ 戊는 乙에 대한 5억 원의 대여금 채권을 보전하기 위하여 2010. 7. 15. 乙의 甲에 대한 X 토지에 관한 위 매매를 원인으로 한 소유권이전등기청구권을 가압류하였고, 그 가압류 결정은 2010. 7. 22. 甲에게 송달되었다.

〈 소송의 경과 〉

○ 甲과 丙은 2011. 2. 10. 乙을 상대로, '乙은 甲에게 위 잔대금 1억 7,000만 원 및 이에 대한 이 사건 소장부본 송달일 다음날부터 다 갚는 날까지 연 20%의 비율에 의한 소송촉진 등에 관한 특례법에 정해진 지연손해금을, 乙은 丙에게 위 양수금 1억 원 및 이에 대한 2010. 4. 1.부터 이 사건 소장부본 송달일까지는 월 1%의 비율에 의한 약정 지연손해금을, 그 다음날부터 다 갚는 날까지는 연 20%의 비율에 의한 위 특례법상의 지연손해금을 각 지급하라'는 내용의 소를 제기하였다.

○ 그러자 乙은 제1차 변론기일(2011. 6. 20.)에서, 甲으로부터 X 토지에 관한 소유권이전등기를 넘겨받기 전에는 丙의 청구에 응할 의무가 없고, 가사 그렇지 않다 하더라도 乙은 위 전부명령에 의하여 甲에 대하여 1억 5,000만 원의 채권을 취득하였으므로 이를 자동채권으로 하여 丙의 위 양수금 채권과 대등액에서 상계하면 丙의 채권은 소멸하였다고 주장하였다.

○ 이에 대하여 丙은, 중도금의 지급은 잔대금의 지급의무와는 달리 선이행 의무이고, 또한 乙이 위 채권양도에 관하여 이의 유보 없는 승낙을 하였기 때문에 甲에 대한 동시이행의 항변권을 원용할 수 없을 뿐 아니라, 甲에 대한 위 전부금 채권으로 丙의 위 양수금 채권과는 상계할 수 없다고 주장하였다.

○ 乙은 다시, 丙이 이 사건 매매계약의 내용을 알고 있었고, 乙로서는 위 채권양도 당시에는 전부금 채권을 취득하지 아니하였기 때문에 이의 유보 없는 승낙을 하였으나, 그 후 취득한 전부금 채권의 변제기가 수동채권의 변제기보다 먼저 도래할 뿐만 아니라, 현재 양 채권 모두 변제기가 도래하여 상계적상에 있으므로 상계할 수 있다고 반박하였다.

○ 그 후 乙은 甲에게 잔대금 1억 7,000만 원을 지급할 테니 X 토지에 관한 소유권이전등기절차를 이행해 달라고 요구하였으나 甲이 이를 거절하자, 2011. 7. 25. 甲을 피공탁자로 하여 위 잔대금 1억 7,000만 원을 변제공탁한 다음, 같은 날 甲을 상대로 X 토지에 관하여 위 매매를 원인으로 한 소유권이전등기절차의 이행을 구하는 반소를 제기하였다.

○ 甲은 제2차 변론기일(2011. 8. 1.)에서, 戊가 乙의 甲에 대한 위 소유권이전등기청구권에 관하여 가압류하였으므로 乙의 반소청구에 응할 수 없다고 주장하는 한편, 乙에 대한 잔대금 지급 청구의 소를 취하하였고, 乙은 甲의 소취하에 대하여 동의하였다.

○ 심리 결과, 위 사실관계의 내용 및 당사자의 주장사실은 모두 사실로 입증되었고, 이 사건과 관련하여 위에서 주장된 내용 이외에는 특별한 주장과 입증이 없는 상태에서 2011. 8. 1. 변론이 종결되고, 2011. 8. 16.이 판결 선고기일로 지정되었다.

〈 문제 〉

소송의 경과에서 제기된 당사자들의 주장 내용을 토대로, 丙의 乙에 대한 청구 및 乙의 甲에 대한 반소청구에 대한 각 결론[청구전부인용, 청구일부인용(일부 인용되는 경우 그 구체적인 금액 또는 내용을 기재할 것), 청구기각]을 그 논거와 함께 서술하시오. (50점)

[제2문의 1] 해설

1. 문제
(1) 丙의 乙에 대한 청구, (2) 乙의 甲에 대한 반소청구의 당부가 문제 된다.

2. 丙의 乙에 대한 청구

(1) 양수금 청구
1) 요건 - ① 양도채권존재, ② 채권양도사실, ③ 채무자에 대한 대항요건을 요한다.
2) 사안의 경우 - ① 甲과 乙 사이에 중도금 및 지연손해 채권이 존재하고, ② 2010. 3. 10. 甲은 丙에게 채권을 양도하였고, ③ 채무자 乙은 2010. 3. 10. 이를 승낙하였는바, 丙은 乙에게 양수금 청구를 할 수 있다.

(2) 동시이행항변 당부
1) 乙의 항변
① 관련 조문 - 쌍무계약의 당사자 일방은 상대방이 그 채무이행을 제공할 때까지 자기의 채무이행을 거절할 수 있다(민법 제536조 제1항).
② 판례 - 잔대금과 동시이행관계에 있는 매도인의 소유권이전등기 서류가 제공된 바 없이 기일을 도과하였다면 매수인의 중도금 및 중도금 지연이자, 잔대금 지급과 매도인의 소유권이전등기 서류제공은 동시이행관계에 있다.
③ 사안의 경우 - 甲으로부터 X토지에 관한 소유권이전등기 경료받기 전에 중도금 및 중도금 지연이자를 이행할 의무가 없다는 乙의 항변은 타당하다.

2) 丙의 재항변
① 중도금 지급의무의 선이행 - 상술한 판례 법리와 같이 중도금도 잔대금 지급기일 이후에는 동시이행관계에 놓이므로 이 부분에 대한 丙의 재항변은 부당하다.
② 이의유보 없는 승낙
ㄱ) 판례 - 채무자는 양도인에게 대항할 수 있는 사유로서 양수인에게 대항할 수 없고, 이 경우 대항할 수 없는 사유는 협의의 항변권에 한하지 아니하고, 넓게 채권의 성립, 존속, 행사를 저지하거나 배척하는 사유를 포함한다.
ㄴ) 사안의 경우 - 乙이 2010. 3. 10. 甲의 丙에 대한 채권양도 시 이의유보 없는 승낙을 하였고, 乙이 甲에게 대항할 수 있는 사유에는 동시이행항변권이 포함되는바, 乙이 丙에게 이러한 권리를 행사할 수 없다는 丙의 재항변은 일응 타당하다.

3) 乙의 재재항변
① 판례 - 이의를 보류하지 않은 승낙이 이루어진 경우 양수인이 그 사유에 대하여 악의 또는 중과실의 경우 채무자의 승낙 당시까지 양도인에 대하여 생긴 사유로써도 양수인에게 대항할 수 있다.
② 사안의 경우 - 丙은 채권양도 당시 甲으로부터 이 사건 매매계약의 내용을 설명 받아 양수채권이 X토지 중도금 채권으로 동시이행항변권이 존재함을 알았는바, 乙의 재재항변은 타당하다.

4) 소결 - 乙의 동시이행항변권은 타당하다.

(3) 상계항변 당부

1) 乙의 항변
① 관련 조문 - 쌍방이 서로 같은 종류를 목적으로 한 채무를 부담하는 경우에 그 쌍방의 채무의 이행기가 도래한 때에는 각 채무자는 대등액에 관하여 상계할 수 있다(민법 제492조 제1항).
② 사안의 경우 - 乙의 자동채권은 전부금채권, 수동채권은 중도금채권으로 동종의 금전채권이고, 전부금 채권은 2010. 2. 28. 중도금 채권은 2010. 3. 31. 변제기로 상계의 의사표시를 한 2011. 6. 20. 양 채권의 변제기가 도래하였는바, 일응 적법하다.

2) 丙의 재항변
① 판례 - 채무자는 채권양도를 승낙한 후에 취득한 양도인에 대한 채권으로써 양수인에 대하여 상계로써 대항하지 못한다.
② 사안의 경우 - 丙이 중도금 채권을 양수 받고 이에 대해 채무자 乙이 이의 유보 없이 승낙을 한 시기는 2010. 3. 10.이고 乙이 전부금 채권을 취득한 시기는 2010. 5. 20.으로 승낙 후에 취득한 채권인바, 乙의 상계는 부당하다는 丙의 재항변은 타당하다.

3) 乙의 재재항변
① 판례 - 채무자의 승낙 당시까지 양도인에 대하여 생긴 사유로써 양수인에게 대항할 수 있는데, 승낙 당시 이미 상계를 할 수 있는 원인이 있었던 경우에는 아직 상계적상에 있지 아니하였다 하더라도 그 후에 상계적상이 생기면 채무자는 양수인에 대하여 상계로 대항할 수 있다.
② 사안의 경우 - 채무자 乙이 채권양도를 승낙한 2010. 3. 10. 당시 자동채권인 전부채권이 수동채권인 중도금 채권과 동시이행관계에 있는 등의 상계를 할 수 있는 기초적 법률관계가 승낙당시에 존재하는 경우도 아닌바, 乙의 재재항변은 부당하다.

4) 소결 - 乙의 상계항변은 부당하다.

(4) 소결

丙의 양수채권은 중도금 1억, 중도금 지급 다음날인 2010. 4. 1.부터 잔대금지급일인 2010. 9. 30.까지 6개월 지연손해금 6백(=1억×1%×6월)으로, 이는 甲의 소유권이전등기의무와 동시이행관계에 있는바, 법원은 "피고(乙)는 소외 甲으로부터 X토지에 관하여 2010. 3. 1. 매매를 원인을 한 소유권이전등기 절차를 이행 받음과 동시에 원고(丙)에게 1억 6백만 원을 지급하라."는 상환이행판결을 한다.

3. 乙의 甲에 대한 반소청구

(1) 본소취하

1) 판례 - 반소가 적법하게 제기된 이상 그 후 본소가 취하되더라도 반소의 소송계속에는 아무런 영향이 없다.

2) 사안의 경우 - 본소의 계속은 반소제기 요건이지 존속요건이 아니어서 본소취하는 반소에 아무런 영향을 미치지 않는 바, 乙의 반소는 적법하다.

(2) 가압류된 채권 이행청구 가부

1) 판례 – 소유권이전등기청구권의 압류는 청구권의 목적물인 부동산 자체의 처분을 금지하는 대물적 효력은 없지만 소유권이전등기를 명하는 판결은 의사의 진술을 명하는 판결로서 이것이 확정되면 채무자는 일방적으로 이전등기를 신청할 수 있고 제3채무자는 이를 저지할 방법이 없으므로 가압류의 해제를 조건으로 인용한다.

2) 사안의 경우 – 법원은 戊 가압류의 해제를 조건으로 인용 판결을 한다.

(3) 소결

가압류 해제를 조건으로 한 인용판결은 乙의 의사에 부합하고 甲은 乙의 반소청구에 응할 수 없다고 하는바, 미리 청구할 필요가 인정되어 장래이행판결로서 일부인용 판결을 한다. 즉, "피고(甲)는 원고(乙)에게 X부동산에 관하여 원고(乙)와 소외 戊사이의 소유권이전등기청구권 가압류결정에 의한 집행이 해제되면 2010. 3. 1. 매매를 원인으로 한 소유권이전등기절차를 이행하라."는 일부인용판결을 한다.

〈제2문의 2〉

〈 기초적 사실관계 〉

　甲과 乙은 2010. 3. 1. 甲이 乙에게 나대지인 X 토지를 매매대금 3억 원에 매도하되, 계약금 3,000만 원은 계약 당일 지급받고, 중도금 1억 원은 2010. 3. 31.까지 지급받되 미지급 시 그 다음날부터 월 1%의 비율에 의한 지연손해금을 가산하여 지급받으며, 잔대금 1억 7,000만 원은 2010. 9. 30. 소유권이전등기에 필요한 서류의 교부와 동시에 지급받기로 하는 내용의 매매계약(이하 '이 사건 매매계약'이라 한다.)을 체결하고, 그에 따라 같은 날 乙로부터 계약금 3,000만 원을 지급받았다.

〈 추가된 사실관계 〉

○ 乙은 X 토지의 소유권을 취득한 다음 2011. 3. 20. A와 사이에, A의 비용으로 X 토지 지상에 2층 건물을 신축하되, 그 소유관계는 각 1/2 지분씩 공유하기로 서로 합의하고, 그에 따라 乙과 A가 공동건축주로서 신축을 시작하였다.

○ 그 후 乙은 위 신축건물의 규모와 종류를 외관상 짐작할 수 있을 정도로 공사가 진행된 무렵인 2011. 4. 8. 자신의 동생 B가 C에 대하여 부담하고 있는 매매대금 3억 원(변제기는 2011. 7. 20.임)의 지급채무를 담보하기 위하여 C 명의로 X 토지에 관한 소유권이전등기를 경료해 주기로 상호 합의하였다.

○ 乙은 B가 C에 대한 채무를 변제하지 못하자, 2011. 7. 25. 위 합의에 따라 X 토지에 관하여 C 명의의 소유권이전등기를 경료해 주었고, 그 당시 위 신축건물은 완공되지는 않았으나 2층 건물 공사 대부분이 마무리되고 내장공사만 남아 있었다.

○ A는 2011. 7. 30. 乙과 아무런 상의 없이 일방적으로 D에게 위 신축건물 전체를 월 임료 500만 원으로 약정하여 임대하여 주었다.

〈 문제 〉

1. C는 2011. 9. 20. 乙과 A를 상대로 위 신축건물의 철거 및 X 토지의 인도를 구하는 소를 제기하였다. 이 경우 乙과 A가 제기할 수 있는 실체법상 타당한 항변은 무엇인지를 그 논거와 함께 서술하시오(다만 X 토지에 관한 C의 소유권 취득은 정당한 것으로 전제함). (15점)

2. 乙은 2012. 1. 6. D를 상대로 위 신축건물의 인도 및 2011. 7. 30.부터 위 신축건물의 인도 완료일까지 건물 임대료(월 500만 원) 상당액의 부당이득반환을 구하는 소를 제기하였다. 그러자 D는 위 신축건물에 관한 1/2 지분권자인 A로부터 적법하게 임차한 다음 A에게 임료 전액을 지급하였으므로 乙의 청구는 부당하다고 주장하였다. 위 사실관계의 내용 및 당사자의 주장 사실이 모두 사실로 입증되고, 이 사건과 관련하여 다른 주장이 없다면, 乙의 청구에 대한 결론[청구전부인용, 청구일부인용(일부 인용되는 경우 그 구체적인 금액 또는 내용을 기재할 것), 청구기각]을 그 논거와 함께 서술하시오. (15점)

[제2문의 2] 문제 1. 해설

1. 문제
C 청구에 대한 乙과 A의 관습법상 법정지상권 항변의 당부가 문제 된다.

2. 乙과 A의 관습법상 법정지상권 항변의 당부

(1) 관련법리 - 처분당시 ① 토지상에 건물이 존재하고, ② 토지와 건물이 동일한 소유에 속하고, ③ 매매 기타 적법한 원인으로 소유자가 달라져야 한다.

(2) 토지상에 건물이 존재

1) 판례 - 토지에 관하여 저당권이 설정될 당시 토지 소유자에 의하여 그 지상에 건물을 건축 중인 경우, 그 후 경매절차에서 매수인이 매각대금을 다 낸 때까지 최소한의 기둥과 지붕 그리고 주벽이 이루어지는 등 독립된 부동산으로서 건물의 요건을 갖추면 법정지상권이 성립하고 그 건물이 미등기라 하더라도 동일하다.

2) 사안의 경우 - 위 판례 법리를 관법지에 유추적용 하면, 乙과 C가 X토지 양도담보계약을 체결한 2011. 4. 8. 신축건물의 규모와 종류를 외관상 짐작할 수 있을 정도로 공사가 진행 중이었고, C에게 등기를 이전한 2011. 7. 25.에는 건물 공사 대부분이 마무리되어 내장공사만 남아있었으므로 독립된 부동산으로서 건물이 존재한다.

(3) 토지와 건물이 동일한 소유

1) 판례 - 대지소유자가 그 지상건물을 타인과 함께 공유하면서 그 단독소유의 대지만을 건물철거의 조건 없이 타에 매도한 경우에는 건물공유자들은 각기 건물을 위하여 대지 전부에 대하여 관습법상 법정지상권을 취득한다.

2) 사안의 경우 - 乙과 A가 건물을 각 1/2지분씩 공유하면서 乙이 단독 소유하고 있는 X토지를 C에게 매도한 경우 乙과 A모두 관법지를 취득한다.

(4) 소결 - 乙과 A의 관법지 항변은 타당하다.

3. 결론
C 청구는 기각된다.

[제2문의 2] 문제 2. 해설

1. 문제

(1) 건물인도청구, (2) 부당이득반환청구의 가부 및 범위가 문제 된다.

2. 건물인도청구

(1) **관련 조문** - 공유물의 관리에 관한 사항은 공유자의 지분의 과반수로써 결정한다. 그러나 보존행위는 각자가 할 수 있다(민법 제265조).

(2) **판례** - 소수지분권자는 공유물을 공동으로 점유할 권리가 있고, 임차인은 임대차계약을 통해 그 소수지분권자로부터 점유할 권리를 이전받았으므로, 다른 공유자가 공유자인 임대인에게 공유물 인도를 청구할 수 없다면 그 임차인을 상대로도 인도를 청구할 수 없다.

(3) **사안의 경우** - D가 단독으로 건물을 배타적으로 사용수익하고 있으나 乙은 X건물의 1/2지분권자로서 공유물의 보존행위를 이유로 A를 상대로 X건물 인도청구를 할 수 없어 그 임차인 D를 상대로 인도를 구할 수 없는바, 이는 기각 된다.

3. 부당이득반환청구의 가부 및 범위

(1) **관련 조문** - 공유자는 공유물 전부를 지분의 비율대로 사용, 수익할 수 있다(제263조).

(2) **판례** - 부동산의 소수지분권자가 타공유자의 동의없이 그 부동산을 타에 임대하였다면, 이로 인한 수익 중 자신의 지분을 초과하는 부분에 대하여는 법률상 원인 없이 취득한 부당이득이 되어 이를 반환할 의무가 있다.

(3) **사안의 경우** - 乙은 건물에 대한 1/2지분에 따른 사용, 수익을 하지 못한 것으로 월 차임 500만 원의 1/2인 월 250만 원에 대해 실질적 귀속자인 A에게 반환청구를 구하여야 하지 D에게는 구할 수 없다.

4. 결론

乙의 D에 대한 건물인도청구는 기각되고, 부당이득반환청구는 A에게 청구하여야 할 것으로 보이므로 D에 대한 청구는 기각된다.

〈제2문의 3〉

〈 기초적 사실관계 〉

甲과 乙은 2010. 3. 1. 甲이 乙에게 나대지인 X 토지를 매매대금 3억 원에 매도하되, 계약금 3,000만 원은 계약 당일 지급받고, 중도금 1억 원은 2010. 3. 31.까지 지급받되 미지급 시 그 다음날부터 월 1%의 비율에 의한 지연손해금을 가산하여 지급받으며, 잔대금 1억 7,000만 원은 2010. 9. 30. 소유권이전등기에 필요한 서류의 교부와 동시에 지급받기로 하는 내용의 매매계약(이하 '이 사건 매매계약'이라 한다.)을 체결하고, 그에 따라 같은 날 乙로부터 계약금 3,000만 원을 지급받았다

〈 추가된 사실관계 〉

○ 乙은 친구인 E와 각각 매매대금을 1억 5,000만 원씩 부담하여 X 토지를 매수하여 각 1/2 지분씩 공유하되, 매매에 따른 소유권이전등기는 乙 명의로 하기로 상호 합의하였고, 그 합의에 따라 乙이 甲과 이 사건 매매계약을 체결하였다. 그리고 甲은 이 사건 매매계약 체결 당시 위 합의 내용을 알지 못하고 있었다.

○ 그 후 乙은 이 사건 매매계약에 따른 중도금을 지급한 다음 잔대금을 지급하면서 E와 한 위 합의와는 달리 이 사건 매매계약에 따른 등기명의를 자신의 동생인 F 앞으로 넘겨줄 것을 甲에게 요구하였고, 그에 따라 2010. 9. 30. X 토지에 관하여 F의 동의 아래 F 명의의 소유권이전등기가 마쳐졌다.

○ E는 2011. 3. 20. X 토지에 관한 소유권이전등기가 乙이 아닌 F 명의로 마쳐진 사실을 뒤늦게 알게 되었고, 또한 乙이 최근 사업에 실패하여 다른 재산이 없다는 사실도 알게 되었다.

〈 문제 〉

1. E는 乙과 F에 대하여 어떠한 내용의 청구를 할 수 있는지를 그 논거와 함께 서술하시오. (10점)

2. E는 위 청구권을 보전하기 위하여 누구를 상대로 어떤 내용의 소를 제기할 수 있는지를 그 논거와 함께 서술하시오. (10점)

[제2문의 3] 문제 1. 해설

1. X토지 소유자
   (1) 관련 조문 - 명의신탁약정은 무효이고, 위 약정에 따라 이루어진 등기는 무효이다(부실법 제4조 제1, 2항).
   (2) 사안의 경우 - X토지가 甲에서 F명의로 이루어진 것은 중간생략등기 명의신탁으로 신탁약정 및 등기는 무효인바, 소유권자는 여전히 甲이다.

2. E의 乙에 대한 청구
   (1) 판례 - 계약명의신탁약정이 부실법 시행 후인 경우, 명의신탁자는 애초부터 당해 부동산의 소유권을 취득할 수 없었으므로 명의신탁자가 입은 손해는 당해 부동산 자체가 아니라 명의수탁자에게 제공한 매수자금이 부당이득의 대상이 된다.
   (2) 사안의 경우 - 乙과 E는 X토지 1/2지분에 대하여 계약명의신탁약정을 체결하였고 이는 부실법 시행 후로 E는 처음부터 부동산을 취득할 수 없는바, 매수자금 1억 5천만 원에 대하여 부당이득 반환청구를 할 수 있다.

3. E의 F에 대한 청구
   E는 소유권자도 아니고 F와 아무런 계약관계도 존재하지 않아 아무런 청구를 할 수 없다.

[제2문의 3] 문제 2. 해설

1. 乙의 F에 대한 채권자대위권
   (1) 관련 조문 - ① 피보전채권의 존재 및 이행기 도래, ② 보전의 필요성, ③ 채무자의 권리불행사, ④ 피대위권리의 존재를 요한다(민법 제404조).
   (2) 사안의 경우 - ① 乙은 甲에게 X토지에 관하여 2010. 3. 1. 매매계약을 원인으로 한 소유권이전등기청구권이 있고, ② 이는 특정채권으로 甲의 무자력은 요하지 않고, ③ 甲은 아무런 권리를 행사하지 않고 있고, ④ 甲은 소유권자로서 F에 대하여 무효등기말소청구를 할 수 있는 바, 乙은 F에 대한 甲의 권리를 대위 행사할 수 있다.

2. E가 乙의 채권자대위권 대위행사 가부
   ① E는 乙에 대한 매수자금 1억 5천만 원은 이행기의 정함이 없는 부당이득 채권으로 반환청구 할 수 있고, ② 乙은 사업에 실패하고 다른 재산도 없어 현재 무자력 상태에 있으며, ③ 乙이 위 권리를 행사한 사실이 없고, ④ 乙은 1.에서 상술한 피대위권리를 가지고 있는바, E는 乙의 채권자대위권을 대위행사 할 수 있다.

제3문

甲주식회사(이하 '甲회사'라고 함)는 건설업을 정관상의 목적으로 하여 2010. 1.경 설립된 비상장 회사이며 B를 대표이사, C와 D를 이사로 등기하고 있었다. 주주 A는 甲회사가 발행한 전체 주식의 35%를 보유하고 있는데 평소 甲회사에 절대적인 영향력을 행사하며 B에게 업무집행을 지시하는 방법으로 甲회사를 운영하여 왔다. A는 이러한 운영방식에 불편을 느껴 대표이사직에 취임하기로 결심하고, 자신을 대표이사로 선출하여 등기할 것을 B에게 지시하였다. 이에 따라 B는 다른 모든 주주들에게 소집통지를 하지 않고 A만 참석한 주주총회에서 A를 이사로 선임한다는 결의를 거친 후 그러한 내용의 임시주주총회 의사록을 작성하였다. 그 후 B는 이사회를 개최함이 없이 A를 대표이사로 선출한다는 취지의 이사회 의사록을 작성하였고, 甲회사의 대표이사를 B에서 A로 변경하는 상업등기를 2010. 9. 1. 경료 하였다. 그 후부터 A는 대내외적으로 대표이사 사장이라는 직함을 사용하면서 업무를 하였는데, 甲회사의 다른 이사들은 이를 알고도 아무런 이의를 제기하지 않았으며, A는 甲회사의 법인인감을 보관하면서 사용하였다. A는 자신을 대표이사로 믿고 거래해 온 乙주식회사(이하 '乙회사'라고 함)와 건설자재의 공급에 관한 계약을 2011. 1. 31. 체결하면서 (이하 '납품계약'이라고 함) 그 계약서 서명란에 대표이사 직함과 자신의 성명을 기재하고 날인하였다. 납품계약의 주된 내용은 甲회사가 乙회사로부터 건설자재를 2011. 10. 31.까지 납품받으면서 3억 원의 대금을 지급하기로 하되, 계약체결일로부터 1개월 이내에 선급금으로 1억 원을 지급하고 건설자재 인도 후 잔금 2억 원을 지급하기로 하는 것이었다. 위 납품계약을 체결한 직후 B는 A로의 대표이사 변경 등기를 문제 삼는 다른 주주들의 항의를 받았다. 이에 B가 A를 제외하고 C와 D에게만 이사회 소집통지를 하여 개최된 이사회에서 C를 대표이사로 선출하기로 의결한 후 2011. 2. 말경 C를 대표이사로 등기하였다.

한편 乙회사는 납품계약에 따라 甲회사에 납품할 건설자재를 丙주식회사(이하 '丙회사'라고 함)로부터 구매하고 대금을 지급한 후, 2011. 3. 초순경 납품계약에 따른 선급금 1억 원의 지급을 甲회사에 요청하였다. 그런데 甲회사가 기대했던 공사의 수주가 무산되어 납품계약에 따라 공급받기로 했던 건설자재가 필요 없게 되었고, 이에 C는 위 납품계약의 효력을 인정할 수 없다는 내용의 회신을 하였다.

〈 문제 〉

1. 甲회사의 대표이사로 등기된 A가 적법한 이사로서의 지위를 갖는지 여부를 검토하고, 그에 따라 C를 대표이사로 선임한 甲회사의 이사회 결의가 유효한지 논하시오. (30점)

2. 乙회사가 甲회사에 납품계약이 유효하다고 주장하며 계약 이행을 청구할 수 있는 상법상 근거를 설명하시오. (50점)

3. 乙회사는 甲회사의 납품계약상의 책임이 성립하지 않을 경우를 대비하여, 丙회사로부터 구매한 건설자재의 대금 상당액을 A에게 손해배상청구하고자 한다. 이 경우 A의 법적 책임을 검토하시오. (20점)

[제3문] 문제 1. 해설

1. 문제

(1) 甲회사의 대표이사로 등기된 A가 적법한 이사로서의 지위를 갖는지 여부, (2) C를 대표이사로 선임한 甲회사의 이사회 결의가 유효한지가 문제 된다.

2. 甲회사의 대표이사로 등기된 A가 적법한 이사로서의 지위를 갖는지 여부

(1) **관련 조문** - 주주총회를 소집할 때에는 주주총회일의 2주 전에 각 주주에게 서면으로 통지를 발송하여야 하고, 이 통지서에는 회의의 목적사항을 적어야 한다(상법 제363조 제1항, 제2항).

(2) **판례**
   1) 발행주식 총수의 41%를 보유한 주주에게 소집통지를 하지 않은 것은 취소사유, 발행주식 총수의 60%를 보유한 주주에게 소집통지를 하지 않은 것은 그 정도가 현저한 경우로 부존재사유가 된다.
   2) 주주총회결의 효력이 회사 아닌 제3자 사이의 소송에서 선결문제로 된 경우에 당사자는 언제든지 당해 소송에서 주주총회결의가 처음부터 무효 또는 부존재한다고 주장하면서 다툴 수 있고, 반드시 먼저 회사를 상대로 주주총회의 효력을 직접 다투는 소송을 제기하여야 하는 것은 아니다.

(3) **사안의 경우**
   1) 대표이사 B는 발행주식 총수 35%를 보유한 A에게만 소집통지를 하고, 나머지 65%를 보유한 주주들에게는 소집통지를 하지 않았으므로 이는 그 하자의 정도가 현저한 경우에 해당하는바, 주주총회결의부존재사유에 해당한다.
   2) 이 사건 주주총회결의는 처음부터 존재하지 않는 것이므로 甲회사의 대표이사로 등기된 A가 적법한 이사로서의 지위를 갖지 못한다.

3. C를 대표이사로 선임한 甲회사의 이사회 결의가 유효한지

(1) **관련 조문** - 이사회는 각 이사가 소집한다. 이사회를 소집함에는 회일을 정하고 그 1주간 전에 각 이사 및 감사에 대하여 통지를 발송하여야 한다(상법 제390조 제1항, 제3항). 총회의 결의에 관하여 특별한 이해관계가 있는 자는 의결권을 행사하지 못한다(상법 제368조 제3항).

(2) **판례** - 주주의 입장을 떠나 개인적으로 이해관계를 가지는 경우로서 그 결의에 관한 특별이해관계인에 해당한다.

(3) **사안의 경우**
   1) 甲회사의 대표이사를 B에서 A로 변경하는 상업등기를 2010. 9. 1. 경료 하였더라도 이는 무효 등기로서 B는 여전히 대표이사로서의 지위를 보유하고 있고, 대표이사 B가 이사가 아닌 A를 제외하고, 이사 C와 이사 D에게만 이사회 소집통지를 한 것은 하자가 없다.

2) 이사회에서 이사 C가 자신을 대표이사로 선임하기로 한 결의에서 의결권을 행사한 것은 특별이해관계인에 해당하지 않는바, 하자가 없다.

3) 이사회에서 C를 대표이사로 선출하기로 의결한 것은 적법 유효하다.

4. 결론

(1) 甲회사의 대표이사로 등기된 A가 적법한 이사로서의 지위를 갖지 못한다.

(2) C를 대표이사로 선임한 甲회사의 이사회 결의는 유효하다.

[제3문] 문제 2. 해설

1. 문제

(1) 표현대표이사책임성부, (2) 부실등기책임성부가 문제 된다.

2. 표현대표이사책임성부

(1) **관련 조문** - 사장, 부사장, 전무, 상무 기타 회사를 대표할 권한이 있는 것으로 인정될 만한 명칭을 사용한 이사의 행위에 대하여는 그 이사가 회사를 대표할 권한이 없는 경우에도 회사는 선의의 제삼자에 대하여 그 책임을 진다(상법 제395조)

(2) **요건충족여부**

1) 외관의 존재
① 표현적 명칭의 사용 - 대표이사가 아닌 자가 회사를 대표할 명칭을 사용하여야 한다.
② 이사자격의 요부 - 표현대표이사 성립에 이사의 자격을 요하지 않는다. 상대방의 신뢰는 표현적 명칭을 사용하는 자가 대표권을 가진다는 것에 있고, 그 자가 실제로 이사인지 여부는 이러한 신뢰형성에 아무런 영향이 없기 때문이다.
③ 대표이사의 권한 내의 행위 - 외관이 존재하기 위해서는 대표이사의 권한 내의 행위이여야 한다.
④ 사안의 경우 - 주주 A를 대표이사로 선임한 결의는 무효이므로 대표이사가 아닌데도 스스로 대표이사 사장이라는 명칭을 사용하여 乙회사로부터 3억의 납품계약을 체결한 것은 대표이사 권한 내의 행위로 판단되는바, 외관의 존재는 인정된다.

2) 외관의 부여
① 요건 - 명시적 또는 묵시적으로 허락한 경우에 한하여 외관의 부여가 인정된다.
② 사안의 경우 - 甲회사의 다른 이사들은 A가 스스로 대표이사 사장이라는 명칭을 사용하는 것을 알고도 아무런 이의를 제기하지 않았으므로, 이는 A가 대표이사 사장으로서의 직함을 사용하여 하는 행위를 묵시적으로 허락한 것에 해당하는바, 외관의 부여가 인정된다.

3) 외관의 신뢰
① 제3자의 선의 무중과실 - 거래행위 당시에 제3자가 대표권의 존재에 대해 신뢰하여야 하고, 회사 측이 제3자의 악의를 증명해야 하는바, 제3자는 선의 무중과실이어야 한다.
② 사안의 경우 - 甲회사 측이 A가 대표이사 사장이 아니라는 사실에 대하여 乙회사가 알았거나 중과실을 몰랐음을 입증하지 못하는 한 乙회사의 신뢰가 인정된다.

(3) 표현대표이사와 상업등기와의 관계
1) 관련 조문 - 등기할 사항은 이를 등기하지 아니하면 선의의 제3자에게 대항하지 못하고, 등기한 후라도 제3자가 정당한 사유로 인하여 이를 알지 못한 때에도 제3자에게 대항하지 못한다(상법 제37조 제1항, 제2항).
2) 판례 - 상법 제395조와 상업등기와의 관계를 헤아려 보면, 본조는 상업등기와는 다른 차원에서 회사의 표현책임을 인정한 규정이므로 이 책임을 물음에 상업등기가 있는 여부는 고려의 대상이 아니다.
3) 사안의 경우 - 상업등기 여부의 표현대표이사 책임 성부에 고려대상이 아니므로 이와 상관없이 표현대표이사책임을 물을 수 있다.

(4) 소결
표현대표이사 성립요건을 충족하는바, 乙회사는 甲회사에게 납품계약의 유효에 따른 이행청구를 할 수 있다.

3. 부실등기책임성부
(1) **관련 조문** - 고의 또는 과실로 인하여 사실과 상위한 사항을 등기한 자는 그 상위를 선의의 제3자에게 대항하지 못한다(상법 제39조).

(2) **사안의 경우** - B는 이사회를 개최함이 없이 A를 대표이사로 선출한다는 취지의 이사회 의사록을 작성하였고, 甲회사의 대표이사를 B에서 A로 변경하는 상업등기를 2010. 9. 1. 경료하였으므로 乙사에게 A가 대표이사가 아니라는 사실을 가지고 대항하지 못하는바, 乙회사는 甲회사에게 납품계약 유효에 따른 이행청구를 할 수 있다.

4. 결론
乙 회사는 상법 제395조의 표현대표이사 책임 또는 상법 제39조의 부실등기의 효력을 주장하며 甲회사에게 납품계약의 이행을 청구할 수 있다.

[제3문] 문제 3. 해설

1. 문제
업무집행지시자 A에게 책임을 물을 수 있는지가 문제 된다.

2. 업무집행지시자 책임 성부

(1) 표현이사 해당여부

1) 관련 조문 – 이사가 아니면서 사장 등 업무를 집행할 권한이 있는 것으로 인정될 만한 명칭을 사용하여 회사의 업무를 집행한 자는 그 지시하거나 집행한 업무에 관하여 상법 제399조·제401조 및 제403조의 적용에 있어서 이를 이사로 본다(상법 제401조의2 제1항 제3호).

2) 사안의 경우 – A는 대표이사 사장이라는 업무집행권한이 있는 것으로 인정될 만한 명칭을 사용하여 乙사와 납품계약을 체결하였는바, 이른바 표현이사에 해당한다.

(2) 표현이사 책임

1) 관련 조문 및 법적성질 – 이사가 고의 또는 중과실로 그 임무를 게을리한 때에는 그 이사는 제3자에 대하여 연대하여 손해를 배상할 책임이 있다(상법 제401조 제1항). 상법 제401조에 기한 이사의 제3자에 대한 손해배상책임이 제3자를 보호하기 위하여 상법이 인정하는 특수한 책임이다.

2) 사안의 경우 – 업무집행지시자인 표현이사 A는 건설자재공급계약을 체결함에 있어서 甲회사의 공사수주 상황에 대하여 살펴보지 않은 임무해태사실이 존재하고, 이로 인해 乙회사가 丙회사로부터 구매한 건설자재를 공급하지 못하여 건설자재 구매대금 상당액의 손해를 발생시켰는바, 乙이 임무해태와 손해에 대한 사실을 주장 입증한 경우에 표현이사 A에 대하여 상법 제401조에 따른 손해배상을 청구할 수 있다.

3. 결론

A는 업무집행지시자로서 표현이사에 해당하므로 乙 회사에 상법 제401조의 손해배상책임을 진다.

지은이 **이관형 변호사**

[약 력]
- 인천 세일고 졸업
- 성균관대 법학과 졸업
- 경북대 법학전문대학원 졸업
- 성균관대 법학대학원 Ph. D 수료 (조세법 전공)
- 제7회 변호사시험 합격
- 법무법인 세지원 구성원 변호사
- 베리타스 법학원 민사법 전임강사
- 인천광역시 부평구청 법률고문 · 재건축분쟁조정위원 · 행정자치위원
- 국세청 납세자 보호 위원

[저 술]
- KCI 등재논문 이관형, "상속형 신탁과 유류분의 관계", 「법학논고」 제79권, 2022. 10.
- COMPACT 변시 청구별 민사기록연습(학연, 2022)
- COMPACT 변시 진도별 환경법사례연습(학연, 2022)
- COMPACT 변시 진도별 민법사례연습(학연, 2023)
- COMPACT 변시 진도별 민사소송법사례연습(학연, 2023)
- COMPACT 변시모의 연도별 민사법사례연습(학연, 2023)

COMPACT 변시기출 연도별 민사법사례연습

발 행 일 : 2023년 04월 25일
저　　자 : 이 관 형
발 행 인 : 이 인 규
발 행 처 : 도서출판 (주)학연
주　　소 : 서울시 관악구 호암로 602, 7층(유경빌딩)
전　　화 : 02-887-4203　　팩 스 : 02-6008-1800
출판등록 : 2012.02.06. 제2012-13호
홈페이지 : www.baracademy.co.kr / e-mail : baracademy@naver.com

저자와 협의하여 인지를 생략함

정가 : 29,000 원　　　　ISBN: 979-11-5824-887-1(93360)

* 파본은 구입하신 서점에서 바꿔드립니다.
* 본 서는 저작권법에 의하여 보호를 받는 저작물이므로 무단 전재와 복제를 금합니다.